# Betriebs- und Wirtschaftsinformatik

Herausgegeben von

H. R. Hansen   H. Krallmann   P. Mertens   A.-W. Scheer
D. Seibt   P. Stahlknecht   H. Strunz   R. Thome

Matthias Schumann

# Betriebliche Nutzeffekte und Strategiebeiträge der großintegrierten Informationsverarbeitung

Springer-Verlag
Berlin Heidelberg New York
London Paris Tokyo
Hong Kong Barcelona
Budapest

Prof. Dr. Matthias Schumann
Fachbereich Wirtschaftswissenschaften der
Georg-August-Universität Göttingen
Platz der Göttinger Sieben 7
W-3400 Göttingen

ISBN-13: 978-3-540-54726-6     e-ISBN-13: 978-3-642-77036-4
DOI: 10.1007/978-3-642-77036-4



Die Wiedergabe von Gebrauchsnamen, Handelsnamen, Warenbezeichnungen usw. in diesem Werk berechtigt auch ohne besondere Kennzeichnung nicht zu der Annahme, daß solche Namen im Sinne der Warenzeichen- und Markenschutz-Gesetzgebung als frei zu betrachten wären und daher von jedermann benutzt werden dürften.

Satz: Reproduktionsfertige Vorlage vom Autor
Druck- und Bindearbeiten: Weihert-Druck GmbH, Darnstadt
42/3140-543210 – Gedruckt auf säurefreiem Papier

# Vorwort

In vielen Unternehmen wird kritisch die Höhe der Ausgaben für die Informationsverarbeitung (IV) hinterfragt. Für Investitionsanträge sind daher häufig die Nutzeffekte
geplanter IV-Projekte zu beschreiben. Insbesondere bei integrierten Anwendungssystemen ist es dabei schwierig, die verschiedenen Wirkungen zu erfassen und zu bewerten. Noch komplexer sind die Effekte, wenn IV-Systeme mehrere Betriebe miteinander verbinden. Neben quantitativen und qualitativen Resultaten treten strategische
Wirkungen für die beteiligten Unternehmen auf. Oft werden deshalb die Nutzeffekte
bei IV-Projektanträgen nur vage dargelegt, oder man charakterisiert die Anwendungssysteme als strategisch notwendig.

Diese Veröffentlichung will daher die Wirkungen beim Einsatz großintegrierter Informationsverarbeitung systematisch beschreiben. Darauf aufbauend werden Vorgehensweisen dargestellt, mit denen sich eine umfassende Beurteilung von IV-Systemen
durchführen läßt. Der Schwerpunkt liegt auf Verfahren zum Abschätzen von quantitativen Wirkungen. Diese Ansätze dienen als Basis für die Auswahl von IV-Projekten
und dem Zusammenstellen von IV-Projektportfolios. Zum Abschluß werden computergestützte Hilfsmittel vorgestellt, mit denen sich eine umfassende Beurteilung von
IV-Anwendungen unterstützen läßt.

Die vorliegende Arbeit wurde im Herbst 1990 unter dem Titel "Nutzeffekte und Strate-
giebeiträge betrieblicher Informationsverarbeitung unter besonderer Berücksichtigung
großintegrierter DV-Systeme" von der Wirtschafts- und Sozialwissenschaftlichen Fa-
kultät der Universität Erlangen-Nürnberg als Habilitationsschrift angenommen.

Mein besonderer Dank gilt meinem akademischen Lehrer, Herrn Professor Dr.
P. Mertens, der diese Arbeit gefördert und betreut hat. Seine Ideen, sein Vordenken
sowie sein Aufgreifen von Weiterentwicklungen sind Vorbild und Ansporn.

Mein Dank gilt gleichermaßen den Herren Professoren Dr. F. Bodendorf und Dr.
M. Meyer, die kurzfristig bereit waren, die Arbeit zu beurteilen.

Viele meiner ehemaligen Kollegen sowie Damen und Herren aus der Praxis, die an
verschiedenen Kooperationsprojekten mitwirkten, haben durch ihre Diskussion und
Kritik zum Gelingen dieser Arbeit beigetragen. Ihnen gebührt ebenfalls herzlicher
Dank.

Ursprünglich hatte ich in meinem Manuskript versucht, immer dann, wenn Begriffe wie Benutzer, Anwender, Informationsmanager usw. vorkamen, die weibliche Form hinzuzufügen. Dieses hätte aber zu umständlichen Sprachgebilden mit Schrägstrichen sowie Klammern geführt, so daß viele Passagen schwerfällig geworden wären. Ich habe mich unter Zurückstellung einiger Bedenken schließlich auf die kürzere männliche Form beschränkt. Es ist jedoch nicht bezweckt, die Gleichberechtigung der Frau in diesen Berufsfeldern durch den Wortlaut in Frage zu stellen.


Göttingen, im Juli 1991                                        Matthias Schumann

# Inhaltsverzeichnis

# 1 Einleitung

## 1.1 Problemstellung

Unternehmen berichten von vielfältigen Nutzeffekten, die durch eine umfassende Informationsverarbeitung (IV) entstehen. Die Datenverarbeitung (DV) leistet häufig auch einen Beitrag zur Unternehmensstrategie. Bei der Planung neuer Anwendungen müssen die Unternehmen diese Nutzeffekte und strategischen Wirkungen der einzelnen DV-Systeme hinterfragen. Die durch den DV-Einsatz hervorgerufenen Kosten oder Schäden sind ebenfalls zu bestimmen. Die zur Beurteilung herangezogene Wirtschaftlichkeit ergibt sich aus dem Verhältnis zwischen den durch die IV erbrachten Leistungen und dem dafür notwendigen Mitteleinsatz. Solche Nutzen- und Kostenbetrachtungen sollen zur sinnvollen Auswahl von Investitionsalternativen beitragen. Sie bilden damit ein wichtiges Instrument für die IV-Planung. In der folgenden Abhandlung steht diese Thematik im Mittelpunkt.

Außerdem können Wirtschaftlichkeitsanalysen der DV die Kontrolle getroffener Investitionsentscheidungen unterstützen. Sie dienen als Hilfsmittel, um Planungsabweichungen zu erkennen und Korrekturmaßnahmen einzuleiten. Dieser Aspekt soll hier allerdings nur am Rande behandelt werden.

Da viele Unternehmen eine integrierte IV einführen oder weiterentwickeln, stehen sie vor der Aufgabe, Systeme zu beurteilen, bei denen mehrere Programmkomplexe, teilweise unternehmensübergreifend, miteinander verbunden sind. In der hier vorgenommenen Betrachtung soll der Schwerpunkt auf großintegrierten Systemen liegen, die verschiedene betriebliche Funktionalbereiche oder mehrere Unternehmen über eine Anwendung verbinden. Bei solchen Applikationen bilden Kostenveränderungen nur ein Teilergebnis des Einsatzes der IV. Erlöswirkungen sind ebenfalls zu berücksichtigen. Darüber hinaus ist insbesondere zu analysieren, welchen Strategiebeitrag die Systeme für das Unternehmen leisten. Bei der Auswahl von DV-Projekten müssen sämtliche Aspekte einbezogen werden.

Klassische Investitionsrechenverfahren oder einfache Kosten-Nutzen-Analysen, die früher bei einer DV-Bewertung überwiegend eingesetzt wurden, sind in dieser Situation nicht ausreichend. Es müssen umfassende Analysemethoden verwendet werden. Dabei kann es auch nicht befriedigen, daß viele Firmen ihre IV-Investitionen mit einer erwarteten strategischen Wirkung begründen und auf die finanzielle Beurteilung oft vollständig verzichten. Darüber hinaus wäre es aus der Sicht des Unternehmens wünschenswert, wenn man bei der Planung des Mitteleinsatzes den IV-Bereich mit anderen Investitionsbereichen vergleichen könnte. Da zu dem gesamten Thema nur wenige Vorschläge für Vorgehensweisen vorliegen und die Betriebe selber kaum Erfahrungen mit solchen Verfahren besitzen, werden viele Investitionsentscheidungen nur unzureichend hinterfragt.

Nachfolgend findet daher eine detaillierte Analyse statt, welche Nutzeffekte durch die Anwendung großintegrierter IV für Unternehmen auftreten. Außerdem wird ein Konzept zur Bewertung solcher Systeme entwickelt, und es werden Hilfsmittel aufgezeigt, die man für diese Untersuchungen heranziehen kann. Volkswirtschaftliche Wirkungen, die ebenfalls durch solche Anwendungen entstehen können, werden nur am Rande berücksichtigt.

### 1.2 Basis der Untersuchung

Zur Abhandlung des Themas werden theoretische Konzepte und empirische Analysen anhand von Beispielfällen kombiniert. Dieses gilt sowohl für die beschriebenen Wirkungen der großintegrierten Systeme als auch für die diskutierten Untersuchungsmethoden.

Zur Darstellung der Nutzeffekte und Kosten standen zwei Informationsquellen zur Verfügung:

1. Mit Querschnittsuntersuchungen wurden auf der Basis von Literaturrecherchen Daten zu IV-Nutzeffekten gesammelt und ausgewertet.

2. Mit Hilfe von Einzelfalluntersuchungen konnten Auswirkungen von IV-Investitionen anhand konkreter Beispiele beobachtet und analysiert werden.

Die Querschnittsanalysen beruhen auf gesammelten Artikeln, die Aussagen zu Nutzeffekten sowie Schäden/Schwächen der IV enthalten und mit Hilfe von Deskriptoren in einer Datenbank gespeichert wurden. Es handelt sich überwiegend um Literatur aus dem deutschen und englischen Sprachraum. Der verfügbare Datenbestand umfaßt mehr als 3.000 Quellen. Da solche Untersuchungen an der Abteilung Wirtschaftsinformatik der Universität Erlangen-Nürnberg seit Beginn der 80er Jahre durchgeführt wurden (vgl. MERTENS 82 und ANSELSTETTER 86), konnten auch Vergleiche im Zeitablauf vorgenommen werden.

Ein Schwerpunkt liegt auf dem Fertigungsbereich, der 1986 und 1989 (vgl. RÖSCH 86 und SCHUMANN 89) zusätzlich mit speziellen Erhebungen analysiert wurde. Eine getrennte Untersuchung fand zu DV-Systemen statt, die für die einsetzenden Unternehmen strategische Wirkungen hervorgebracht haben. Zu diesem Bereich wurden 1988 ca. 200 Fallbeispiele gesammelt und ausgewertet (vgl. SCHUMANN 88). Ebenso liegen spezielle Auswertungen zu den Nutzeffekten betrieblicher Expertensysteme vor (vgl. ULRICH 89).

Diese Sekundäranalysen können allerdings nur erste Anhaltspunkte für Nutzeffekte und Kosten liefern, indem sie etwa von Unternehmen während der Planungsphase für "What-if"- oder "How-to-achieve"-Rechnungen eingesetzt werden. Kritisch ist anzumerken, daß in den verfügbaren Veröffentlichungen weit häufiger von Bruttonutzeffekten als von Kosten berichtet wird. Aussagen zu Nettonutzeffekten sind selten zu finden und lassen sich oft nur schwer abschätzen. Hinzu kommt, daß weit häufiger über erfolgreiche als über fehlgeschlagene Projekte publiziert wird. Es finden sich insgesamt wenig Langzeituntersuchungen, und berichtete Anfangserfolge werden oft nicht revidiert, wenn sich später ein schlechteres Ergebnis einstellt oder die Anwendung sogar scheitert.

Mit den Einzelfallstudien, deren Ergebnisse hier einfließen, konnten zusätzliche Aspekte identifiziert und in die Analyse eingebracht werden. Solche Untersuchungen beziehen sich auf den Einsatz von Bürokommunikationssystemen (vgl. MERTENS 86) und die Nutzung von geschlossenen Warenwirtschaftssystemen im Einzelhandel (vgl. LUTZ 89). Hinzu kommen Erfahrungen durch Arbeiten bei einem mittelständischen Fertigungsbetrieb, für den nach IV-Anwendungen gesucht wurde, mit denen das Unternehmen seine Wettbewerbsposition verbessern kann. Dabei erfolgte auch eine Bewertung der ausgewählten Vorschläge.

Kritisch muß man zu den Einzelfallstudien anführen, daß die ermittelten Ergebnisse sehr unternehmensspezifisch sind. Daher lassen sich auf dieser Basis kaum allgemeine Schlußfolgerungen treffen.

Für die Einzelfallstudien konnten aber ausgewählte Analysemethoden und Rechenverfahren eingesetzt werden, um sie auf die praktische Anwendbarkeit und Relevanz zu überprüfen. Bei den Einzelfallbetrachtungen wurden Basisdaten der Querschnittserhebungen als Anhaltspunkte oder Grundlage herangezogen. So ließ es sich z. B. fallweise klären, ob die in den Praxisbeispielen ermittelten Ergebnisse sich durch die Erfahrungen der Sekundärerhebungen bestätigen lassen.

## 1.3 Aufbau der Arbeit

Das Thema wird nachfolgend in fünf Abschnitten behandelt. Ausgangspunkt bildet die Abgrenzung und Charakterisierung großintegrierter IV sowie die Diskussion der mit ihr verfolgten Zielsetzungen. Dazu werden die Anwendungen systematisiert und Beispiele vorgestellt. Es schließt sich in Kapitel 3 eine Analyse der Faktoren an, die die Wirtschaftlichkeit derartiger Applikationen beeinflussen. Nutzeffekte und Kosten sowie Schwächen der großintegrierten IV werden ausführlich diskutiert. Kapitel 4 behandelt Verfahren, mit denen man die Wirtschaftlichkeit dieser Anwendungen beurteilen kann. Die einzelnen Ansätze werden klassifiziert sowie Rahmenbedingungen aufgezeigt. Anschließend werden Vorgehensweisen erläutert, die eine umfassende Bewertung erlauben. Um eine geschlossene Darstellung zu bieten und eine vollständige Untersuchung großintegrierter Systeme zu ermöglichen, werden neben Verfahren, die primär Integrationswirkungen und/oder Wettbewerbseffekte beurteilen, auch solche skizziert, mit denen sich Einzeleffekte bewerten lassen.

Wirtschaftlichkeitsuntersuchungen bilden nur einen Aspekt bei der Auswahl von DV-Investitionsprojekten. Sie sind als Teilkomponente in den IV-Planungsprozeß einzuordnen. Daher werden in Kapitel 5 umfassendere Verfahren zur Selektion von DV-Investitionen vorgestellt. Diese sollen dazu beitragen, IV-Investitionsportfolios für ein Unternehmen zu ermitteln. Kapitel 6 beschreibt Ansätze zur DV-Unterstützung bei Wirtschaftlichkeitsuntersuchungen für die IV. Schließlich wird auf dieser Grundlage ein umfassendes Konzept zur rechnerunterstützten Bewertung von großintegrierten IV-Systemen entwickelt.

## 1.4 Literatur zu Kapitel 1

ANSELSTETTER 86    Anselstetter, R., Betriebswirtschaftliche Nutzeffekte der Datenverarbeitung, Anhaltspunkte für Nutzen-Kosten-Schätzungen, 2. Aufl., Berlin u. a. 1986.

LUTZ 89    Lutz, H., Wirtschaftlichkeitsuntersuchungen für den Einsatz von Warenwirtschaftssystemen im Selbstbedienungs-Handel, Diplomarbeit, Nürnberg 1989.

MERTENS 82    Mertens, P., Anselstetter, R., Eckardt, T. und Nickel, R., Betriebswirtschaftliche Nutzeffekte und Schäden der EDV -

Ergebnisse des NSI-Projektes, Zeitschrift für Betriebswirtschaft 52 (1982) 2, S. 135 ff.

Mertens 86    Mertens, P., Zeitler, P., Schumann, M und Koch, H., Untersuchungen zum Nutzen-Kosten-Verhältnis der Büroautomation, in: Krallmann, H. (Hrsg.), Planung, Einsatz und Wirtschaftlichkeitsnachweis von Büroinformationssystemen, Berlin 1986, S. 103 ff.

RÖSCH 86    Rösch, U., Untersuchungen zu betriebswirtschaftlichen Nutzeffekten der EDV in den Jahren seit 1983, Diplomarbeit, Nürnberg 1986.

SCHUMANN 88    Schumann, M. und Hohe, U., Nutzeffekte Strategischer Informationssysteme, Angewandte Informatik 30 (1988) 12, S. 515 ff.

SCHUMANN 89    Schumann, M., Mertens, P. und Haspel, B., Abschätzung der Vorteilhaftigkeit von CIM-Komponeten und Integrationskonzepten - eine Bestandsaufnahme, Arbeitsberichte des Instituts für Mathmatische Maschinen- und Datenverarbeitung, Band 22, Nr. 16, Erlangen, November 1989.

ULRICH 89    Ulrich, Th., Analyse der Nutzeffekte von Expertensystemen, Studienarbeit, Erlangen 1989.

# 2 Charakterisierung des Untersuchungsbereichs

## 2.1 Großintegrierte IV-Systeme

### 2.1.1 Abgrenzung und Begriffe

Die Integrierte IV ist durch eine geschlossene Konzeption unterschiedlicher Typen betrieblicher IV-Systeme gekennzeichnet. Diese umfassen Administrations-, Dispositions-, Planungs- und Kontrollsysteme. Zur Verbindung der Teilsysteme sind umfangreiche und sorgfältige Abstimmungen zwischen den einzelnen Programmen notwendig. Menschliche Interventionen werden auf ein Mindestmaß reduziert. Dateneingaben für die einzelnen Teilkomplexe finden zu diesem Zweck in möglichst frühen Phasen statt. Die Programme kommunizieren über Datei- oder Datenbankschnittstellen. Die Abwicklung einzelner Geschäftsvorfälle wird an das Rechnersystem zurückgemeldet, um dort von dem gleichen oder einem anderen Programm weiterverarbeitet zu werden. Die Rückmeldung kann auf elektronischem Weg, z. B. mit einem BDE-System, oder manuell in Form von Rücklaufbelegen erfolgen. Ein Merkmal integrierter Systeme ist, daß vom Standpunkt des Unternehmensgeschehens mehr oder weniger künstliche Abteilungsgrenzen zurückgedrängt werden[1].

Unter großintegrierter IV sollen solche Systeme verstanden werden, die sich nicht nur abteilungsübergreifend einsetzen lassen, sondern auch umfangreiche Prozesse oder Tätigkeiten unterstützen, die größere organisatorische Einheiten betreffen. Es kann sich dabei um Bereiche, das ganze Unternehmen oder auch unternehmensübergreifende Einheiten handeln.

Eine Basis der Integration bildet der gemeinsame Datenbestand, den man benutzt, um die einzelnen Aufgaben abzuwickeln. Dieses Konzept wird als Datenintegration bezeichnet. In der einfachsten Ausprägung werden die Daten zwischen Programmen automatisch ausgetauscht oder einzelne Anwendungen nutzen gemeinsame Dateien. Umfassender sind Unternehmensdatenmodelle, die sämtliche Datenbestände eines Betriebes abbilden. Im Extremfall sind es Informationen verschiedener Unternehmen, auf die alle beteiligten Instanzen (Programme oder Personen) zugreifen. Die Datenintegration ist in der Regel Voraussetzung einer Funktionsintegration, bei der mehrere arbeitsteilige Tätigkeiten zu einer Funktion zusammengefaßt werden, um speziell die

---

1)     Zu den grundsätzlichen Merkmalen der Integration und zur Diskussion des Integrations-Begriffs vergleiche Mertens (MERTENS 66A, S. 165 ff., insbes. S. 167). Eine jüngere Veröffentlichung liegt von Heilmann vor (vgl. HEILMANN 89).

Durchlaufzeit der gesamten Aufgabenabwicklung zu verkürzen. Teilweise spricht man auch von einer Prozeß- oder Vorgangsintegration (vgl. BULLINGER 89, S. 13).

Mit einer umfassenden CAD-Lösung ist es beispielsweise möglich, eine CAD-gestützte Produktkonstruktion im Entwicklungsbereich um Aufgaben der Arbeitsvorbereitung anzureichern, z. B. Stücklisten sowie Arbeitspläne für die Produktionsplanung und -steuerung des Fertigungsbereiches zu generieren sowie die notwendigen Programme zur Steuerung der NC-Maschinen zu erzeugen. In einem solchen Fall liegt dann die Integration von CAD-, CAP-, PPS- und CAM-Systemen vor.

Bei der am weitesten entwickelten Form der Integration kommunizieren nur noch Anwendungen miteinander und tauschen Informationen aus. Dieses können auch Programme verschiedener Unternehmen sein, die über ein zwischenbetriebliches Netz verbunden sind.

Unter einer Programmintegration soll hier das Verknüpfen und Abstimmen auch eigenständig lauffähiger Anwendungen verstanden werden. In integrierten Lösungen muß man verhindern, daß Applikationen, die auf unterschiedlichen Voraussetzungen beruhen, miteinander kombiniert werden. Solche Restriktionen können unter anderem durch die in den Anwendungen eingesetzten Algorithmen entstehen. Wird beispielsweise die DV-gestützte Absatzplanung mit Hilfe eines Verfahrens, das saisonale Schwankungen berücksichtigt, durchgeführt, so lassen sich auf dieser Basis Bestellrechnungen für Lieferantenaufträge nicht mit einem Programm, das die Andlersche Losgrößenformel verwendet, bestimmen. Die Andlersche Losgrößenformel kann nur dann eingesetzt werden, wenn die Bestellmengen über längere Zeit konstant sind.

Bei integrierten Lösungen ist ferner darauf zu achten, daß die Nahtstellen zwischen den einzelnen Programmkomplexen aufeinander abgestimmt sind. Die Abstimmung besteht insbesondere darin, daß man Informationen in unterschiedlichen Systemen konsistent verwendet und die Datenformate zwischen den einzelnen Applikationen vereinheitlicht. Ansonsten können zusätzliche Tätigkeiten an diesen Nahtstellen erforderlich werden. Außerdem muß der Funktionsumfang zwischen den Anwendungen abgeglichen werden, um einzelne Aufgaben eindeutig zuzuordnen.

Eine weitere Schwierigkeit liegt in der Koordination zwischen den Läufen verschiedener Programmbereiche. Häufig ist die Reihenfolge wichtig, in der einzelne Anwendungen ausgeführt werden, da Teilprogramme Ergebnisse für andere Bereiche bereitstellen oder aktuelle Inputdaten erzeugen. Dabei haben ebenfalls personelle Tätigkeiten Einfluß. So muß man z. B. im Industriebetrieb für den Programmkomplex "Fertigungsfortschrittskontrolle" sicherstellen, daß bei einem Programmlauf auf sämtliche verfügbaren Informationen aus der Fertigung zugegriffen wird, da nur so eine aktuelle Rückmeldung abgeschlossener Fertigungsaufträge erfolgt. Auf dieser Grundlage kann die Werkstattsteuerung eine angemessene Zahl feinterminierter Fertigungsaufträge auslösen.

Zusätzlich ist die Laufhäufigkeit integrierter Programme zu berücksichtigen. Werden Planungssysteme, von denen andere Komplexe abhängig sind, zu oft ausgelöst, muß auch in diesen nachgelagerten Modulen eine Neuplanung erfolgen. Dadurch besteht die Gefahr, daß permanente Planungsänderungen negativen Einfluß auf das operative Geschehen haben. Andererseits werden die Pläne wertlos, wenn sich die Planungsgrundlagen aufgrund eines zu langen Zeithorizontes ändern.

Neben den bislang beschriebenen Integrationsgegenständen läßt sich alternativ danach trennen, ob eine innerbetriebliche oder zwischenbetriebliche Integration vorliegt. Erstere bezieht sich auf Programmkomplexe innerhalb eines Unternehmens.

Zwischenbetrieblich findet man die Großintegration z. B. in der Logistikkette, wie zwischen Zulieferer und Hersteller, Hersteller und Großhändler oder Einzelhändler und Endverbraucher. Dabei können mehr als zwei Unternehmen auf elektronischem Weg verbunden sein. Der Umfang der Verknüpfungen hängt unter anderem von der Anzahl der Produktionsstufen ab, auf denen jeweils verschiedene Firmen zur Produkterstellung tätig sind. Erhält ein Hersteller über ein DV-System von einem Kunden eine Produktspezifikation und gibt Teile davon, ebenfalls DV-gestützt, an eigene Zulieferer weiter, so liegt bereits eine zweistufige Verbindung vor.

Großintegrierte Systeme unterstützen damit den Kommunikations- und Koordinationsprozeß, der zur Auftragsabwicklung oder zum Leistungsaustausch zwischen den Einzelunternehmen stattfindet.

Sie tragen somit nicht nur dazu bei, Hemmnisse, die aufgrund einzelner Funktionsbereiche oder Abteilungsgrenzen vorhanden sind, zu überwinden, sie helfen auch, Abstimmungsprobleme, die bei der zwischenbetrieblichen Geschäftsabwicklung auftreten, zu reduzieren.

Schließlich soll danach unterschieden werden, ob eine horizontale Integration innerhalb des Prozesses der betrieblichen Leistungserstellung oder eine vertikale Integration, z. B. zwischen administrativen Abläufen oder dispositiven Aufgaben, stattfindet.

Abbildung 2.1.1/1 zeigt die zuvor skizzierten und für das Thema relevanten Integrations-Abgrenzungen. Eine Integration von Benutzerschnittstellen, die durch eine Vereinheitlichung von Anwendungsoberflächen (software- und hardwaremäßig) entsteht, wird nachfolgend nicht behandelt. Ebenso kann die Integration von Einzelschritten des Software-Entwicklungsprozesses ausgegrenzt werden (vgl. dazu etwa HEILMANN 89).

## 2.1.2 Ausprägungen großintegrierter IV-Systeme

Großintegrierte Systeme lassen sich nach unterschiedlichen Kriterien systematisieren. Nachfolgend werden verschiedene Beispiele zu solchen Klassifikationen gegeben:

1. Nach der Zahl der über ein DV-System verbundenen Unternehmen und ihrer Rechtsposition (abhängig/unabhängig) kann man innerbetriebliche und zwischenbetriebliche Systeme unterscheiden. Dabei läßt sich weiter unterteilen, ob z. B.

   - mehrere Betriebsteile eines Unternehmens über das DV-System zusammengeschaltet sind; ein Beispiel ist ein unternehmensweites Lagerbestandsführungssystem;
   - mehrere selbständige Unternehmen, die unter einer einheitlichen Leitung eines Konzerns stehen, mit der DV-Anwendung verbunden sind; zu denken wäre hier an ein Informationssystem, über das konzernweit die Finanzanlage und der Ausgleich von Zahlungsmittelbeständen erfolgen;
   - völlig unabhängige Unternehmen, die nur in einer Kunden- oder Lieferanten-Beziehung stehen, durch die Informationstechnik (IT) gekoppelt sind; typische Anwendungen dieses Bereichs bilden Bestellsysteme.

2. Werden im Prozeß der Produkt- oder Dienstleistungserstellung nacheinander folgende Schritte unterstützt (das System ist in die Wertschöpfungskette integriert), so handelt es sich um eine horizontale Integration. Verbindet das System mehrere, auf gleichen Wertschöpfungsstufen kooperierende Partner mehrerer Branchen, z. B. Handels- und Bankbetriebe, so handelt es sich um ein vertikal integrierendes System.

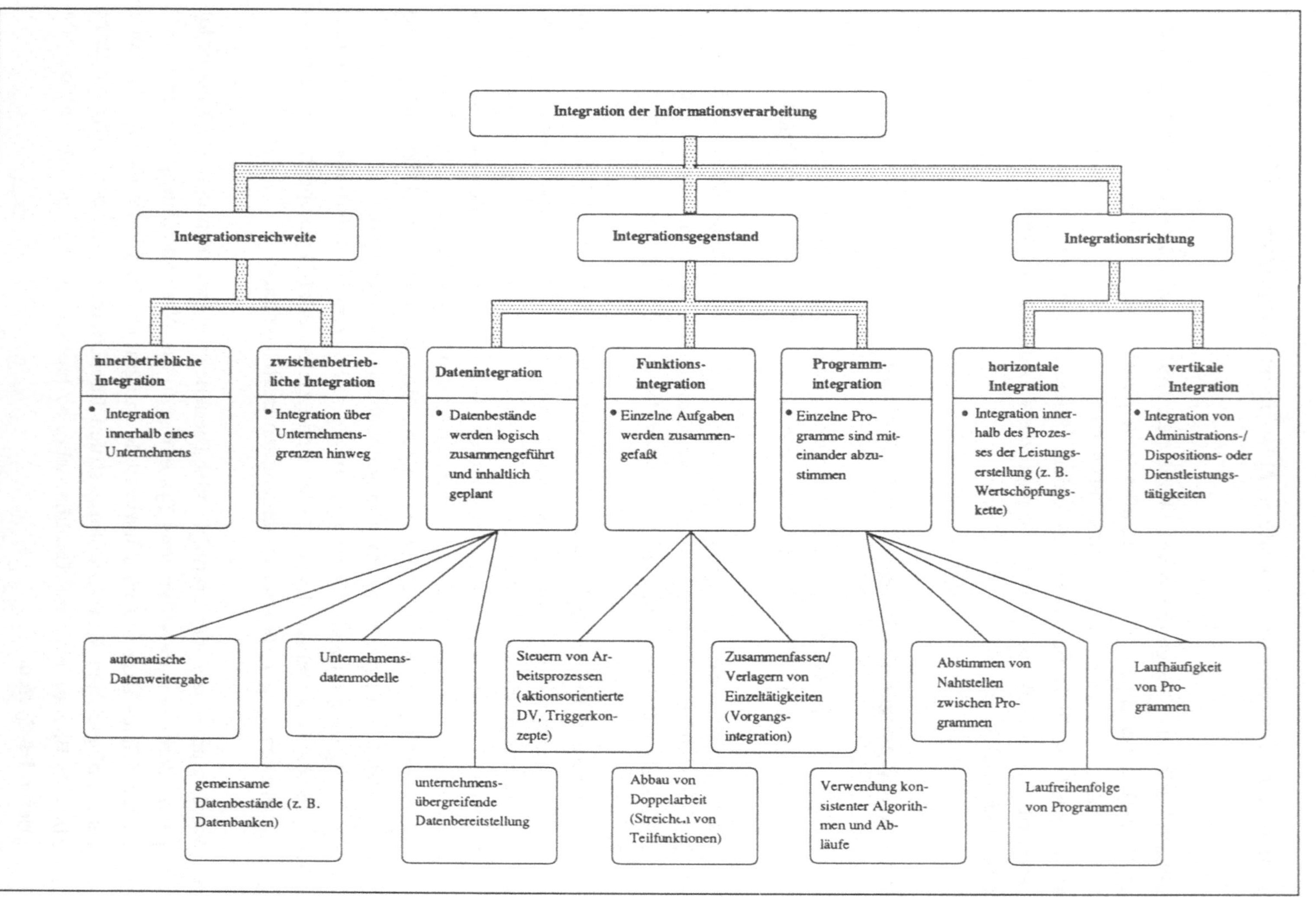


Abb. 2.1.1/1   AUSGEWÄHLTE INTEGRATIONS-ABGRENZUNGEN

3. Außerdem läßt sich eine Unterscheidung nach dem Wirtschaftszweig oder den Branchen vornehmen, in denen die DV-Anwendung eingesetzt wird.


## 2.1.2.1 Innerbetriebliche und zwischenbetriebliche Integration

Innerbetrieblich großintegrierte Anwendungen sind in Industriebetrieben sowohl im Produktions- als auch Verwaltungsbereich sowie übergreifend anzutreffen. Im ersten Fall handelt es sich um moderne integrierte Fertigungslösungen oder CIM-Ansätze. Im Verwaltungsbereich können Bürokommunikationsanwendungen genannt werden, insbesondere dann, wenn über ein unternehmensweites Netzwerk z. B. die Electronic Mail-Kommunikation unterstützt wird. Bisweilen findet man in der Literatur auch schon den Begriff des Computer Integrated Business (vgl. BULLINGER 87). Dabei darf aber nicht verkannt werden, daß die meisten Anwender bei den Integrationsbestrebungen bislang über eine Kopplung von Einzeltechniken kaum hinauskommen (vgl. KÖHL 89, S. 82 ff.). Die vollständige Integration der C-Techniken, die abhängig von der jeweiligen Art des Produktionsunternehmens gesehen werden muß, findet sich zur Zeit nur selten. Daher erscheint die umfassende DV-Kopplung technischer und betriebswirtschaftlicher Bereiche für die meisten Unternehmen noch weit entfernt (vgl. GLASER 91, S. 277 ff.).

Außerdem sollen hier auch solche DV-Systeme, die etwa mehrere Betriebsteile eines Unternehmens verbinden, innerbetrieblichen Lösungen zugerechnet werden[2]. Man muß dabei allerdings berücksichtigen, daß zum Datenaustausch die Leistungen von Netzdienst-Anbietern in Anspruch genommen werden müssen, wenn die Verbindung über öffentliche Kommunikationswege führt. Somit werden externe Dienstleistungen genutzt. In der Bundesrepublik können mittlerweile als Anbieter die TELECOM und private Unternehmen auftreten.

IBM besitzt beispielsweise ein konzernweites Kommunikationsnetz "VNET" (vgl. DOHERTY 86, insbes. S. 309 ff.). Damit sind über 225 Standorte mit mehr als 2.000 Rechnersystemen verbunden. Die DV-Anlagen ermöglichen eine Electronic Mail-Kommunikation der IBM-Mitarbeiter. Außerdem unterstützt das System viele aufgaben- und fachspezifische Computerkonferenzen. Über das Netz können weltweit die geeigneten Spezialisten zu einer Problemlösung befragt werden. Die zugehörigen Konferenz-Dateien bilden deshalb wichtiges Unternehmens-Know-how und Informati-

---

2) Auch Mertens rechnet den Datenverkehr zwischen Konzernunternehmen oder Unternehmen und ihren juristisch unselbständigen Organisationseinheiten nicht zur zwischenbetrieblichen Integration (vgl. MERTENS 85, S. 81).

onsressourcen, die zur gesteigerten Leistungsfähigkeit und zum verbesserten Kundenservice des IBM-Konzerns beitragen.

Ein typisches Beispiel für großintegrierte innerbetriebliche Anwendungen im Bereich des Handels sind Warenwirtschaftssysteme. Mit ihnen werden der vollständige Güterfluß und die zugehörigen Hilfsfunktionen des Handelsbetriebes abgebildet. Der Funktionsumfang reicht vom Auslösen einer Bestellung für die Lieferanten über den Wareneingang und die Einlagerung bis hin zur Ausgangserfassung mit Hilfe von POS-Kassen. Die während dieses Prozesses gesammelten Daten können als Basis für vielfältige Auswertungen und zur Entscheidungsunterstützung dienen. Im Rahmen des Güteraustausches und des damit verbundenen Informationsflusses ist es auch denkbar, Warenwirtschaftslösungen mit zwischenbetrieblichen Komponenten anzureichern, z. B. zum Datenaustausch mit Lieferanten oder Marktforschungsinstituten (vgl. PETRI 89).

Noch komplexer als großintegrierte innerbetriebliche Anwendungen sind oftmals zwischenbetriebliche, da hier mehrere Unternehmen beteiligt sind. Damit wird es schwieriger, die wirtschaftlichen Auswirkungen zu bestimmen, denn Veränderungen bei der Vorgangsabwicklung treten für mehrere Teilnehmer auf. Der Grad, in dem Einzelunternehmen als Systembeteiligte an den Nutzeffekten der Anwendung partizipieren, kann dabei z. B. durch die jeweilige Verhandlungsposition oder Verhandlungsmacht bestimmt werden, die bei den einzelnen Parteien vorhanden ist.

Betrachtet man allein die Hardwareseite, so scheinen zwischenbetriebliche Anwendungen viele Gemeinsamkeiten mit dezentralen DV-Systemen zu besitzen. Es wird in beiden Fällen zumeist verteilte Rechnerleistung genutzt, und die einzelnen dezentralen Komponenten sind über ein Kommunikationsnetz miteinander verbunden. Dennoch lassen sich wesentliche Unterscheidungsmerkmale feststellen. Cash u. a. führen vier Kriterien an (vgl. CASH 85B):

1. Zwischenbetrieblich integrierte Anwendungen überschreiten Grenzen rechtlich selbständiger Unternehmen. Dabei werden Informationsressourcen anderer Organisationseinheiten direkt zur Leistungserstellung oder -bereitstellung im eigenen Unternehmen verwendet. Unter anderem macht dieses zur Steuerung der Anwendung eigenständige oder neue Kontrollsysteme erforderlich. Ein Beispiel sind Bestellsysteme zum Materialabruf zwischen Zulieferern und Herstellern, die eine nach dem Just-in-Time-Konzept organisierte Produktion unterstützen. Der Zulieferbetrieb kann mit einer solchen Anwendung unmittelbar den Produktions-

fortschritt beim Hersteller und dessen Materialbestände abfragen, um die eigene Produktion der Lieferteile steuern zu können. Damit wird für den Lieferanten eine neue Dispositionsform geschaffen, deren Ausgangspunkt nicht die Bestellung, sondern der Produktionsfortschritt des Kunden ist. Umgekehrt werden Lagerbestände vom Produzenten zum Lieferanten verlagert oder zumindest bei ersterem abgebaut.

2. Zwischenbetriebliche Informationssysteme können dazu beitragen, daß bestimmte Marktteilnehmer von Informationen ausgeschlossen werden, während andere einen Vorteil durch zusätzliche Informationen erhalten. Ebenfalls gibt es Fälle, bei denen große Hersteller schwächeren Zulieferern oder Abnehmern mit der Einführung zwischenbetrieblicher Systeme gewisse Verhaltensmaßregeln, wie die Form der Anlieferung/Abnahme von Waren, diktieren. Dieses kann zu Wettbewerbsverzerrungen führen, die auch kartellrechtliche Auswirkungen haben. Hier sind dann teilweise staatliche Lenkungsmaßnahmen notwendig, um eine für Konsumenten nachteilige marktbeherrschende Stellung oder ein Monopol zu verhindern. Ein Beispielfall für staatliche Interventionen war das Buchungssystem SABRE von American Airlines (AA), das durch ein gezielt gesteuertes Informationsangebot (AA-Flüge wurden immer auf der ersten Seite des Bildschirms angezeigt) am Flugreservierungsmarkt Wettbewerbsverzerrungen hervorrief. AA wurde durch Gerichtsentscheid gezwungen, das Informationsangebot um Konkurrenzfluggesellschaften zu ergänzen und die einseitig bevorzugende Auswahl aufzugeben (vgl. CASH 85A, hier S. 206 ff. und S. 217 ff.). Es gibt mittlerweile EG-Verordnungen, die verhindern sollen, daß Regulierungsbemühungen auf dem europäischen Markt mit Hilfe amerikanischer Reservierungssysteme unterlaufen werden (vgl. O.V. 89A). Ein weiterer Fall ist das Händlerbevorratungssystem für Ersatzteile, AUTOPART, der Volkswagen AG. Durch zusätzlich von VW angebotene Betriebsvergleiche für die KFZ-Werkstätten wird es für den einzelnen Händler unattraktiv, Ersatzteile von dritter Seite zu kaufen, da dann dieser Vergleich, der nur auf den VW-Daten beruht, die Händlersituation nicht korrekt widerspiegelt. In diesem Fall nahm das Bundeskartellamt Einfluß auf die Vertragsgestaltung zwischen den Händlern und VW. Der Vertrag zur Nutzung des Materialbevorratungssystems kann vom Händler mit kürzeren Fristen gekündigt werden als der Händlervertrag selbst (vgl. MERTENS 86, S. 7 f.).

3. Es werden Infrastrukturen bereitgestellt, die den Aufbau und die Nutzung der zwischenbetrieblichen Großsysteme erleichtern. Ein Beispiel sind Kommunikationsnetze und Anwendungsprotokolle zum Informationsaustausch zwischen ver-

schiedenen Unternehmen. Diese erlauben es, Systeme unterschiedlicher Hersteller mit Hilfe einer Protokollschnittstelle zu verbinden. Außerdem wird es damit auch kleineren Unternehmen möglich, solche Anwendungen einzusetzen, ohne sich in übermäßige DV-Abhängigkeiten von Anbietern der zwischenbetrieblichen Leistungen zu bringen (vgl. BUMBA 90).

Insbesondere bei Betrieben, die mit vielen Geschäftspartnern einen zwischenbetrieblichen Informationsaustausch betreiben und aufgrund ihrer schwachen Marktstellung die logischen Datenstrukturen sowie den Protokollaufbau der anderen Unternehmen akzeptieren müssen, treten Abstimmungsprobleme auf. Um selber eine vollständige Planung durchführen zu können, sind identische Datenstrukturen für gleichartige Vorgänge und einheitliche Definitionsgrundlagen für die einzelnen Daten Voraussetzung. In einem ersten Schritt muß dazu häufig eine aufwendige Transformation der unterschiedlichen Inputinformationen erfolgen. Datenaustauschformate können mit Hilfe von Hard- und Software zur Protokollkonvertierung vereinheitlicht werden (vgl. Kapitel 3.9).

Die Leistungsbereitstellung zur Informationsübertragung von dritter Seite kann sogar so weit gehen, daß eine komplette DV-Dienstleistung, zumeist für Kunden in anderen Branchen, angeboten wird. Beispielsweise ist in den USA ein landesweites Netzwerk von Geldausgabeautomaten namens CIRRUS vorhanden. An dieses Netz, das von einem unabhängigen Unternehmen betrieben wird, können sich Banken anschließen, um ihren Kunden einen besseren Bargeldservice zu bieten (vgl. GIFFORD 88).

4. Schließlich besitzen zwischenbetriebliche Großsysteme einen wesentlich stärkeren Einfluß auf die Geschäftsabwicklung des Unternehmens und insbesondere die Wettbewerbsfähigkeit des Anwendungsbetreibers als traditionelle innerbetriebliche oder dezentrale DV-Applikationen. Sie tragen zur Beeinflussung von Marktstrategien oder zur Veränderung von Wettbewerbskräften bei. Damit muß bei der Beurteilung ihrer Nutzeffekte auch dieser Einfluß berücksichtigt werden (vgl. Kapitel 2.1.3 und 2.2).

## 2.1.2.2 Horizontale und vertikale Integration

Eine horizontale Integration wird mit dem DV-System vorgenommen, wenn Kommunikationskanäle im Produkterstellungs- und Vertriebsprozeß geschlossen oder verkürzt werden. Im industriellen Bereich betrifft dieses die Wertschöpfungskette. Hier kann das Beispiel aus Kapitel 2.1.1 verwendet werden, in dem eine integrierte DV-Unterstützung von der Konstruktion bis zur Produkterstellung aufgezeigt wurde. Abbildung 2.1.2.2/1 veranschaulicht das Zusammenfassen einzelner Unternehmensaktivitäten anhand der Wertschöpfungstätigkeiten für ein integriertes CAD-System. Ebenso läßt sich unternehmensübergreifend der Informationsfluß zwischen Lieferanten und Herstellern oder auf der Vertriebsseite zwischen Produzenten und Großhändlern sowie Endkunden verändern.

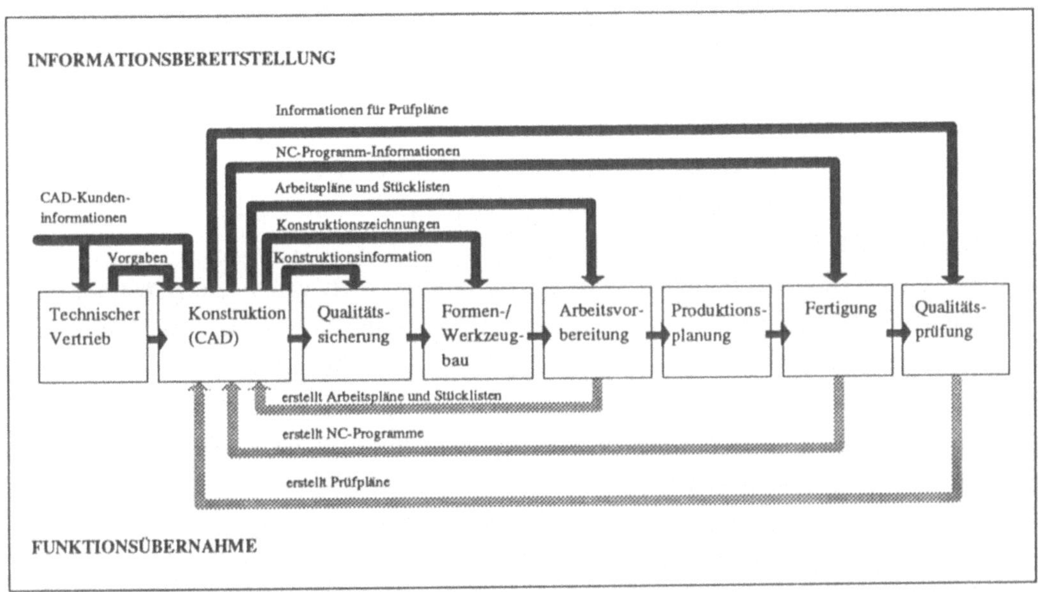


*Abb. 2.1.2.2/1*    VERSCHIEBUNG DER ARBEITSINHALTE DURCH DEN CAD-EINSATZ

Zwischen Unternehmen können Abstimmungsprozesse entfallen, und man reduziert den Datenerfassungsaufwand. Ein Auftrag wird nur noch von dem Kunden direkt am Terminal erfaßt und ist damit auch dem Auftragnehmer zugänglich.

Auf der Vertriebsseite sind als Beispiele zwischenbetrieblicher Anwendungen integrierte computergestützte Informations- und Bestellsysteme zu nennen. Diese lassen sich unter anderem nach dem Grad der Integration, der in dem Umfang des bereitgestellten Leistungsangebotes zum Ausdruck kommt, in vier Stufen klassifizieren (vgl. HOHE 88, S. 14):

-   Die reine Bestelldatenübermittlung erfolgt auf elektronischem Weg. Dazu können standardisierte Datenaustauschprotokolle, wie die EDIFACT-Normen, eingesetzt werden.

- Gemeinsame Datenbestände verbessern den Bestellvorgang. So kann der Kunde anhand der Lagerbestände des Händlers prüfen, ob das gewünschte Produkt auch vorrätig ist.

- Zusätzlich wird die Ablauforganisation des Kunden unterstützt, z. B. wird die Preisauszeichnung über das Bestellsystem vom Lieferanten übernommen (wie im Apothekengroßhandel). Es kann über ein solches System auch die Lagerbestandsführung auf den Lieferanten übertragen werden. Die Anwendung des Lieferanten unterbreitet dann auch automatisch Bestellvorschläge. Voraussetzung dafür ist, daß Lagerabgänge mit dem System erfaßt werden. Ebenso können durch Auswertung der Bestellinformationen, die häufig Rückschlüsse auf den eigentlichen Verkauf (beispielsweise bei einem Einzelhändler) zulassen, Marketinginformationen angeboten werden. Tendenziell übertragen IV-Systeme der dritten Stufe Aufgaben des Wareneingangs auf die Lieferanten (z. B. Qualitätsprüfung) und solche der Auftragserfassung (Bestelldateneingabe) auf die Kunden (vgl. SCHEER 89).

- Der Auftrag kann schließlich automatisch vom Bestellsystem ausgelöst werden, wobei der Kunde nur noch wenig oder gar keinen Einfluß auf Zeitpunkt und Menge der Bestellung sowie die Auswahl der Lieferquelle hat.

Abbildung 2.1.2.2/2 gibt Beispiele, in welchen Schritten mit zwischenbetrieblicher IV Kundenbestellungen abgewickelt werden können. In jeder Stufe erhöht sich dabei die Integration, die von einem einfachen Datenaustausch bis zur automatischen Funktionsabwicklung für den Systemnutzer reicht.

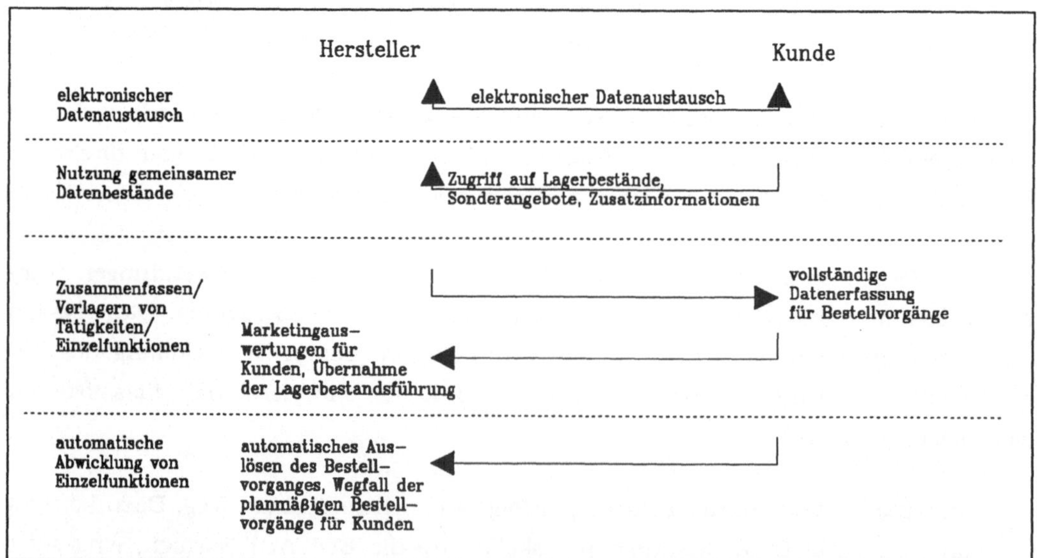


*Abb. 2.1.2.2/2*   STUFEN VON KUNDENBESTELLSYSTEMEN

Zwischenbetriebliche DV-Systeme bei Herstellern oder dem Handel und Lieferanten (Lieferantenbestellsysteme) unterscheiden sich letztlich von den zuvor beschriebenen Bestellsystemen mit Kunden nur dadurch, daß die Initiative von der Kundenseite ausgeht.

Beim Einsatz von Lieferantenbestellsystemen sind für eine nach dem Just-in-Time-Prinzip organisierte Fertigung üblicherweise beim Zulieferer Terminals installiert, über die der Materialabruf für Lieferteile erfolgt.

Vertikale Systeme sind dagegen nicht direkt in den Wertschöpfungsprozeß integriert. Sie stellen im allgemeinen eine Informations- sowie Dienstleistungsfunktion bereit und tragen dazu bei, neue oder erweiterte Serviceleistungen verfügbar zu machen und administrativen Aufwand zu senken. Es werden mehrere Funktionen miteinander verknüpft, die für eine Dienstleistung zu erbringen sind; damit wird ein verbessertes Angebot unterbreitet, oder der Kunde kann eine einfachere Prozedur zur Abwicklung des Kaufprozesses nutzen.

Innerbetrieblich läßt sich als Beispiel einer vertikalen Anwendung ein Preisinformationssystem für den Vertrieb nennen, an das die Außendienstmitarbeiter über PCs mit Akustikkopplern angeschlossen sind. Das System macht Preisvorschläge für Kundenverhandlungen und berücksichtigt dabei unterschiedliche Faktoren, wie bisher getätigte Umsätze mit dem Kunden und damit verbundene Deckungsbeiträge oder derzeitige Lagerbestände und nicht ausgelastete Produktionsbereiche, für die spezielle Konditionen eingeräumt werden können (vgl. MERTENS 88B, hier S. 25 ff.). Bei Anwendungen in der Fertigung spricht man dann z. T. von vertikaler Integration, wenn Planungsaufgaben zur Produktionsplanung und -steuerung von der Auftragsplanung über die Fertigungsplanung und -steuerung bis zur Rückmeldung von Mengen und Terminen miteinander verbunden werden (vgl. SCHULZ-WILD 89, S. 75 ff.).

Ein zwischenbetriebliches Beispiel sind Banking-POS-Systeme, welche die bargeldlose Zahlungsabwicklung bei Handelsbetrieben unterstützen.

Kennzeichnend für vertikal integrierte Systeme ist, daß häufig unterschiedliche Branchen miteinander verbunden werden oder daß ein elektronischer Markt geschaffen wird. Unter solchen elektronischen Märkten werden DV-Systeme verstanden, die in einer Datenbank Angebote verschiedener Unternehmen einer Branche enthalten und den Interessenten Informationen über die Produkte bzw. Dienstleistungen eines Marktes liefern. Man kann derartige Systeme auch als Weiterentwicklung von Bestellsystemen verstehen, mit dem Unterschied, daß Offerten mehrerer Anbieter in der Datenbank enthalten sind (vgl. SCHUMANN 88, hier S. 522). In der Regel handelt es sich dabei um Standardprodukte. Komplexe Erzeugnisse sind dagegen aufgrund ihrer Erklärungsbedürftigkeit für elektronische Märkte kaum geeignet.

Für manche Unternehmen bietet es sich an, ihre Dienstleistungen über Computernetze oder spezielle Ausgabeautomaten abzuwickeln oder zu vertreiben. Manchmal wird auch ein Dienstleistungsangebot Dritter genutzt, um die IT als selbständigen Absatzkanal zu verwenden. Beispiele sind hier Netzwerke für Geldausgabeautomaten oder auch Anwendungen zum Electronic Funds Transfer wie das SWIFT-System.

Anstelle der vertikalen und horizontalen Integration wird stellenweise eine Einteilung nach funktionaler (im Sinne der Kombination von Wertschöpfungskomponenten) und kooperativer Integration (zur gemeinsamen Informationsnutzung mehrerer Unternehmen mit gleichartigen Aufgaben) vorgenommen (vgl. ISCHEBECK 89).

## 2.1.3 Ziele großintegrierter IV-Systeme

Die Darstellung der Ziele, die Unternehmen mit dem Einsatz großintegrierter Systeme verfolgen, wird nach inner- und zwischenbetrieblichen Anwendungen unterteilt. Gründe, die bei internen Applikationen angeführt werden, gelten sinngemäß auch für zwischenbetriebliche. Darüber hinaus sind hier zusätzliche Aspekte zu berücksichtigen.

## 2.1.3.1 Ziele innerbetrieblich integrierter IV-Systeme

Mit integrierten Systemen versucht man, Vorgänge durch ein DV-System möglichst geschlossen abzubilden, so daß Schnittstellen, die mit einem manuellen Übertragen von Daten und eventuell sogar einem Informationsverlust verbunden sind, weitgehend vermieden werden. (Aufgrund der personellen Datenerfassung werden nur die zwingend notwendigen Informationen bereitgestellt. Weitere, ebenfalls nützliche Daten bleiben unberücksichtigt.) Dazu unterstützt man die Aufgaben mit DV-Anwendungen abteilungs- und funktionsbereichsübergreifend, um mit der Integration zu einer verstärkt ganzheitlichen Bearbeitung von Einzelvorgängen beizutragen. Vor allem Durchlaufzeiten lassen sich dadurch verkürzen.

So wird ein Produktionsbetrieb, der eine kundenwunschorientierte Fertigung oder eine Kleinserienfertigung betreibt, bestrebt sein, den Bereich CAD-CAE-CAP-PPS zur schnelleren Auftragsabwicklung zu integrieren. Ein Massenproduzent sieht dagegen die PPS-CAM-BDE-Integration als vorrangig an, um eine möglichst störungsfreie Fertigung zu gewährleisten.

Die Integration kann auch einen direkten Beitrag zum Erreichen der Unternehmensziele leisten, beispielsweise, wenn Kostensenkungen angestrebt werden. Ein integriertes BDE-System trägt dazu bei, Fehlersituationen in der Fertigung schneller zu erkennen und damit Umdispositionen oder Reparaturvorgänge im Vergleich zur konventionellen Lösung früher einzuleiten. Als Resultat ergibt sich eine Gesamtkostensenkung in diesem Bereich, wenn man einen Vergleich mit der manuellen Rückmeldung vornimmt. Abbildung 2.1.3.1/1 zeigt dazu empirische Beispiele für Nutzeffekte von BDE-Anwendungen (38 Quellen).

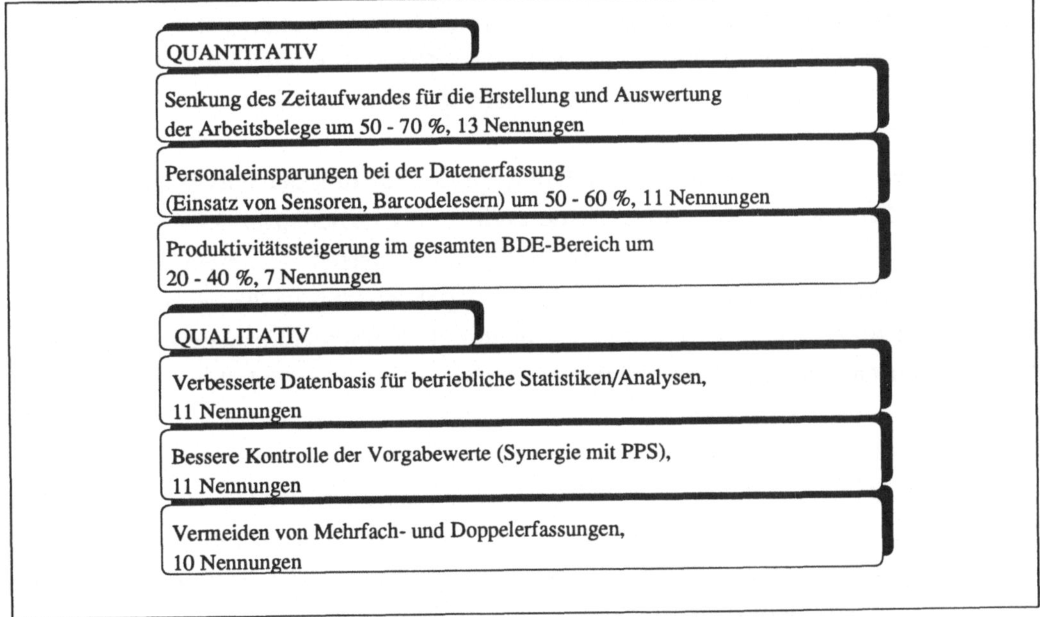



*Abb. 2.1.3.1/1*        NUTZEFFEKTE DES BDE-EINSATZES

Ein weiteres Ziel der Integration besteht darin, den manuellen Inputaufwand zu reduzieren, gleichzeitig aber Informationen jeweils dort verfügbar zu machen, wo sie von einzelnen Teilsystemen benötigt werden. Dazu kann es notwendig sein, die Daten vorher geeignet aufzubereiten. Auch diese Vorgänge werden üblicherweise automatisiert. Damit verbunden ist das Wegfallen von Übertragungs-, Abstimm- und Prüftätigkeiten, die normalerweise nicht zur Wertschöpfung eines Unternehmens beitragen. Weil manuelle Übertragungstätigkeiten abgebaut werden, reduziert sich auch der Anteil von Fehlern, die auf inkonsistenten Daten beruhen.

Mit Hilfe von einheitlichen und aktuellen Informationen läßt sich der Mißstand verringern, daß in verschiedenen betrieblichen Bereichen unterschiedliche Entscheidungen aufgrund einer differierenden Informationsbasis getroffen werden. Verschiedene Informationsgrundlagen überwindet man auch dadurch, daß die meisten Daten, die Planungs- und Kontrollsysteme als Grundlage benötigen, automatisch bereitgestellt werden.

So ist es in einer integrierten BDE-gestützten Konzeption möglich, die Nachkalkulation weitgehend zu automatisieren und die manuellen Dateneingaben stark zu reduzieren. Aufträge lassen sich an einzelnen Fertigungseinrichtungen, z. B. mit Barcodes, identifizieren, und die Zeiten von Fertigungsarbeitern können über Erfassungsgeräte in der Fertigung direkt in das System aufgenommen werden. Maschinenlaufzeiten für einzelne Aufträge erfaßt man automatisch. Damit steht ein Großteil des Mengengerüstes für die Auswertungen bereit. Die Maschinendaten können gleichzeitig zur Analyse von Wartungstätigkeiten herangezogen werden.

Ein wichtiges Ziel ist außerdem die vollständige Ausführung der Vorgänge. Integrierte Systeme stellen hier sicher, daß einzelne Schritte des Arbeitsprozesses nicht vergessen werden. Diese Unterstützung findet bei großintegrierten Systemen nicht nur auf der Ebene einzelner Tätigkeiten statt, sondern gut konzipierte Anwendungen sollen eine bereichsübergreifende Hilfestellung bieten. Bei einer Auftragsfertigung stehen Konstrukteuren am CAD-Arbeitsplatz Informationen über Normteile zur Verfügung, deren Verwendung zu wesentlichen Kostenvorteilen für das Endprodukt führt. Die Konstruktionsergebnisse werden automatisch an die Arbeitsvorbereitung übertragen, so daß dort die notwendigen Arbeitspläne abgeleitet werden können. Dabei sind weitere Automatisierungsschritte, bis hin zur automatischen Arbeitsplanerstellung, denkbar. Ebenso kann man Stücklisten teilautomatisch für die Produktionsplanung verfügbar machen. Zieht die Konstruktion eine Veränderung der Fertigungsanlagen, z. B. neue Werkzeuge, nach sich, so sind die Zeichnungen auch Ausgangspunkt für die Werkzeugerstellung.

Die DV-technische Realisierung kann es auch erlauben, suboptimale Lösungen zu verhindern, da das System Informationen unterschiedlichster Bereiche zur Abwicklung von Aufgaben bereitstellt oder auf dieser Basis selbst Lösungsvorschläge unterbreitet. Die einbezogenen Informationen wären sonst eventuell nur unter großem

Aufwand für einzelne Mitarbeiter zu erhalten, oder sie hätten Mühe, bei vielfältigen Einzelinformationen den Überblick zu bewahren.


## 2.1.3.2 Ziele zwischenbetrieblich integrierter IV-Systeme

Eine Philosophie beim Einsatz innerbetrieblicher Anwendungen ist es, sich auf Nahtstellen existierender Applikationen zu konzentrieren und diese durch Systemverbesserungen abzustimmen. Bei den zwischenbetrieblichen Systemen geht es um Schnittstellen zwischen Programmkomplexen verschiedener Unternehmen. Daher können auch bei allen Teilnehmern Integrationsnutzeffekte erwartet werden.

Wie im innerbetrieblichen Bereich können Aufwendungen zur Dateneingabe reduziert und Durchlaufzeiten abgebaut werden. Ebenso treten weniger Übertragungsfehler auf. So erzielt das US-Großhandelsunternehmen McKesson durch ein Kundenbestellsystem Personalkosteneinsparungen in Höhe von 50 Mio. US $ pro Jahr (Bezugsjahr 1985) (vgl. SCHINDLER 86). Dieses ist primär darauf zurückzuführen, daß die Auftragserfassung zu einem großen Teil auf die Kunden verlagert werden konnte. Ein Beispiel zur schnelleren Vorgangsabwicklung bildet der elektronische Datenaustausch zwischen dem US-Bekleidungshersteller Seminole Manufacturing Co. und dem Discounter Wall-Mart. Hier konnte die Lieferzeit um 50 % auf durchschnittlich 22 Tage gesenkt werden. Der Umsatz des Herstellers mit dem Einzelhändler erhöhte sich aufgrund der elektronischen Verbindung um 31 % (vgl. GELFOND 87, hier S. 80).

Auf der Lieferantenseite ergeben sich durch solche Systeme Kostenreduktionen bei der administrativen Auftragsabwicklung und weniger Fehler. Ebenfalls kann eine erhöhte Kundenbindung mit dem Einsatz zwischenbetrieblicher Systeme einhergehen.

Die Kunden haben geringere Auftragsvorlaufzeiten, damit verbunden reduzierte Lagerbestände sowie weniger Falschlieferungen durch Fehler während der Auftragsbearbeitung.

In diesem Bereich führen zwischenbetriebliche Systeme nicht nur dazu, daß personelle Teilaufgaben und daraus entstehende Doppelarbeiten abgebaut werden, bisweilen ermöglichen die eingesetzten Anwendungen auch eine Verlagerung der Wertschöpfung. Dieses ist insbesondere in der Automobilindustrie festzustellen, wo der Anteil von Zulieferteilen am Gesamtwert des Endproduktes in den letzten Jahren ständig angestiegen ist (vgl. BÖHMER 88). Dazu trägt der elektronische Datenaustausch mit den Lieferanten bei, der in dieser Branche besonders weit fortgeschritten ist. Der Informationsaustausch zwischen Händlern und Lieferanten ermöglicht ein Abgleichen der Produktion, so daß die Gefahr, daß beim Hersteller Zulieferteile fehlen und damit ein Produktionsstopp eintritt, weitgehend verhindert wird. Im Extremfall verzichtet der Hersteller sogar auf ein Zwischenlager. Dieses ist für Just-in-Time-Kooperationen üblich. Die Reduzierung des eigenen Wertschöpfungsanteils trägt dazu bei, daß sich das Risiko, einen Verlust bei einem Fehlschlag eines neu eingeführten Produktes zu erleiden, verringert. Durch die Wertschöpfungsverlagerung gehen sowohl der relative Entwicklungskostenanteil als auch die relativen Kosten für neue Fertigungsanlagen für das Gesamtprodukt zurück.

Ein weiteres Ziel kann es bei zwischenbetrieblichen Systemen sein, die Kosten der Leistungserstellung oder des Endproduktes zu verringern. Für Kunden, die z. B. über ein Kommunikationsnetz Kriterien bei der Warenausgangsprüfung des Lieferanten steuern und die Ergebnisse abfragen, wird es weitgehend überflüssig, eine Wareneingangsprüfung selbst durchzuführen. Die Kosten der Produktion des Endproduktes reduzieren sich damit um den Betrag dieser Prüfung. Der Lieferant wird allerdings seine Kontrollen nicht abbauen können, da er bestrebt sein muß, hohe Qualitäten zu liefern.

Bei zwischenbetrieblichen Systemen versucht man, nicht nur Auftragsdurchlaufzeiten oder Einzelvorgänge zu beschleunigen, vielmehr lassen sich ganze Produktentwicklungszyklen, deren Länge bei innovativen Märkten ein wesentliches Erfolgskriterium bildet, reduzieren. Ein Ansatz dazu ist der elektronische Austausch von Konstruktions- und Spezifizierungsdaten zwischen Unternehmen schon in frühen Produktentwicklungsphasen. Lieferanten von Fertigungsanlagen müssen zusätzlich einbezogen werden, wenn für das Neuprodukt ebenfalls neue Anlagen erforderlich sind. Eine innovative Lösung gibt es zwischen dem Automobilhersteller Ford und dem Bremsenproduzenten Teves. In beiden Unternehmen sind Videokonferenzstudios eingerichtet, die von Konstrukteuren benutzt werden, um schon zu Beginn der Produktentwicklung Informationen abzugleichen (vgl. BERKE 88).

Eine umfassende Integrationslösung zwischen Herstellern und Zulieferern betreibt in den USA General Motors. Das Unternehmen stimmt mit seinen Zulieferern sogar die Einkaufspläne ab, damit man bei gleichen Einkaufsquellen durch Bündelung der Bestellungen günstigere Konditionen erzielt (vgl. LAYNE 87). In einem solchen Fall muß allerdings kritisch hinterfragt werden, zu welchem Grad dann insbesondere kleinere

Zulieferer noch selbständig Entscheidungen treffen können oder ob sie aufgrund der weitgehenden Koordination durch den großen Partner beherrscht werden.


## 2.1.4 Besondere Probleme großintegrierter IV-Systeme

Neben den üblichen Problemen, denen sich Unternehmen beim Einsatz neuer Applikationen stellen müssen, findet man bei großintegrierten Systemen eine Reihe besonderer Anforderungen. Allgemein lassen sich diese in vier Kategorien einteilen:

- Technische Schwierigkeiten aufgrund hoher Anforderungen an die Hard- und Software, z. B. größere Ansprüche an den Datenschutz bei zwischenbetrieblichen Systemen,
- Leistungsmerkmale, die bei der Systemerstellung entstehen und befriedigt werden müssen,
- Hemmnisse, die auf der Anwenderseite bei der Nutzung der Applikationen auftreten, sowie
- organisatorische und rechtliche Fragestellungen, die beim Einsatz der übergreifenden Anwendungen gelöst werden müssen.


## 2.1.4.1 Probleme innerbetrieblich integrierter IV-Systeme

Da die einzelnen Daten bei integrierten Lösungen häufig vielen Verwendungsformen zugeführt werden, muß man manuelle Eingaben besonders genau und umfassend prüfen. Damit wird der Gefahr entgegengewirkt, daß sich Fehler über mehrere Bereiche hinweg fortpflanzen und durch vielfältigen Dateneinsatz schwer behebbare Folgefehler entstehen.

Stellenweise wird berichtet, daß integrierte Datenbestände dann zu Konfliktstoff zwischen den beteiligten Funktionsbereichen führen, wenn die Verantwortung für die Pflege der Daten und die Aktualität der Informationen nicht eindeutig geregelt ist (vgl. EBERS 89, S. 74). Tendenziell nimmt bei Integrationslösungen die Verantwortung der datenerfassenden Stellen zu.

Versuche, großintegrierte Lösungen mit Standardsoftware zu erstellen, scheitern häufig an der Inkompatibilität der Einzelsysteme, oder es sind aufwendige Datentransformationen und Anpassungen erforderlich. Die Modifikationen können dazu führen, daß sich das Leistungsspektrum des Einzelsystems reduziert. Die Forderung nach notwendigen Anpassungen verstärkt sich noch, wenn man Einzelstrukturen, die als Insellösungen geplant wurden, koppelt. Viele Integrationskonzepte sind daher in der Realisierungsphase auch durch solche zusätzlichen Anforderungen mit hohen Kosten verbunden, die die liquiden Mittel des Unternehmens stark belasten und stellenweise große Hürden darstellen.

Im Zusammenhang damit werden hervorragende Systemanalytiker benötigt, um Integrationslösungen zu planen und zu realisieren. Dennoch dürfte es nur in seltenen Fällen auf Anhieb gelingen, ein vollständig fehlerfreies System zu erstellen, auch weil sich der Test solcher Applikationen üblicherweise schwierig gestaltet. Um diese Probleme abzuschwächen, muß man bei der Einführung integrierter Lösungen häufig mehrere Anwendungen parallel betreiben, bis sich das neue System in einem eingeschwungenen Zustand befindet, so daß dadurch zusätzlicher Arbeitsaufwand notwendig wird. Es verlängert sich dadurch auch die kostenintensive Anlaufphase.

Bei geschlossenen IV-Lösungen müssen sehr viele Ausnahmesituationen und -prozeduren implementiert werden, um eine vollständige Datenbasis für Vorgänge zu erhalten, die auf vorausgehenden Tätigkeiten aufbauen. Eine Implementierung erweist sich dabei vielfach als aufwendig.

Es kann vorkommen, daß für einzelne Aufgabenstellungen nur unkomfortable und damit aus Sicht der Einzelanwendung suboptimale Lösungen entstehen. Dieser Weg wird beschritten, um die notwendigen Programme bereitzustellen und gleichwohl den Realisierungsaufwand nicht zu groß werden zu lassen. Ein Beispiel ist die Speicherung der Daten nach gewissen Ordnungskriterien, über die am häufigsten auf die Informationen zugegriffen wird, die sich aber für spezielle Auswertungen nur schlecht eignen. Diese Problematik tritt ebenfalls bei umfassenden Lösungen auf, wenn man sie von einem Programmanbieter bezieht. Hier liegen oftmals sowohl umfangreiche als auch leistungsschwächere Programmodule vor, so daß teilweise Erweiterungen notwendig werden. Ebenso ist zu berücksichtigen, daß einzelne Anwendungen gut und andere weniger gut für die vorhandene Unternehmensorganisation geeignet sind. Damit müssen auch aufwendigere Teillösungen in Kauf genommen werden.

In einem großintegrierten System sind an die Ausfallsicherheit besondere Anforderungen zu stellen. Ist beispielsweise der Zugriff auf die zentralen Datenbanken nicht möglich, kann es zum Stillstand ganzer Betriebsteile kommen. Diese Gefahr ist besonders hoch einzuschätzen, wenn man dazu die Ergebnisse von Analysen zur

"Überlebensfähigkeit von Unternehmen ohne Datenverarbeitung" in Beziehung setzt (vgl. CHRISTENSEN 87, speziell S. 8 ff.). Daher ist hier ähnlich wie bei der Einkaufsgestaltung eines Unternehmens vorzugehen, bei der abgesehen von wenigen Just-in-Time-Beziehungen mindestens zwei Lieferanten für ein Produkt vorgesehen werden. Man will so das Risiko des Lieferantenausfalls mindern. Auch für großintegrierte DV-Systeme ist es in den wesentlichen Komponenten notwendig, Fehlertoleranz, z. B. durch ein Parallelsystem oder redundante Komponenten, herzustellen.

Es sind ebenfalls erhöhte Anforderungen des Datenschutzes zu erfüllen. Speziell bei einer zentralen Speicherung der Daten und einem großen Kreis potentieller Systemanwender, die vielleicht von verschiedenen Standorten aus Zugriff haben, sind umfangreiche Vorkehrungen dagegen zu treffen, daß Informationen von Unbefugten genutzt oder manipuliert werden können.

## 2.1.4.2 Probleme zwischenbetrieblich integrierter IV-Systeme

Um zwischenbetriebliche Anwendungen zu schaffen, ist die Nutzung von Kommunikationsnetzen Voraussetzung. Dazu müssen Leistungen von dritter Seite in Anspruch genommen werden. Dieses sind private Netzwerkanbieter oder wie in der Bundesrepublik auch die Dienste der TELECOM. Mit der Nutzung von Rechnernetzen steigt die Gefahr, daß Unbefugte über die Kommunikationsverbindungen in DV-Systeme der Unternehmen eindringen oder die Netze im zwischenbetrieblichen Bereich angezapft werden. Speziell seien Hacker genannt. Zum Schutz der Unternehmensinformationen muß man daher zusätzliche Sicherheitsvorkehrungen einführen, die oft mit erheblichem Aufwand verbunden sind. Außerdem kann dadurch das Problem entstehen, daß sich aus Sicherheitsgründen nicht mehr die volle Funktionalität des elektronischen Übertragungsmediums nutzen läßt.

Das Schnittstellenproblem, das bereits bei internen Anwendungen angeführt wurde, stellt sich erst recht bei zwischenbetrieblichen Systemen. Hier sind zusätzlich die Datenstrukturen verschiedener Unternehmen einander anzupassen.

Außerdem ist es durch die Einführung einer solchen Anwendung möglich, daß sich die organisatorische Komplexität bei der Abwicklung von Geschäftsvorfällen erhöht. So muß bei der Einführung eines Bestellsystems mit Kunden weiterhin der traditionelle Weg der Vorgangsabwicklung beibehalten werden, da man selbst bei erfolgreichen Applikationen kaum mehr als 80 % des Gesamtunternehmensumsatzes über ein solches System abwickelt. Durch das parallele Betreiben der manuellen und der elektronischen Lösung wird der Gesamtprozeß komplizierter, die Zahl der Ausnahmefälle, die zu berücksichtigen sind, steigt an.

In Verbindung mit zwischenbetrieblichen Systemen ist teilweise der Gesetzgeber gefordert, rechtliche Rahmenbedingungen zu schaffen. Es stellt sich z. B. die Frage, ob eine Bestellung, die von einem DV-Programm generiert und über ein Rechnernetz zu einem Empfangsrechner übertragen wird, auch rechtliche Gültigkeit besitzt. Gleiches gilt für Stornierungen, wobei aufgrund der beschleunigten Kommunikationsvorgänge dem Zeitaspekt eine besondere Bedeutung zukommt.

Ein Praxisbeispiel zu den Gefahren durch die beschleunigte Vorgangsabwicklung bilden vollautomatische Aktienhandelssysteme. Kursverluste, die an den amerikanischen Börsen 1987 und 1989 innerhalb eines Tages auftraten, wurden u. a. darauf zurückgeführt, daß die an das Börsensystem angeschlossenen Handelssysteme alle einen Kursrückgang erkannten und daher Aktienverkäufe auslösten, die sich dann zusätzlich kumulierten und zu umfangreichen Kursverlusten führten. Als Gründe können hier

- eine durch die Integration nahezu real-time verfügbare Information,
- das mangelhafte Erkennen solcher sich aufschaukelnder Effekte sowie
- die vollständig an die Systeme delegierte Kauf- und Verkaufsentscheidung

genannt werden.

In diesem Beispiel werden die Anwendungen nicht als Entscheidungsunterstützungssysteme, sondern als selbständige Entscheidungssysteme eingesetzt. Würde man auf die selbständige Systementscheidung verzichten, so müßte man den Nachteil in Kauf nehmen, oft nur kurzfristig vorhandene Arbitragegewinne nicht realisieren zu können. Aufgrund der gesammelten Erfahrungen wurde es aber mittlerweile verboten, die DV-Systeme zum automatischen Handel einzusetzen, wenn die Kursschwankungen über einem festgelegten Prozentsatz liegen (vgl. O.V. 89D).

Schließlich sind umfassende Netze mit dem Risiko verbunden, daß an einer Stelle Viren in das System eingeschleust werden, die sich dann fortpflanzen und sämtliche anderen Teilnehmer einer Anwendung infizieren. Vergleicht man diese vernetzten Applikationen mit der biologischen Welt, so sind in der Natur getrennte Kreisläufe vorhanden, die eine unbegrenzte Ausbreitung von Defekten verhindern (vgl. VESTER

90, insbes. S. 13). Bei umfassenden IV-Lösungen müssen daher auch Vorkehrungen getroffen werden, die solche Gefahren reduzieren. Im Extremfall kann dadurch auch die Leistungsfähigkeit des Gesamtsystems herabgesetzt werden.

## 2.2 Unterstützung von Unternehmensstrategien mit großintegrierten IV-Systemen

In Abschnitt 2.1.3 wurde als eine Zielsetzung großintegrierter IT die Unterstützung der Unternehmensstrategie genannt. Dabei sind unterschiedliche Verhaltensweisen, die das Unternehmen verfolgen kann, zu berücksichtigen.

### 2.2.1 Kennzeichen strategischer Wirkungen großintegrierter IV-Systeme

Bei den strategischen Grundhaltungen der Unternehmen lassen sich zwei Einstellungen differenzieren, die maßgeblich durch die vorhandene Marktposition bestimmt werden (vgl. PORTER 88, S. 57 f.):

- Mit einer offensiven Grundhaltung wird angestrebt, die wichtigsten Wettbewerbskräfte mit Hilfe der Informationstechnologie aktiv zu beeinflussen.
- Mit einer defensiven Wettbewerbsstrategie betrachtet man die Branchenstruktur als Datum und versucht, die bestmögliche Position gegenüber den existierenden Wettbewerbskräften einzunehmen oder die Strategie an erwarteten Veränderungen auszurichten (adaptiv).

Entsprechend muß auch der Einfluß des DV-Systems auf die Geschäftsabwicklung sein.

Neben dieser Grundhaltung lassen sich nach Porter die folgenden Normstrategien unterscheiden, die das Unternehmen verfolgen kann (vgl. PORTER 88, hier S. 63 ff. und PORTER 86, insbes. S. 32 ff.):

- Die Kostenführerschaft soll erreicht werden. Ein Kostenführer setzt IV ein, um alle internen und externen Kostensenkungspotentiale zu nutzen.
- Bei der Differenzierungsstrategie verfolgt das Unternehmen das Ziel, den Kunden besser zu bedienen und damit höhere Preise zu fordern oder höhere Mengen umzusetzen. Ein Unternehmen kann sich differenzieren, indem es seinen Abneh-

mern individuelle Leistungen anbietet. Die daraus entstehende "Einma-ligkeit" führt zur Abnehmerbindung. Der Betrieb kann beispielsweise durch eine aus dem IV-Einsatz resultierende Senkung der Abnehmerkosten oder Steigerung der Abnehmerleistungen entsprechende Werte für den Kunden schaffen.

- Die Konzentrationsstrategie beruht auf der Wahl eines begrenzten Wettbewerbsfeldes. In diesem Bereich wird die Kostenführerschaft oder Differenzierung angestrebt. Der Unterschied zu den globalen Strategien besteht in der Konzentration auf eine eng begrenzte Zielgruppe.

Eventuell kann ein Unternehmen mit Hilfe der IV auch eine Kombination von Normstrategien verfolgen. Nicht berücksichtigt werden kurzfristige Verhaltensweisen, wie eine Markterschließung durch Einstandspreise, die nicht kostendeckend kalkuliert sind. Bei einem solchen Vorgehen leistet die IV keine direkte Unterstützung. Daher ist für die hier vorzunehmende Analyse die oben vorgestellte Einteilung ausreichend.

Die IV-Technik läßt sich nicht nur dazu nutzen, die Unternehmensstrategie zu unterstützen oder auszuführen, sie kann auch umgekehrt dazu beitragen, neue Unternehmensstrategien hervorzubringen. Dieser Zusammenhang wird in Abbildung 2.2.1/1 veranschaulicht (vgl. PARKER 86, S. 2).

Ein DV-System, das von einem Maschinenhersteller zur Fernwartung komplexer technischer Anlagen eingesetzt wird, ist vielleicht primär unter dem Aspekt der Kostensenkung bei den Wartungsaufgaben eingeführt worden. Die Online-Kopplung ermöglicht aber zusätzlich eine schnellere Reaktion beim Auftreten von Störungen. Den daraus entstehenden besseren Service kann man auch als Differenzierung gegenüber dem Wettbewerb interpretieren.

Folgt man den drei Normstrategien im Ansatz von Porter, so zielt der strategische Einsatz der IT darauf ab, eine günstige Plazierung in der Branche, in der das Unternehmen tätig ist, zu erreichen. Dieses müßte sich letztlich in einer Rendite ausdrücken, die über dem Branchendurchschnitt liegt. In diesem Zusammenhang wird auch von der Datenverarbeitung als "strategischer Waffe" gesprochen. Da man die Renditewirkungen der IV aber nur sehr schwer isolieren kann, erscheint diese Größe als Maß für ihren erfolgreichen Einsatz schlecht geeignet. Die Identifizierung strategischer Informationssysteme ist daher nicht immer eindeutig, es lassen sich jedoch eine Reihe von Faktoren herausarbeiten (vgl. MERTENS 86, hier S. 6 f.):

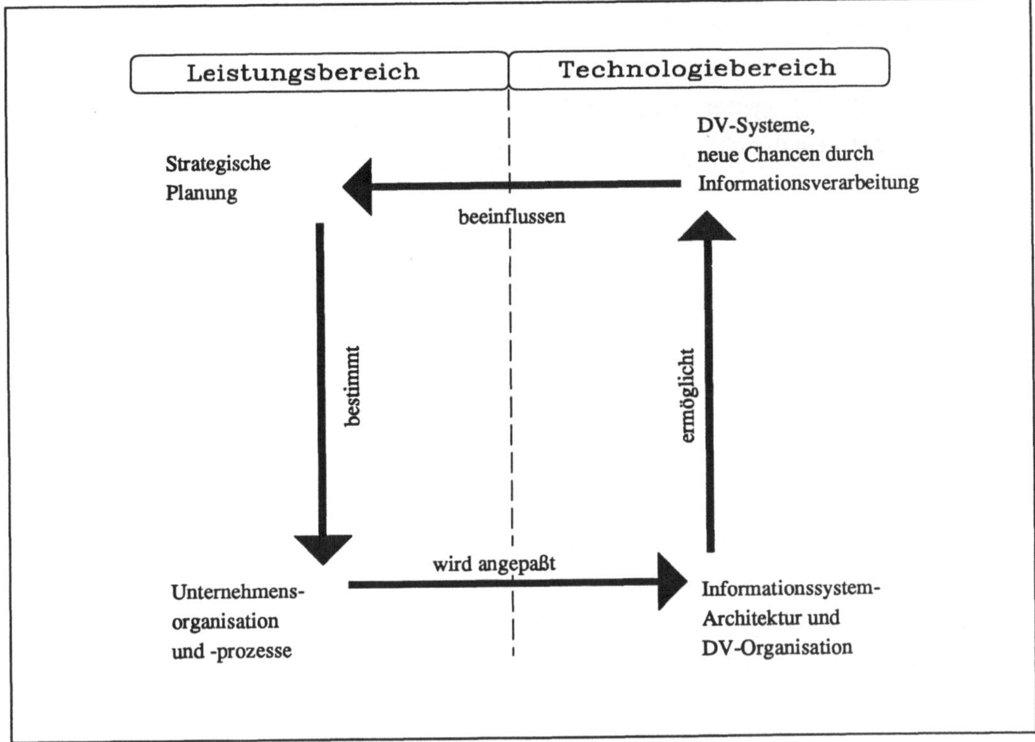



*Abb. 2.2.1/1*     ABHÄNGIGKEIT ZWISCHEN UNTERNEHMENS- UND
IV-STRATEGIE

- Ziel des Einsatzes eines Strategischen Informationssystems (SIS) ist es, mittel- bis langfristig eine Verbesserung des Unternehmens im Wettbewerb zu erreichen. Strategische Vorteile wird das Unternehmen dann erzielen, wenn es bei den Geschäftspartnern (Kunden, Lieferanten) Loyalität aufbauen und damit die Aktionen von Wettbewerbern neutralisieren kann. So läßt sich die Kundentreue freiwillig (z. B. durch besseren Kundenservice) oder unfreiwillig (z. B. durch langfristige Verträge für die Hardwarenutzung durch den Kunden) stärken. Lieferantentreue kann durch hohe Umstellungskosten erzwungen werden.

- Die Systeme sollen tendenziell eher auf eine Ertragssteigerung als auf eine Aufwandsreduzierung abzielen.

- Die Einführung des strategischen IS wird aufgrund der starken Zukunftsbezogenheit auf höchster Managementebene geplant und entschieden. Die Aktivitäten des Top-Managements sind stärker als die des Middle-Managements berührt, für die erste Führungsebene hat der Einsatz des IV-Systems eine vergleichbare Tragweite wie die Einführung eines neuen Produktes.

- Schließlich werden die Wettbewerbskräfte beeinflußt. Dieses können in der Porterschen Klassifikation (vgl. PORTER 88, S. 27 ff.)

- die Verhandlungsstärke der Lieferanten,
- die Verhandlungsstärke der Abnehmer,
- die Bedrohung eigener Produkte durch Substitute,
- die Bedrohung durch neue Konkurrenten sowie
- die Rivalität unter bestehenden Wettbewerbern

sein.

Die Intensität dieser Wettbewerbskräfte bestimmt langfristig die Attraktivität der Branche. Je nachdem, wie stark mit einem DV-System Einfluß genommen wird, kann man die Situation zum eigenen Vorteil verändern.

Im folgenden wird versucht, die strategischen Systeme nach ihrer Ausrichtung und der entstehenden Kundenbeziehung zu klassifizieren. Ein System soll immer dann als interne Anwendung eingeordnet werden, wenn es nicht direkt die Kunden- oder Lieferantenbeziehung berührt, also für die beiden Gruppen keine Verbindung mit dem DV-System besteht. Sehr wohl kann ein internes System aber zur Verbesserung der Leistungserstellung für den Kunden beitragen.

Externe Anwendungen sind solche, die primär auf Kunden oder Lieferanten zielen. Dieses sind Applikationen, die entweder direkt von diesen Gruppen genutzt werden oder aktiv die externe Beziehung beeinflussen.

Darüber hinaus gibt es Anwendungen, die zwar strategischen Charakter besitzen, aber keine Integration aufweisen. Typisch sind Stand-alone-PC-Lösungen, die man bei Kunden oder Absatzmittlern einsetzt. Ein bekanntes Beispiel ist der Kosmetik-Hersteller Shiseido. Dieser setzt PCs, mit denen Hautanalysen durchgeführt werden können, in Parfümerien ein. Die Ergebnisse dienen zur Beratung bei der Auswahl von Kosmetikprodukten (vgl. SCHIRO 84).

Ebenso existieren Systeme mit strategischen Wirkungen, bei denen die IT benutzt wird, um Produkte "intelligenter" zu gestalten. Beispiele hierfür sind Mikroprozessoren in Haushaltsgeräten, die den Energieverbrauch optimal steuern, oder elektronisch geregelte Antiblockiersysteme. Diese beiden zuletzt genannten Anwendungsklassen werden bei der hier vorgenommenen Betrachtung ausgeschlossen, da es sich nicht um großintegrierte Systeme handelt.

## 2.2.2 Innerbetriebliche IV-Systeme mit strategischen Wirkungen

In diesen Bereich sind in erster Linie CAx- und CIM-Systeme einzuordnen, die im Produktionsbereich von Industriebetrieben eingesetzt werden. CIM-Anwendungen weisen eindeutig strategische Eigenschaften, z. B. in Verbindung mit Kostensenkungspotentialen, auf. So kann ein Industriebetrieb, der hohe Investitionen in den Ausbau der Fertigungssysteme tätigt, eine Strategie der Kostenführerschaft in seiner Branche verfolgen. Beispiele hierzu sind:

- Man nutzt das Kostensenkungspotential, das darauf beruht, Vorteile aus der Erfahrungskurve zu realisieren (mit der IV kann eine neue Erfahrungskurve begründet werden (etwa durch die CAD/CAM-Kopplung)).
- Wirksame Kostenkontrollen, mit denen Abweichungen sofort erkannt werden können, lassen sich durch eine Verbindung zwischen BDE und Kostenrechnung realisieren.

Gelingt es, sich als Kostenführer zu etablieren, so kann der Vorteil durch niedrigere Preise an die Kunden weitergegeben werden, was eigentlich zu höheren Umsätzen und Marktanteilsgewinnen führen müßte. Nutzeffektaussagen von Unternehmen, die integrierte Systeme einsetzen, zeigen, daß Kostensenkungen nur eine Zielsetzung darstellen. Weitere Nennungen finden sich in Abbildung 2.2.2/1 (vgl. MERTENS 89, S. 110 ff.).

In diesem Zusammenhang muß auch auf Flexibilitätsvorteile, die sich beispielsweise durch den Einsatz Flexibler Fertigungssysteme ergeben, hingewiesen werden. Eine gesteigerte Fertigungsflexibilität kann zu kürzeren Auftragsdurchlaufzeiten oder der Möglichkeit führen, auch nach Bestätigung des Auftrages noch Änderungswünsche des Kunden zu berücksichtigen. Damit läßt sich zu einem besseren Kundenservice beitragen.

## 2.2.3 Zwischenbetriebliche IV-Systeme mit strategischen Wirkungen

Geht man von funktionalen Gesichtspunkten aus und nimmt eine Einteilung nach zu erfüllenden Aufgaben vor, dann lassen sich folgende Systemkategorien für extern orientierte strategische Anwendungen unterscheiden:

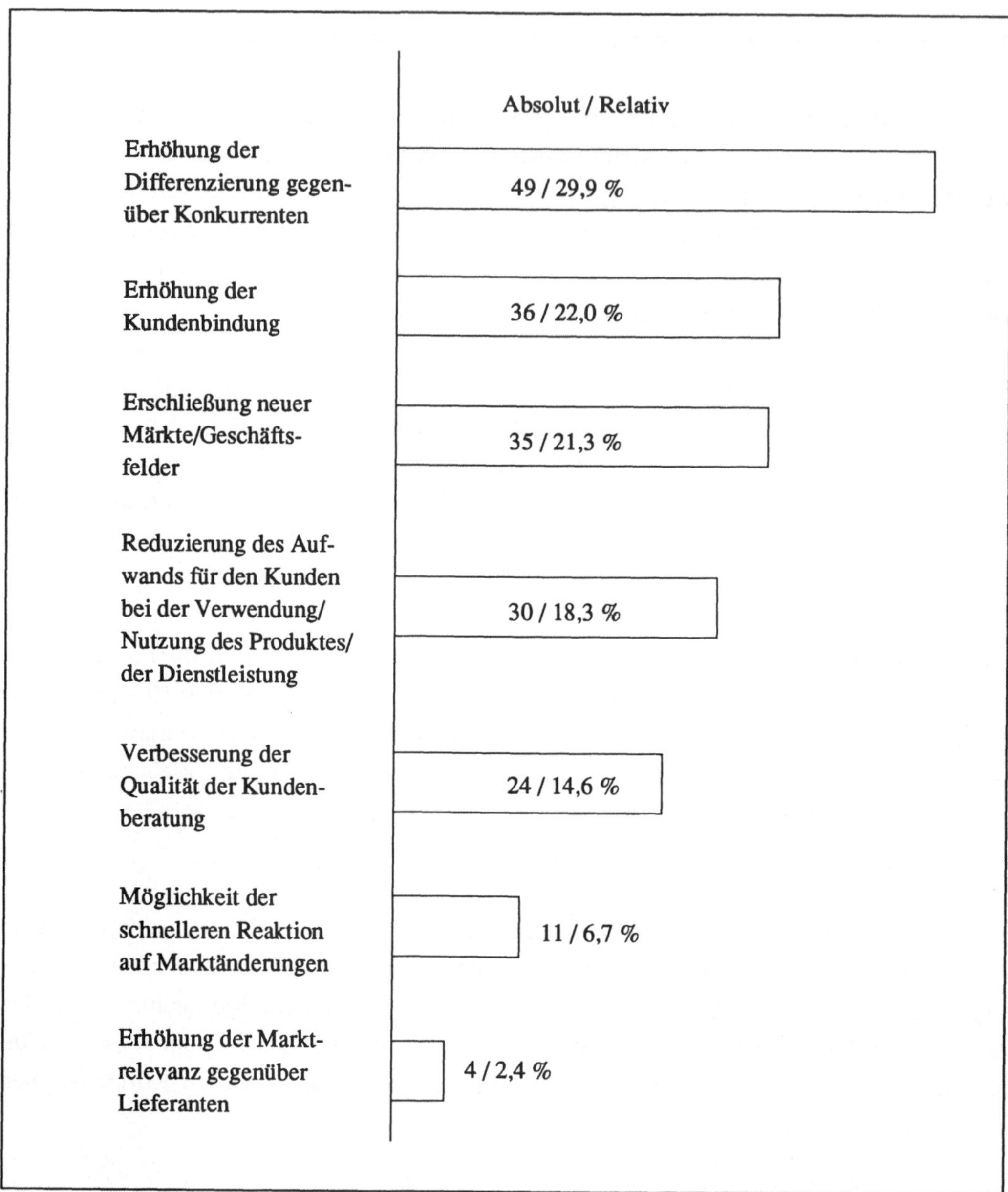



*Abb. 2.2.2/1*   ÜBERSICHT ZUR NENNUNG AUSGEWÄHLTER QUALITATIVER EFFEKTE (BEZUGSBASIS: 164; INKL. DOPPELNENNUNGEN)

- Bestellsysteme mit Kunden.
- Bestellsysteme mit Lieferanten.
- DV-Anwendungen, die für den Kunden in verschiedener Weise einen Zusatz-nutzen offerieren. Großintegrierte Dienste für solche Value-Added-Services finden sich schwerpunktmäßig im Investitionsgüterbereich, in dem Fernwartungssy-

steme zur Produktbetreuung eingesetzt werden. Im gewerblichen Versicherungs-
bereich existieren Anwendungen, die es Unternehmen (Kunden) erlauben, über
Kommunikationsnetze Rechnerressourcen einer Versicherungsgesellschaft zu
nutzen, um die eigene Prämienbelastung zu untersuchen (vgl. PETRE 85, hier S.
44). Mit Hilfe von "What-if"-Rechnungen lassen sich eventuell Vertragsum-
schichtungen aufzeigen, mit denen man die Prämien reduzieren kann.

- DV-Systeme, die sich von anderen dadurch unterscheiden, daß die IV dazu eingesetzt wird, neue Produkte bzw. Dienstleistungen zu schaffen oder durch Verkauf
interner DV-Leistungen an Dritte zusätzliche Geschäftsfelder für das Unternehmen zu erschließen. So hat der US-Einzelhändler Penny die Kreditkartenautorisierung für US-Tankstellen übernommen (vgl. EYMAN 85, hier S. 61). Das wohl
bekannteste Beispiel dieses Bereichs ist der Cash Management Account von
Merrill Lynch, der erst durch ein umfassendes DV-System ermöglicht wurde, in
dem das Unternehmen sämtliche Kundenaktivitäten zentral speichert und auswertet (vgl. WISEMAN 85, S. 112). Im Gegensatz zu diesem amerikanischen Angebot gibt es im Bankwesen der Bundesrepublik derartig umfassende Lösungen
schon seit einiger Zeit, so daß man das Leistungsangebot im nationalen Umfeld
sehen muß.

- Anwendungen, bei denen die IT die Rolle eines eigenständigen Absatzkanals
übernimmt, wobei Dienstleistungen den Kunden über elektronische Netze zur
Verfügung gestellt werden. Große Informationsbroker wie Reuters oder Dun &
Bradstreet sind typische Einsatzfälle.

- Elektronische Märkte sind ebenfalls als strategische Anwendungen einzustufen.


## 2.3 Organisatorische Einbindung zwischenbetrieblicher IV-Systeme

Bei einer Einführung zwischenbetrieblicher Anwendungen ist zu klären, wer für den
Betrieb des Systems verantwortlich zeichnet und wie die organisatorische Zuordnung
erfolgt.


## 2.3.1 Angebotsformen zwischenbetrieblicher IV-Systeme

Bei der Entwicklung und dem Angebot zwischenbetrieblicher Systeme lassen sich drei
grundsätzliche Strategien trennen:

1. Die Applikation wird von einem Unternehmen entwickelt und auch angeboten.
Damit trägt dieses Unternehmen auch das Investitionsrisiko. Das klassische Beispiel ist das Bestellsystem von American Hospital Supply.

Abhängig von seiner Marktmacht kann der Systemanbieter Kunden oder auch Lieferanten zur Nutzung des Informationssystemes zwingen. Von der Wettbewerbsposition wird es zum Teil auch abhängen, ob die Leistungen unentgeltlich zur Verfügung stehen oder ob die Nutzer eine Gebühr zu entrichten haben.

2.  Die Applikation wird in Kooperation von mehreren Unternehmen entwickelt. Hier sind verschiedene Spielarten denkbar:

-   Ein Hersteller und ein Lieferant erstellen gemeinsam eine bilaterale Anwendung zum Datenaustausch und zur Bestellabwicklung.
-   Mehrere Unternehmen der gleichen Branche schließen sich zusammen. Damit wird das Investitionsrisiko geteilt und/oder die Entwicklungszeit durch größeren Ressourceneinsatz reduziert. Häufig findet man dieses Verhalten bei Unternehmen, die versuchen, den Vorsprung eines Technologieführers einzuholen, und sich mit dieser Kooperationsstrategie einen größeren Erfolg versprechen. So sind die beiden europäischen Reservierungssysteme AMADEUS und GALILEO durch solche Strategien entstanden. Vor-wiegend europäische Fluggesellschaften haben sich hier zu zwei Blöcken zusammengeschlossen, um in dem für den Verkauf von Flugtickets strategisch wichtigen Geschäft der Reservierungssysteme vertreten zu sein.

3.  Ein unabhängiges Dienstleistungsunternehmen bietet die DV-Leistung an. Unternehmen der Branche, für die dieses Angebot interessant ist, können einen Nutzungs- oder Mietvertrag abschließen. Das volle Investitionsrisiko liegt auf der Seite des Dienstleistungsanbieters. Insbesondere im Bankgewerbe findet man solche Konstellationen. In den USA sind typische Anwendungen Rechnernetze mit Geldausgabeautomaten oder Netzwerke zur Kreditkartenautorisierung. Auch Banken selbst treten in diesem Bereich als Dienstleister auf. Nach einer Untersuchung des Beratungshauses McKinsey soll die Bank One 1985 einen Anteil von acht Prozent am Gesamtergebnis nach Steuern mit Kreditkarten und Scheckbearbeitung für andere Banken erwirtschaftet haben (vgl. BIFOA 87). Die Eigenkapitalverzinsung war dabei um ein Prozent höher als im klassischen Kredit- und Finanzierungsgeschäft. Es ergab sich ein Nettogewinn für die Bank One im Dienstleistungsbereich von 10 Millionen Dollar.

Ein anderes Beispiel ist die Kreditkartenorganisation Visa. Sie ist Betreiber von Interlink, dem größten POS-Netz der USA, und CalWestern, einem Clearingservice für etwa 1.000 Banken.

Zunehmend wird diskutiert, ob Unternehmen Netzdienste von unabhängigen Serviceanbietern beziehen sollen (Outsourcing). Als Aspekt werden insbesondere die Kosten angeführt, die bei einer Serviceleistung geringer sein können als bei einer Eigenentwicklung, die nur auf ein Unternehmen beschränkt ist (vgl. dazu O.V. 89C). Auch in der Bundesrepublik findet man verstärkt sogenannte Value-Added-Netze, die auf Datenkommunikationsdiensten aufbauen und zusätzlich über die Postleitungen weitere Leistungen bereitstellen. Zukünftig wird bei weiterer Liberalisierung des Postmonopols, insbesondere zur Datenkommunikation, eine Ausweitung des Angebots erwartet.

Verstärkt gliedern große Unternehmen ihre IV-Abteilungen aus, um sie als unabhängige Servicebetriebe führen zu können. Neben innerbetrieblichen Vorteilen ist es dadurch häufig einfacher, DV-Leistungen auch für Dritte anzubieten. Es wird dann eine ähnliche Funktion wie von unabhängigen Dienstleistungsunternehmen wahrgenommen.

## 2.3.2 Nutzungsformen zwischenbetrieblicher IV-Systeme

Eine mögliche Einteilung bei der Nutzung zwischenbetrieblicher Systeme bildet die nachfolgend dargestellte Einbindung des Unternehmens in das Kommunikationsnetz, auf dessen Grundlage die Anwendung abgewickelt wird. Es lassen sich drei Ebenen einer Beteiligung unterscheiden (vgl. BARRETT 82, hier S. 95 ff.):

- Ebene 1: Eingabe und Empfang von Daten, reine Nutzung des Systemangebotes.
- Ebene 2: Über die passive Anwendung des Systemangebotes hinaus wird auch eigene Software bereitgestellt. Diese Komponenten werden vom Unternehmen entwickelt und gewartet. Je nach Organisation kann zusätzlich der Betrieb der Anwendung übernommen werden.
- Ebene 3: Verwaltung des verbundenen Netzes und der gesamten Datenverarbeitung. Neben der aktiven Nutzung der Anwendungen ist das Unternehmen auch für das Betreiben des Gesamtsystems verantwortlich.

Abhängig davon, auf welcher Ebene der Anwender primär tätig ist, hat er unterschiedliche Einwirkungsmöglichkeiten auf die anderen Benutzer des Systems. Die Investitionshöhe, die für eine Beteiligung einzugehen ist, und damit auch die Austrittsbarrieren des Nutzers wachsen mit steigender Ebenenzahl. Ein Reisebüro, das auf Stufe 1 in die Anwendung eingebunden ist, kann durch schnelleren Datenzugriff einen guten Kundenservice bieten. Für eine Fluggesellschaft, die auf Ebene 2 agiert (z.

B. über ein Reservierungssystem), ist es möglich, gegenüber den Teilnehmern der Stufe 1 (den Reisebüros) Preise der Reservierungsdienstleistung, den Zugang für Teilnehmer etc. festlegen. Tendenziell können durch die Beeinflussung von Endbenutzern Mitglieder der Stufe 2 wesentlich höhere Nutzeffekte als Teilnehmer der Stufe 1 erreichen.

Die dritte Stufe bildet schließlich die Ausprägung, bei der auch das volle Investitionsrisiko zu tragen ist. Die Anwendung wird dabei nicht nur genutzt, sondern auch selbst betrieben. Das DV-Ergebnis für die Anwendung, beispielsweise bei einem Bestellsystem, ist direkt von der Nutzung und Akzeptanz durch den Kunden abhängig. Darum findet man gerade auf dieser Ebene bei manchen Systemen Kooperationen mehrerer Unternehmen. Abbildung 2.3.2/1 zeigt die Alternativen beim Angebot zwischenbetrieblicher IV noch einmal im Überblick.

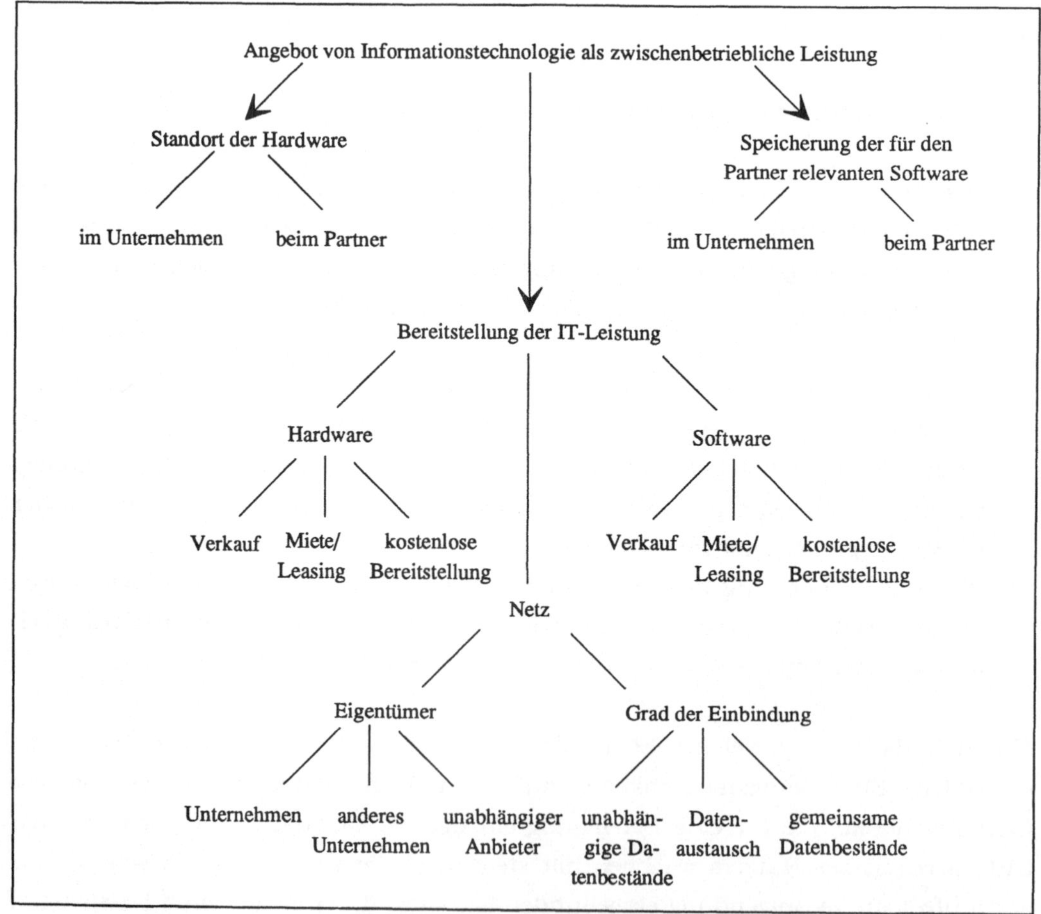


*Abb. 2.3.2/1*     ANGEBOTSFORMEN ZWISCHENBETRIEBLICHER IV-SYSTEME

## 2.4 Einsatzbereiche großintegrierter IV-Systeme

Abbildung 2.4/1 gibt einen Überblick zu möglichen zwischenbetrieblichen großintegrierten Systemen und den an diesen Anwendungen beteiligten Gruppen. Dabei fällt auf, daß auch vertikale Systeme innerhalb eines Wirtschaftszweiges vorzufinden sind. Sie tragen in ausgewählten Teilbereichen dazu bei, die Marktposition der beteiligten Unternehmen zu festigen. Solche Strategien werden üblicherweise für Teilmärkte oder Marktnischen angestrebt.

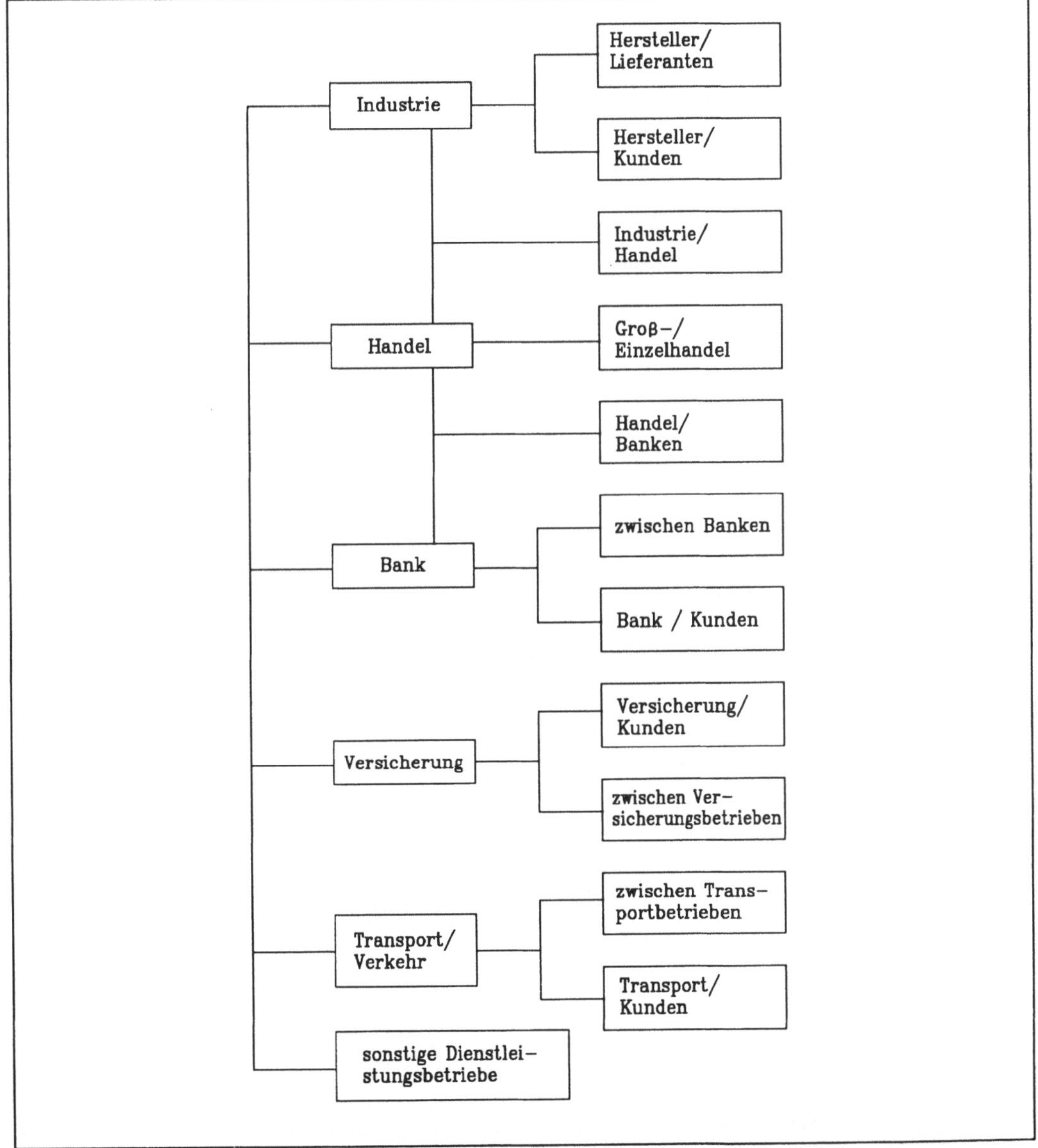


*Abb. 2.4/1*      ARTEN ZWISCHENBETRIEBLICH INTEGRIERTER IV-SYSTEME

## 2.4.1 Wirtschaftszweigbezogene Einsatzbereiche

### 2.4.1.1 Anwendungen im Bereich der Industrie

Innerbetrieblich werden im industriellen Bereich großintegrierte Systeme bereichs-intern in der Fertigung und Verwaltung sowie bereichsübergreifend eingesetzt. Zwischenbetrieblich sind die Anwendungen auf unterschiedlichen Stufen der Wert-schöpfungskette sowohl mit Zulieferern als auch Abnehmern angeordnet. Abbildung 2.4.1.1/1 gibt einen Überblick. In der Automobilindustrie finden sich sowohl Systeme zur Kommunikation mit Lieferanten als auch Anwendungen mit Verbindung zu den Händlerorganisationen[3].

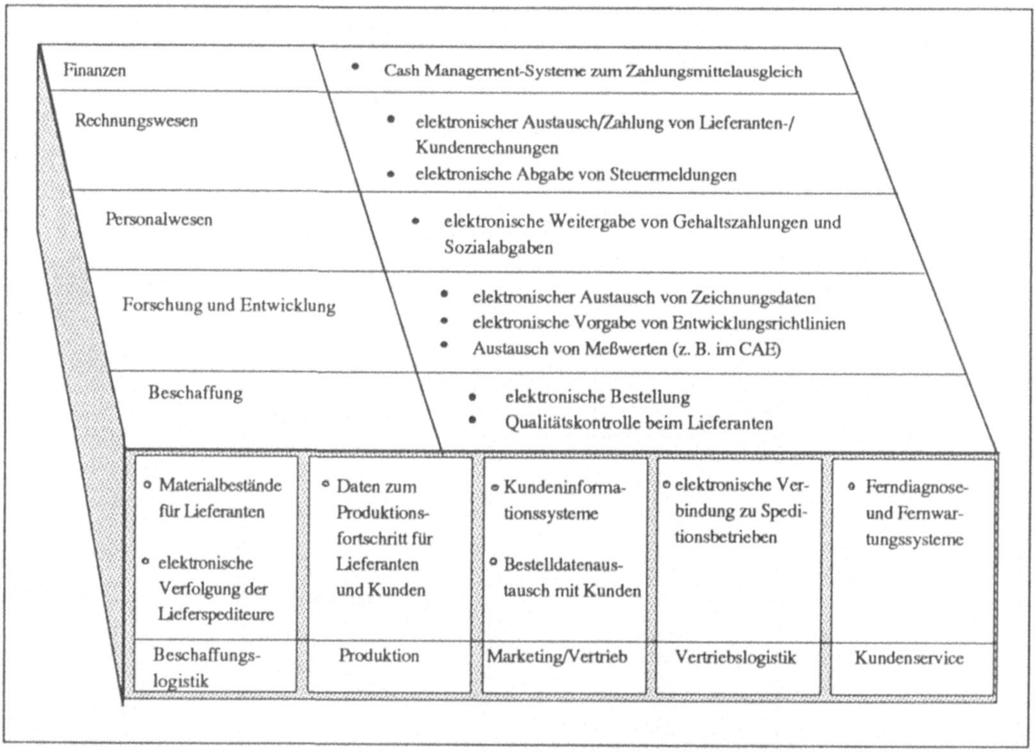

Abb. 2.4.1.1/1    BEISPIELE FÜR ZWISCHENBETRIEBLICHE VERBINDUNGEN ÜBER ELEKTRONISCHEN DATENAUSTAUSCH

---

[3]    Ein erstes Modell zur zwischenbetrieblichen Auftragsabwicklung amerikanischer Luftfahrtge-sellschaften, "SPEC 200", geht bereits auf die erste Hälfte der 60er Jahre zurück (vgl. MERTENS 66B, insbes. S. 208 ff.).

Durchläuft man den Prozeß von der Produktentwicklung bis zum -vertrieb, so können folgende Anwendungen identifiziert werden[4]:

- CAD-Daten sowie Produktentwicklungs- und Produktspezifikationsinformationen werden mit den Lieferanten zum Zeitpunkt der Neuproduktentwicklung ausgetauscht. Solche Verbindungen können auch mit Zulieferern von Betriebsmitteln, wie Formeneinsätzen für NC-Maschinen, bestehen.
- Es findet eine elektronische Bestellung oder der Materialabruf von Lieferteilen statt. Stornierungen sowie Teilstornierungen werden ebenfalls berücksichtigt. Die Anwendung kann in ein Just-in-Time-Konzept integriert sein, das nach dem Fortschrittszahlenprinzip geplant wird.
- Während der Auftragsabwicklung oder Produktion der Teile kann der Kunde elektronisch auf die Qualitätskontrolle des Lieferanten zugreifen. So ist es vorstellbar, daß die Prüfergebnisse entweder als Datensätze elektronisch an den Abnehmer übermittelt werden oder daß der Lieferant die Qualitätsdaten in einer Datei vorhält, in die der Kunde jederzeit Einblick nehmen darf.
- Im letzten Schritt können auch die Fakturierungsdaten auf elektronischem Weg ausgetauscht werden.
- Wie auf der Lieferantenseite eigene Bestellungen abgewickelt werden, so läßt sich auch für die Kunden ein elektronisches Bestellsystem einsetzen. Höher automatisierte Anwendungen erlauben es, dem Kunden Einblick in die Lagersituation des Herstellers zu geben. Damit stellt der Abnehmer fest, ob das georderte Produkt wirklich verfügbar ist.
- Zur Auslieferungssteuerung bestehen teilweise elektronische Verbindungen zu Speditionsbetrieben, über die eine Frachtabwicklung stattfindet. Der Integrationsgrad zwischen Versender und Spediteur kann dazu führen, daß der Versender bei Kenntnis der Frachtraten selbst die Rechnungsschreibung für eigene Aufträge vornimmt.
- Bei fehlerhaften Produkten überträgt der Kunde Reklamationen an den Lieferanten elektronisch.
- Schließlich läßt sich auch mit den Kunden der Rechnungsaustausch elektronisch abwickeln. Auf gleichem Weg kann der Abnehmer Gutschriften oder Mahnungen erhalten.
- Für den administrativen Bereich ist der elektronische Austausch von Überweisungsdaten mit der eigenen Bank zu nennen.

---

4)    Speziell für den Fertigungsbereich zeigen Vajna u. a. anhand eines Matrizenmodells die Beziehungsstrukturen auf (vgl. VAJNA 89).

## 2.4.1.2 Anwendungen im Bereich der Banken

Im Bankbereich finden sich besonders häufig großintegrierte Systeme, die auf Kopplungen innerhalb der Branche beruhen. Beispiele dafür sind:

- Netze zur Verbindung von Geldausgabeautomaten,
- Home Banking-Systeme für die Kontoführung über Medien wie Bildschirmtext (Btx),
- Electronic-Funds-Transfer-Systeme zum Informationsaustausch, Budgettransfer und Clearing zwischen einzelnen Banken,
- Cash Management-Systeme, die eine umfassende Kontoführung, insbesondere für Großunternehmen, anbieten und einen weltweiten Kontenausgleich erlauben,
- Bankinterne Netzwerke, mit denen das bei Großbanken weltweite Zweigstellennetz verknüpft wird.

Banken übernehmen mit zwischenbetrieblichen Applikationen ebenfalls Teile der Finanzbuchhaltung für die Kundenbetriebe. So arbeitet z. B. eine Bank in der Bundesrepublik an einem solchen Konzept.

Die Abbildung 2.4.1.2/1 stellt ausgewählte Anwendungen im Überblick dar.

## 2.4.1.3 Anwendungen im Bereich der Versicherungen

Ein Schwerpunkt für großintegrierte Systeme liegt in der elektronischen Anbindung von Außendienstmitarbeitern oder einzelnen Agenturen an umfassende DV-Lösungen. Da die laufende Abrechnung meist zentral erfolgt, Policen und Informationen aber dezentral benötigt werden, muß ein entsprechender Informationsaustausch stattfinden. Man kann integrierte Systeme in drei Bereiche gliedern:

- Agentursysteme, die der laufenden Geschäftsabwicklung durch die Versicherungsniederlassungen dienen. Hier werden Kunden- sowie Policeninformationen mit der Zentrale ausgetauscht[5]. Einzelne Bearbeitungsschritte finden sowohl zentral als auch dezentral statt.

---

[5]    Ein System, bei dem sehr flexibel auf Kundenanfragen reagiert werden kann, setzt die Colonia Versicherungs AG ein (vgl. TERRAHE 89, hier S. 44).

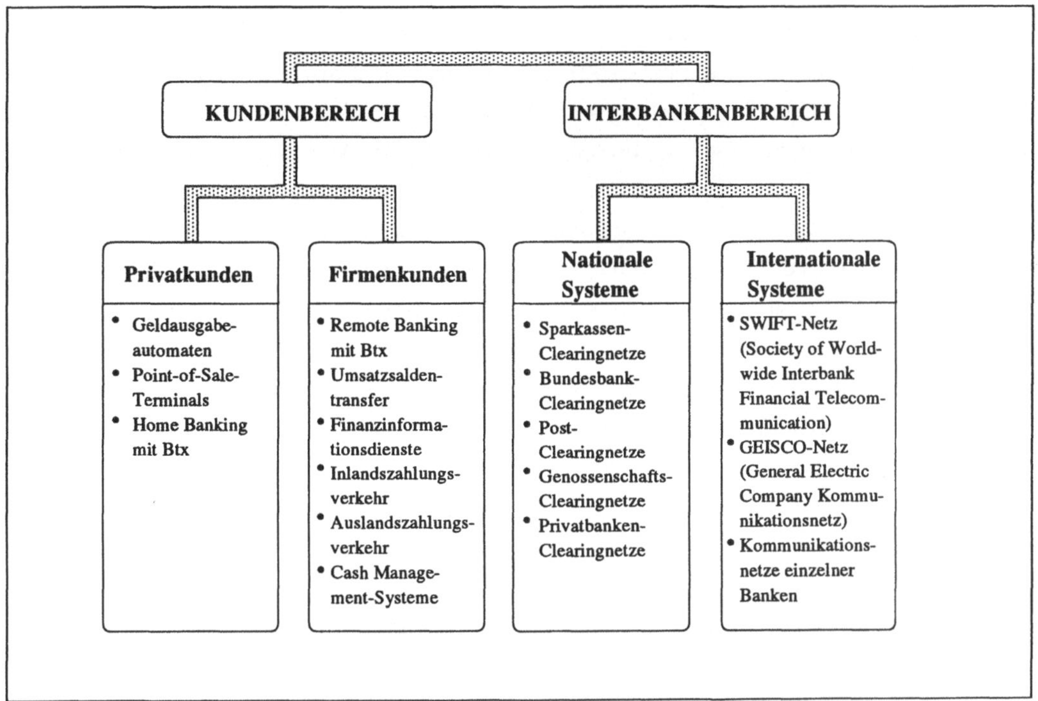



*Abb. 2.4.1.2 / 1*   BEISPIELE GROSSINTEGRIERTER IV-SYSTEME IM BANKENBEREICH

- Außendienstsysteme, bei denen Vertriebsmitarbeiter, z. B. über einen Akustik-koppler, aus der Zentrale Kundeninformationen für ihren Laptop abrufen können, um ein Beratungsgespräch beim Kunden zu unterstützen. Die benötigten Pro-gramme sind dazu häufig bereits auf dem PC gespeichert.
- Kundeninformationssysteme, die etwa über Btx aufgerufen werden können und bei denen sich der Endverbraucher über Versicherungsangebote informieren kann. In Verbindung mit Unternehmensversicherungen lassen sich Programm-pakete bereitstellen, die es den Kunden erlauben, selbständig Berechnungen zum Umfang ihrer Versicherungspolicen vorzunehmen.

## 2.4.1.4 Anwendungen im Bereich des Handels

Als innerbetriebliche Systeme müssen im Handel die in Kapitel 2.1.2.1 angeführten Warenwirtschafts-Systeme erwähnt werden. Bei sehr weitreichender Integration be-steht eine Verbindung zu den zwischenbetrieblichen Bestellsystemen sowie Markt-forschungsinstituten zur Datenauswertung.

Naturgemäß finden sich in dieser Branche viele Systeme, die den Warenfluß unterstützen. Bestellsysteme auf der Großhandelsebene sind sowohl zu Produzenten als auch zu den Einzelhändlern vorhanden. Bekannt sind insbesondere die Anwendungen zur Apothekenbevorratung. So bietet der Pharma-Großhändler Fred Schulze den Apotheken einen PC an, über den der Bestellvorgang abgewickelt wird (vgl. LOOS 84). Dazu werden im Nachtabruf die Bestellungen vom Schulze-Zentralrechner abgefragt. Gleichzeitig aktualisiert man Informationen, wie Sonderangebote, in den PCs der Apotheken. Schulze stellt ebenfalls ein Programm bereit, das die wechselseitige Verträglichkeit von Arzneien analysiert. Der Großhändler übernimmt zusätzlich die Organisation und Abwicklung der PC-Wartung. Bei einer vergleichbaren Anwendung des US-Pharmaherstellers McKesson wird die Ware sogar derart verpackt, daß sie wegeoptimiert in die Regale einsortiert werden kann. Dazu sind im McKesson-Rechner der Grundriß und die Regalausstattung der jeweiligen Filiale gespeichert.

## 2.4.1.5 Anwendungen im Bereich des Transportwesens

Eines der umfassendsten Informationssysteme setzt das US-Unternehmen Federal Express zur Abwicklung des Luftfrachtgeschäftes ein. Die Anwendung trägt wesentlich zur Beschleunigung der Auftragsabwicklung bei. Sämtliche an der Transportkette beteiligen Einheiten sind über ein elektronisches Netz verknüpft. So ist es möglich, für jeden Auftrag den momentanen Status und Standort des Versandgutes festzustellen (vgl. DUMAINE 86, hier S. 66 ff.).

In diesem Bereich müssen ebenfalls die Anwendungen der Hafenbetriebe genannt werden. So bilden die Informationssysteme des Bremer und Hamburger Hafens COMPASS und DAKOSY großintegrierte Systeme zwischen den Spediteuren, den Lagerhausverwaltungen und den Seehafenbetrieben. Außerdem ist ein Teil der Großkunden zum Abgleich der Transportaufträge angeschlossen.

Mit den umfassenden Informationsdienstleistungen versucht man, gegenüber anderen europäischen Häfen, wie Rotterdam, die geographisch günstiger liegen, Wettbewerbsvorteile zu gewinnen. Abbildung 2.4.1.5/1 zeigt als Beispiel den Leistungsumfang der Programmsysteme der Bremer Lagerhaus-Gesellschaft/ Datenbank Bremische Häfen (vgl. DATENBANK).

Schließlich findet man innerhalb des Speditionswesens auch elektronische Märkte. So haben sich eine Reihe von Spediteuren zu sogenannten Transportbörsen, wie Transpotel, zusammengeschlossen (vgl. ANTZ 86, OEVERMANN 91). Über Btx greifen die beteiligten Unternehmen auf ein Informationssystem zu, in dem angebotene Frachten gespeichert werden, um passende Ladungen, z. B. für Rückfahrten oder zum Auffüllen des verfügbaren Laderaums, zu finden. Entsprechend werden die Informationen von den Spediteuren auch in das System eingestellt.

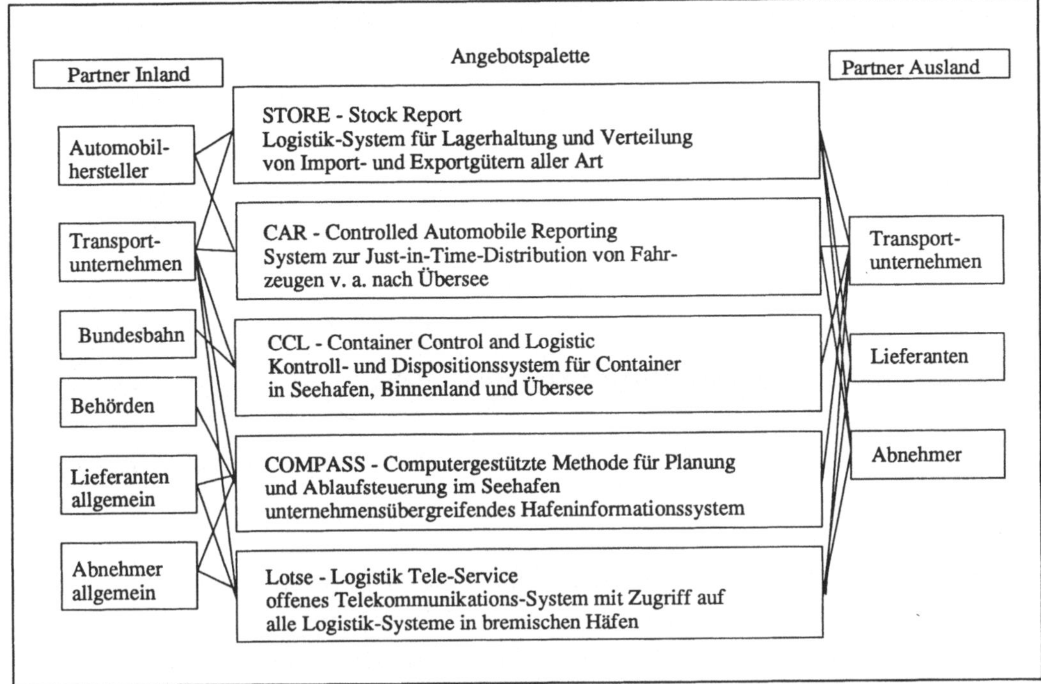


*Abb. 2.4.1.5/1*    DAS ANGEBOT DER BREMER LAGERHAUS-GESELL-SCHAFT/DATENBANK BREMISCHE HÄFEN

## 2.4.1.6 Sonstige Anwendungen

Hierzu zählen insbesondere DV-Anwendungen im öffentlichen Dienst. Als großintegrierte Applikationen sind Auskunftssysteme der Polizei und der Länder zu nennen. Ebenso gibt es in Nordrhein-Westfalen ein landesweites Verbundsystem der öffentlichen Verwaltung, in das mehr als 160 Rechnersysteme einbezogen sind (vgl. STÄHLER 87).

Bei den Zollbehörden fallen sehr viele Papierinformationen an, die beim Im- und Export von Waren zu deklarieren sind. In Schweden wird dafür an Systemen gearbeitet, die einen elektronischen Datenaustausch zwischen den Unternehmen und Zollbehörden erlauben sollen (vgl. ROCHESTER 89).

Innerbetrieblich findet man im Krankenhausbereich, speziell bei Großkliniken, umfassende Integrationslösungen. Neben den Verwaltungsdaten des Patienten werden Ergebnisse klinischer Tests oder Informationen zum Krankheitsverlauf zentral gespeichert. Es erfolgt eine Auswertung der Informationen sowohl zum Zweck der Behandlung/Patientenvorsorge als auch zur Leistungsabrechnung mit den Versicherungsträgern.

In Singapur wird ein EDI-Netzwerk für den Bereich der medizinischen Versorgung eingerichtet, das Behörden, Kliniken, Krankenkassen sowie Ärzte verbindet (vgl. O.V. 89B).


## 2.4.2 Wirtschaftszweigübergreifende Einsatzbereiche

Für den wirtschaftszweigübergreifenden Einsatz sollen ausgewählte Beispiele genannt werden:

Umfassende intersektorale Anwendungen sind die in der Planung und im Aufbau befindlichen POS-Banking-Konzepte. Es werden Einzelhändler sowie Händler- und Kundenbanken über sogenannte Autorisierungszentralen und Clearingstellen miteinander elektronisch verbunden. Ziel ist es, den bargeldlosen Kundenauftrag mit Scheckkarten zu ermöglichen. Netzknotenrechenzentren übernehmen dabei sowohl Aufgaben zur Autorisierung der Kundenbeträge als auch Funktionen zur Abwicklung des Buchgeldaustausches zwischen den beteiligten Banken.

Als einzelnes Unternehmen bietet z. B. der amerikanische Großhandelskonzern General Foods dem Einzelhandel eine Kooperation an, bei der die POS-Daten der Einzelhändler von General Foods ausgewertet werden. Dazu sind die POS-Systeme mit dem Rechner des Großhändlers verbunden. Die POS-Daten werden mit demographischen sowie ökonomischen Informationen verknüpft. Die Anwendungen generieren Berichte, die darüber Auskunft geben, welche Artikel im jeweiligen Supermarkt besonders gepflegt werden sollen (vgl. PETRE 85, hier S. 45 f.).

Auch Reiseinformationssysteme, die überwiegend aus den Flugbuchungssystemen entstanden sind, müssen hier eingeordnet werden, da man ganz unterschiedliche

Branchen über die IT verbindet. Als Informations- und Leistungsanbieter sind in diesen Systemen

- Fluggesellschaften,
- Touristikunternehmen,
- Autovermietungen,
- Hotels sowie
- Veranstaltungsanbieter

enthalten.

Primär nutzen Reisebüros das Leistungsangebot. Daneben findet man aber insbesondere in den USA schon Großunternehmen, die für ihre Reisestellen über entsprechende Anschlüsse verfügen. Hier wird die Gefahr deutlich, daß zukünftig durch Direktverkauf der Leistungen an die Unternehmen Reisebüros als Dienstleistungsmittler umgangen werden. Ähnliche Tendenzen könnten sich auch im Privatreisemarkt ergeben, wenn die Angebote über Btx zugänglich wären. Abbildung 2.4.2/1 zeigt beispielhaft die verbundenen Partner im AMADEUS-System (vgl. AMADEUS 89, hier S. 7).

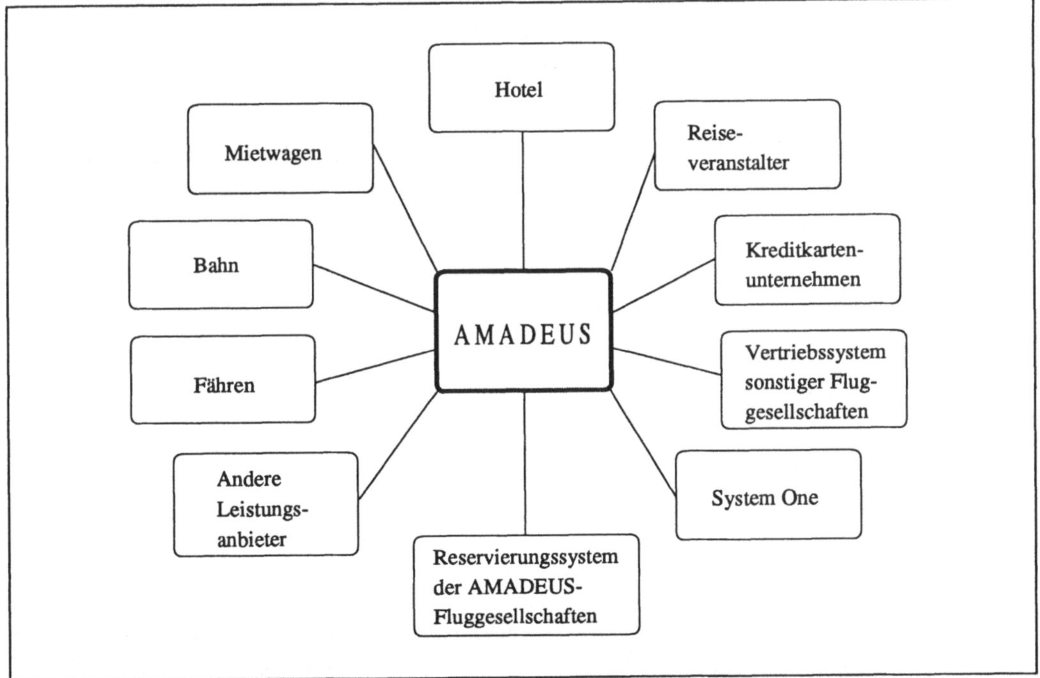


*Abb. 2.4.2/1*     AMADEUS-BETEILIGTE

Übergreifende Anwendungen findet man auch zwischen der Industrie und der Transportwirtschaft. So gibt es Kooperationen, bei denen die Bewirtschaftung von Außenlagern, z. B. eines Markenartikelproduzenten, durch eine Spedition ausgeführt wird. Der Hersteller übernimmt weiterhin die Lagerwirtschaft und erteilt auf elektronischem Weg Auslieferungsaufträge an das Transportunternehmen.

Ein DV-gestütztes Konzept, bei dem mehrere Verbrauchsgüterhersteller, Handel und Speditionen zusammengeschlossen sind, soll dazu beitragen, die Warenbelieferung des Handels effizienter zu gestalten. Ziel ist es, die Verteilkosten zu reduzieren, indem man Verbrauchsgüter mehrerer Produzenten zu größeren Transportlosen zusammenfaßt und so eine Bündelung des Warenstroms zur gleichen Kundenadresse vornimmt.

Die in der Herstellermarken GmbH zusammengeschlossenen Firmen betreiben eine gemeinsame Fremdlagerung bei gewerblichen Lagerhaltern (vgl. SPITZLAY 86). Dabei werden Lagerstandorte, Lagergröße, Lagerart und allgemeingültige Lagervereinbarungen gemeinsam festgelegt. In einer Tourenplanung fassen die Mitgliedsunternehmen die von einem Speditionslager ausgehenden Warenmengen zusammen und liefern diese als Sammelladung an Kunden mit ähnlichen Bedarfsstrukturen (Großmärkte, Kaufhäuser usw.). In Abstimmung mit den zu beliefernden Kunden und den Außendienstmitarbeitern wird ein allgemeingültiger Wochentourenplan mit festen Liefertagen und ungefährer Tageszeit der Belieferung erstellt.

Grundlage der Konzeption ist ein einheitliches DV-System aller teilnehmenden Unternehmen mit gemeinsamer Auftragssteuerung. Die Spedition erhält von den Mitgliedern per DFÜ die jeweiligen Auslieferungsaufträge. Ein gemeinsam gestalteter Lieferschein dient zum Sammeln der Kundenkommissionen, als Warenbegleitpapier und als Warenempfangsbestätigung. Eine DFÜ-Rückmeldung durch den Spediteur schließt den Warenfluß ab und vermittelt den Mitgliedern die aktuelle Kenntnis über die Bestände beim Spediteur.

Damit sind die Transportfahrzeuge höher ausgelastet, der Lieferservice läßt sich verbessern, und durch den einheitlichen Datenaustausch treten Rationalisierungseffekte auf.

Ein Trend zur Zentralisierung der Warenverteilung ist auch bei Handelsketten, wie der Metro, der Spar AG oder der Karstadt AG, zu verzeichnen. Mit solchen zentralen Konzepten verlieren ausgebaute Logistik-Systeme von Herstellern ihre Bedeutung und bieten keinen Wettbewerbsvorteil für Produktanbieter mehr (vgl. IRRGANG 89, hier S. 119).


## 2.5 Literatur zu Kapitel 2


AMADEUS 89 — Amadeus Deutsche Marketing Gesellschaft für Reisevertrieb mbH (Hrsg.), Amadeus im Überblick, Frankfurt, November 89.

ANTZ 86 — Antz, H., Transport-Disposition mit Bildschirmtext, IBM Nachrichten 36 (1986) 286, S. 39 ff.

BARRETT 82 — Barrett, St. und Konsynski, B., Inter-Organization Information Sharing Systems, MIS Quarterly, Special Issue (1982), S. 93 ff.

BERKE 88 — Berke, J., Videokonferenzen: Per Fernsehen forschen, Special Supplement Nr. 3, Beilage Wirtschaftswoche 42 (1988) 11, S. 101 ff.

BIFOA 87 — Betriebswirtschaftliches Institut für Organisation und Automation an der Universität zu Köln (Hrsg.), Informationsmanagement, zukünftige Aufgaben und Maßnahmen, Seminarunterlagen, Köln 1987, S. 14 ff.

BÖHMER 88 — Böhmer, R., Direkter Durchgriff, Wirtschaftswoche 42 (1988) 29, S. 113 f.

BULLINGER 87 — Bullinger, H.-J., Niemeyer, J. und Huber, H., Computer Integrated Business(CIB)-Systeme, CIM-Management 3 (1987) 3, S. 12 ff.

BULLINGER 89 — Bullinger, H.-J., und Niemeyer, J., Integrationsmanagement auf dem Weg zum CIB, Office Management 37 (1989) 10, S. 6 ff.

BUMBA 90

Bumba, F., EDI als Schlüssel zur integrierten Makrologistik, in: Bundesvereinigung Logistik (Hrsg.), Deutscher Logistik-Kongreß '90, Berlin 1990, S. 780 ff.

CASH 85A

Cash, J. I., Interorganizational Systems: An Information Society Opportunity or Threat? The Information Society 3 (1985) 3, S. 199 ff.

CASH 85B

Cash, J. I. und Konsynski, B. R., IS Redraws Competitive Boundaries, Harvard Business Review 63 (1985) 2, S. 134 ff.

CHRISTENSEN 87

Christensen, S. R. und Schkade, L. L., Financial and Functional Impacts of Computer Outrages on Business, Center for Research on Information Systems, The University of Texas at Arlington, College of Business Administration, CRIS-87-01, 1987.

DATENBANK

Datenbank Bremische Häfen (Hrsg.), dbh-system COMPASS, Schlußbericht, Bremen o. J.

DOHERTY 86

Doherty, W. J. und Pope, W. G., Computing as a Tool for Human Augmenting, IBM Systems Journal 25 (1986) 314, S. 306 ff.

DUMAINE 86

Dumaine, B., Turbulence Hits the Air Couriers, Fortune vom 21. Juli 1986, S. 65 ff.

EBERS 89

Ebers, M. und Lieb, M., Computer Integrated Manufacturing as a Two-edged Sword, International Journal of Operations and Production Management 9 (1989) 2, S. 69 ff.

EYMAN 85

Eyman, J., Technological Myopia - The Need to Think Strategically about Technology, Sloan Management Review 26 (1985) 2, S. 59 ff.

GELFOND 87        Gelfond, S. M., An Electronic Pipeline that's Changing the Way America Does Business, Business Week vom 3. August 1987, S. 80 ff.

GIFFORD 88        Gifford, D. und Spector, A., The CIRRUS Banking Network, Communications of the ACM 28 (1988) 5, S. 798 ff.

GLASER 91        Glaser, H., Geiger, W. und Rohde, V., PPS - Produktionsplanung und -steuerung, Grundlagen - Konzepte - Anwendungen, Wiesbaden 1991.

HEILMANN 89        Heilmann, H., Integration: Ein zentraler Begriff der Wirtschaftsinformatik im Wandel der Zeit, Handwörterbuch der modernen Datenverarbeitung 26 (1989) 150, S. 46 ff.

HOHE 88        Hohe, U., Analyse von Nutzeffekten strategischer DV-Systeme, Diplomarbeit, Nürnberg 1988.

IRRGANG 89        Irrgang, W., Der Kampf um die Marketing-Führerschaft, Absatzwirtschaft o. Jg. (1989) 9, S. 116 ff.

ISCHEBECK 89        Ischebeck, W., Betriebsübergreifender Datenaustausch, Computerwoche vom 3. März 1989, S. 35 ff.

KÖHL 89        Köhl, E., Esser, U., Kemner, A. und Förster, H.-U., CIM zwischen Anspruch und Wirklichkeit, Erfahrungen, Trends und Perspektiven, Köln 1989.

LAYNE 87        Layne, R., Where the Strategic Action is, Information Week vom 11. Mai 1987, S. 29.

LOOS 84        Loos, F. und Fischer, P., Auftragsannahme im Großhandel mit Telefon und Rechner, Data Report 19 (1984) 3, S. 22 ff.

MERTENS 66A        Mertens, P., Die zwischenbetriebliche Kooperation und Integration der automatisierten Datenverarbeitung, Meisenheim am Glan 1966.

MERTENS 66B          Mertens, P., Zwischenbetriebliche Integration in der Datenverarbeitung im Einkaufs- und Lieferwesen, Zeitschrift für Datenverarbeitung 4 (1966) 4, S. 207 ff.

MERTENS 85          Mertens, P., Zwischenbetriebliche Integration der EDV, Informatik-Spektrum 8 (1985) 8, S. 81 ff.

MERTENS 86          Mertens, P. und Plattfaut, E., Informationstechnik als strategische Waffe, Information Management 1 (1986) 2, S. 6 ff.

MERTENS 88B          Mertens, P. und Steppan, G., Die Ausdehnung des CIM-Gedankens in den Vertrieb, CIM-Management 4 (1988) 3, S. 24 ff.

MERTENS 89          Mertens, P., Schumann, M. und Hohe, U., Informationstechnik als Mittel zur Verbesserung der Wettbewerbsposition - Erkenntnisse aus einer Beispielsammlung, in: Spremann, K. und Zur, E. (Hrsg.), Informationstechnologie und strategische Führung, Wiesbaden 1989, S. 109 ff.

OEVERMANN 91          Oevermann, M., Elektronische Märkte im Transportwesen - Überblick, Leistungsumfang und Wirkungen, Diplomarbeit, Göttingen 1991.

O.V. 89A          O. V., EG-Kodex setzt Reservierungssystemen enge Grenzen, FVW International vom 15. August 1989, S. 12 ff.

O.V. 89B          O. V., Erstes medizinisches EDI-Netz in Asien, Computerwoche vom 25. August 1989, S. 14.

O.V. 89C          O. V., Heftige Debatte in den USA um Ausgliederung des Netzbetriebs, Computerwoche vom 6. Oktober 1989, S. 12.

O.V. 89D          O. V., Börsen beschränken den Programmhandel, Frankfurter Allgemeine Zeitung vom 4. November 1989, S. 19.

PARKER 86 — Parker, M. M. und Benson, R. J., Enterprise-wide Information Management (EwIM): State of the Art, IBM Los Angeles Scientific Center, Report-Nr. G320-2799, Los Angeles, November 1986.

PETRE 85 — Petre, P., How to Keep Customers Happy Captives, Fortune vom 2. September 1985, S. 42 ff.

PETRI 89 — Petri, C., Externe Integration der Datenverarbeitung, Berlin u. a. 1989.

PORTER 86 — Porter, M. E., Wettbewerbsvorteile (Competitive Advantage), Frankfurt - New York 1986.

PORTER 88 — Porter, M. E., Wettbewerbssstrategie (Competitive Strategy), 5. Aufl., Frankfurt - New York 1988.

ROCHESTER 89 — Rochester, J. B. (Hrsg.), Applications for the 1990s, I/S Analyzer 27 (1989) 9, S. 10 f.

SCHEER 89 — Scheer, A.-W. und Kreamer, W., Betriebsübergreifende Vorgangsketten und Informationssysteme, CIM-Management 5 (1989) 3, S. 4 ff.

SCHINDLER 86 — Schindler, P. E., McKesson is Thriving, Thanks to Economost, Information Week vom 26. Mai 1986, S. 50 ff.

SCHIRO 84 — Schiro, A. M., The Computer is a Hit at the Cosmetics Counter, New York Times vom 29. Oktober 1984, o. S.

SCHULZ-WILD 89 — Schulz-Wild, R., Nuber, Ch., Rehberg, F. und Schmierl, K., An der Schwelle zu CIM-Strategien, Verbreitung, Auswirkungen, Köln 1989.

SCHUMANN 88 — Schumann, M. und Hohe, U., Nutzeffekte Strategischer Informationssysteme, Angewandte Informatik 30 (1988) 12, S. 515 ff.

SPITZLAY 86

Spitzlay, H., Vom Schultheiß zum Spediteur. Das Hema-Lager Erlenwein, Coorganisation, Internationale Zeitschrift für kooperative Logistik und Kommunikation o. Jg. (1986) 12, S. 25 f.

STÄHLER 87

Stähler, G., Sprung nach vorn, - das NRW-Aktionsprogramm "Informationstechnik 1990", Online o. Jg. (1987) 11, S. 62 ff.

TERRAHE 89

Terrahe, R., Kundenorientierung durch Informations- und Kommunikationstechnologien bei der COLONIA Versicherungs AG, Zeitschrift für betriebswirtschaftliche Forschung, Sonderheft 25 (1989), S. 35 ff.

VAJNA 89

Vajna, S., Peschges, K.-J., Jöns, I., Kirchner, B., Nonnenmacher, U. und Poth, H., Interdisziplinäres und neutrales CIM-Modell, Teil II, Zeitschrift für wirtschaftliche Fertigung 84 (1989) 10, S. 561 ff.

VESTER 90

Vester, F., Vernetztes Denken, IBM Nachrichten 40 (1990) Special 1, S. 1 ff.

WISEMAN 85

Wiseman, C., Strategy and Computers, Information Systems as Competitive Weapons, Homewood 1985.

# 3 Einflußfaktoren der Wirtschaftlichkeitsbetrachtung

## 3.1 Überblick

In der Literatur finden sich nur wenige Untersuchungen, die es anstreben, Aussagen über den Gesamtzusammenhang zwischen der DV-Investitionshöhe und dem Unternehmensergebnis zu treffen[1]. Eine wurde von Cron und Sobol im Jahre 1982 mit 138 Unternehmen des Apothekengroßhandels durchgeführt (vgl. CRON 83). Signifikante Zusammenhänge zwischen der Kapitalrentabilität und der Höhe der IV-Investitionen konnten nicht nachgewiesen werden. Es fällt aber auf, daß von den Unternehmen, die zu den ersten 25 % bei der Kapitalrentabilität gehörten, überdurchschnittlich viele auch hohe DV-Investitionen durchführten oder die Datenverarbeitung bereits umfassend einsetzten. Diese Resultate decken sich mit einer jüngeren Untersuchung des Betriebswirtschaftlichen Instituts für Organisation und Automation an der Universität zu Köln und des Strategic Planning Institutes (vgl. OBERLACK 88, S. 39 ff.).

Eine Analyse, die man an den amerikanischen Lebensversicherungsgesellschaften durchgeführt hat, ergab, daß für diese Unternehmen ein Zusammenhang zwischen den IS-Ausgaben und den Gesamtausgaben besteht (vgl. BENDER 86). Betragen die IV-Aufwendungen zwischen 15 und 25 % der Gesamtaufwendungen, so scheint diese Relation ein Indikator für geringe Gesamtaufwendungen des Unternehmens zu sein.

Da sich aber aus diesen Gesamtbetrachtungen insgesamt keine differenzierten Aussagen ableiten lassen, ist für die einzelnen IV-Projekte eine detaillierte Analyse durchzuführen. Die Grundlagen werden nachfolgend veranschaulicht.

### 3.1.1 Vergleichsgrundlagen einer Untersuchung

Bei der Beurteilung von Nutzeffekten der Datenverarbeitung stellt sich die Frage, was als Vergleichsmaßstab zu einem neuen DV-System gewählt wird. Folgende Alternativen sind denkbar:

-   Der Vergleich des Zustandes, wie er aufgrund des neuen Systems entsteht, mit der Situation, wie sie im Unternehmen vorher gegeben war. Dabei soll hier nicht danach unterschieden werden, ob der Ausgangszustand bereits durch eine Auto-

---

[1]    Einen Überblick zu solchen Untersuchungen sowohl unter dem Aspekt der gewählten Vorgehensweise als auch der Analyseergebnisse beschreiben Crowston und Treacy (CROWSTON 86).

matisierung gekennzeichnet ist oder ob die Aufgaben personell ausgeführt werden.

- Der Vergleich des IV-Systemeinsatzes mit einer ausschließlich manuellen Abwicklung. Diese Betrachtung wird unabhängig von der bereits vorhandenen DV-Unterstützung vorgenommen.

- Der Vergleich der geplanten IV-Anwendung/Entwicklung mit einer für diesen Bereich bislang als "bestmöglich" angesehenen Alternative. Dabei muß es sich nicht notwendigerweise um eine IV-Lösung handeln.

Der Vergleich einer Ist-Situation mit der durch die IV-Investition angestrebten Ziel-Situation ist das typische Vorgehen eines Unternehmens, um die Nutzeffekte zu beurteilen. Mit einer solchen Rechnung können naturgemäß nur die relativen Nutzeffekte, verglichen mit dem vorher bestehenden Zustand, bestimmt werden. Außerdem ist zu hinterfragen, ob mit der Investition organisatorische Veränderungen im Unternehmen einhergehen, die auch ohne die DV-Applikation hätten stattfinden können. Da Nutzeffekte, die auf derartige Veränderungen der Organisationsstruktur zurückgehen, eigentlich nicht der IT zurechenbar sind, müßten sie bei genauer Betrachtung gesondert untersucht werden. In der Praxis findet hier jedoch häufig eine Vermischung statt. Hinzu kommt, daß man die organisatorischen Änderungen nicht immer eindeutig zuordnen kann.

Werden in einem Unternehmen beispielsweise dezentrale Programme zur Ersatzteilbevorratung durch eine zentrale Lösung ersetzt und kann als Folge der gesamte Lagerbestand gesenkt werden, so ist zu hinterfragen, ob die Bestandssenkung durch das zentrale Datenmanagement der nun integrierten Anwendung oder durch die organisatorische Konzentration der Bevorratungsentscheidung in einer Hand entsteht (vgl. GOODHUE 88, hier S. 389).

Bei Gegenüberstellung einer rein manuellen Ausführung mit der IV-gestützten Lösung wird ein "absoluter" Nutzeffekt der Applikation ermittelt. Jedoch ist dieser auch zu einem gewissen Grad von betrieblichen Organisationsstrukturen abhängig, so daß sich ebenfalls keine allgemeingültigen Werte ergeben. Der mit diesem Vorgehen verbundene Gedanke entspricht stark einer Tendenz, wie sie aus dem Zero-Base-Budgeting bekannt ist, da die gesamte IV-Investition in Frage gestellt wird. Damit ist es möglich, eine Beurteilung unabhängig von Unwirtschaftlichkeiten, die mit den bisherigen Anwendungen vielleicht aufgetreten sind, durchzuführen. Der bei einer solchen Analyse bestimmte Wert muß eher als Obergrenze für die Nutzeffekte gelten. Es wird nämlich nur ermittelt, wieviel Aufwand nötig ist, die gleichen Tätigkeiten personell abzuwickeln. Unberücksichtigt bleibt eine Betrachtung, bei der die von der IV bereitgestellten Leistungen in solche getrennt werden, die für Unternehmensprozesse wichtig, und andere, die eher unwichtig sind. Letztere nehmen ja auch Ressourcen bei manueller Leistungserstellung in Anspruch. Hier wäre es mit einer differenzierten Untersuchung möglich, weniger wichtige Informationen auszusondern und damit den manuellen Aufwand zu senken.

Die dritte Alternative beurteilt die IV weniger aus einzelwirtschaftlicher Sichtweise als stärker unter dem Aspekt gesamtwirtschaftlicher Effizienz. Es wird überprüft, ob es sich überhaupt lohnt, die in Erwägung gezogene Technologie zu nutzen, oder ob es bereits andere Techniken gibt, deren Einsatz sich insgesamt als effizienter oder fortschrittlicher herausgestellt hat. Aus volkswirtschaftlicher Sicht wäre damit die Entwicklung einer "zweitbesten" Lösung ineffizient, während sich für das Unternehmen auch eine solche Entwicklung noch als günstig erweisen kann, wenn gegenüber der vorhandenen Anwendung zusätzliche Nutzeffekte entstehen. Eventuell dürfte es sogar so sein, daß die IV-Lösung einen zumindest temporären Rückschritt für das Unternehmen bedeutet. Dieses läßt sich z. B. damit erklären, daß erst Erfahrungen (beispielsweise während der Einführungsphase) mit dem neuen System gewonnen werden müssen oder nur schrittweise eine Anpassung an die volle Leistungsfähigkeit stattfindet.

Publizierte Untersuchungsergebnisse zielen heute fast ausschließlich auf die erste Alternative ab. Dieses ist damit zu begründen, daß üblicherweise Unternehmen die IV-Nutzeffektbetrachtungen durchführen. Sie streben dabei Investitionen an, die den strategischen Unternehmenszielen entsprechen sowie eine bestmögliche Rendite erwarten lassen. Nur selten wird dazu die bisher eingesetzte IV als Ganzes hinterfragt, wobei eine Gegenüberstellung zur manuellen Handhabung stattfindet. Wird eine solche Analyse dennoch durchgeführt, ist sie auch wieder unternehmensindividuell, da die organisatorischen Einflußgrößen berücksichtigt werden müssen. Allgemeine Aussagen sind daher nur bedingt aus solchen Untersuchungen zu gewinnen. Es lassen sich jedoch für einzelne Technologien Größenordnungen, die andere Unternehmen aufgrund des Einsatzes berichten, als Zielgrößen für eigene Rechnungen benutzen. Einzelwerte können ebenfalls für individuelle "What-if"-Analysen herangezogen werden.

## 3.1.2 Auswirkungen des IV-Einsatzes

Die Nutzeffekte der DV-Systeme lassen sich in quantitative und qualitative Resultate zerlegen. Für eine Wirtschaftlichkeitsbetrachtung ist es besonders wichtig, möglichst viele Ergebnisse zu quantifizieren. Zur Ermittlung der Nettonutzeffekte müssen den Bruttonutzen die Kosten der Anwendung gegenübergestellt werden. Bei den Nutzeffekten kann zwischen drei großen Bereichen unterschieden werden:

1. Rationalisierungspotentiale:

   Es sind Maßnahmen zur Kostensenkung von solchen Investitionen zu unterscheiden, die eine Leistungserhöhung durch Produktivitätssteigerungen hervorrufen. Insgesamt beeindruckende Rationalisierungseffekte, die auf Kosteneinsparungen sowohl im Personal- als auch im Gemeinkostenbereich beruhen, ergeben sich bei Analysen des Technologieeinsatzes im Fertigungsbereich. Abbildung 3.1.2/1 gibt als Beispiel Kosteneinsparungspotentiale für Flexible Fertigungssysteme wieder. Die Ergebnisse basieren auf einer Querschnittsuntersuchung (vgl. WILDEMANN 87B, hier S. 28).

| | | | |
|---|---|---|---|
| Lohnkosten | 16,0 % | - | 69,0 % |
| Kapitalbindungskosten | 25,0 % | - | 94,0 % |
| Rüstkosten | 25,0 % | - | 90,0 % |
| Werkzeugkosten | 10,0 % | - | 85,0 % |
| Raumkosten | 25,0 % | - | 75,0 % |
| Qualitätskosten | 2,5 % | - | 50,0 % |
| Transportkosten | 12,5 % | - | 25,0 % |

*Abb. 3.1.2/1*    KOSTENSENKUNGSPOTENTIALE BEI FLEXIBLEN FERTIGUNGSSYSTEMEN

Darüber hinaus werden für Flexible Fertigungssysteme auch Durchlaufzeitverkürzungen in einer Größenordnung zwischen 8 % und 80 % berichtet. Flexibilitätszuwächse können außerdem zu besserem Kundenservice führen.

2. Qualitäts- und Flexibilitätsverbesserungen:

   Eine Untersuchung der Resultate des PC-Einsatzes für Finanzabteilungen in den USA hat gezeigt, daß die Systemanwender eine Qualitätsverbesserung der Finanzanalyse als Ergebnis anführen. Außerdem ist mit der Nutzung der Arbeitsplatzrechner im Untersuchungszeitraum von 1982 bis 1987 die Komplexität der eingesetzten Methoden zur Finanzanalyse gestiegen. Insbesondere sehen die Befragten in der PC-Nutzung einen Weg, aktuellere Informationen zur finanziellen Lage des Unternehmens bereitzustellen (vgl. REICHERT 88). Es lassen sich zusätzlich einfache Alternativrechnungen für geänderte Planungsparameter durchführen. Die Finanzplanung kann man flexibler der aktuellen Umweltsituation anpassen.

3. Wettbewerbsverbesserungen:

Wohl eine der bekanntesten IV-Anwendungen, die zur Verbesserung der Wettbewerbsposition eines Unternehmens geführt hat, ist das Flugbuchungs- und Reservierungssystem SABRE von American Airlines. Zusammen mit dem System APOLLO, das von der Fluggesellschaft United Airlines installiert wurde, hat es zu einer Veränderung des gesamten Flugreservierungsmarktes beigetragen. Heute wird der Verkauf von Flugtickets überwiegend mit Reservierungssystemen abgewickelt (vgl. PETRE 85, hier S. 44). Bei der Analyse von wirtschaftlichen Ergebnissen des SABRE-Systems müssen zwei Einflußfaktoren unterschieden werden:

- die direkten Einnahmen aus dem Verkauf der Reservierungsleistungen (Leasinggebühren je Reisebüro in Höhe von 500 Dollar und eine Gebühr von 1,75 Dollar für jede Buchung, die von dem jeweiligen Veranstalter zu tragen ist);
- positive Ergebnisse aus dem eigentlichen Verkauf von American Airlines-Flugscheinen.

Betrachtet man das direkte Ergebnis des SABRE-Geschäfts, so stellt man fest, daß American Airlines in diesem Bereich 1983, nachdem SABRE sieben Jahre genutzt wurde, zum ersten Mal einen Gewinn erzielte. Das System amortisierte sich nach neun Jahren. Dieses ist durch die hohen Anfangsinvestitionen von 350 Mio. Dollar zu erklären.

Analysiert man zusätzlich die positiven Wirkungen auf den Verkauf von American Airlines-Flügen, die sich in den ersten Jahren zum Teil durch wettbewerbsverzerrende Praktiken einstellten (vgl. Kapitel 2.1.2.1), so werden weit höhere sekundäre Resultate sichtbar.

Geht man davon aus, daß der Marktanteil von American Airlines in den Reisebüros, in denen andere Reservierungssysteme benutzt werden, genauso stark geschrumpft ist, wie er in den SABRE-Reisebüros anstieg (ca. 20 %), so errechnet sich eine Gesamtumsatzsteigerung durch Einführung von SABRE von knapp 4 %. Man schätzt, daß American Airlines bereits nach den ersten 200 Reisebüro-Installationen einen zusätzlichen jährlichen Gewinn in Höhe von 3,1 Mio. Dollar durch größeres Passagieraufkommen erzielt hat (vgl. COPELAND 88, hier S. 361). Da in der Branche die Deckungsbeiträge sehr hoch sind (die variablen Kosten für einen zusätzlichen Passagier sind sehr niedrig im Vergleich zu den Gesamtkosten), entsprechen die Grenzumsätze annähernd den zusätzlichen Grenzgewinnen. Bei Erlösen im Jahr 1987 in Höhe von 7,2 Milliarden Dollar im American Airlines-Fluggeschäft entspräche dies zusätzlichen Deckungsbeiträgen von ca. 290 Mio. Dollar (vgl. BANKS 88). Das sind ca. 2/3 der Investitionssumme.

Wird durch die DV-Lösung des Unternehmens zusätzlich ein neues Leistungsangebot erschlossen (z. B. Verkauf von Nutzungsrechten für das DV-Netzwerk des Unternehmens an andere Firmen), so sind die Einnahmen ebenfalls als Nutzeffekte der IV zu erfassen.

Faßt man die Auswirkungen der DV-Investitionen vereinfachend zusammen, dann stehen den Nutzenkomponenten die einmaligen Entwicklungs- oder Anschaffungsausgaben sowie laufenden Nutzungskosten gegenüber. Abbildung 3.1.2/2 zeigt den Gesamtzusammenhang im Überblick.

Es lassen sich grob drei technologische Einsatztypen unterscheiden, um die Auswirkungen des IV-Einsatzes zu charakterisieren (vgl. PARKER 86, insbes. S. 4 ff.):

1. Substitutive Anwendungen, die an die Stelle einer bisherigen, zumeist manuellen Handhabung treten. Die Folge ist üblicherweise ein höherer Automatisierungsgrad. Ein typischer Anwendungsfall ist die Fertigungsautomation, die personelle Arbeitsschritte überflüssig macht.

2. Komplementäre Anwendungen, die zusätzlich Unterstützungsfunktionen bereitstellen. Sie sollen z. B. den Entscheidungsprozeß qualitativ verbessern, tragen aber auch zur beschleunigten Aufgabenabwicklung bei. Beispiele aus dem Bürobereich sind Spreadsheet-Anwendungen oder Businessgraphikprogramme.

3. Innovative Anwendungen, mit denen ein Unternehmen versucht, insbesondere Vorteile gegenüber Mitbewerbern, Lieferanten oder Kunden zu erzielen. Diese Applikationen zielen direkt auf Wettbewerbseffekte.

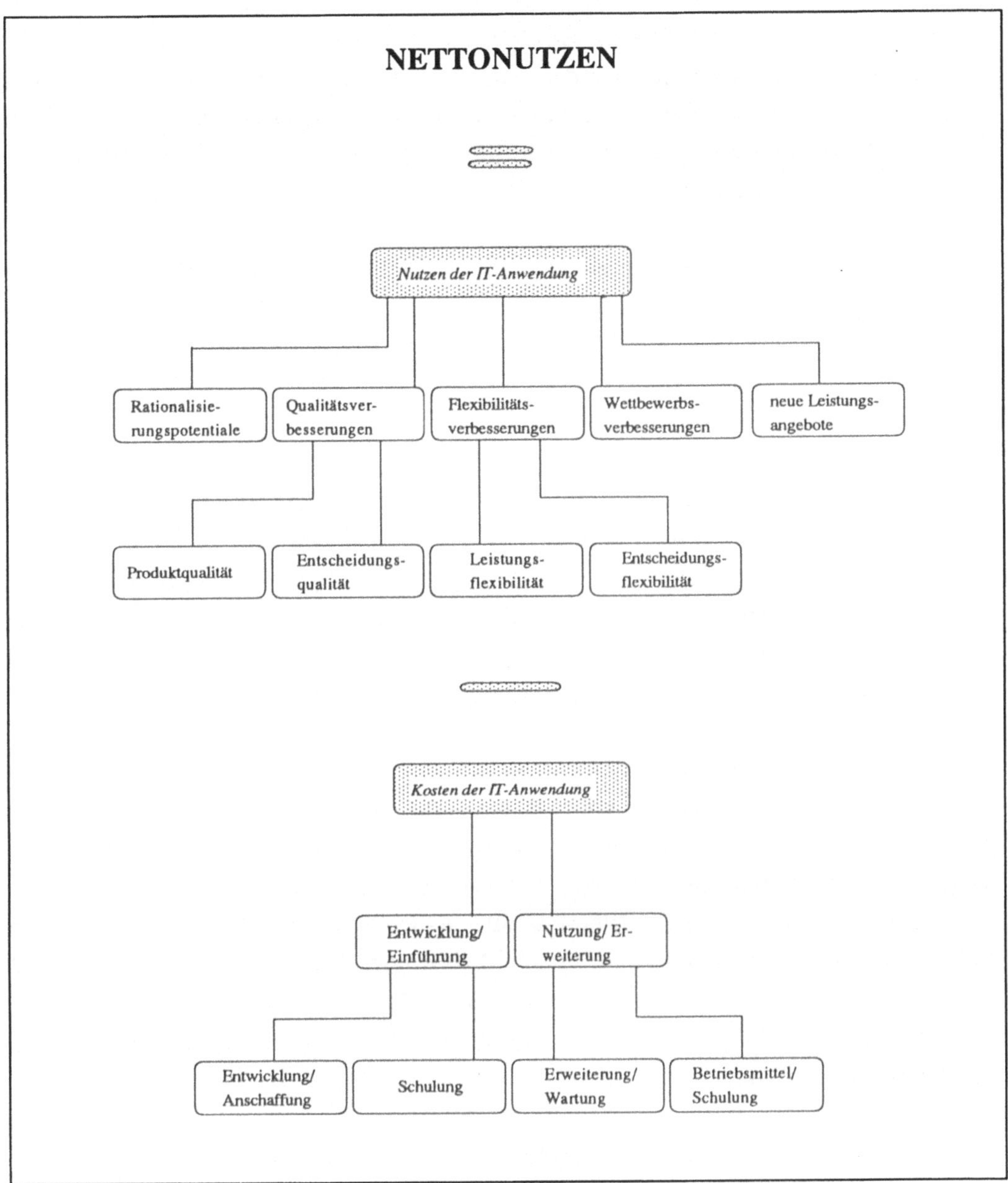


*Abb. 3.1.2/2*     ERMITTLUNG DER NUTZEFFEKTE

Ein Hersteller von Kunststoffbrillen, die Firma Wilhelm Anger, hat etwa 30 Millionen Mark in die Entwicklung eines DV-Systems investiert, das unter der Bezeichnung "Eyemetrics" firmiert und bei Augenoptikern eingesetzt wird (vgl. PARDAY 88). Die DV-Anwendung digitalisiert das mit einer Videokamera aufgenommene Porträt eines Kunden und vermißt die Augenpartie. Der Optiker gibt dabei auch die vom Arzt verordnete Glasstärke in das DV-System ein. Nachts ruft Angers

Zentralrechner von den PCs der Augenoptiker über DFÜ die Daten der Brillen, die von Eyemetrics errechnet wurden, ab. Der PC beim Augenoptiker speichert außerdem die im Zusammenhang mit dem Auftrag anfallenden Kundendaten und rechnet den Kassenzuschuß vom Kaufpreis ab. Das System, das für eine Mietgebühr in Höhe von monatlich 3.000 DM offeriert wird, bietet den Optikern den Vorteil, auf eine umfangreiche Lagerhaltung verzichten und ihren Kunden einen besonderen Service anbieten zu können. Der Brillenhersteller versucht, die eigenen Absatzmittler enger an sich zu binden und somit seine Umsätze zu erhöhen.

### 3.1.3 Auswirkungen der IV-Integration

Bei der Analyse von Integrationswirkungen müssen zwei aufeinander aufbauende Untersuchungen durchgeführt werden:

1. Zu welchem generellen Ergebnis führt die Integration zweier oder mehrerer Systeme/Teilsysteme?
2. Bis zu welchem Grad sollte die Integration innerhalb komplexer Systeme erfolgen?

Viele Autoren zielen dabei fälschlicherweise auf eine Maximalintegration ab. Eine solche kann aber zu Nachteilen führen, z. B. wenn nur selten ausgeführte Prozesse integriert werden, deren Einbeziehung höhere Kosten verursacht, als sie Nutzeffekte erbringt. Es muß vielmehr der optimale Integrationsgrad gefunden werden. Er ist dadurch gekennzeichnet, daß die Differenz aller Nutzeffekte und Kosten, die aus dem Umfang der Integration resultieren, maximal wird (vgl. SCHEER 90B, insbes. S. 46). Aus theoretischer Sicht werden solange weitere Aufgaben/Funktionen in die Integration einbezogen, bis die Grenzkosten dem Grenznutzen der Investition entsprechen. Dabei setzt man voraus:

- daß sich die DV-Integration in einzelnen Teilschritten realisieren läßt sowie
- jedem Integrationsvorhaben Bruttonutzen und Kosten zugeordnet werden können, aus deren Differenz eine Rangfolge berechnet wird.

Mit Integrationskonzepten geht darüber hinaus teilweise eine Tätigkeitsverlagerung aus einem oder in einen anderen Funktionalbereich einher, so daß umfassende Untersuchungen notwendig sind. Mit einem CAD-System kann beispielsweise für ausgewählte Bereiche in Verbindung mit einer CAP-Komponente aus den Konstruktionszeichnungen der Produkte automatisch ein Bearbeitungsprogramm für die NC-

Maschinen erstellt werden. Damit wird eine Tätigkeit aus der Arbeitsvorbereitung in den Entwicklungsbereich verlagert. Einzelsysteme, die für sich allein betrachtet unwirtschaftlich sind, können aufgrund eines hohen Integrationsbeitrages im Rahmen eines Gesamtsystems mit Nettonutzeffekten verbunden sein. Abbildung 3.1.3/1 zeigt die möglichen Ergebnisse im Überblick.

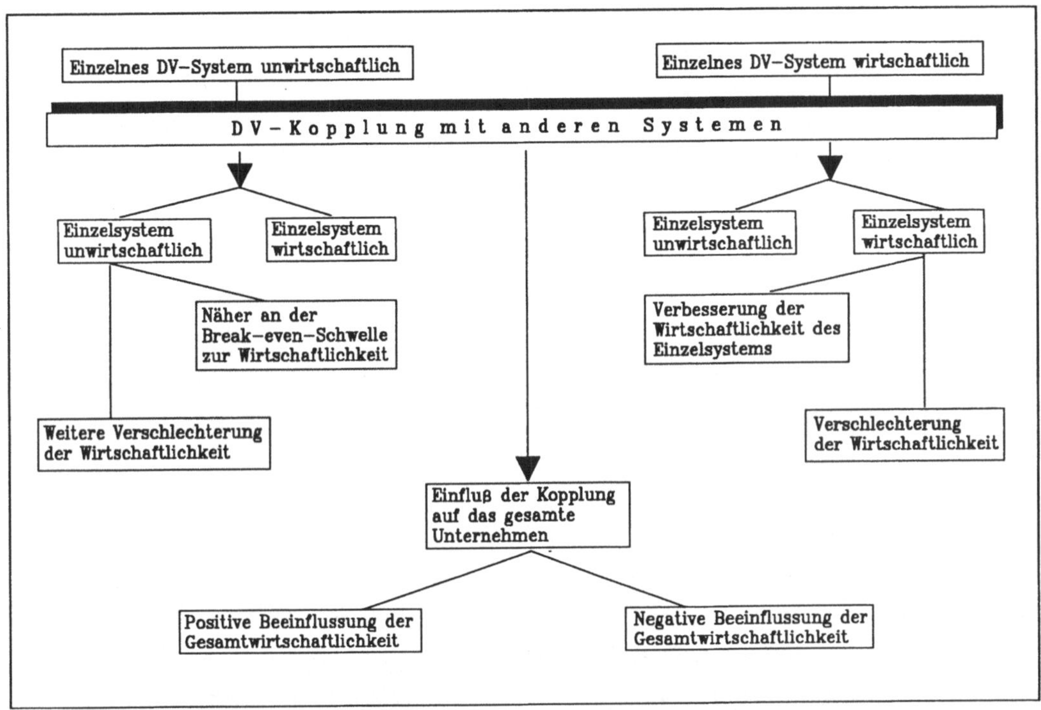


Abb. 3.1.3/1     ÜBERSICHT ZU DEN WIRKUNGEN BEI INTEGRATION VON EINZELSYSTEMEN

Der vorhandene Integrationsgrad, der für das analysierte IV-System besteht, hat ebenfalls Einfluß auf die Wirtschaftlichkeit. Hier kann häufig eine zeitlich gestaffelte Anwendungsintegration festgestellt werden. Oft erfolgt die Einbindung schrittweise, um die an der Steuerung und Nutzung des Systems Beteiligten nicht zu überfordern. Die Integrationsnutzeffekte eines Anwendungssystems nehmen häufig mit steigendem Integrationsgrad und damit auch der Technologie-Erfahrung zu. Abbildung 3.1.3/2 zeigt eine entsprechende Stufeneinteilung für den CAD-Systemeinsatz mit globalen Nutzen- und Kostenbewertungen für die einzelnen Phasen (vgl. O.V. 88B, hier S. 18). Andererseits kann eine übertriebene Integration dazu führen, daß die letzten sehr komplexen und aufwendigen Integrationsschritte teurer sind als die Nutzeffekte, die sich daraus ergeben. Daher ist bei der Untersuchung zusätzlicher Integrationsstufen der Grenznutzen zu betrachten.

| EINSATZSTUFEN | TECHNOLOGIE-BESCHREIBUNG | WIRTSCHAFTLICHE KONSEQUENZEN | |
| --- | --- | --- | --- |
| | | Kosten | Nutzen |
| isolierter Anwendungseinsatz | CAD als "Zeichenstift" in der Konstruktion oder einer anderen Abteilung | sehr hoch | gering |
| abteilungsbezogene Anwendungsintegration | CAD als Planungs- und Simulationsinstrument (z. B. Wiederholteileverwendung, Berechnungen) | geringer Zuwachs | steigend |
| abteilungsübergreifende Anwendungsintegration | CAD als Planungs- und Simulationsinstrument im Vertrieb, in der Entwicklung und Produktionstechnik; bereichsübergreifender Einsatz | mittlerer Zuwachs | sprunghaft steigend |
| unternehmensweite Anwendungsintegration | CAD-Technologie integriert mit CAM-, CAE-, PPS- oder FFS-Systemen | geringer Zuwachs | hoch |

*Abb. 3.1.3/2*    INTEGRATIONSSTUFEN AM BEISPIEL DES CAD-EINSATZES

Neben dieser eher zeitlichen Komponente tritt ein Reihenfolgeproblem bei der Kopplung von Einzelmodulen auf. Wenn man z. B. davon ausgeht, daß die vollständige Fertigungsintegration nicht auf einmal erfolgt, so ist festzulegen, mit welchen Teilkomponenten begonnen werden soll. Dieses kann durch technische Rahmenbedingungen determiniert sein. Bestehen jedoch Wahlmöglichkeiten, so ist es vielleicht nur unter kurzfristiger Betrachtung richtig, die Integration mit einer Komponente zu beginnen, die den größten Einzelnutzeffekt verspricht. Eventuell kann es vorkommen, daß andere Module bei der weiteren Integration z. B. viel mehr Daten anderen Komponenten bereitstellen und daher unter mittel- bis langfristiger Sichtweise für das Unternehmen einen höheren Erfolgsbeitrag stiften.

### 3.1.4 Phasen des IV-Einsatzes

Bei einer Wirtschaftlichkeitsermittlung müssen verschiedene Phasen eines IT-Projektes gegeneinander abgegrenzt werden. Zumindest ist zwischen der Entwicklungs-, Einführungs- und Nutzungsphase zu differenzieren.

In der Entwicklungsphase fallen Kosten zum Erstellen der IV-Anwendung an. Wird das Produkt dagegen gekauft, so treten an diese Position Beschaffungskosten. Nutzeffekte entstehen in dieser Phase üblicherweise nicht.

Die Einführungsphase ist dadurch gekennzeichnet, daß einerseits häufig die angestrebte Systemstabilität oder -leistung noch nicht erreicht ist und daher immer noch anwendungstechnische Verbesserungen vorgenommen werden. Andererseits ist auf der Nutzerseite entweder noch nicht die endgültige Teilnehmerzahl vorhanden, und/oder es sind weitere Schulungen notwendig sowie Einsatzerfahrungen zu sammeln, um eine effiziente Systemnutzung zu ermöglichen. Stellenweise zeigen Anwender unter Beobachtung oder nachdem ein neues System eingeführt wurde aber auch untypisches oder übermotiviertes Verhalten (Euphorie), das dann zu besseren Ergebnissen als erwartet führt (vgl. HÖRING 83, S. 77).

Zur detaillierten Untersuchung der IV-Wirtschaftlichkeit lassen sich die Entwicklungs- und Einführungsphase weiter unterteilen. Dann wird in die Planungs-, Systembeschaffungs-, Installations-, Einsatzvorbereitungs- und Einarbeitungsphase getrennt (vgl. SCHREUDER 88, S. 87 ff.).

### 3.1.5 Ebenen der IV-Wirkungen

Will man die Wirkungen der IV untersuchen, muß man mehrere Ebenen unterscheiden. Mertens u. a. haben ein Vier-Ebenen-Schema vorgeschlagen, um Nutzeffekte der Datenverarbeitung einzugruppieren (vgl. MERTENS 82, S. 135 ff.). Dieses hat folgenden Aufbau:

1.  In die Individualebene ordnet man diejenigen Effekte ein, die den einzelnen Menschen am Arbeitsplatz und in der Gesellschaft betreffen.
2.  Nutzeffekte und Schäden, die ein Betrieb durch den DV-Einsatz erfährt, werden in der Mikroebene abgebildet.
3.  In der Makroebene beschreibt man Wirkungen auf den Staat, dessen Institutionen sowie die gesamte Volkswirtschaft.
4.  In der Globalebene finden sich schließlich Veränderungen, die über den nationalen Rahmen für die Menschheit als Ganzes von Bedeutung sind.

Bei einer stärker unternehmensbezogenen Sichtweise, insbesondere um großintegrierte Systeme zu beurteilen, ist eine detailliertere Unterscheidung notwendig, die sich in die umfassendere Klassifikation einordnen läßt (vgl. PICOT 84, S. 105 ff.). Für innerbetrieblich integrierte Systeme sind insbesondere die ersten drei Ebenen relevant:

1. die Arbeitsplatzebene, auf der Einzeltätigkeiten zu untersuchen sind,

2. die Gruppen- oder Abteilungsebene, auf der man Unternehmensprozesse anhand von Prozeßketten und Abläufen analysiert,

3. die Unternehmensebene, auf der Gesamtauswirkungen von IV-Systemen zu bestimmen sind, die oft qualitative Resultate aufweisen, und

4. die Ebene des Marktes oder der Märkte, in denen das Unternehmen konkurriert.

Abbildung 3.1.5/1 gibt ein Beispiel für die Nutzeffekte von Bürosystemen in den unteren drei Ebenen (vgl. SCHUMANN 87, hier S. 699). Einfluß auf den Markt kann beispielsweise über eine gesteigerte Wettbewerbskraft gewonnen werden. Diese könnte Resultat einer verbesserten Flexibilität auf der Unternehmensebene sein. Eine Durchlaufzeitverkürzung bei der Angebotsabgabe kann ebenfalls zu einer besseren Marktposition beitragen, wenn die Zeit bis zum Erhalten des Angebots für den potentiellen Kunden kritisch ist. Bei diesem Faktor muß das Unternehmen darüber hinaus den Einfluß anderer Wettbewerbskräfte auf den Markt berücksichtigen, die zusätzlich Auswirkungen auf die eigene Position haben. So gibt es eine Reihe von Technologien, deren Nutzung zwar keinen Wettbewerbsvorteil bietet, die jedoch notwendig sind, wenn man nicht in einen Rückstand gegenüber der Konkurrenz geraten will. Ohne das eigene Angebot würde man an Attraktivität gegenüber den Mitbewerbern verlieren.

In einen solchen Rückstand gelangte die ehemalige amerikanische Fluggesellschaft People's Express, die ihre Flüge nicht über Reservierungssysteme anbot und damit auch nicht bei den Reisebüros vertreten war (vgl. DIEFENBACH 88). Vielmehr wurde ein telefonisches System namens "Pick-up and go" eingesetzt, das aber als Vertriebskanal scheiterte. Dieser Mißerfolg und das Fehlen der anderen Technologie sollen maßgeblich zum "Niedergang" der Fluggesellschaft beigetragen haben.

Eine weitere Fragestellung ist, wie effizient sich Unternehmen im volkswirtschaftlichen Sinne beim Einsatz zwischenbetrieblicher Systeme für das Bestellwesen verhalten und wie sich das auf die individuelle Situation der Partner auswirkt. So wäre eine Situation denkbar, in der ein Lieferant durch ein automatisches Nachbevorratungssystem zwar ein für ihn optimales Ergebnis erzielt, der Kunde aber durch die "lieferantenfreundliche" Dimensionierung finanzielle Einbußen hinnehmen muß[2].

---

2) Schüle stellt als möglichen Lösungsvorschlag die Einrichtung von Konsignations-Lägern vor (vgl. SCHÜLE 89, S. 31 ff.)

Aus volkswirtschaftlicher Sicht könnte nun die Situation entstehen, daß hier zwischen den beiden Unternehmen nur eine suboptimale Allokation vorliegt.

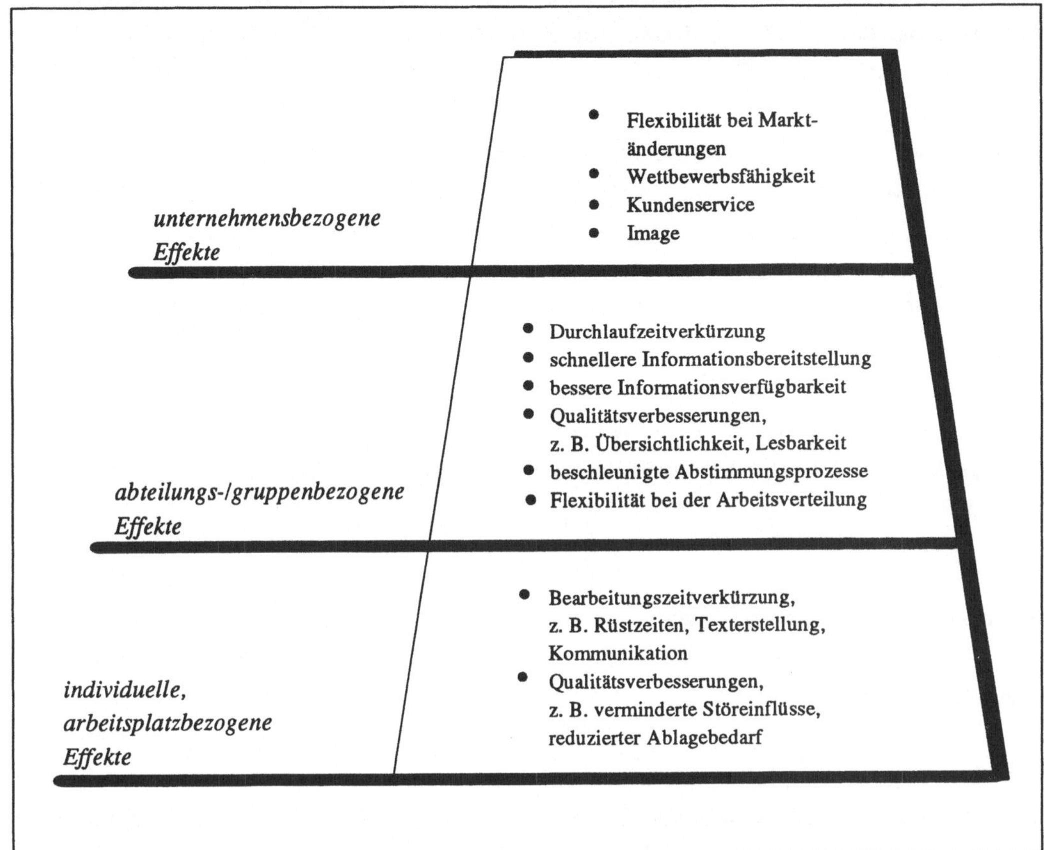


*Abb. 3.1.5/1*     EBENEN DER DV-WIRKUNGEN BEI BÜROSYSTEMEN

Das Dortmunder Fraunhofer-Institut für Transporttechnik und Warendistribution hat ermittelt, daß für Unternehmen der Stahlverarbeitung eine Kostenverlagerung von den Automobilproduzenten zu den Zulieferern erfolgt ist. Dieses kann zum Teil auf veränderte Distributionsverfahren zurückgeführt werden. Die Stückkosten bei den Stahlbetrieben erhöhen sich um 11,4 %, wenn eine bisherige Monatslieferung von 6.000 Teilen auf vier Wochensendungen zu je 1.500 Stück umgestellt wird (vgl. BERKE 87, hier S. 53).

Ebenso kann durch einen branchenweiten nationalen Standard  im Bereich der Datenübertragung zwar nicht ein einzelnes Unternehmen profitieren, wohl aber die Branche eines Landes gegenüber der ausländischen Konkurrenz wettbewerbsfähiger werden.

Ein Anwendungsfall ist die britische Automobilindustrie. Der britische Automobilverband SMMT hat mit dem Projekt "Motornet" einen sogenannten "Odette-Stan-dard" zum elektronischen Datenaustausch zwischen Herstellern und Zulieferen entwickelt. Man schätzt, daß damit die Kosten für ein Auto um bis zu 200 Pfund reduziert werden können (vgl. O.V. 87B, hier S. 49).

Neben einer unternehmensbezogenen und volkswirtschaftlichen Betrachtungsweise können auch Analysen für den einzelnen Mitarbeiter durchgeführt werden. Dazu wird untersucht, wie sich die Situation des einzelnen Individuums durch den Technikeinsatz verändert. Die Auswirkungen auf den Mitarbeiter haben natürlich auch Einfluß auf die Leistungsfähigkeit und die Nutzeffekte, die auf der Arbeitsplatzebene bestimmt werden. Trotz der besonderen Wichtigkeit dieser Analyse sollen Untersuchungen über Wirkungen des Technikeinsatzes auf das Individuum hier ausgespart werden, da zur fundierten Untersuchung unter anderem psychologische und physiologische Betrachtungen notwendig wären (vgl. z. B. LUTZ 89B, hier S. 19 ff. oder MÜLLER 86).

## 3.2 Kosten der Informationsverarbeitung

### 3.2.1 Überblick

Die Kosten großintegrierter DV-Lösungen lassen sich zumeist einfacher abschätzen als die erwarteten Nutzeffekte. Bei der Kostenbetrachtung sollte man mit den Einzelkomponenten beginnen und im zweiten Schritt die Aufwendungen zur Integration der einzelnen Bausteine erfassen.

Eine solche Aufteilung ist sinnvoll, da die Kostenstrukturen in den Teilbereichen unterschiedlich sind und bei späteren Systemerweiterungen in einzelnen Gebieten auf die ermittelten Strukturen zurückgegriffen werden kann. Bei dieser Vorgehensweise ist allerdings zu berücksichtigen, daß man bei den Einzelbausteinen keine Kosten, die die Schnittstellen verursachen (z. B. Kosten zur Datentransformation), ansetzt, da diese Schnittstellen ja durch die einzelnen Integrationsschritte beseitigt werden. Die Planungskosten für integrierte Applikationen sind der Gesamtlösung zuzurechnen.

Man sollte bei der Erfassung zwischen einmalig anfallenden und laufenden Kosten unterscheiden (vgl. zur Abgrenzung z. B. HUMMEL 86, hier S. 89 ff.), damit dynamische Investitionsrechenverfahren eingesetzt werden können. Weiterhin bietet es sich an, eine Einteilung nach den Phasen des IV-Projektlebenszyklus vorzunehmen.

Dazu kann man zwischen der Planungsphase, Systembeschaffungsphase, Systeminstallationsphase, Einsatzvorbereitungsphase, Einarbeitungsphase und der eigentlichen Nutzungsphase unterscheiden (vgl. SCHREUDER 88, hier S. 86 f.).

Außerdem ist zwischen variablen und fixen Anteilen des IV-Projektes zu trennen. Variable Kosten sind solche, die sich mit der Projektgröße verändern, wie z. B. die Kommunikationskosten bei zwischenbetrieblichen Systemen. Diese sind von der Zahl der angeschlossenen Teilnehmer und dem Umfang des Datenflusses abhängig. Fixe Kosten entstehen dagegen direkt mit der Projektrealisierung. Dabei können auch sprungfixe Kosten auftreten. Sie ergeben sich beispielsweise, wenn die Größe der ausgewählten Hardware abhängig von der benötigten Leistung für das IV-Projekt variiert wird. Einzelne Positionen, die bei der Kostenbestimmung zu berücksichtigen sind, zeigt Abbildung 3.2.1/1 (vgl. HOPPLE 87, hier S. 287).

Bei DV-Projekten kann als Faustregel gelten, daß zwischenbetriebliche Systeme höhere Kosten verursachen als innerbetriebliche Anwendungen gleicher Leistung, da unternehmensübergreifende Abstimmarbeiten durchzuführen sind und der Datenschutz sowie die Datensicherung aufwendiger werden.

## 3.2.2 Einmalig anfallende Kosten

Die einmaligen Kosten setzen sich aus Planungs-, Systembeschaffungs-, Installations- und Einsatzvorbereitungskosten zusammen (vgl. SCHREUDER 88, hier S. 87 ff.).

Planungskosten entstehen infolge von Ist-Zustandsanalysen, Schwachstellenanalysen, der Konzepterarbeitung, der Informationsbeschaffung (z. B. zur Angebotseinholung) sowie der Schulung von Personal, das mit Planungstätigkeiten betraut ist.

Greift man bei der Ermittlung des Planungszeitraums auf Erfahrungswerte abgeschlossener Projekte zurück und bewertet diese mit den Personalstundensätzen sowie der benötigten Mitarbeiterzahl, so erhält man recht einfach eine grobe Abschätzung der Personalkosten. Schulungskosten lassen sich z. B. aus Lehrgangsgebühren ableiten.

Ob Planungskosten in die Wirtschaftlichkeitsrechnung einzubeziehen sind, ist umstritten, da diese auch bei der Nicht-Einführung des Systems anfallen. Bei einem Verzicht auf die Projektrealisierung können auch nur globale, projektunabhängige Gemeinkostenzuordnungen erfolgen. Bei einer projektbezogenen Verrechnung ergibt sich die Gefahr, daß nur eine oberflächliche Planung stattfindet, da die späteren Projekte nicht mit hohen Planungskosten belastet werden sollen. Außerdem sind gerade umstrittene Investitionen besonders detailliert und damit kostenintensiv zu untersuchen. Werden die Planungskosten dennoch angesetzt, dann sollten ihnen die sich aus dem Planungsprozeß ergebenden Nutzengrößen gegenübergestellt werden. Diese können z. B. bei einer Reorganisation anfallen, mit der man erkannte Schwachstellen beseitigt.

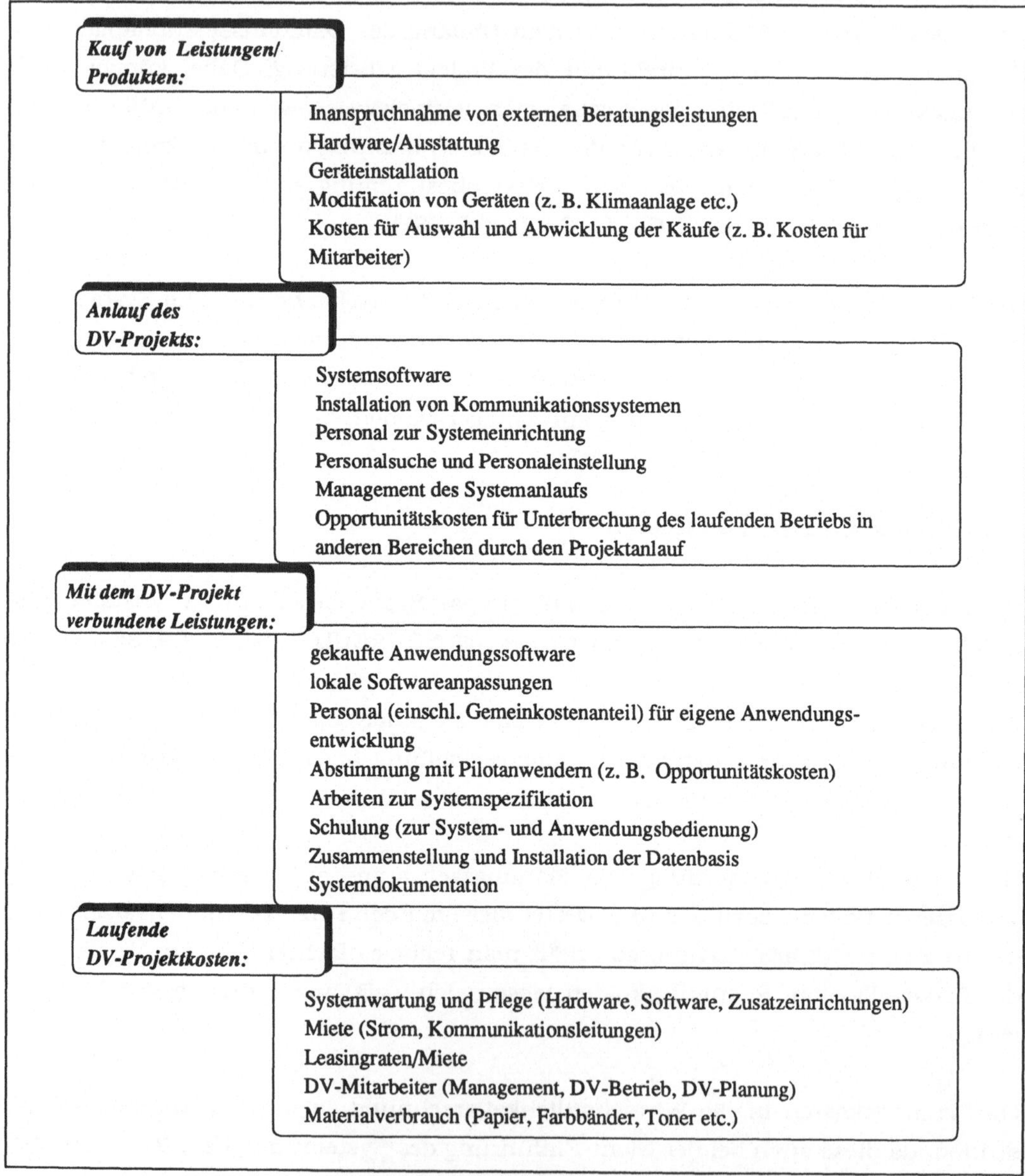



*Abb. 3.2.1 / 1*    POSITIONEN MIT EINFLUSS AUF DIE KOSTEN VON IV-PROJEKTEN

Wird das System fremdbezogen, so sind die Beschaffungskosten leicht quantifizierbar. Angebote von Herstellern können verwendet werden. Dieses trifft ebenfalls bei Systemkomponenten verschiedener Hersteller zu. Schwieriger ist es dagegen, die Software-Entwicklungskosten zu bestimmen. Dazu stehen eine Vielzahl von Schätzverfahren zur Verfügung, die allerdings in ihrer Ergebnisqualität stark voneinander abweichen (vgl. NOTH 86). Das ergeben zumindest Praxiserfahrungen. In erster Näherung könnte hier die geschätzte Entwicklungszeit mit entsprechenden Kostensätzen bewertet werden. Ist eine zukünftige Erweiterung des Systems schon zum Planungszeitpunkt absehbar, so sind die Kosten ebenfalls zu erfassen.

Zu den Installationskosten im weiteren Sinne gehören die Raumvorbereitung, der Transport, die eigentliche Hardware-Installation sowie die Software-Implementierung. Dabei muß speziell in Verbindung mit großintegrierten Systemen an die Vernetzung gedacht werden.

Während der Einsatzvorbereitung wird ein detailliertes Systemkonzept, das die Einbindung der Datenverarbeitung in die betriebliche und zwischenbetriebliche Ablauforganisation beschreibt, erarbeitet. In dieser Phase können aber auch lokale Modifikationen der DV-Systeme in bezug auf Datenstrukturen oder Eingabemasken beim Erwerb von Standardlösungen festgelegt werden.

Einen wesentlichen Anteil der Einarbeitungskosten machen die Schulungen von Mitarbeitern, sowohl zum Systembetrieb als auch für die Anwendung, aus. Die Schulungskosten sollten darüber hinaus auch als laufende Kosten einfließen, da durch Fluktuation und neue Mitarbeiter sowie Nachschulungen zusätzliche Kosten entstehen.

Leistungsverluste, die während der Anlaufphase zu beobachten sind, lassen sich in diesem Block ebenfalls ansetzen. Es wäre auch möglich, diese Effekte direkt mit den beeinflußten Nutzengrößen zu verrechnen. Dadurch würden Lerneffekte der Anwender besser veranschaulicht, da sie sich dann in den Bruttonutzeffekten widerspiegeln.

Andere Klassifikationen führen als gesonderte Kostenarten Organisations- und Integrationskosten auf (vgl. KREDEL 88, hier S. 100 ff.). Als Organisationskosten ordnet man primär Personalaufwand ein, der bei der Systemeinführung anfällt. Kotthaus beschreibt aufgrund eines Praxisprojektes, daß bei der Einführung von Bürokommunikationssystemen an jedem Arbeitsplatz, der mit einem Rechner auszustatten ist, für organisatorische Aufgaben durchschnittlich Personalkosten für einen Monat anfallen (vgl. KOTTHAUS 85). Unter Integrationskosten verstehen viele Autoren besondere gebäudetechnische Maßnahmen, wie sie etwa der Einbau von Kabelschächten darstellt.


### 3.2.3 Laufend anfallende Kosten

Unter laufenden Kosten werden solche erfaßt, die bei normalem Systembetrieb auftreten. Hierbei ist zwischen Leistungskosten, die unmittelbar im Zusammenhang mit der Leistungserstellung stehen, und Bereitschaftskosten, die zur Aufrechterhaltung der Leistungfähigkeit beitragen, zu unterscheiden.

Leistungskosten eines DV-Systems werden durch die Systemanwendung und -nutzung hervorgerufen. Am Beispiel des CAD-Arbeitsplatzes sind dieses Personalkosten für den Zeichner sowie Materialkosten für Papier, Farbbänder, Plotterstifte etc. Die hierfür verwendbaren Kostensätze lassen sich aus dem betrieblichen Rechnungswesen ableiten. Allerdings stellt sich die Frage, ob die Personalkosten wirklich angesetzt werden sollen. In dem obigen Beispiel würde es voraussetzen, daß jetzt neues Personal die CAD-Zeichnungen erstellt und dafür Mitarbeiter freigesetzt werden, die früher am Zeichenbrett gearbeitet haben. Diesen Mitarbeiterabbau könnte man dann als Nutzeffekt ausweisen. Da hier Wechselwirkungen stattfinden oder verfügbares Personal neue Aufgaben übernimmt und daher derart eindeutige Zuordnungen normalerweise nicht möglich sind, sollte die Summe der Personalveränderungen entweder vollständig auf der Nutzeffekt- oder auf der Kostenseite eingebracht werden.

Bereitschaftskosten sind Systembedienungskosten, insbesondere Personal- und Materialkosten für Hardware, Software und Datensicherung. Auch Kosten des Datenschutzes sind hier einzuordnen. Ein wichtiges Kriterium macht die Wartung und Pflege der DV-Anwendung aus. Erfahrungen zeigen, daß hierfür in den ersten fünf Jahren nach Inbetriebnahme eines Systems durchschnittlich 20 % der Entwicklungskosten pro Jahr angesetzt werden können (vgl. PARKER 89, S. 385 oder auch GRIESE 87, speziell S. 525 ff.). Andere Untersuchungen weisen Wartungsanteile in Höhe von 50 % an der gesamten Aufwandsstruktur für den Lebenszyklus eines Softwarepaketes aus (vgl. O.V. 89B). Hinzu kommen typische Gemeinkosten wie Miete, Kapitalkosten, Versicherungen und anteilige Raumkosten.

Schließlich ist zu hinterfragen, ob zusätzliche Opportunitätskosten für den möglichen Ausfall der DV-Anwendungen berücksichtigt werden müssen. Bei einer solchen Bewertung muß allerdings bereits ein monetärer Nettonutzeffekt für das System pro Zeiteinheit bekannt sein, den man für die Ausfallzeiten verrechnet.

## 3.3 Allgemeine Nutzeffekte der Informationsverarbeitung

### 3.3.1 Änderungen des Kostenanfalls

Die Veränderung des Kostenanfalls ist die klassische Zielsetzung des IV-Einsatzes. Sie bildete den Ausgangspunkt für die Einführung von IV-Systemen. Dabei stand die Substitution manueller Tätigkeiten durch kostengünstigere IV-Lösungen im Vordergrund. Auch heute gehen mit neuen IV-Anwendungen häufig Kosteneinsparungen einher. Bei konstanter Leistung kann die Ursache der Einsparung in einer geringeren Einsatzmenge oder einem geringeren Einsatzwert liegen.

### 3.3.1.1 Kostenvermeidung

Kostenvermeidungen treten immer dann auf, wenn es gelingt, mit Hilfe der IV Tätigkeiten oder Arbeitsschritte zu eliminieren oder überflüssig zu machen. Besonders die Integrierte IV trägt zu diesen Resultaten bei, da man durch genormte Schnittstellen häufig auf Eingabe- oder Übertragungstätigkeiten verzichten und damit auch Prüffunktionen, die die Korrektheit der Eingaben/Übertragun-gen feststellen sollen, abbauen kann.

Werden im Rahmen einer integrierten, IV-gestützten Vorgangsbearbeitung z. B. Angebote erstellt, an denen mehrere Mitarbeiter beteiligt sind, muß man die Einzelpositionen zu einem Gesamtangebot zusammenfassen. Diese Aufgabe vereinfacht sich, wenn mit Hilfe eines umfassenden Textverarbeitungsprogrammes oder eines Systems zur kompletten Angebotsschreibung die einzelnen Bausteine kombiniert werden können. Außerdem muß dann nicht noch eine zusätzliche Kontrolle (auf Übertragungsfehler) der oft bereits einzeln geprüften Angebotsteile durchgeführt werden.

Auch im zwischenbetrieblichen Bereich können Kosten vermieden werden. Beispielsweise findet die Qualitätskontrolle bei herkömmlicher Abwicklung beim Lieferanten während der Produktion und/oder am Warenausgang statt. Ein weiteres Mal wird sie am Wareneingang des Kunden durchgeführt. Besitzt nun der Kunde eine Möglichkeit, auf die Qualitätskontrolldaten des Lieferanten zuzugreifen oder sogar dessen Prüfvorschriften zu verändern, so entfällt für ihn die Notwendigkeit einer Qualitätskontrolle im Wareneingang. Damit werden Kosten vermieden.

Andererseits können neue IV-Lösungen nicht nur zu einem Wegfall von Tätigkeiten führen, es treten häufig auch neue Tätigkeiten mit der Systemeinführung auf. Dieses soll an einem Beispiel aus dem Handelsbereich erläutert werden (vgl. LUTZ 89A, insbes. S. 16 ff.). Dabei wird davon ausgegangen, daß ein Selbstbedienungs(SB)-Markt auf ein geschlossenes Warenwirtschaftssystem umstellt und eine Warenerfassung an der Kasse über EAN-Code vornimmt. Damit verändert sich unter anderem der Prozeß der Regalauffüllung:

- Ein Großteil der Ware muß nicht mehr einzeln ausgezeichnet werden, da er einen EAN-Code besitzt. Es erfolgt nur noch eine Regalauszeichnung.
- Da nicht alle Artikel über einen Strichcode verfügen, sind Produkte teilweise nachträglich zu codieren.
- Es muß festgestellt werden, ob die auf den gelieferten Waren angebrachten Strichcodeetiketten dem DV-System bekannt sind, damit sie an der Kasse beim Verkauf von dem Scanner richtig gelesen werden. Auch dabei handelt es sich um eine neue Tätigkeit.

Erst dadurch, daß man die wegfallenden und hinzukommenden Tätigkeiten gegenüberstellt, ergibt sich der Nettonutzeffekt des Prozesses.

### 3.3.1.2 Kostenreduktion

Kosten können durch eine neue IV-Lösung abgebaut werden, wenn Tätigkeiten nur noch in geringerem Umfang notwendig sind oder teurere manuelle Arbeiten durch günstigere automatisierte Prozesse übernommen werden. Auch Bestandsreduktionen für Roh-, Hilfs- oder Betriebsstoffe sowie Halb- und Fertigfabrikate tragen zur Kostensenkung bei.

Über alle Bereiche der Fertigung hat die durchgeführte Quellenauswertung ergeben, daß für Industriebetriebe durch den Einsatz der IV folgende allgemeinen Einsparungen auftraten (vgl. RÖSCH 86):

- Spanne der Personaleinsparungen: ca. 15 - 80 %
- Spanne der Kosteneinsparungen: ca. 10 - 60 %.

Bei IV-gestützten Fertigungssystemen werden z. B. Kostenreduktionen durch den Abbau von Halbfabrikatbeständen um 25 % angeführt. Die Abbildung 3.3.1.2/1 zeigt ausgewählte CIM-Einsparungen, wie sie in einer weltweiten Untersuchung von der Unternehmensberatung Booz, Allen und Hamilton bei über 50 Konzernen ermittelt wurden (vgl. HAUG 87).

|  | Europa | USA | Japan |
|---|---|---|---|
|  | | Einsparungspotential in % | |
| Arbeitsstunden | | | 34-89 |
| Direktarbeit | 32-88 | | |
| Direktpersonal | | 65-75 | |
| Indirektes Personal | | 35 | |
| Nacharbeit | 30 | 50-75 | |
| Raumbedarf | 60 | 60 | 50 |
| Produktionszeit | 33-60 | 50-85 | 34-58 |
| Produktentwicklungszeit | | | 28-89 |
| Maschinenrüstzeiten | | | 92 |
| Lagerbestände | | 65 | |

*Abb. 3.3.1.2/1*        EINSPARUNGEN DURCH CIM-SYSTEME

Häufig können bei dem Wechsel der DV-Technologie auch die IV-Kosten selbst reduziert werden. Ursache sind die sinkenden Hardwarepreise. Da Wartungsverträge oft in Prozent vom Hardwarepreis bemessen werden, lassen sich beim Technologiewechsel so ebenfalls Einsparungen erzielen.

### 3.3.1.3 Kostenverschiebung

Besonders im Produktionsbereich treten nach der Einführung moderner Fertigungssysteme veränderte Kostenstrukturen auf, die speziell dadurch gekennzeichnet sind, daß Personalkosten abgebaut werden, die Abschreibungen und Anlagenkosten aber steigen (vgl. HORVATH 88, hier S. 6 f.). Damit erhöhen sich die Zinsen auf das gebundene Kapital. Zusätzlich muß die längerfristige Kapitalbindung berücksichtigt werden, die tendenziell zur Verschiebung von variablen zu fixen Kosten führt. Die Querschnittsuntersuchungen für Flexible Fertigungssysteme ergeben zusätzlich folgende Resultate:

- eine Einschränkung der Maschinenzahl oder Roboter um bis zu 80 %,
- eine Verringerung der Werkzeugzahl um bis zu 90 % und

- eine Senkung der Produktionsfläche um bis zu 60 %.

Beispielhaft sei die Verlagerung der Budgetstruktur einer Produktion für Zahnräder und verzahnte Wellen angeführt, bei der eine Umstellung von einer Werkstattfertigung auf autonome Fertigungszellen mit einem 3-Schicht-Betrieb vorgenommen wurde (vgl. HERRMANN 88, insbes. S. 157 ff.). Die Kapitalkosten für die Fertigungseinrichtungen sind in dem Praxisfall um mehr als 90 % angestiegen. Neben Personalkostenreduzierungen um ca. 30 % tragen die Einsparungen in den indirekten Bereichen von ca 20 % und eine Reduktion des Lagerbudgets um fast 50 % dazu bei, daß sich insgesamt ein positives Ergebnis mit einer 10 %igen Kostenbudgetreduktion für die Betrachtungsperiode ergibt.

Ähnlich verschiebt sich die Kostenstruktur durch elektronische Bestellsysteme. Diese sind ebenfalls durch einen hohen Fixkostenanteil, der durch die IV-Technologie hervorgerufen wird, charakterisiert. Allerdings kann das Bestellvolumen gesteigert werden, ohne daß es zu einer Personalerhöhung und damit zu zusätzlichen Kosten kommt (vgl. KEEN 86, hier S. 50 ff.).

## 3.3.2 Änderungen der Produktivität

Nachfolgend werden die IV-Auswirkungen auf die Produktivität, insbesondere unter dem Gesichtspunkt der Leistungsveränderung, betrachtet. Eine beschleunigte Abwicklung von Aufgaben, die häufig mit der Effizienz beschrieben wird, bildet dabei eine wesentliche Komponente. Zur Produktivitätssteigerung werden Aufgaben schneller erledigt, oder das Verhältnis von Output- zu Inputgrößen steigt (vgl. PIN-SHAN CHEN 82, speziell S. 229). In Anlehnung an den veränderten Kostenanfall läßt sich zwischen einer Mengen- und einer Werterhöhung des Outputs bei konstanter Einsatzmenge unterscheiden. Versucht man dieses in einer Kausalkette abzubilden, so dürfte sich bei gleichem Mitteleinsatz langfristig z. B. der Umsatz erhöhen. Wird dagegen der Output festgeschrieben, so führt die gleiche Leistungserstellung durch geringeren Mitteleinsatz zu Kostensenkungen.

Werden Durchlaufzeiten bei Büroprozessen oder Reaktionsgeschwindigkeiten für Verwaltungstätigkeiten verändert, so lassen sich diese ebenfalls auf Produktivitätsveränderungen zurückführen. Allerdings wird der Zusammenhang stellenweise durch qualitative Veränderungen hervorgerufen. Für solche Effekte erfolgt eine genauere Darstellung in Kapitel 3.3.3.1.1.

Die auf Produktivitätssteigerungen beruhenden Resultate ergeben sich auf zwei Ebenen im Unternehmen: bei der Bewältigung von Tätigkeiten am einzelnen Arbeitsplatz und bei der Abwicklung von Unternehmensprozessen, die arbeitsplatz- und abteilungsübergreifend durchgeführt werden. Als Maßgrößen für die Effizienz können u. a. Arbeitszeitaufwendungen pro Outputeinheit oder die Inanspruchnahme von Dienstleistungen für Einzelaufgaben eingesetzt werden.

### 3.3.2.1 Änderungen am einzelnen Arbeitsplatz

Zwei Wirkungen sind zu berücksichtigen, wenn man Veränderungen auf der Arbeitsplatzebene bestimmen will:

- der Einfluß von Einzeltechnologien bei der Unterstützung spezieller Aufgaben und
- der Einfluß umfassender Technikunterstützung, etwa mit Hilfe von Bürosystemen, auf einzelne Arbeitsplatztypen.

Für den ersten Fall kann beispielsweise untersucht werden, wie sich der Einsatz eines Electronic Mail-Systems auf die Aufgabe der Postbearbeitung auswirkt (vgl. MERTENS 86A, hier S. 118 ff.). So läßt sich feststellen, inwiefern mit dem Postausgang verbundene Tätigkeiten durch die Einführung des elektronischen Mediums beschleunigt werden. Abbildung 3.3.2.1/1 zeigt dazu das Ergebnis eines empirischen Vergleiches zwischen der manuellen und elektronischen Ausgangspostbearbeitung. Es werden wesentliche Vorteile des elektronischen Übertragungskanals, insbesondere bei mehreren Empfängern, deutlich, die durch die Nutzung elektronischer Verteiler entstehen. Will man jedoch den vollständigen Einfluß der Electronic Mail-Kommunikation in bezug auf die zeitlichen Veränderungen erfassen, so müßte man zusätzlich Einflußfaktoren wie verändertes Kommunikationsverhalten oder veränderte Kommunikationsstrukturen berücksichtigen (vgl. SUMNER 88).

Bei der zweiten Betrachtungsweise geht man dagegen von der gesamten Tätigkeitsstruktur aus, wie sie an einem Arbeitsplatz anfällt. Es wird als Maßgröße häufig die Zeit zum Bewältigen der anfallenden Tätigkeiten gewählt. Man versucht zu bestimmen, welche Auswirkungen die neue Technologie auf die Gesamtzeit hat, um sämtliche Aufgaben zu verrichten.

| Durchschnittlicher Zeitaufwand für den konventionellen Postausgang | Zahl der Empfänger | | Gesamt |
|---|---|---|---|
| | 1 | 7 | |
| Kuvertieren | 15 sec | 105 sec | |
| Adressieren | 20 sec | 140 sec | |
| zum Postkorb bringen | 55 sec | 55 sec | |
| Kopieren | 3 min | 4 min | |
| Gesamt | 4,5 min | 9 min | |
| Prozentuale Aufteilung des Schriftgutes | 60 % | 40 % | 100 % |
| Durchschnittliche Arbeitszeit bezogen auf das gesamte Schriftgut | | | 6,3 min |
| Durchschnittlicher Zeitaufwand für den elektronischen Postausgang | | | |
| Postkorb aktivieren | 5 sec | 5 sec | |
| Adressieren (Kurzadresse) | 15 sec | 15 sec | |
| Dokument übertragen | 1 sec | 7 sec | |
| Postkorb schließen | 4 sec | 4 sec | |
| Gesamt | 25 sec | 31 sec | |
| Prozentuale Aufteilung des Schriftgutes | 60 % | 40 % | 100 % |
| Durchschnittliche Arbeitszeit bezogen auf das gesamte Schriftgut | | | 27,4 sec |

*Abb. 3.3.2.1/1*   DURCHSCHNITTLICHER ZEITAUFWAND FÜR KONVENTIONELLEN VERSUS ELEKTRONISCHEN POSTAUSGANG

Üblicherweise muß dazu auf die Ergebnisse der zuvor bestimmten Veränderungen von Einzeltätigkeiten zurückgegriffen werden, damit man einen Anhaltspunkt für die Auswirkungen auf einzelne Aufgaben gewinnt und durch eine Aggregation das Gesamtergebnis bestimmen kann. Abbildung 3.3.2.1/2 beschreibt beispielhaft die Ergebnisse einer solchen Untersuchung für den Büroautomationseinsatz bei einem Unternehmen des Großanlagenbaus (vgl. KOCH 87, speziell S. 50 f.). Dabei wurden als Erweiterung die Einsparungen optimistisch und pessimistisch eingeschätzt. Mit den ermittelten Spannweiten kommt darüber hinaus die Einstellung gegenüber der neuen Technologie zum Ausdruck, die die Mitarbeiter der einzelnen Arbeitsplatztypen besitzen. Je größer die Spannweite der ermittelten Werte ist, desto unsicherer sind die Annahmen über die Einstellung der Anwendergruppen.

| Arbeitsplatztyp | Produktivitätssteigerung bei ... Einschätzung (in %) | | |
|---|---|---|---|
| | pessimistischer | wahrscheinlicher | optimistischer |
| Bereichsleiter | 3,5 | 8,5 | 13,0 |
| Hauptabteilungsleiter | 4,0 | 9,0 | 13,5 |
| Abteilungsleiter | 5,0 | 12,5 | 19,5 |
| Referent | 6,0 | 14,0 | 20,0 |
| Fachkraft | 7,5 | 14,5 | 21,5 |
| Sachbearbeiter | 11,0 | 19,0 | 26,0 |
| Doppel-/Einzelsekretariat | 9,0 | 16,0 | 20,0 |
| Gemeinschaftssekretariat | 12,0 | 22,5 | 26,0 |
| Textverarbeitungs-sekretariat | 17,5 | 26,0 | 30,5 |

*Abb. 3.3.2.1/2*　　　　VERBESSERUNGSPOTENTIALE DURCH BÜROAUTOMATION

## 3.3.2.2 Änderung bei der Abwicklung von Arbeitsprozessen

Der Einsatz von Arbeitsplatzsystemen soll bei der Abwicklung von Arbeitsprozessen zu Vorteilen führen, die dann möglicherweise in einer Durchlaufzeitverkürzung der aus-zuführenden Vorgänge resultieren. Folgende Einzelpunkte können dabei beispielhaft für ein Bürosystem zur Verbesserung der Arbeitsprozesse genannt werden (vgl. KOCH 86, hier S. 4):

- Medienbrüche oder Transformationsprozesse werden vermieden, z. B. das Über-tragen von Daten in ein Formular,
- die synchrone Kommunikation, die mit hohem Aufwand für Abstimmprozesse verbunden ist, wird verringert,
- Doppelarbeit wird abgebaut, beispielsweise für eine Mehrfachablage,
- Abstimm- und Kontrollprozesse, die nicht direkt zur "Wertsteigerung" des end-gültigen Arbeitsergebnisses beitragen, werden reduziert, und
- Liegezeiten für Vorgänge werden verkürzt.

In jüngeren Veröffentlichungen finden sich auch Aussagen darüber, daß Group Decision Support Systeme Produktivitätssteigerungen für kooperative Prozesse bringen (vgl. KRCMAR 89B).

Für das bereits oben erwähnte Unternehmen wurde eine Analyse des Arbeitsprozesses "Spezifikationswesen der Qualitiätssicherung" vorgenommen (vgl. KOCH 86, insbes. S. 60 ff.). Bei diesem Vorgang werden Spezifikationen, wie die Erstellung von Großanlagen ausgeführt und abgewickelt werden soll, erarbeitet und schriftlich festgehalten. Dazu entwirft man technische Beschreibungen für die Produktion von Bauteilen, Baugruppen und Baukomponenten schon während der Planungsphase. Für diesen Prozeß wurden die Effizienzsteigerungen, die der Einsatz eines Bürosystems erwarten ließ, geschätzt. Bei der technischen Unterstützung legte man besonderen Wert auf eine elektronische Archivierung sämtlicher Arbeitsergebnisse, eine Electronic Mail-Kommunikation und ein Erstellen der Dokumente auf komfortablen Arbeitsplatzsystemen. Für den Systemeinsatz ergaben sich dabei folgende Schätzungen:

-   Der Zeitbedarf von Fachkräften könnte um 10 bis 15 % reduziert werden. Ursache wäre ein Wegfall von Abschreib-, Kopier- und Klebetätigkeiten, die Verwendung von Standardgraphikarchiven, verringerte Abstimmtätigkeiten und eine leichtere Änderung der erstellten Dokumente.
-   Bei Schreibkräften wurde eine Zeitreduktion zwischen 20 und 40 % geschätzt. Hauptgründe waren hier eine vereinfachte Korrektur der Dokumente  und ein möglicher Zugriff auf Standardarchive.
-   Schließlich ergab sich, daß man so den gesamten Vorgang um 10 bis 30 % verkürzen könnte. Neben den Tätigkeitseinsparungen spiegeln sich hier auch verkürzte Transport- und Liegezeiten wider.

Die Einführung der aktenarmen Verwaltung ist bei Dienstleistungsbetrieben oftmals ebenfalls mit Effizienzsteigerungen verbunden. Das amerikanische Kreditkartenunternehmen Diners Club bedient neben den Einzelkunden auch Unternehmen, die ihre Mitarbeiter zur vereinfachten Spesenabrechnung mit Diners Club-Kreditkarten ausstatten. Diners erstellt für die beteiligten Betriebe jeweils am Monatsende ausführliche Abrechnungsberichte und Auswertungen. Zur Produktivitätssteigerung in diesem Geschäftsbereich wurde ein elektronisches Archiv eingerichtet, in dem die in das System eingelesene Kundenkorrespondenz gespeichert wird. Aufgrund des verbesserten Zugriffs und neuer Auswertungsmöglichkeiten konnten 20 % der Sachbearbeiter, die für das Unternehmenskartengeschäft zuständig waren, eingespart werden. Jeder Mitarbeiter ist nun in der Lage, 30 bis 40 Prozent mehr Kundenunternehmen mit Hilfe der technischen Unterstützung abzuwickeln. Nach der Systemeinführung wurde allerdings festgestellt, daß es ein Jahr dauerte, bis diese Produktivitätssteigerungen voll realisiert werden konnten (vgl. O.V. 89C). Ähnliche Ergebnisse werden von einer integrierten Anwendung für die Kundensachbearbeiter der amerikanischen Telefongesellschaft Bell berichtet. Hier lagen die Produktivitätssteigerungen durch ein System, das sämtliche verfügbaren Kundeninformationen bereitstellt, bei ca. 20 Prozent (vgl. DUMAIS 88).

### 3.3.3 Änderungen der Qualität und Flexibilität

Qualitäts- und Flexibilitätsänderungen als Ergebnis des IV-Einsatzes lassen sich im allgemeinen als Ausgangspunkte von Wirkungsketten abbilden, die letztlich in Kosten- oder Umsatzänderungen münden. Kosteneffekte kann man dabei oft direkt nachweisen. Komplexer sind dagegen die Auswirkungen auf den Umsatz, die indirekt über die Wettbewerbsposition zustande kommen. Außerdem lassen sich die Veränderungen, die im Leistungsbereich des Unternehmens, also bei der Produkt- oder Dienstleistungserstellung, hervorgerufen werden, häufig einfacher quantifizieren als Veränderungen im Entscheidungsbereich.

### 3.3.3.1 Änderungen der Leistungsqualität und -flexibilität

#### 3.3.3.1.1 Qualitätsänderungen

Qualitätsveränderungen können durch IV-Unterstützung sowohl bei der Produkt- als auch der Dienstleistungserstellung eines Unternehmens hervorgerufen werden. Naturgemäß ist die Messung der Dienstleistungsqualität viel schwieriger als die Messung der Produktqualität. Beispielhaft sei nur die computerunterstützte Beratungsleistung von Banken oder Versicherungen genannt.

Daher sollen in einem ersten Schritt die Auswirkungen erhöhter Produktqualität durch DV-Lösungen dargestellt werden. Insbesondere integrierte Fertigungssysteme tragen hier zu Verbesserungen bei. In der Produktion ermöglichen Verfahren des "In-Process-Control" ein frühes Aufzeigen von Qualitätsmängeln der hergestellten Teile. Je eher die Fehler dabei entdeckt werden, desto geringer sind die Kosten ihrer Behebung. Mit integrierten Systemen läßt sich für identifizierte Fehlersituationen eine Rückmeldung an die betroffenen Planungsanwendungen vornehmen, so daß diese z. B. eine schnelle Umdisposition veranlassen können. Wird die eingeschränkte Qualität erst beim Produkteinsatz durch den Kunden erkannt, so entstehen nicht nur die Reparatur- oder Nachbesserungskosten, sondern es dürfte zumindest ein Imageverlust auftreten, der zukünftig sogar mit Umsatzeinbußen für die Geschäftsbeziehung verbunden sein kann. Andererseits ergibt sich bei exzellenter Qualität die umgekehrte Tendenz. Direkt wirkt sich die Qualität auf folgende Positionen aus (vgl. HAYES 87, hier S. 93):

- auf den Materialabfall in der Produktion,
- auf Ausschußquoten in einzelnen Fertigungsstufen und der Endmontage sowie
- auf den Anteil der vom Kunden zurückgewiesenen Produkte oder Lieferungen.

Abbildung 3.3.3.1.1/1 zeigt dazu eine Wirkungskette.

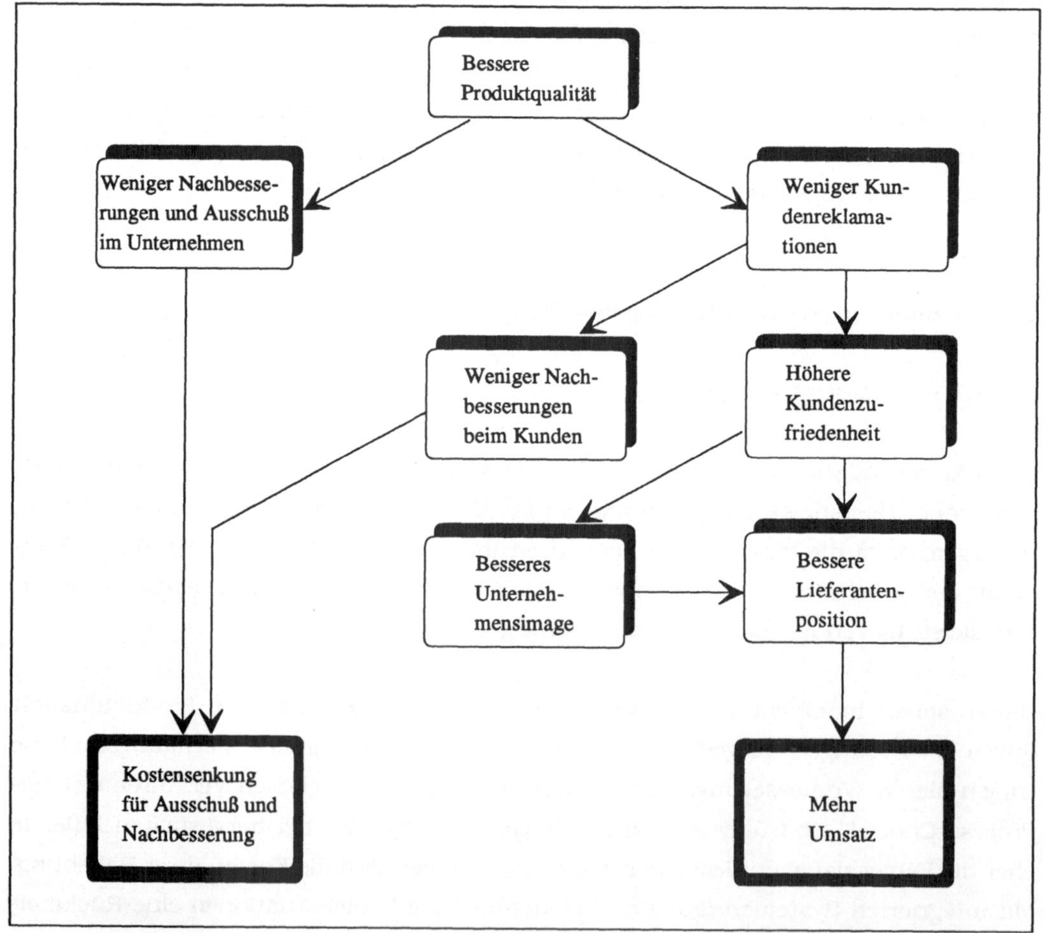


*Abb. 3.3.3.1.1/1*    WIRKUNGSKETTE ZUR BESSEREN PRODUKTQUALITÄT

Elektronischer Zugriff auf Qualitätsprüfungsdaten durch den Kunden beim Lieferanten kann daher nicht nur zu Vorteilen auf der Kundenseite führen, er trägt auch dazu bei, daß der Lieferant durch qualitativ hochwertige Lieferungen sein Qualitätsimage verbessern kann.

Andere Qualitätswirkungen können in integrierten Systemen dadurch auftreten, daß bei der Produktneukonstruktion auf Erfahrungsdaten zurückgegriffen wird und vielfältige Simulationsrechnungen möglich sind, die es erlauben, schon während der Konstruktionsphase spätere Produktmängel oder Schwachstellen zu erkennen. Dadurch werden Entwicklungsprozesse verkürzt und teure Fehlentwicklungen vermieden. Erweitert wird dieser Nutzeffekt, wenn man auch Zulieferer rechtzeitig in die Entwicklungsprozesse einbezieht. Dazu kann ein zwischenbetrieblicher Austausch von Zeichnungs- und Produktspezifikationsdaten eingesetzt werden. Generelle Maßnahmenkataloge, mit denen sich Qualitätsaspekte beschreiben lassen, finden sich bei Specht und Schmelzer (vgl. SPECHT 91, S. 10 ff.).

Zur Bewertung der Qualitätssteigerungen durch neue IV-gestützte Produktionsmethoden kann folgende Systematisierung herangezogen werden:

1.  Die Fehlerkosten sinken.
    Hier lassen sich z. B. die Fehlmengen mit ihren jeweiligen Herstellkosten bewerten.
2.  Prüfkosten, die in der Fertigung und der Qualitätssicherung anfallen, werden verändert.
    Man kann Einsparungen durch rechtzeitige Fehlererkennung ansetzen.
3.  Eine kleinere Anzahl qualitativ minderwertiger Erzeugnisse ruft weniger Beschädigungen und damit geringere Instandhaltungs- und Reparaturkosten an den Fertigungsanlagen hervor.
    Es können Erfahrungswerte und Statistiken herangezogen werden, um die relevante Fehlerzahl abzuschätzen.
4.  Qualitätsverbesserungen haben Einfluß auf die Marktposition.
    Dabei geht es z. B. um empirische Untersuchungen, die für einzelne Branchen Aussagen vornehmen, wie sich der Umsatz verändert, wenn Qualitätsvorteile gegenüber Mitbewerbern auftreten.

Bei CIM-Konzepten berichten die Anwender sowohl von einer erhöhten Produktqualität als auch von genaueren Planungsunterlagen, wie Stücklisten oder Arbeitsplänen. Für Nachbesserungskosten aufgrund von Qualitätsmängeln können bei integrierten

Systemen Einsparungspotentiale zwischen 50 und 70 % erwartet werden (vgl. HAS-PEL 89, insbes. S. 25). Die Qualitätsverbesserungen sind dabei auch auf den Einsatz von CAQ-Komponenten und eine permanente Produktprüfung in der Fertigung zu-rückzuführen.

Kosteneinsparungen für die eigentlichen Prüfvorgänge sollten an dieser Stelle nicht aufgeführt werden, da diese in den Vergleich des Ist- und Plan-Kosten-Budgets ein-fließen.

Häufig wird für zwischenbetriebliche Bestellsysteme angeführt, daß sich die Zahl falscher Lieferungen verringert, weil der Kunde bei einem elektronischen Daten-austausch u. a. (teil)automatisch prüfen kann, ob die Lieferbestätigung, die er als Quittung seiner Bestellung erhält, korrekt ist (vgl. O.V. 90 und WILDEMANN 90, hier S. 17).

Zu einer anderen Leistungsverbesserung tragen Ferndiagnose- oder Wartungssysteme im After-Sales-Bereich bei. Ferndiagnosesysteme, die neben dem Einsatz im Bereich der IV auch im Maschinenbau eingesetzt werden, besitzen dabei folgende Vorteile (vgl. CORDROCH 88, S. 22 und STEPPAN 90, hier S. 140 ff.):

- Kostenreduzierung durch weniger Kundenbesuche,
- verbesserter, zielgerichteter Einsatz des Kundendienstpersonals (der Wartungs-techniker hat mit hoher Wahrscheinlichkeit richtige Ersatzteile dabei) und
- Konzentration der Fachkräfte in der Zentrale zur besseren Kundenbetreuung.

Ähnliche Erfolge können auch mit sogenannten Tools als "Predictive Diagnostics" er-zielt werden, wie sie Hersteller in ihre Anlagen einbauen, um die erste Fehlerdiagnose dem Kunden selbst zu überlassen. Beispiele sind die Maschinenbauhersteller Traub AG oder die Trumpf GmbH & Co. (vgl. SACHSE 88, hier S. 83).

Für diese Applikation kann man zwei grundsätzliche Nutzenkomponenten unter-scheiden (vgl. HOHE 88B, hier S. 16):

- Zum einen lassen sich die Einnahmen aus dem Wartungsgeschäft durch das er-weiterte Angebot verbessern,
- zum anderen ist die Qualität des Kundendienstes ein wichtiges Kriterium im Kaufentscheidungsprozeß der Kunden.

Ein Beispiel bildet der amerikanische Aufzughersteller Otis Elevator Co., der die Qualität seiner Wartungsleistungen durch IV-Einsatz erheblich steigern konnte (vgl. LAYNE 87). Dazu setzt das Unternehmen heute eine gebührenfreie Wähleinrichtung für den Kunden ("Otisline"), eine relationale Datenbank, in der sämtliche Kundeninformationen und gelieferten Aufzüge gespeichert sind, sowie ein DV-Netzwerk, das die über 150 regionalen Niederlassungen verbindet, ein. Der Marktanteil im Wartungsgeschäft konnte von 18 % auf 24 % erhöht werden. Dieses war möglich, obwohl Konkurrenten von Otis um bis zu 25 % niedrigere Preise für Wartungsverträge verlangen.

### 3.3.3.1.2 Flexibilitätsänderungen

In Diskussionen zu Flexibilitätsgesichtspunkten bei der Leistungserstellung steht häufig die Fertigung im Mittelpunkt. Dieser Aspekt wird oft als Investitionsgrund genannt (vgl. WILDEMANN 86, hier S. 39). Es könnte jedoch z. B. auch an eine flexiblere Einsatzplanung der Vertriebsmitarbeiter oder der Wartungstechniker mit Hilfe der IV gedacht werden. Die folgenden Ausführungen beschränken sich allerdings auf den Produktionsbereich. Dabei erweist es sich schon als äußerst schwierig, eine genaue Charakterisierung der Flexibilität und ihrer Auswirkungen vorzunehmen. So wird sie auf verschiedenen Betrachtungsebenen dargestellt. Die Sichtweise reicht vom Umbau der Fertigungsanlagen für die Abwicklung von Kundenaufträgen mit variierenden Produktionsvoraussetzungen bis hin zu einer engen Verbindung mit der Wettbewerbsstrategie eines Unternehmens, sich möglichst schnell an veränderte Wettbewerbsbedingungen oder unerwartete Umweltzustände anpassen zu können. Es ist zu beachten, daß die Unternehmen außerdem eine hohe Produktivität erreichen wollen, die eigentlich ein widerstreitendes Ziel zur hohen Flexibilität darstellt (vgl. WARNECKE 86, hier S. 30). Aufgrund dieser divergenten Effekte ist eine monetäre Abschätzung häufig schwierig (vgl. WILDEMANN 87A, hier S. 45).

Allen Bewertungsansätzen ist gemeinsam, daß u. a. Zeiten betrachtet werden, die anfallen, wenn die Fertigung an veränderte Bedingungen oder Anforderungen angepaßt wird. Die Veränderungen können fremdbestimmt sein, z. B. wenn wechselnde Kundenwünsche Produktänderungen oder Prozeßinnovationen erfordern. Auch eine angebotsbestimmte Anpassung ist möglich, beispielsweise dann, wenn das Unternehmen ein sehr heterogenes Produktspektrum anbietet.

Flexibilität für den Fertigungsbereich läßt sich beispielhaft danach gliedern, mit welcher Häufigkeit und, davon abhängig, mit welchen zeitlichen Wirkungen bestimmte Anpassungsmaßnahmen erfolgen. In Abbildung 3.3.3.1.2/1 wird eine Systematisierung nach der zeitlichen Anpassungsfähigkeit versucht. Die Übergänge zwischen den Periodeneinteilungen sind dabei fließend. Bei der Anpassung an Produktinnovationen und Marktveränderungen kann man die Flexibilität als eine "Risiko- oder Versicherungsprämie" sehen. Die zu verändernden Faktoren (z. B. benötigtes Material, das benutzte Fertigungssystem selbst, das Bedienungspersonal) bilden ein zweites Unterscheidungskriterium.

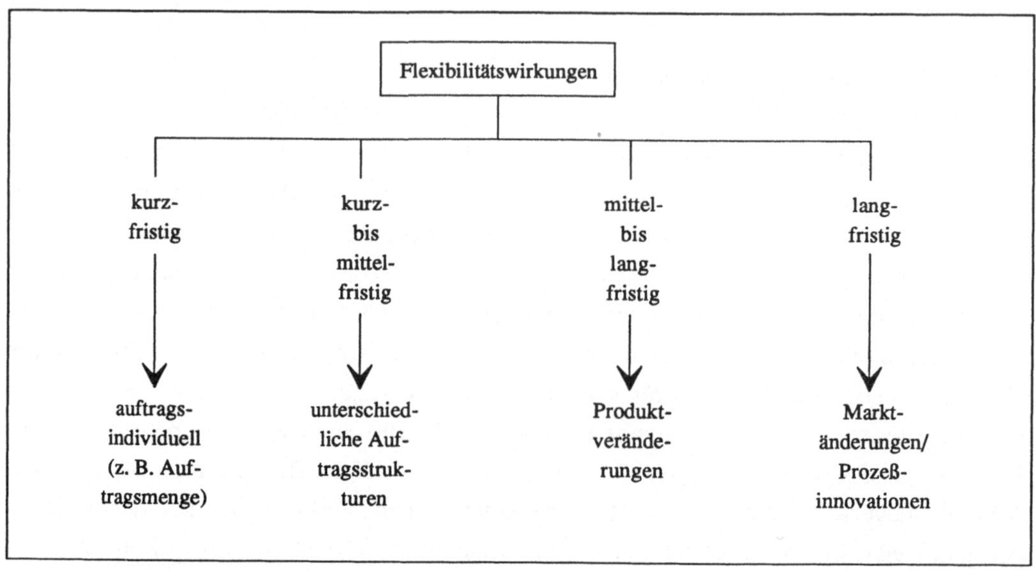


*Abb. 3.3.3.1.2/1*  FLEXIBILITÄTSASPEKTE IM FERTIGUNGSBEREICH BEIM EINSATZ DER IV

Für die empirischen Untersuchungen lassen sich Aussagen zur Verbesserung der Flexibilität auf Basis dieser Klassifikation in folgende Einzelkriterien trennen (vgl. SCHUMANN 89, insbes. S. 5 ff.):

<u>kurzfristig:</u>

- Werkstückflexibilität für die Form und Genauigkeit des zu fertigenden Teils,
- Personalflexibilität bezüglich den Anforderungen an Arbeitszeit, Kapazität und Tätigkeitsfeld des Mitarbeiters.

<u>kurz- bis mittelfristig:</u>

- Durchlaufflexibilität in bezug auf die Festlegung des Betriebsmittels zur Auftragsbearbeitung,

- Materialfluß-/Umrüstflexibilität, mit der die Auftragsfolge, Auftragsgröße, Auftragsart usw. beeinflußt werden können.

<u>mittel- bis langfristig:</u>
- Organisationsflexibilität zur Anpassungsfähigkeit von Anlagen an das organisatorische Umfeld bzw. die Betriebs- sowie Qualifikationsstruktur.

<u>langfristig:</u>
- Produktionsflexibilität zur langfristigen Anpassung an veränderte Markt- und Produktanforderungen ohne kompletten Technologiewechsel.

Ein Versuch zur Quantifizierung im Bereich der Fertigungsautomatisierung besteht darin, die Flexibilitätswirkungen auf Basis von technisch orientierten Faktoren zu bewerten. Dazu wird die zeitliche Gliederung beibehalten:

1. Veränderte Pausenüberbrückungszeiten, Einsparungen durch bedienerarme Schichten und beim Überwachungspersonal oder der Abbau von Pufferlagern können als Bewertungsgrundlage dienen, wenn die kurzfristige zeitliche Anpassungsfähigkeit beurteilt werden soll.

2. Als Ersatzgröße, um die Materialfluß-, Umstellungs- und Umrüstfähigkeit sowie Vielseitigkeit der eingesetzten Technologie abzuschätzen, lassen sich Umrüst-, Warte-, Liege- sowie Stillstandzeiten heranziehen. Flexible Kapazitäten sind zu berücksichtigen. Ebenfalls sollte man versuchen, Vorteile, die kleinere Losgrößen bei der Auftragsakquisition mit sich bringen, zu bewerten. In den kleineren Losgrößen können weitere Ursachen für eine veränderte Kapitalbindung liegen, die z. B. durch kürzere Umrüstfolgen entsteht. Die durch einfache Umrüstfähigkeit unterstützte Variantenflexibilität hat, da sie das angebotene Produktspektrum bestimmt, Einfluß auf die vom Kunden beurteilte Leistungsfähigkeit (vgl. VON BRIEL 86, hier S. 73). Mit den Aspekten des flexiblen Personaleinsatzes befaßt sich ausführlich Grob (vgl. GROB 85).

3. Mittel- bis langfristige Flexibilitätspotentiale werden dagegen maßgeblich von den Anforderungen des Marktes bestimmt. Produktlebenszyklen oder veränderte technische Anforderungen sind abzuschätzen. Einfluß haben die Reaktionsdauer auf veränderte Marktanforderungen, der Zeitbedarf für Umstellungen auf neue Produkte, Opportunitätskosten durch Gewinnentgang bei den Fertigungsumstellungen sowie der Umfang, in dem die Fertigungsanlagen umgebaut werden müs-

sen. Dabei ist zwischen der Varianten- und Verfahrensflexibilität zu differenzieren (vgl. HAHN 86, S. insbes. 54 ff.):

- Die Variantenflexibilität beschreibt, welcher finanzielle Aufwand und Zeitbedarf notwendig ist, um neue Fertigungsaufgaben innerhalb und außerhalb der bisherigen Fertigungsfamilien zu übernehmen.
- Bei der Verfahrensflexibilität wird die Fähigkeit der Systeme beurteilt, unterschiedliche Fertigungsverfahren oder -abläufe, z. B. verschiedene Oberflächenbehandlungen, zu ermöglichen. Die verschiedenen Verfahren können unabhängig voneinander oder auch sequentiell eingesetzt werden.

4. Schließlich ist die langfristige Veränderung neuer Anlagen in bezug auf Innovationsschübe oder veränderte Marktanforderungen zu untersuchen. Hier geht es insbesondere um die Wiederverwendbarkeit einzelner Module (vgl. dazu: SCHÜNEMANN 83). Einen ersten Anhaltspunkt dafür bieten sogenannte Wiederverwendungsgrade für verschiedene Technologien. Beim Berücksichtigen dieser Größen müssen zukünftige Investitionspotentiale analysiert werden. So stellen Hutchinson und Holland ein Simulationsmodell vor, bei dem sie eine Transferstraßen- und eine FFS-Lösung vergleichen (vgl. HUTCHINSON 82). Ein wichtiger Aspekt der Untersuchung sind Produktwechsel, verbunden mit Annahmen über Produktlebenszyklen. Als Ergebnis zeigt sich, daß bei Transferstraßen insgesamt die variablen Produktkosten geringer sind. Allerdings werden diese Vorteile durch die einfachere Umstellfähigkeit von FFS auf neue Produkte und die Möglichkeit, inkrementelle Leistungserweiterungen aufgrund zusätzlicher Kapazitätsbedarfe vorzunehmen, weit überkompensiert.

Die Beurteilung und Quantifizierung der Flexibilität innerhalb von Integrationskonzepten darf nicht nur auf Einzelbausteine abgestellt werden. Es sind vielmehr Untersuchungen für das Gesamtsystem vorzunehmen, da ansonsten Flexibiliätspotentiale unberücksichtigt bleiben.


## 3.3.3.2 Änderungen der Entscheidungsqualität und -flexibilität

### 3.3.3.2.1 Qualitätsänderungen

Die Qualität der Entscheidungen wird maßgeblich durch die Informationen, auf denen sie beruhen, bestimmt. Die IV kann dazu beitragen, relevante Informationen bereitzustellen und aktuellere sowie genauere Informationen verfügbar zu machen.

Teilweise werden diese Veränderungen als Kriterien der Effektivität verwendet (vgl. EVANS 89, hier S. 198). Ein Mehr an Informationen führt nicht unmittelbar zu besseren Entscheidungen. Eine Informationsüberflutung, wie sie zuweilen in Electronic Mail-Netzen vorhanden ist[3], kann sogar mehr negative als positive Auswirkungen haben (vgl. Kapitel 3.7). Die Relevanz der bereitgestellten Informationen ist ein wesentliches Kriterium.

Beispielsweise stellen elektronische Netzwerke aktuelle Informationen über Aktienkurse bereit, auf die im weltweiten Börsenhandel zugegriffen werden kann. Damit ist es möglich, Kursdifferenzen, die zwischen den Börsen auftreten, kurzfristig durch Kauf- und Verkaufsaufträge auszunutzen.

Die Genauigkeit von Informationen läßt sich nicht immer eindeutig abschätzen. Wahrscheinlich führt eine IV-gestützte Lagerabgangsprognose häufig bei der Lagerbestandsführung zu besseren Ergebnissen als eine personelle Prognose, mit welcher der Lagerbestand bemessen wird. Fraglich ist aber beispielsweise, wie stark Investitionsentscheidungen verbessert werden, wenn mit Hilfe der DV Simulationsrechnungen bezüglich der Stabilität von Lösungen (Risikoanalyse) für die einzelnen Alternativen vorgenommen werden. Hier ist unklar, wieweit eine Investitionsentscheidung durch zusätzliche Simulationen verbessert wird.

Entscheidungsgrundlagen für Außendienstmitarbeiter lassen sich mit Kundeninformationen, die man über einen Laptop verfügbar machen kann, verbessern. Als Bewertungsmaßstab der Verkäuferleistung mit der neuen Technik könnten dann die Quote erfolgreicher Verkaufsgespräche oder die Zahl der Verkaufsgespräche pro Periode herangezogen werden (vgl. TSCHOPP 88, hier S. 447).

Als ein Beispiel für eine ähnliche Nutzung von Informationen soll eine Anwendung aus dem SB-Handel skizziert werden (vgl. LUTZ 89A, S. 47 f.). Ein umfangreiches Warenwirtschaftssystem soll mit dem zugrundeliegenden Datenmaterial, das mit Scannerkassen gewonnen wird, eine Warenkorbanalyse erlauben, bei der man die Kundenkäufe auswertet. Praxisbeispiele zeigen, daß Analysen, die aufgrund der Datenbasis integrierter Warenwirtschaftssysteme möglich sind, dazu beitragen, die Umsatzrendite zu erhöhen. Für jeden Kunden werden die gekauften Artikel und die jeweiligen Mengen unter folgenden Gesichtspunkten analysiert:

---

3)    Erste Schilderungen finden sich bereits 1982: (vgl. DENNING 82).

- Anzahl der Einkaufskörbe, in denen Aktionsartikel vertreten sind.

  Diese Information zeigt die Attraktivität eines Aktionsartikels. Sie ist um so größer, je häufiger das Produkt von verschiedenen Kunden gekauft wird. Die DV-Unterstützung kann dazu beitragen, die Attraktivität der Aktionsartikelauswahl zu verbessern.

- Die Rendite von Produkten, die Kunden in Kombination mit den Aktionsartikeln kaufen.

  Als Aktionsartikel sollten solche Waren bevorzugt werden, mit denen der Verkauf anderer Produkte mit hohen Gewinnspannen forciert wird. Dieses trägt zur Renditeverbesserung bei.

- Verbundeffekte zwischen Artikeln.

  Es wird festgestellt, welche Produkte die Kunden häufig zusammen mit einem Aktionsartikel (Sonderangebot) kaufen. Diese normal verkauften Waren könnten sich für Preiserhöhungen während der nächsten Aktion eignen.

Der Erfolg dieser Maßnahmen ist mit Unsicherheiten behaftet, da man davon ausgeht, daß sich das zukünftige Käuferverhalten aus den Erfahrungen der Vergangenheit ableiten läßt. Abbildung 3.3.3.2.1/1 stellt die möglichen Auswirkungen noch einmal in Nutzeffektketten zusammen.

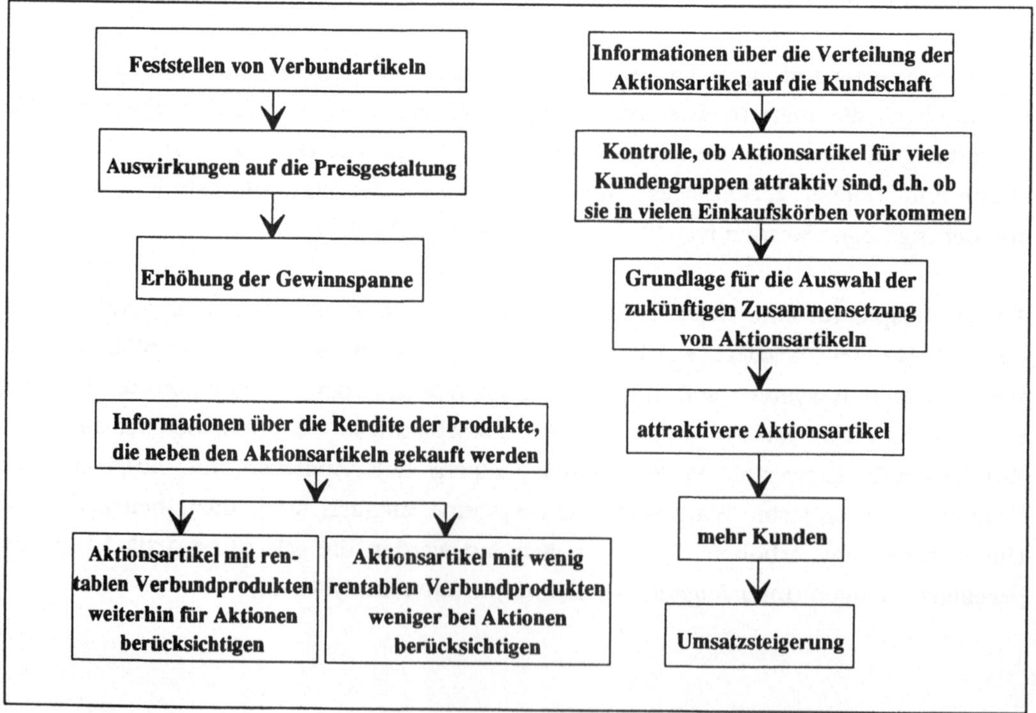


*Abb. 3.3.3.2.1/1*      Nutzeffektketten der Warenkorbanalyse

### 3.3.3.2.2 Flexibilitätsänderungen

Die Entscheidungsflexibilität wird durch die IV verbessert, indem veränderte Umweltbedingungen schneller in Entscheidungen einfließen können. Damit soll insbesondere das Management in die Lage versetzt werden, angemessenere Entscheidungen zu treffen. Dazu trägt wie bei der Entscheidungsqualität eine schnellere und genauere Bereitstellung von Informationen bei.

Einen Beitrag zu einer solchen Informationsbereitstellung leisten unter anderem Datenbanken. Die Integrierte IV erlaubt es, im Rahmen einer Angebotsbearbeitung dem Kunden online eine Auftragsbestätigung mit Angabe eines Auslieferungstermins zu geben. Das System verwendet dazu die vorhandene Auftragssituation und die Daten der Produktionsplanung. Es existieren sogar Lösungen, bei denen der Kunde den Projektfortschritt überwachen kann[4]. Auch ein flexibles Kosteninformationssystem bringt Vorteile in der Kundenbeziehung, wenn es damit möglich ist, individuelle Kalkulationen für den Bereich der Auftragsfertigung vorzunehmen oder Kostenwirkungen durch Zusatzaufträge zu simulieren, um über Angebotspreise zu entscheiden. Als Resultat lassen sich Entscheidungen, ob Aufträge angenommen oder abgelehnt werden, wesentlich schneller treffen, so daß ein positiver Effekt für den Kundenservice entsteht.

Auch die Büroautomation kann zur flexibleren Entscheidungsfindung beitragen. Untersuchungen zeigen aber, daß dazu Anwendungen notwendig sind, die eine breite Nutzung von Kommunikationsmedien unterstützen, um eine wirkungsvolle Hilfe für Führungskräfte zu bieten (vgl. MCLEOD JR. 87, hier S. 95). Die schnellere und bessere Entscheidung bildet auch einen stark beachteten Nutzeffekt bei der Bewertung von Büroautomationsprojekten (vgl. GREMILLION 85, hier S. 4).

Zwischenbetriebliche Fortschrittszahlensysteme tragen zur besseren Anpassung der Bestände des Zulieferers an die Bedürfnisse des Herstellers bei. Der Zulieferer kann mit den verfügbaren Informationen schon sehr früh erkennen, ob sich durch Ausnahmesituationen die geplante Nachfrage des Herstellers ändern wird. Als Resultat erhöht sich die Zeit, die zur Verfügung steht, um selbst notwendige Anpassungen durchzuführen. So kann man beispielsweise die Gefahr verringern, einen zu hohen Lagerbestand aufzubauen.

---

4) Ein Beispiel ist die Automobilindustrie, wo Händlerbetriebe den derzeitigen Produktionsstatus bestellter Fahrzeuge abfragen können (vgl. IWENS 89).

Beratungssysteme können ebenso zu Flexibilitätsvorteilen führen. Als Anwendung sei ein Expertensystem von American Express genannt, das bei der Kreditkartenbenutzung die Aufgabe der Kreditvergabe unterstützt (vgl. CARTER 87, hier S. 71). Die Anwendung hilft dem Sachbearbeiter bei der Entscheidung, ob der Kunde für den gewünschten Betrag kreditwürdig ist. Dieses Urteil ist deshalb so schwierig, weil dazu 16 Einzelinformationen innerhalb von 90 Sekunden geprüft werden müssen (vgl. BARSANTI 89, hier S. 41). Das Expertensystem löst Standardfälle weitgehend autonom, so daß sich die Fachkraft auf schwierige Fälle konzentrieren kann. Mit der genaueren Untersuchung der Ausnahmefälle kommt man im Durchschnitt zu einer besseren Entscheidung. American Express vergibt dadurch weniger notleidende Kredite.

Fehlende Flexibilität kann zu Wettbewerbsnachteilen führen. So war eine Versicherungsgesellschaft nach einer eigenen Marketingkampagne nur sehr langsam in der Lage, Kundenanfragen über bestehende Versicherungspolicen zu beantworten, weil die DV-Anwendung diese Form der Kundenbearbeitung nur unzureichend unterstützte. Da die Mitbewerber schneller reagierten, gingen Marktanteile verloren (vgl. GUPA 88, insbes. S. 291).

Von den Entscheidungsunterstützungs-Systemen wird eine flexiblere und damit schnellere Entscheidungsfindung erhofft. Hier liegen aber sehr widersprüchliche empirische Erhebungen vor, mit denen man versucht hat, den Einfluß der Anwendungen auf das Unternehmensergebnis zu untersuchen. Dabei wurden unterschiedliche Maßgrößen, wie der Unternehmensgewinn, die Entscheidungszeit usw., herangezogen. Es traten bei den Versuchsanordnungen sowohl Verbesserungen als auch Verschlechterungen der analysierten Werte durch den Einsatz solcher Applikationen auf. Bei einer jüngeren Analyse ermittelte man jedoch eindeutige Vorteile für den Einsatz eines Entscheidungsunterstützungs-Systems (vgl. SHARDA 88). Dazu wurde ein Versuch mit den Teilnehmern eines Unternehmensplanspiels durchgeführt. Einem Teil der Spielgruppen stand ein DV-System zur Verfügung, während die anderen Gruppen ihre Entscheidungen ohne ein solches Tool treffen mußten. Die Mannschaften hatten außerdem den gleichen Ausbildungs- und Erfahrungsstand. Die Spieler, die die Systemunterstützung nutzten, konnten wesentlich bessere Unternehmensergebnisse nachweisen als die Teilnehmer ohne DV-Hilfsmittel. Außerdem zeigte sich für die Benutzer des Unterstützungstools, daß nach einem anfänglichen Absinken der Entscheidungseffizienz die Zeit, die benötigt wurde, Entscheidungen zu treffen, schließlich kürzer war als ohne Systemeinsatz. Die anfänglichen Zeitnachteile der Systemnutzer können mit der Anlernphase erklärt werden.

### 3.3.4 Änderungen des Leistungsangebots

Beim Einsatz der IV, die auf eine Veränderung des Leistungsangebots zielt, können zwei Fälle unterschieden werden:

- eine Produktdifferenzierung, die eine Verbesserung der Ertragslage nach sich zieht, und
- eine direkte Verbesserung der Ertragssituation, die über eine Umsatzsteigerung erzielt wird. Mögliche Ursachen können das Eindringen in neue Geschäftsfelder oder das Angebot von Zusatzleistungen sein.

Da eine Produktdifferenzierung bei den Zielen des IV-Einsatzes häufiger genannt wird, soll diese als erste behandelt werden (vgl. TOMLIN 88).

### 3.3.4.1 Ertragssteigerungen durch Produktdifferenzierung

Ein Unternehmen verfolgt die Produktdifferenzierung mit dem Ziel, durch bessere Bedienung des Kunden höhere Preise zu erreichen oder größere Mengen umzusetzen (vgl. PORTER 86, S. 32 ff.). Die Maßnahmen sind somit auf indirekte Wirkungen ausgerichtet. Die IV kann ein maßgebliches Instrument der Differenzierungsstrategie darstellen, um den Kunden ein "einmaliges" Angebot zu offerieren. Diese "Ein-maligkeit" kann auch in einer Kostenführerschaft begründet sein. Ein solches Verhalten soll aber im folgenden nicht betrachtet werden, da es schon Diskussionsgegenstand der Vorkapitel war.

Die IV kann zu drei Komponenten einer Differenzierungsstrategie beitragen (vgl. MINK 88, S. 54 ff.):

- Es können spezielle Kundensegmente gewählt werden, für die ein individuelles Leistungsangebot erbracht wird. Ein Kundeninformationssystem kann Daten über frühere Kaufgewohnheiten speichern, die für die jeweilige Kundenberatung oder für ausgewählte Aktionen mit bestimmten Kundengruppen herangezogen werden können.
- Durch die Besonderheit oder "Einmaligkeit" des Leistungsangebotes kann eine höhere Kundenbindung erreicht werden. So wertet der Großhändler General Foods POS-Daten der Kunden aus und stellt ihnen diese, verknüpft mit demo-

graphischen und ökonomischen Faktoren des Marktes, zur Verfügung (vgl. PETRE 85, hier S. 45 f.).

- Es werden besondere Leistungen für die Kunden bereitgestellt, die entweder Kosten bei den Abnehmern senken oder zusätzliche Leistungen für sie schaffen. American Express erstellt für Unternehmen, die den Firmenkartenservice nutzen, automatisch Reisekostenabrechnungen für deren Mitarbeiter, die sonst kostenintensiv im jeweiligen Unternehmen selbst ermittelt werden müßten (vgl. GELFOND 87). Unternehmen des Transportgewerbes, wie Federal Express oder American President, versorgen die Kunden mit Informationen, aus denen jederzeit ersichtlich ist, wo sich ein übernommenes Kuriergut oder ein Transportauftrag gerade befindet (vgl. MCCLUSKER 88 und auch WISEMAN 85, insbes. S. 113 ff.). Diese Informationen können wiederum zur verbesserten Auftragsabwicklung im eigenen Betrieb eingesetzt werden, da man so z. B. einen möglichen Engpaß durch verspätete Teilelieferungen frühzeitig erkennt.

Wie in Kapitel 3.5 noch gezeigt wird, handelt es sich bei den hier entstehenden Ergebnissen zumeist um temporäre Vorteile, die mit einer Kopie des Angebots durch die Konkurrenz wieder reduziert oder aufgehoben werden können.

Abbildung 3.3.4.1/1 veranschaulicht, warum häufig keine oder nur geringe Preissenkungen eintreten, wenn man den Effekt der Kostensenkung durch die IV als primäres Ergebnis und das Angebot von Value added-Diensten als Folgeeffekt kombiniert. Das verbesserte Leistungsangebot trägt dazu bei, daß sich die Nachfrage erhöht. Trotz einer Angebotskurve, die nach rechts verschoben, bei gleichem Preis also durch höhere Ausbringungsmengen charakterisiert ist, stellt sich in dem idealisierten Fall der gleiche Verkaufspreis ein. Es wird jedoch eine größere Menge abgesetzt (vgl. TEIXEIRA 89, hier S. 7).

Man kann davon ausgehen, daß sich der Angebotszuwachs nur allmählich einstellen wird. Für einzelne Unternehmen, die zu den "Früheinsteigern" gehören, bedeutet dies, daß man zumindest für eine gewisse Zeitspanne durch einen Nachfrageüberhang Zusatzgewinne erzielen kann (die eventuell zur Finanzierung der IV-Investition verwendet werden müssen). Diese sind um so größer, je geringer die Kosten für die Zusatzleistungen sind. Betriebe, die zu den Innovatoren gehören, verfügen beim Erreichen des neuen Gleichgewichtszustand vielleicht schon über verbesserte/erweiterte Zusatzleistungen, so daß die zusätzlichen Gewinne erhalten bleiben. Ebenfalls können aufgrund einer Größendegression (gesteigertes Transaktionsvolumen/höhere Absatzmengen) oder besserer Technikbeherrschung Kostenvorteile entstehen.

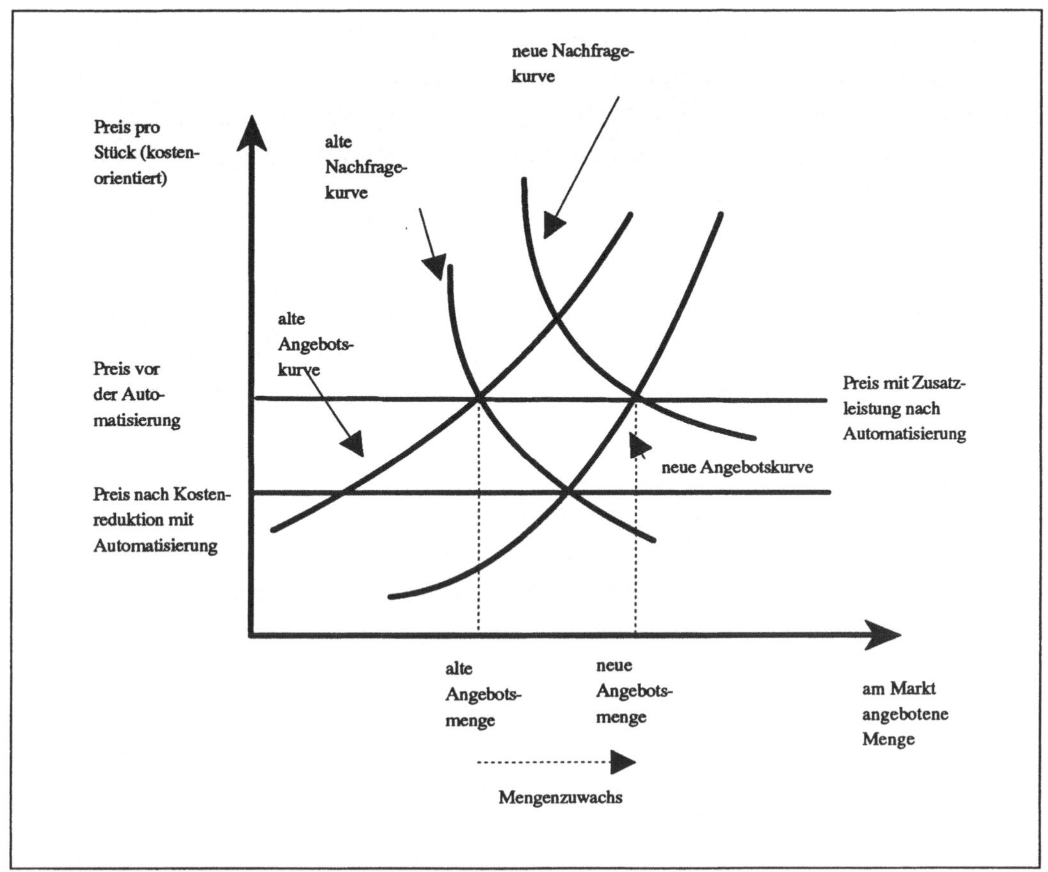


*Abb. 3.3.4.1/1*     MARKTVERÄNDERUNGEN DURCH VALUE ADDED-
SERVICES

## 3.3.4.2 Ausweitung der Geschäftstätigkeit

Hierunter soll der IV-Einsatz verstanden werden, der direkt Umsatzerhöhungen nach
sich zieht. Es wird davon ausgegangen, daß das Angebot kostendeckend erfolgt, so
daß damit auch eine Ertragssteigerung verbunden ist. Dabei können zwei Einsatzfor-
men der IV unterschieden werden:

-   Mit Hilfe der IT wird ein neues Produkt geschaffen oder ein neues Geschäftsfeld
    für das Unternehmen erschlossen. Durch Verkauf des Leistungsangebotes werden
    Umsätze getätigt.
-   Die IT wird eingesetzt, um eine Zusatzleistung oder ein Zusatzprodukt neben dem
    eigentlichen Angebot zu offerieren. Diese Zusätze werden ebenfalls dem Kunden
    in Rechnung gestellt.

Beispiel für ein neues Produkt ist ein für die Hypertonie-Therapie entwickeltes Gerät, der "Siegfried-Hochdruck-Computer", des Arzneimittelherstellers Siegfried Pharma GmbH (vgl. O.V. 88A). Der für 400 DM angebotene Computer im Taschenrechnerformat soll den Mediziner bei einer Bluthochdruck-Therapie beraten und, da die eigenen Pharma-Produkte gespeichert sind, außerdem verkaufsfördernd für den angestammten Produktbereich wirken.

Auch der Fahrzeughersteller Daimler-Benz dringt durch DV-Systeme in neue Märkte vor. So wird beispielsweise Software für die Transportwirtschaft angeboten, die als Ergänzung zum Nutzfahrzeuge-Programm gesehen werden kann (vgl. O.V. 86).

Als klassische Produktinnovation in den USA, die durch den IV-Einsatz ermöglicht wurde, gilt das Cash Management Account (CMA) (vgl. Kapitel 2.2.3) von Merrill Lynch (vgl. WISEMAN 85, speziell S. 112). Während der Blütezeit des CMA konnte Merril Lynch mit diesem Service zusätzliche Erträge in Höhe von 60 Millionen Dollar pro Jahr erwirtschaften.

Ebenso dienen Reservierungssysteme Fluggesellschaften als zusätzliche Einnahmequelle. Von American Airlines wurde in Verbindung mit SABRE eine Büroautomationssoftware namens "CAPTURE" mehr als 2.600mal an Reisebüros verkauft.

Auch Servicedienste zur Kreditkarten- und Scheckbearbeitung, wie sie von einer Reihe amerikanischer Unternehmen (z. B. Bank One, Einzelhändler Penny) angeboten werden, sind für diese Firmen neue Geschäftsfelder.

Bei einer derartigen Nutzung der IV scheinen Unternehmen immer dann erfolgreich zu sein, wenn sie Informationen oder die Technik selber, die im Unternehmen benötigt wird, auch für andere Zwecke verwenden können. Entweder kann dabei das verfügbare Know-how problemlos auf das neue Angebot übertragen werden, oder eine Leistung läßt sich ohne große und risikoreiche Investitionen in neue Märkte/Geschäftsfelder transferieren.

## 3.4 Integrationsabhängige Nutzeffekte der Informationsverarbeitung

Eine Analyse des Instituts für spanende Technologie der TH Darmstadt und der McKinsey & Company für die Fertigungsautomatisierung zeigt, daß nur 25 Prozent der auftretenden Kostensenkungen direkt in den automatisierten Bereichen erzielt werden, wohingegen 75 Prozent funktionsübergreifende bzw. unternehmensweite Kostensenkungen darstellen (vgl. SCHULZ 85). Wesentliche Nutzeffekte gehen damit auf die Integration der Systeme zurück.

Bei zwischenbetrieblicher IV entstehen neben den Resultaten für die Betreiber auch Nutzeffekte für die Endanwender der Systeme. Diese können entweder durch den direkten Einsatz der Anwendung auftreten, etwa bei einem Bestellsystem, oder durch eine indirekte Wirkung hervorgerufen werden. Bei letzterer kann es sich z. B. um eine bessere Leistung für den Kunden handeln, die der innerbetriebliche Einsatz eines IV-Systems auslöst. Dadurch ergibt sich dann auch der strategische Charakter von intern eingesetzten Systemen.

Man kann Effizienzveränderungen, die von der zwischenbetrieblichen IV ausgelöst werden, auch danach einteilen, ob Auswirkungen auf die interne Abwicklung oder Effizienzvorteile für zwischenbetriebliche Prozesse entstehen. Beispielhafte Resultate zeigt die folgende Aufzählung:

<u>Interne Effizienz:</u>
- geringere Lagerbestände und damit weniger Kapitalkosten,
- schnellere Informationsverfügbarkeit mit kürzeren Reaktionszeiten,
- einfachere Datenverfügbarkeit durch Standardisierung des Datenaustausches.

<u>Zwischenbetriebliche Effizienz:</u>
- Verlagerung von Aufgaben zu Kunden oder Lieferanten, z. B. die Dateneingabe,
- Kunden können selbständig den Auftragsstatus prüfen,
- bessere Aufgabenkoordination und -kontrolle durch vertikale Integration,
- elektronische Unterstützung von Cross-Selling-Maßnahmen,
- schnellerer und kostengünstigerer Austausch von Verkaufs- und Serviceinformationen,
- Erhöhung des Verkaufsvolumens aufgrund größerer Kapazität des Vertriebs durch den Einsatz elektronischer Medien,
- Verkürzen von Distributionskanälen durch Ausschalten von Zwischenhändlern,
- Erschließen neuer Absatzgebiete mit Hilfe von Bestellsystemen (z. B. kann über Btx auch "räumlich" ein größerer Kundenkreis angesprochen werden als ausschließlich mit Vertreterbesuchen),
- verbesserte Planung durch genauere Auftragsinformationen,
- schnellere und kostengünstigere Informationen über den Erfolg von Marketingmaßnahmen,

- besseres Customizing von Kundenangeboten durch Speichern von Kundenwünschen,
- einfacheres Überprüfen des Bestellverhaltens der Kunden,
- elektronische Auslieferung von Produkten (z. B. Software).

Die Klassifizierung veranschaulicht, daß es möglich ist, auch mit Effizienzvorteilen im Vergleich zu Wettbewerbern einen Vorteil zu begründen, der letztlich in Markt- veränderungen resultiert. Die dazu relevanten Ansatzpunkte können im wesentlichen mit der betrieblichen Wertschöpfungskette aufgezeigt werden.


### 3.4.1 Interne Nutzeffekte in indirekten Bereichen

Rufen DV-Investitionen in Unternehmensbereichen Wirkungen hervor, die über den unmittelbaren Einsatzort des DV-Systems hinausgehen, dann werden diese nach- folgend als interne Nutzeffekte in indirekten Bereichen bezeichnet.

Geht man von der Abwicklung von Kundenaufträgen aus, so bilden für Industriebe- triebe Angebotssysteme den Ausgangspunkt für Nutzeffekte durch eine umfassende Integration. Es können Dialoglösungen (sowohl zentral als auch dezentral) eingesetzt werden, bei denen im Extremfall jeder Außendienstmitarbeiter über Akustikkoppler mit einem Laptop Zugang zu den zentral verfügbaren integrierten Programm- komplexen hat:

- Ein Konfigurator stellt auf Basis der Kundenspezifikationen eine individuelle Pro-
  duktvariante zusammen. Die aus der Konfiguration entstehenden Daten können
  an die Angebotsschreibung sowie später die Produktionsplanung weitergegeben
  werden.
- Mit den gewählten Komponenten wird über die Teileinformationen und Arbeitspläne auf gespeicherte Kostensätze/Preise zugegriffen. Die bereitgestellten
  Informationen ermöglichen eine Produktpreiskalkulation. Die hinterlegten Preise
  könnten in Abhängigkeit von der Auslastung in der Fertigung variiert werden.
  Dabei sind Rabatte für Komponenten vorstellbar, die man in unterbeschäftigten
  Bereichen fertigt. Solche Rabattinformationen könnte man schon bei der Alterna-
  tivenauswahl für die Konfiguration einspielen. Ebenso wäre es möglich, daß der
  Konfigurator für den Einbau einzelner Komponenten technisch höherwertige
  Bausteine empfiehlt, da für diese Module zu hohe Lagerbestände oder Restposten
  vorliegen. Aus ähnlichen Gründen könnte das System auch vorschlagen, eine nur

"zweitbeste" Technologie einzusetzen, die dann zu einem besonders günstigen Preis des Produktes führt.

- Beim Angebot von Standardprodukten kann anhand des verfügbaren Lagerbestandes überprüft werden, ob die Bestellung direkt ausführbar ist. Über eine Verknüpfung mit einer vereinfachten Terminprüfung lassen sich für individuelle Kundenaufträge erste Informationen und damit auch geplante Liefertermine bestimmen.

- Durch eine Kopplung zu Finanzierungsprogrammen, speziell im Investitionsgüterbereich, kann man dem Kunden im Rahmen eines Komplettangebots auch einen Finanzierungsvorschlag unterbreiten. Alternativen wären z. B. Kauf, Miete und Leasing sowie zusätzlich Subventionen, die der Abnehmer in Anspruch nehmen kann (vgl. KASTNER 86).

Abbildung 3.4.1/1 zeigt, wie im Angebotsbereich einzelne Programmodule verbunden sind.

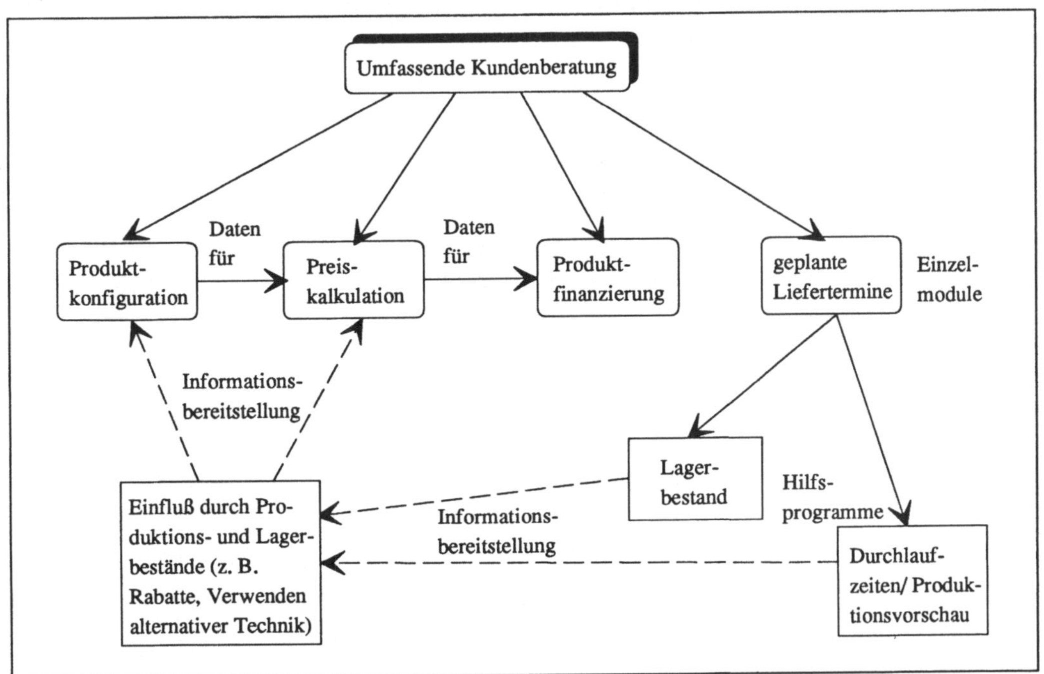



Abb. 3.4.1/1    VERBINDUNG VON PROGRAMMEN DES BEREICHS ANGEBOTSBEARBEITUNG

Im Rahmen von Integrationskonzepten ermöglichen Schnellkalkulationen schon während der Konstruktionsphase eine erste Kostenermittlung für Produkte. Dies erlaubt es dem Konstrukteur, sich die kostenmäßigen Auswirkungen seiner Entscheidungen vor Augen zu führen. Wichtig ist dieser Aspekt deswegen, weil durchschnittlich über 70 % der Gesamtkosten eines Produktes bereits in der Konstruktionsphase festgelegt werden. Bei diesem Prozeß kann das CAD-System als zentrale Komponente dienen, mit der man die Informationen verknüpft. Im Sinne der Funktionsintegration (vgl. dazu Kapitel 2.1.1) werden der Konstruktions- und Kalkulationsprozeß in einen Arbeitsvorgang vereint. Die Methode zur konstruktionsbegleitenden Kalkulation hängt u. a. davon ab, ob die Konstruktion montage- oder fertigungsorientiert erfolgt (vgl. SCHÜLE 89, hier S. 54 ff.):

- Bei der montageorientierten Konstruktion werden verschiedene Einzelteile oder Bausteine zu kundenindividuellen Varianten kombiniert. Der Schwerpunkt liegt in der Montage von Einzelteilen. Man benötigt Kosten für die einzelnen Komponenten und die Montage. Das System muß zu diesem Zweck einen Zugriff auf die mit den Kostensätzen bewerteten Stücklisten haben. Die Montagekosten können aus ähnlichen Arbeitsplänen vorgeschlagen werden. Das DV-System kann dabei nach vergleichbaren Anhaltspunkten, wie Anzahl der Montageschritte, suchen (vgl. SCHEER 90A, hier S. 163).

- Bei der fertigungsorientierten Konstruktion steht dagegen häufig keine direkt vergleichbare Kosteninformation zur Verfügung. In vielen Fällen handelt es sich um Neukonstruktionen, bei denen umfangreiche Möglichkeiten vorhanden sind, die Kosten zu beeinflussen. Daher müssen die Konstrukteure mit Daten unterstützt werden, die relevante Einflußfaktoren aufzeigen. Zu den durch die Konstruktion veränderbaren Kostenparametern gehören im wesentlichen (vgl. KREISFELD 85, insbes. S. 35):

  - Form (Länge, Durchmesser, Lage der Fläche),
  - Werkstoff (Aluminium, Stahl, Guß etc.) und
  - Fertigungsanforderungen (Maß-, Form-, Lagegenauigkeit, Oberflächengüte).

Es wird nun davon ausgegangen, daß zwischen den geometrischen Eigenschaften und den Fertigungskosten eines Teiles ein Zusammenhang besteht, der sich in einer Funktion darstellen läßt.

Dazu nimmt man an, daß man mit statistischen Verfahren, z. B. einer Regressionsanalyse, einen Zusammenhang zwischen den ausgewählten Parametern und den Werten der Nachkalkulation herstellen kann. Die ermittelte Funktion dient dann zur Kostenbestimmung während der Konstruktion. Das

Vorgehen erlaubt es in fortschrittlicheren Anwendungen, daß kostengünstigere Alternativlösungen vom System gesucht und vorgeschlagen werden.

Die IV-unterstützte Integration der Kalkulation in die Konstruktion führt zu folgenden Nutzeffekten:

- Gelingt es, mit den Kostenfunktionen die Gesamtkosten schon in der Konstruktion genau zu erfassen, so entfällt die separate Vorkalkulation.
- Das Kostenbewußtsein in der Konstruktionsphase wird verbessert. Dadurch läßt sich teilweise eine kostengünstigere Konstruktion ohne Einschränkung der Funktionalität der Produkte erreichen. Das führt zu einer Senkung der Produktkosten. Werden Kostenvorteile an die Kunden weitergegeben, kann eine Verbesserung der Wettbewerbssituation eintreten.
- Aus einer detaillierten Kostenaufbereitung zum Zwecke einer Regressionsanalyse erhält man eventuell Anhaltspunkte für Produkt- bzw. Verfahrensverbesserungen.
- Wirtschaftlichkeits- bzw. Investitionsrechnungen für Neuinvestitionen, z. B. für eine Fertigungsmaschine, sind einfacher durchzuführen. Dazu muß man die Kostenfunktionen den Änderungen entsprechend anpassen. Anschließend werden die Gesamtkosten für eine geplante Produktionsmenge mit alter und neuer Kostenfunktion berechnet. Durch Vergleich der Gesamtkosten ergeben sich die Kostenauswirkungen der Investition.

Die Qualität der Nachkalkulation wird bei einem umfassenden BDE-Einsatz in der Fertigung ebenfalls verbessert. Die BDE-Systeme stellen nicht nur Rückmeldungen für die Fertigungsplanung und -steuerung bereit, sie erlauben durch automatische Identifikation von Werkstücken und Einsatzstoffen eine differenzierte Erfassung einzelner Kostenarten direkt für den Kostenträger, so daß Gemeinkostensätze nicht mehr pauschal zugeschlagen werden müssen, sondern den Charakter von Einzelkosten annehmen (vgl. WEBER 87A, insbes. S. 264 ff. oder WEBER 87B).

Im Aufgabengebiet Verpackung/Versand kann ein integriertes CAD-System dazu beitragen, daß man bei der Verpackungskonstruktion bereits Rahmenbedingungen des Versandweges berücksichtigt. Mit den üblichen Funktionen der CAD-Anwendung wird aus den gespeicherten Geometriedaten des CAD-konstruierten Teiles die Verpackung entwickelt (vgl. JANSEN 87). In einem weiteren Schritt sind alle von der Transportkette ausgehenden Restriktionen zu beachten[5]. Dem System sind dazu zulässige

---

5) Einen umfangreichen Katalog von Rahmenbedingungen für die Verpackungskonstruktion bieten Jankowski und Jansen (JANKOWSKI 90).

Stand-, Liegeflächen und Raumhöhen von LKWs als Eckwerte vorgegeben. Werden Packmaße der Transportkette für die Verpackungskonstruktion berücksichtigt, so lassen sich die nachfolgenden Nutzeffekte erzielen:

- Die Abstimmung der Packungsgröße mit der Transportkette verringert Störquellen, beschleunigt die Versandabwicklung und damit auch den gesamten Auftragsdurchlauf.
- Lagerkosten und Transportkosten können möglicherweise durch eine bessere Lagerausnutzung und eine verbesserte Nutzung der Transportfahrzeuge reduziert werden.

Darüber hinaus gibt es beim Verpackungsdesign auch erste Ansätze, Expertensysteme zu verwenden. Sie fungieren als "Intelligente Checklisten", um Faktoren, die Einfluß auf die Verpackungsgestaltung haben, vollständig zu überprüfen (vgl. HELFERICH 88, insbes. S. 170 f.).

Bei der kurzfristigen Personaleinsatzsteuerung kann die Aufgabenzuteilung für Mitarbeiter in der Fertigung mit Hilfe einer BDE-Unterstützung gesteuert werden. Damit versucht man das Dispositionsproblem aufzugreifen, welches entsteht, wenn zu Beginn oder während einer Produktionsschicht Mitarbeiter ausfallen, die kurzfristig ersetzt werden müssen. Zu denken ist etwa an ein Fließband, bei dem erst dann gearbeitet werden kann, wenn alle Plätze besetzt sind. Eine Lösung des Problems wird nachstehend beschrieben (vgl. GARBERS 86, hier S. 158):

Im Liverpooler Werk der Ford Motor Company sind 150 elektronische Stempeluhren installiert, die an dezentrale Rechner angeschlossen sind. Das wesentliche Ziel der Installation waren Rationalisierungsmaßnahmen. Zusätzlich konnte das Einsammeln und Übertragen der Daten zur Zeiterfassung so beschleunigt werden, daß der Rechner ebenfalls jeden Mitarbeiter auf seinem Stammarbeitsplatz einbuchen, die Ankünfte der Beschäftigten aller Bereiche, z. B. des Meisterbereichs, des Fabrikbereichs, der einzelnen Fließbandposition usw., zählen und diese Werte mit den Sollbelegungszahlen vergleichen kann. Alle 30 Sekunden werden die Zahlen an Leitstellen auf einem Bildschirm ausgegeben. Sie sorgen für eine erhebliche Beschleunigung der personellen Umdisposition, mit der die Anwesenheitslücken an den Fließbändern aus einer Reserve aufgefüllt werden. Zusätzlich wird angestrebt, diese zur Zeit manuelle Umdisposition zukünftig auch rechnergestützt durchzuführen. Mit einem Punktesystem für die Beherrschung einzelner Tätigkeiten durch die Mitarbeiter kann man verfügbare Qualifikationen bei der Arbeitszuteilung berücksichtigen.

Die skizzierten Anwendungsfälle bilden Beispiele für Synergieeffekte integrierter DV. Bei vollständiger Betrachtung aller aus einer Anwendung hervorgehenden Nutzeffekte müssen daher auch diese Auswirkungen auf indirekte Bereiche eingebracht werden.


## 3.4.2 Externe Nutzeffekte

Die Beschreibung soll mit Bestellsystemen beginnen, die einen Hersteller oder Großhändler mit seinen Kunden oder Lieferanten verbinden. Kunden haben dabei folgende Vorteile durch die Nutzung der Systeme (vgl. HOHE 88A, hier S. 14 ff.):

- Sie reduzieren Auftragsvorlaufzeiten, da die Bestellabwicklung durch den elektronischen Übertragungskanal beschleunigt wird. Teilweise kann der Kunde auch über das Bestellsystem prüfen, ob die gewünschten Produkte beim Lieferanten vorrätig sind.
- Die verkürzten Beschaffungszeiten bewirken ebenfalls eine Reduktion des eigenen Lagerbestandes, zum Teil deshalb, weil die Informationen über den Lagerbestand des Lieferanten besser sind und damit die Unsicherheiten bei der Lieferfähigkeit geringer werden.
- Durch Abbau von manuellen Eingabeverfahren (der Auftrag wird nur noch einmal erfaßt) reduziert man Fehler bei der Übermittlung von Auftragsdaten.
- Außerdem haben Kunden bei einigen Systemen die Möglichkeit, außerhalb der üblichen Geschäftszeiten Aufträge zu erteilen, wie beispielsweise im AEG-Hausgeräte-Bestellsystem (vgl. O.V. 87A).

Bei Anwendungen mit automatischer Nachbevorratung werden die Kunden sogar von sämtlichen Einkaufsaktivitäten entlastet (vgl. Kapitel 2.1.2.2, dort wurden diese Systeme als vierte Integrationsstufe klassifiziert.).

Der Aufbau zwischenbetrieblicher Bestellsysteme mit Lieferanten ist stellenweise mit aufwendigen technischen und organisatorischen Abstimmungsaufgaben für die auszutauschenden Daten verbunden. Daher werden teilweise langfristige Lieferverträge abgeschlossen, mit denen die Zulieferer ihre Wettbewerbsposition in der Branche zumindest halten. Da die DV-Integration normalerweise mit einer Konzentration des Bestellvolumens bei einem oder höchstens zwei Lieferanten einhergeht, können die "verbliebenen" Unternehmen ein höheres Auftragsvolumen erzielen. Dieses ist als sekundäres Ergebnis der zwischenbetrieblichen Anwendung ein Nutzeffekt für den Lieferanten. Einen Überblick über die Nutzeffekte von zwischenbetrieblichen Systemen mit Lieferanten gibt Abbildung 3.4.2/1. Dabei wird zwischen der Hersteller- und Zuliefererseite unterschieden.

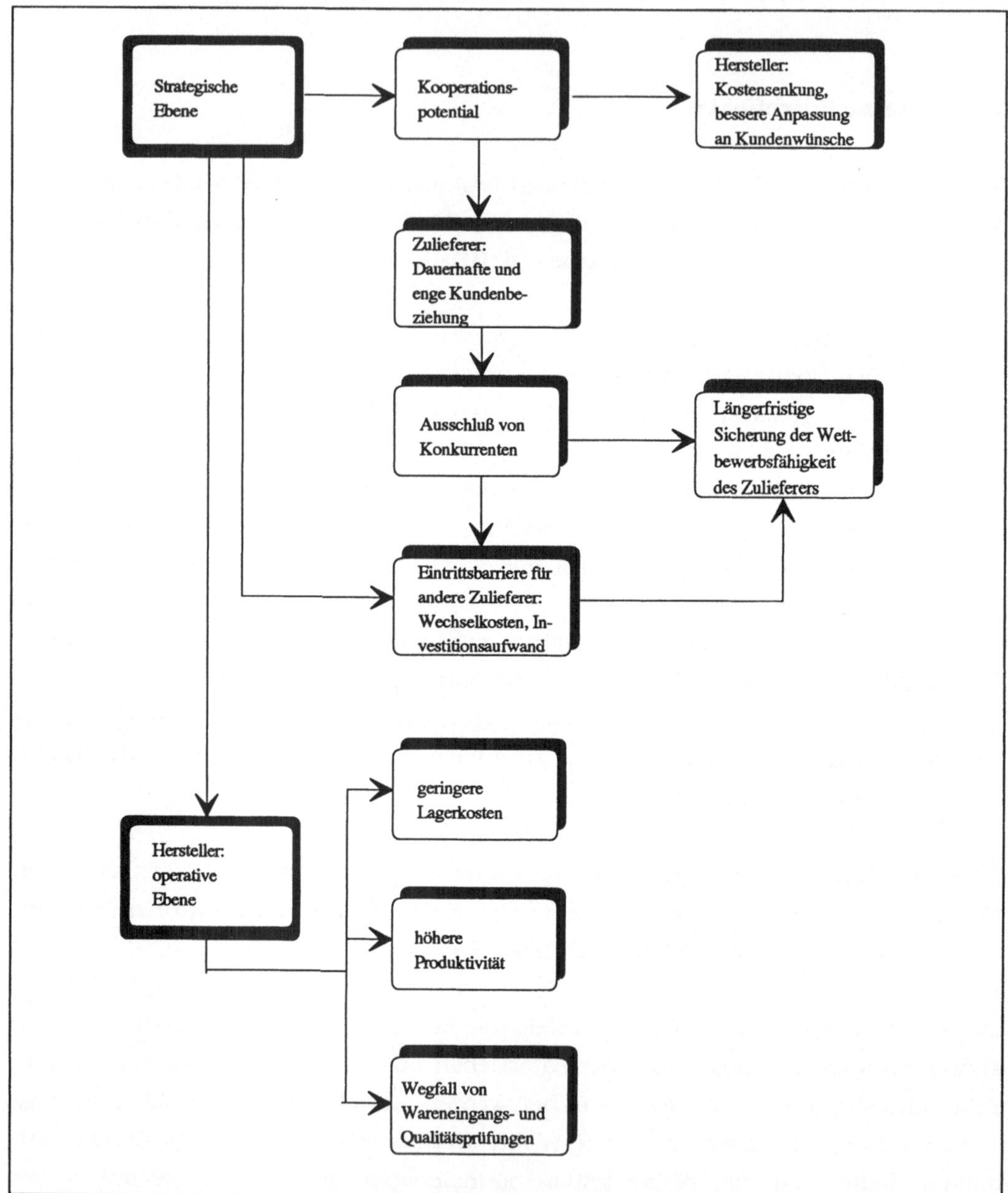



*Abb. 3.4.2/1*     Nutzeffektwirkungskette zwischenbetrieblicher Systeme Hersteller/Zulieferer

Die Aufteilung der Nutzeffekte zwischen den an einem zwischenbetrieblichen System beteiligten Parteien hängt dabei weitgehend von der Machtposition der Partner ab. Ist der Wettbewerb in dem Markt mit elektronischen Bestellsystemen hoch, so dürfte sich ein großer Anteil der Nutzeffekte für die Kunden ergeben. Bietet das IV-System dagegen eine sehr individuelle Leistung oder bestehen Vertragsbindungen für den Kunden, so befindet sich der Anbieter in einer günstigeren Position. Ein Beispiel dafür ist das System "Technet" der Kodak AG, das an Fotolabors verkauft wird (vgl. PETRE 85, hier S. 45). Das System überwacht auf Basis eines PCs die Qualität der entwickelten Filme, generiert Arbeitspläne und nimmt automatisch Nachbestellungen bei Kodak vor.

Ein ähnliches System ist AUTOPART der VW AG, das automatisch die Ersatzteilbevorratung der V.A.G.-Partnerbetriebe übernimmt (vgl. SEITZ 85, S. 210 ff.). Der Bevorratungsalgorithmus dürfte dabei so eingestellt sein, daß VW die Kosten für die Ersatzteillieferungen minimieren kann und außerdem die Möglichkeit hat, die Lieferungen ebenfalls möglichst günstig mit der eigenen Teileproduktion abzustimmen, um beispielsweise kleine Fertigungslosgrößen zu vermeiden. Stark vereinfacht können für den gesamten Prozeß vier Kostenkomponenten unterschieden werden, die eine Bevorratungsstrategie mit zwischenbetrieblichen Systemen beeinflussen:

- Lagerkosten für das Zentrallager des Herstellers oder Großhändlers,
- Lagerkosten für die Einzelhändler,
- Transportkosten für die geplanten Lieferungen an die Einzelhändler,
- Kosten für Eilaufträge zur ungeplanten Warenbeschaffung vom Zentrallager oder von anderen Händlern und
- Kommissionierkosten, z. B. zum Beladen, Entladen sowie Einlagern der Waren bei Transportvorgängen.

Eillieferungen dürften dabei wesentlich teurer sein als die periodischen Bevorratungen. Man könnte die Kosten dafür auch als eine Art "Fehlmengenkosten" ansehen.

Vereinfachend ließe sich für die Lagerkosten annehmen, daß sie sich aus einer Komponente für den Lagerraum und einer für die Kapitalverzinsung zusammensetzen. Sind die Raumkosten für sämtliche Lagerstätten einheitlich, so unterscheiden sich die Lagerkosten zwischen den Händlern und Herstellern nur durch unterschiedlich hohe Kapitalbindung. Bei identischen Zinssätzen ist diese Komponente für die Händler um den Gewinnaufschlag des Herstellers und einen Transportkostenanteil höher. Die Transportkosten haben damit auch Einfluß auf die Kapitalbindung.

Grundsätzlich könnten für eine solche Lieferanten-Kunden-Beziehung drei Verhaltensweisen unterschieden werden:

1. Der Großhändler/Hersteller versucht, die eigenen Kosten für den Lieferservice zu minimieren. Dabei wird er selber nur einen geringen Lagerbestand vorhalten und gleichzeitig die Transportkosten minimieren. Dadurch können einzelne Händler überdurchschnittlich viele Eillieferungen benötigen, weil die Vorräte verbraucht sind, oder es treten auch zu große Lagerbestände mit hohen Kapitalkosten auf.

2. Die Händler legen selbständig eine Bevorratungsstrategie fest, um ihre Lagerkosten zu minimieren. Sie ermitteln dazu den Sicherheits- und Richtbestand für ihre Lager (bei stetiger Nachfrage etwa mit einem "deterministischen Richtbestandsmodell mit stetiger Nachfrage"), die sich aus dem Verhältnis der Fehlmengenkosten zu den Lagerkosten ergeben. Für das Gesamtsystem ist diese Lösung im Regelfall mit einer hohen Zahl an Liefervorgängen verbunden, da die Teillieferungen zu den Einzelhändlern nicht abgestimmt oder koordiniert sind.

3. Man betrachtet die zweistufige Struktur als einheitliches System und versucht, die Gesamtkosten des Bevorratungsprozesses zu minimieren. In einem zweiten Schritt müßte man sich dann über eine Kostenaufteilung zwischen den beteiligten Gruppen einigen. Dieser Ansatz entspricht in der Grundstruktur einem mehrstufigen Lagerhaltungsproblem. Damit besitzt er Ähnlichkeit mit der Aufgabenstellung, Außenlager eines Unternehmens zu bevorraten. Um die Vorratspolitik für das Gesamtsystem zu lösen, bietet das Operations Research ebenfalls Verfahren, mit denen sich die Bevorratung von mehrstufigen Lagerhaltungssystemen bestimmen läßt. Zur Analyse der Aufgabenstellung werden ebenfalls Richtbestandsmodelle vorgeschlagen, wobei die Transportkosten in den Gesamtansatz eingehen. Durch Suche nach einem Kostenminimum für die Gesamtstruktur wird sichergestellt, daß alle Transport- und Lagerkosten berücksichtigt werden. Zur Problemlösung verwendet man beispielsweise die dynamische Programmierung[6]. Dabei bildet man Teilfunktionen für die einzelnen Lagerebenen, für die man dann separat den Richtbestand festlegt. Für jede Lagerebene rechnet man mit Fehlmengen- oder Eilbestellkosten für den Fall, daß sich Nachfragen nicht bedienen lassen (vgl. DEUERMEYER 81). Bei umfangreichen Strukturen basieren Lösungsansätze häufig auf Heuristiken oder Simulationsmodellen, mit denen man nach einer guten Lösung des Transportproblems sucht, wenn die Zahl zu beliefernder Händler groß ist.

---

6)     Zur Einführung siehe z. B. Gross (vgl. GROSS 81).

Ein Unterschied zwischen Bestellsystemen mit Kunden und Bestellsystemen mit Lieferanten kann darin gesehen werden, daß sich Kundenbestellsysteme in nicht-monopolistischen Märkten nur dann einführen lassen, wenn auch der Nachfrager Vorteile erfährt. Bei ausreichender Machtposition eines Herstellers können dagegen Bestellsysteme mit Lieferanten auch dann implementiert werden, wenn nur auf der Herstellerseite Nettonutzeffekte eintreten.

Die externen Wirkungen von rein intern eingesetzten DV-Anwendungen sollen am Beispiel von Konfiguratoren dargestellt werden. Dieses ist derzeit eines der erfolgreichsten Einsatzgebiete betrieblicher Expertensysteme (vgl. MERTENS 90, hier S. 64). Sie erstellen auf der Grundlage von kunden- und herstellerspezifischen Bestimmungsfaktoren und Zielvorstellungen komplexe Gebilde wie im Maschinenbau und werden häufig zur Konfigurierung von DV-Anlagen eingesetzt. Im folgenden werden nur Beispiele für die Kundenwirkungen dargestellt (vgl. ULRICH 89, S. 22 ff., speziell S. 30.). Nutzeffekte, die direkt bei dem das System einsetzenden Unternehmen entstehen, bleiben unberücksichtigt.

Für die Kunden ergeben sich:

- eine Verkürzung der Lieferzeiten durch die beschleunigte Erstellung der Konfiguration;
- eine Erhöhung der Produktqualität durch weniger Produkte, die falsch oder unzureichend zusammengestellt sind;
- eine Reduzierung von Nachlieferungen, da die Expertensysteme die Vollständigkeit der Produktkonfiguration gewährleisten und damit die Nutzung des Produktes ohne Verzögerungen ermöglichen.

Zusätzlich gibt es Nutzeffekte, die für beide Parteien durch den Systemeinsatz auftreten können. Nimmt man neben der reinen Produktkonfiguration, beispielsweise für technische Anlagen, auch eine Beratung des Kunden in bezug auf zukünftige Erweiterungen vor (etwa eine Wachstumsplanung), so können langfristig beide Gruppen profitieren. Dem Abnehmer werden Möglichkeiten der technischen Weiterentwicklung aufgezeigt, der Systembetreiber erreicht eine zusätzliche Kundenbindung und eventuell Erweiterungsaufträge.

Manche Konfiguratoren erlauben mit integrierten Beratungsmodulen eine Analyse der Abhängigkeiten, die beim Kunden durch bereits vorhandene Anlagen in Verbindung mit neu zu konfigurierenden Elementen entstehen und unter Umständen unerwünschte Konsequenzen nach sich ziehen. Das vom Krupp-Forschungsinstitut entwickelte "Expertensystem zur Konfigurierung einer kunststoffverarbeitenden Maschine" kann beispielsweise überprüfen, ob Komponenten bereits existierender Maschinen direkt in die Neukonfigurationen eingehen können oder ob eine konstruktive Veränderung der betreffenden Maschine eine Integration mit dem Neugerät ermöglicht (vgl. FEHSENFELD 88).

Außerdem kann die Qualität des konfigurierten Produktes besser von der subjektiven Einschätzung des Auftragsbearbeiters und dessen Präferenzen getrennt werden. Veraltete Standardkonfigurationen und schematische Kataloglösungen, die sich nicht eng an Kundenwünschen orientieren, werden damit vermieden. Abbildung 3.4.2/2 beschreibt die Nutzeffekte von Konfiguratoren für die Kunden anhand einer Wirkungskette.

## 3.5 Wettbewerbsänderungen durch IV-Systeme

Nachfolgend soll aufgezeigt werden, wie Informationssysteme zu Veränderungen von Märkten, auf denen das Unternehmen agiert, beitragen können. Grundlage der Darstellung sind die Porterschen Wettbewerbskräfte (vgl. Kapitel 2.2) (vgl. PORTER 88, speziell S. 27 ff.). Es geht dabei nicht nur darum zu identifizieren, ob sich grundsätzlich Veränderungen herbeiführen lassen, sondern auch zu ermitteln, welche Auswirkungen sich dann für die Betriebe ergeben.

## 3.5.1 Einflußmöglichkeiten der Informationsverarbeitung

Ansätze, die sich mit der Beschreibung von Wettbewerbswirkungen durch IV-Systeme befassen, beruhen auf drei Grundannahmen (vgl. dazu auch: MCFARLAN 84):

1. DV-Systeme erzeugen Eintrittsbarrieren für potentielle Mitbewerber, oder existierenden Konkurrenten wird der Kundenkontakt erschwert. Dadurch versucht man, die Konkurrenz vom Markt auszuschließen.

2. Es werden Umstellungskosten für Kunden oder Lieferanten geschaffen, die es unattraktiv machen, den Partner zu wechseln. Dieser Punkt wird unter dem Aspekt des Aufbaus von Marktbarrieren detailliert behandelt und auch empirisch analysiert.

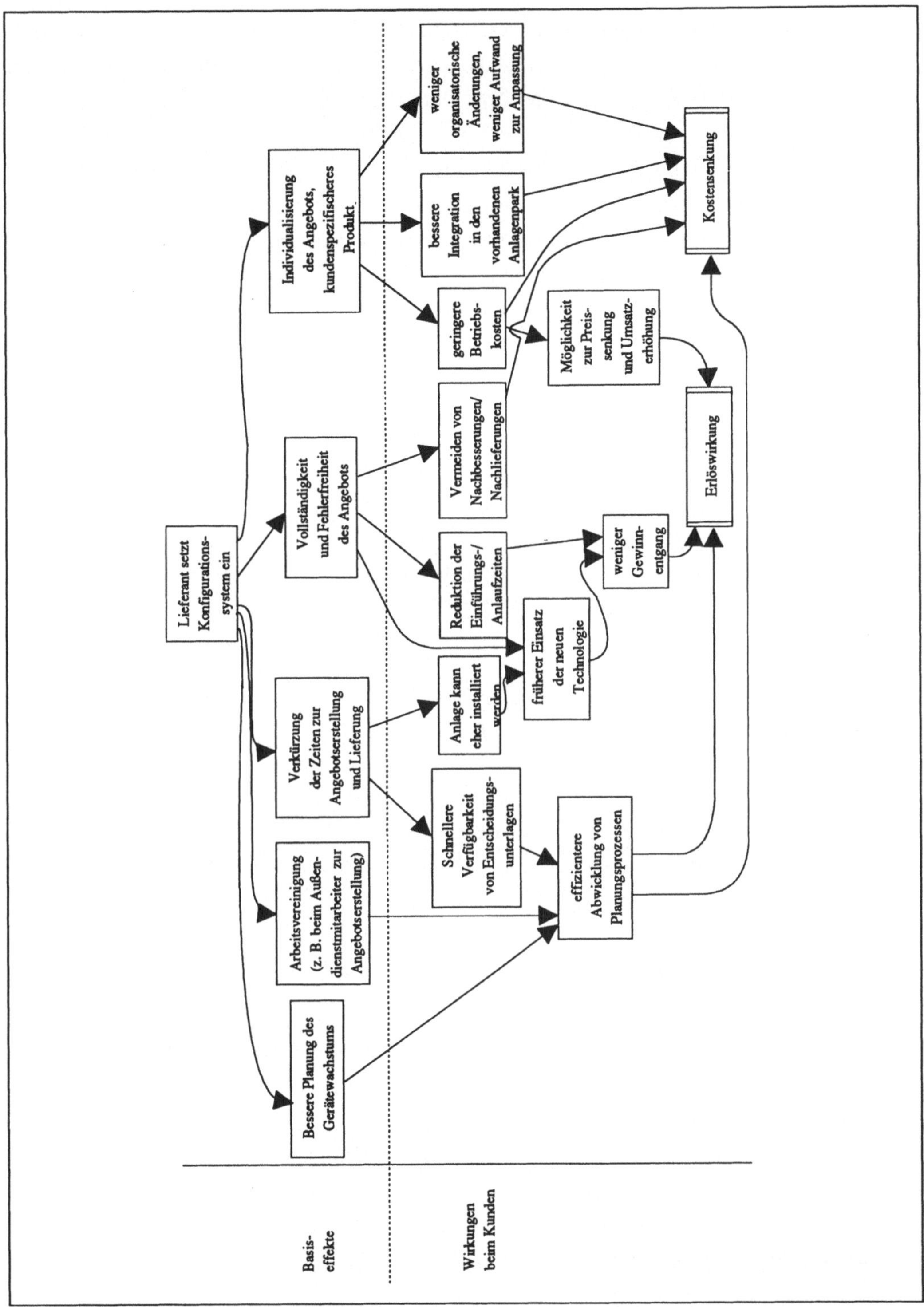


*Abb. 3.4.2/2*    KUNDENNUTZEN DURCH DEN EINSATZ VON KONFIGURATIONS-SYSTEMEN

3. Das IV-System ermöglicht eine Differenzierung des Produkts oder Dienstleistungsangebotes (vgl. Kapitel 3.3.4.1). Diese signifikante Änderung schafft eine "Einmaligkeit" des Anbieters gegenüber dem Kunden.

In Anlehnung an Bakopoulos und Treacy sind Quellen für Wettbewerbsvorteile in Abbildung 3.5.1/1 dargestellt (vgl. BAKOPOULOS 85, hier S. 10 ff.). Zur vollständigen Klassifikation wurden die durch eine Integration entstehenden Effizienzvorteile (vgl. Kapitel 3.4) ebenfalls aufgeführt. Auf die Bestimmungsgrößen der Verhandlungsmacht kann beispielhaft durch folgende Wirkungen Einfluß genommen werden (vgl. JOHNSTON 88, S. 157 ff.):

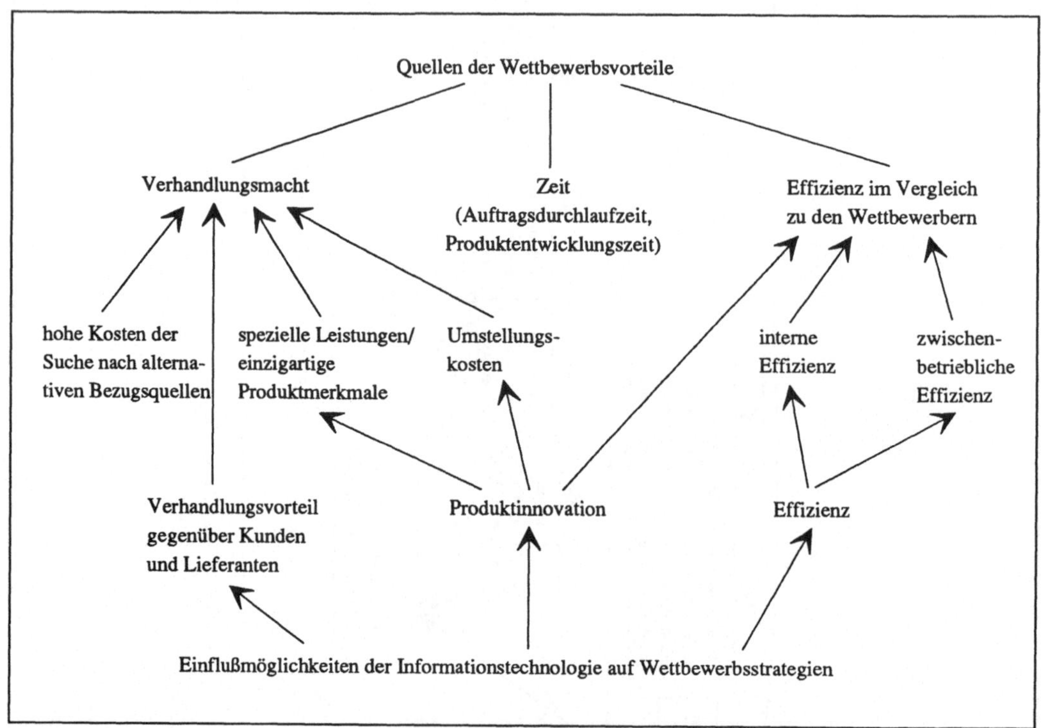


*Abb. 3.5.1/1*     QUELLEN DER WETTBEWERBSVORTEILE

**Erhöhen von Umstellungskosten:**

- Aufwand für den Nutzer durch Hard- und Softwarewechsel sowie Schulungskosten bei Wahl eines anderen Systems,

- Veränderungen des Anforderungsprofils für das Personal, falls die automatisierte Abwicklung durch ein personelles Vorgehen ersetzt wird.

<u>Angebot spezieller Leistungen:</u>
- einfachere oder kostengünstigere Produktauswahl, Bestellung, Auslieferung sowie Zahlungsabwicklung durch die IV-Unterstützung (z. B. integrierte Auftragsabwicklung, wie in Kapitel 3.4.1 dargestellt),
- Verbesserung des Images aufgrund des IV-Leistungsangebots,
- höherer Kunden-Service durch schnelles Identifizieren, Analysieren und Beseitigen von Problemen bei der Geschäftsabwicklung,
- sofortige Informationen über Preise und Produktverfügbarkeit,
- reduzierte Lagerbestände aufgrund schnellerer Reaktionszeiten.


<u>Reduzieren von Kosten, die mit der Produktauswahl verbunden sind:</u>
- Senken von Kosten zur Produkt-/Leistungsauswahl, da direkte Verbindungen zu Lieferanten und/oder Kunden bestehen,
- Anbieten von Funktionen, die es den Kunden erlauben, auch Produkte/ Leistungen von Konkurrenten des eigentlichen Lieferanten über das IV-System zu bestellen, um den Einkaufvorgang zu vereinfachen und den Bestellaufwand zu verringern,
- automatischer Vorschlag von alternativen Produktvarianten/Leistungen für den Kunden, um seine Nutzungskosten zu reduzieren oder die Einsatzleistung zu verbessern,
- einfaches Auffinden des günstigsten Angebots bei einer Alternativenselektion,
- Gestaltung von Rabattstaffeln in Abhängigkeit von der Anzahl der Bestellungen über das zwischenbetriebliche IV-System.


Abbildung 3.5.1/2 zeigt differenziert, wie ein Anbieter die Kundenbeziehung verbessern kann. Die DV-Investitionsstrategien werden dabei nach der Erklärungsbedürftigkeit der verkauften Produkte und der Stabilität der Lieferanten-Kunden-Beziehung gewählt (vgl. THOMPSON 88).

Auch völlig neue Märkte oder zumindest neue Produkte, die durch Informationssysteme geschaffen werden, mögen die Verhandlungsposition beeinflussen (vgl. Kapitel 3.4.4.2).


## 3.5.2 Dauerhaftigkeit von Wettbewerbsänderungen

Wenn ein Unternehmen mit einer IV-Applikation strategische Resultate erreichen will, muß es sich einen längerfristigen Wettbewerbsvorteil sichern und damit eine Marktveränderung herbeiführen. Entsprechend sollte die IV auf das Verbessern der Marktposition ausgerichtet sein. Während diese Gruppe damit aktiv am Markt agiert, reagieren Betriebe (vgl. PFEIFFER 85, hier S. 44 ff.), die mit einer IV-Nutzung nur die existierende Position absichern, lediglich passiv. Sie investieren z. B. aufgrund einer veränderten Technologienutzung der wichtigsten Konkurrenten. Dieses führt auch dazu, daß die erste Klasse von Anwendern Wettbewerbsveränderungen erzielen kann, wohingegen die zweite Klasse nur Anpassungsmaßnahmen durchführt.

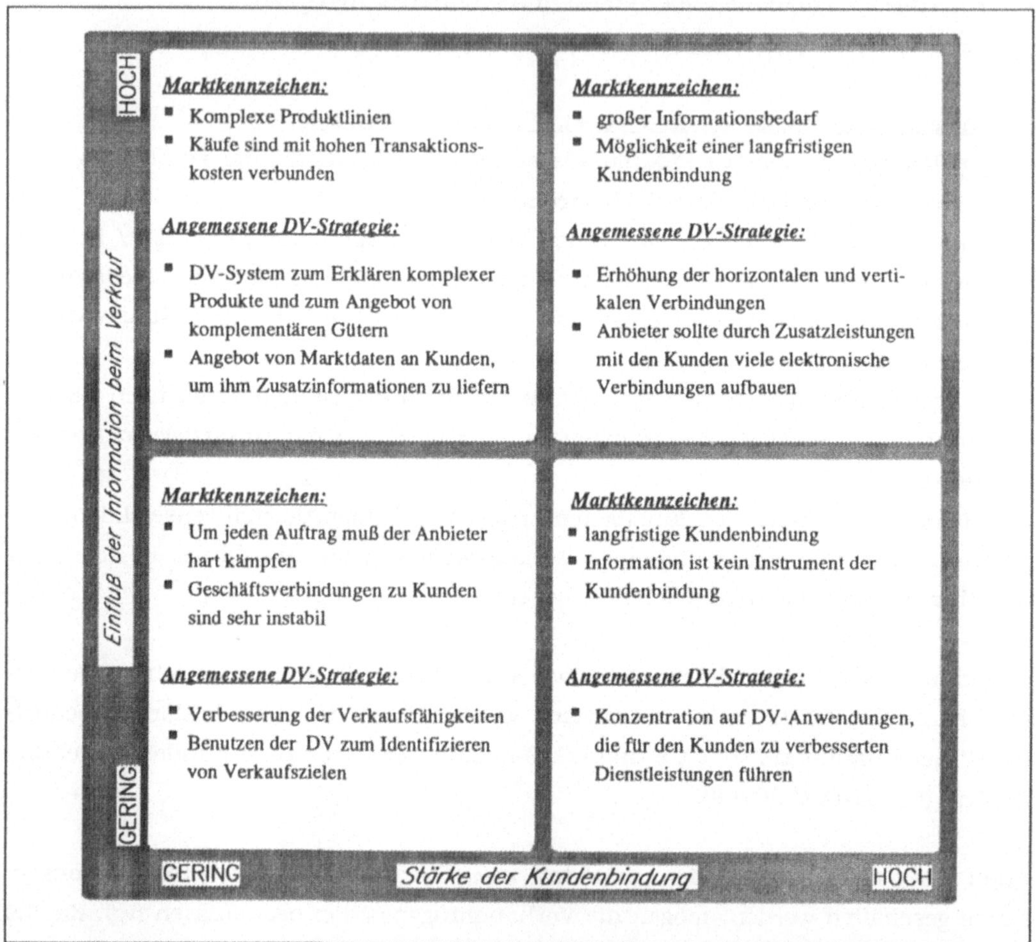


Abb. 3.5.1/2   MASSNAHMEN ZUR ERHÖHUNG DER KUNDENBINDUNG DURCH DIE INFORMATIONSVERARBEITUNG

Für die "aktiven" Unternehmen ist die Frage besonders wichtig, wie eine solche Veränderung gegenüber den Mitbewerbern abgesichert werden kann.

### 3.5.2.1 Allgemeine Rahmenbedingungen

IV-Anwendungen werden nur dann zu Wettbewerbsänderungen führen, wenn die folgenden Merkmale erfüllt sind (vgl. CLEMONS 88B):

- Eine zwischenbetriebliche Anwendung muß dem Kunden oder Lieferanten meßbaren oder zumindest "fühlbaren" Nutzen spenden, sonst wird keine Akzeptanz vorhanden sein. Ein Durchsetzen des Systems wäre dann nur aufgrund einer bereits vorhandenen starken Position des Unternehmens am Markt möglich.
- Es müssen Barrieren gegenüber existierenden oder potentiellen Konkurrenten aufgebaut werden, die es erlauben, zumindest für eine gewisse Zeit den Vorteil zu nutzen, und es gilt zu verhindern, daß Wettbewerber das Angebot imitieren oder sogar eine bessere Leistung anbieten.

Die rein technische Seite einer Applikation kann von den Mitbewerbern häufig einfach nachgebildet werden, es bleiben dann das fachspezifische Know-how und der Zeitaspekt zu berücksichtigen. Ein mit der IV-Anwendung geschaffener Vorteil ist häufig nur temporär, da die Technik von Drittanbietern, meistens IV-Herstellern, stammt und daher allgemein erworben werden kann. Basiert ein Informationssystem z. B. auf einem allgemeinen Standard, so können zum einen die Konkurrenten eine vergleichbare Leistung anbieten, zum anderen können die Kunden oder Lieferanten aber auch den Partner wechseln, da der Standard die dazu notwendige Flexibilität bietet (vgl. Kapitel 3.9). Langfristige Nutzeffekte lassen sich deshalb nur realisieren, wenn die Technologie mit besonderen Stärken des anwendenden Unternehmens, z. B. bei der Produkterstellung oder Distribution, verbunden ist. Diese Faktoren können dann ausgebaut werden (vgl. BEATH 86).

Ein Apotheker wird sicherlich durch den Einsatz eines PCs in der eigenen Filiale langfristig zumindest Basiswissen über den DV-Einsatz erwerben. Gibt es nun einen allgemeinen Standard zum Datenaustausch im Apothekengewerbe, dürften bald technische Lösungen für diesen Markt offeriert werden, die großhändlerunabhängig entwickelt wurden. Diese Programme erlauben es, nicht nur mit einem Apothekengroßhändler Bestellungen abzuwickeln, sondern nach mehreren Kriterien eine unabhängige Lieferantenauswahl zu treffen. Damit reduziert sich dann für den Abnehmer die Bindung zum Lieferanten, und die eigene Position wird verbessert.

Daher muß ein zusätzlicher Anreiz bereitstehen, wenn der Partner weiterhin die Geschäftsbeziehung beibehalten soll. Eine damit eng verbundene Komponente ist die

Verhandlungsmacht des Kunden oder Lieferanten. Je höher diese ist, desto mehr Zusatzleistungen müssen angeboten werden. Damit steigt der Nutzeffektanteil, der den Kunden durch die IV zugute kommt.

Für die Absatzmärkte lassen sich die folgenden allgemeinen Möglichkeiten zur Absicherung eines IV-Wettbewerbsvorteiles anführen (vgl. MINK 88, S. 70 ff.):

- Gegenüber Wettbewerbern, die versuchen könnten, die angebotene Leistung zu imitieren, kann man Eintrittsbarrieren mit Terminals und zugehörigen Vertragsbedingungen aufbauen. Außerdem lassen sich bei hohem Kommunikationsvolumen sogenannte "abschreckende Maßnahmen", wie die Installation einer individuellen zwischenbetrieblichen Rechnerkopplung (direkte Verbindung von Lieferanten und Kunden), ergreifen. Da die Konkurrenz bei einer solchen DV-Kopplung zumindest temporär ausgeschlossen ist, wird sie versuchen, Gegenmaßnahmen durchzuführen, um diese enge Geschäftsbeziehung wieder zu lösen.

- Gegenüber dem Kunden muß man es anstreben, möglichst hohe Umstellungskosten einzuführen.

Während die beiden Punkte externe Wirkungen besitzen, müssen intern, je nachdem, ob man eine Differenzierungs- oder Kostenführerschaftsstrategie verfolgt, ebenfalls geeignete IV-Technologien eingesetzt werden. Zur Differenzierung lassen sich u. a. Qualitätskontrollsysteme oder Technologie- und Methodenbanken anwenden, die ein Erreichen von Differenzierungsmerkmalen unterstützen. Bei der Kostenführerschaft erscheinen Kostenüberwachungssysteme (z. B. BDE-gestützt) wichtig.

Die Wettbewerbsänderungen auf dem Beschaffungsmarkt sind besonders wirksam, wenn der Lieferant eng an das Unternehmen gebunden werden kann. Bei intensivem Wettbewerb auf diesen Märkten könnte dieses dadurch erfolgen, daß aus eigenen Datenbanken Technologie- und Know-how-Informationen dem Lieferanten zur Verfügung gestellt werden. Außerdem tragen auch hier individuelle zwischenbetriebliche IV-Kopplungen der beteiligten Partner (Hard- und Software) dazu bei, eine engere Bindung zu schaffen.

Die Größe der dadurch erzielbaren Nutzeffekte ist damit von folgenden Faktoren abhängig:

- der Position gegenüber dem Kunden oder Lieferanten (wieviel der entstehenden Vorteile müssen weitergegeben werden),
- der Geschwindigkeit, mit der die andere "Nutzerseite" die Anwendung akzeptiert und einführt,
- dem Zeitpunkt, zu dem die/ein Mitbewerber vergleichbare Systeme einführen,
- dem Zeitraum, über den es möglich ist, den technologischen Vorsprung zu halten. Dazu kann eine kontinuierliche Fortentwicklung der DV-Anwendung beitragen.

Man kann bei einem erfolgreichen System davon ausgehen, daß die Gewinne, die sich nach einer Einführungsphase aufgrund der verbesserten Wettbewerbssituation durch die IV, z. B. durch gesteigerten Umsatz (unter der Annahme, daß der Preis für die zusätzlich abgesetzten Mengeneinheiten die Grenzkosten übersteigt), einstellen werden, im Zeitablauf dann wieder zurückgehen (vgl. CLEMONS 86). Im besten Fall wird eine Situation entstehen, in der die Umsatzverbesserungen nach Beruhigung des Marktes (Reaktionen und Gegenreaktionen auf das DV-System haben stattgefunden) dazu führen, daß das First-Mover-Unternehmen einen dauerhaften Anteil zusätzlicher Umsätze erwirtschaftet, die bei positiven Deckungsbeiträgen in einem verbesserten Gewinnausweis resultieren. Abbildung 3.5.2.1/1 versucht diese Situation grafisch zu veranschaulichen.

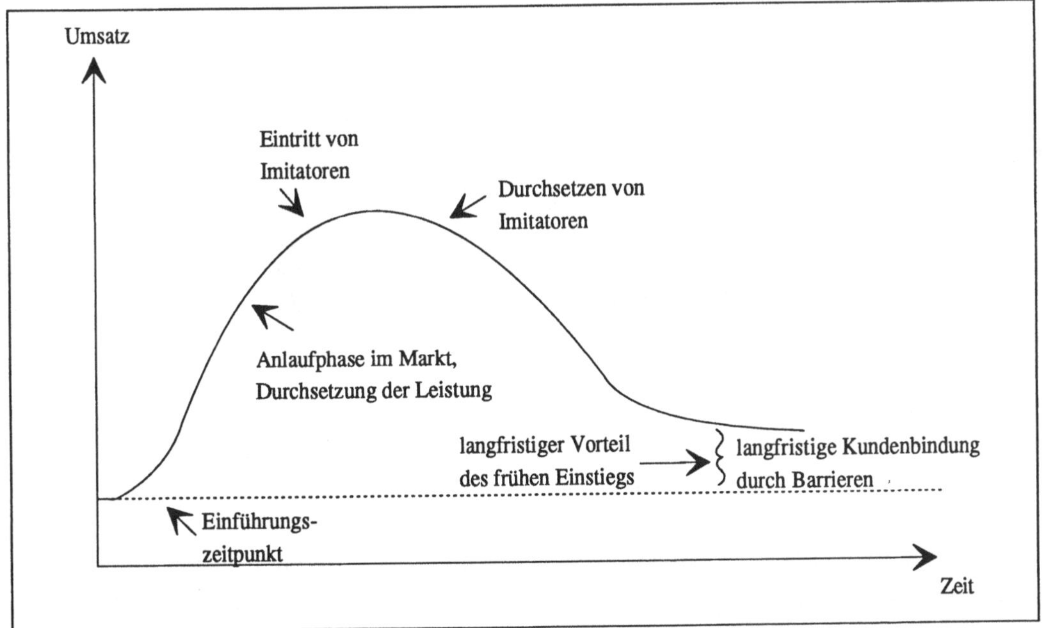


*Abb. 3.5.2.1/1*          ENTWICKLUNG DER UMSATZVORTEILE IM ZEITABLAUF

Eine Möglichkeit, einen einmal erzielten Wettbewerbsvorsprung zu verteidigen, besteht darin, die Anwendung kontinuierlich weiterzuentwickeln, so daß der zu Entwicklungsbeginn gewonnene Zeit- und Erfahrungsvorteil erhalten bleibt. Dabei lassen sich für den Bereich der Reservierungssysteme vier Phasen definieren, die Abbildung 3.5.2.1/2 darstellt (vgl. COPELAND 88, hier S. 353):

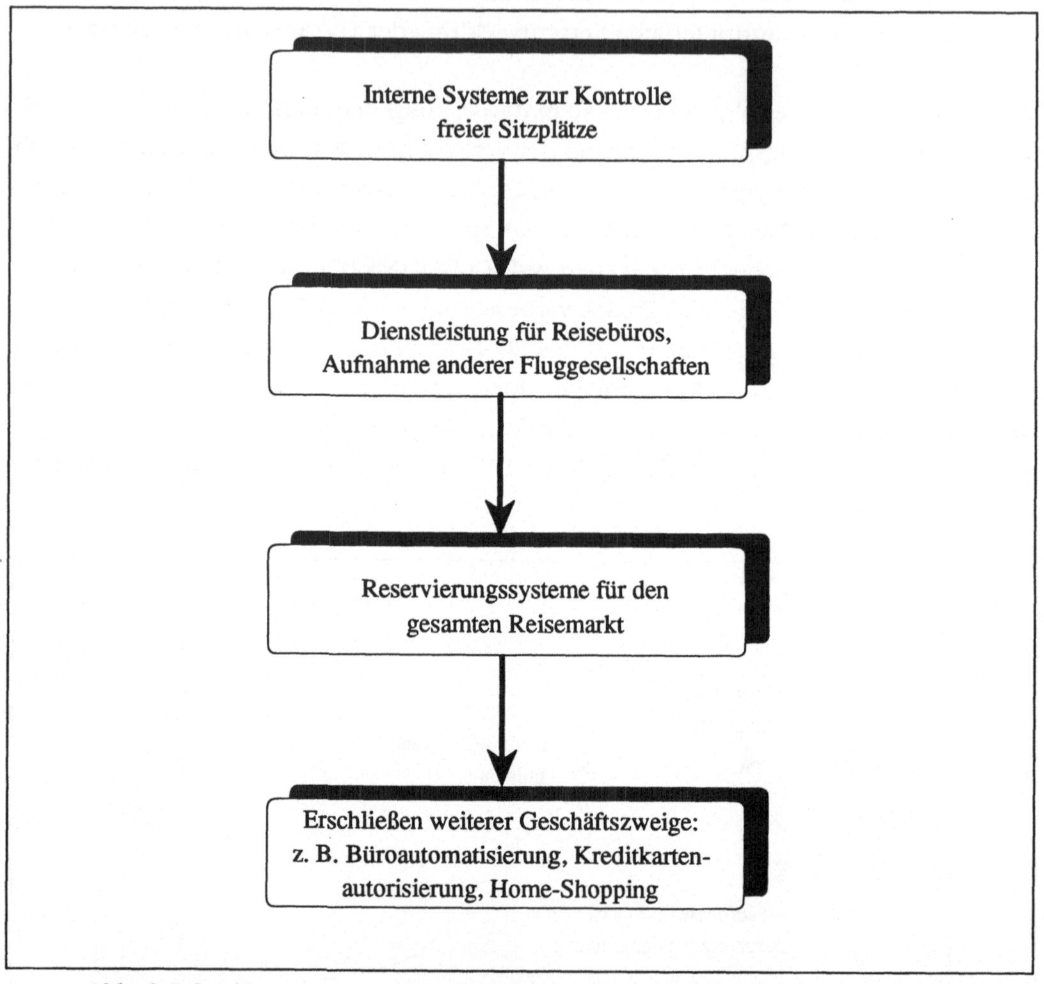


*Abb. 3.5.2.1/2*      Entwicklung von Reservierungssystemen im Zeitablauf

- In den frühen sechziger Jahren konzipierte man die Flugbuchungssysteme als interne Anwendung, um die Anzahl der noch freien Sitze pro Flug besser verfolgen zu können.

- Im Jahr 1976 wurden sie an die ersten Reisebüros in Lizenz verkauft. Informationen über andere Fluggesellschaften wurden gegen Gebühr in die Systeme eingestellt.
- Im Laufe der Zeit nahmen die Angebote in der Datenbasis der Systeme zu. Aus ursprünglich reinen Flugbuchungssystemen entwickelten sich Reservierungssysteme für einen großen Teil des Reisemarktes, bei denen man neben Flügen auch Hotels, Mietwagen, Theatervorführungen usw. vermitteln konnte.
- Die vierte und jüngste Phase kennzeichnet ein weiterer Diversifikationsschritt: Man nutzte, insbesondere bei American Airlines, die IV-Erfahrung und das vorhandene SABRE-Netz, um zusätzliche Einnahmen zu erzielen. So ist SABRE die Basis für eine Software namens CAPTURE, die man für Unternehmen entwickelt hat, damit diese die Reiseausgaben ihrer Mitarbeiter besser kontrollieren können. Darüber hinaus versuchte man, auch in neue Geschäftsfelder zu diversifizieren, wie z. B. den Bereich der Kreditkartenautorisierung.

Aufgrund dieser Entwicklung läßt sich zum einen die strategische Bedeutung der Reservierungssysteme für die Betreiber-Airlines ablesen. Zum anderen wird deutlich, wie man versucht hat, durch Weiterentwicklung der Systeme den erzielten Wettbewerbsvorsprung zu halten[7].

Wie wichtig das Weiterentwickeln eingeführter Anwendungen ist, zeigt das Beispiel zweier US-amerikanischer Heizungs- und Lüftungshersteller, der Firmen Carrier und Trane. Carrier hatte für Architekten Laptops eingeführt, mit denen Spezifikationen für Heizungs-, Lüftungs-, und Klimaanlagen aus den angebotenen Varianten berechnet werden konnten. Die Anwendung schlug fehl, nachdem der Konkurrent Trane ein System anbot, bei dem als zusätzliche Funktion auf den Trane-Großrechner zugegriffen wird, um unter anderem dort aktuelle Angebote oder Lagerbestände abzurufen. Da das Carrier-System diese Erweiterungen nicht bot, ging die Akzeptanz der Kunden verloren (vgl. THOMPSON 87).

### 3.5.2.2 Spezielle Marktbarrieren

Die Studie zu Nutzeffekten von strategischen IS hat vier Kriterien aufgezeigt, die im wesentlichen zum Errichten der Marktbarrieren durch IV-Systeme beitragen (vgl. HOHE 88B, S. 7 ff.):

---

7) Eine umfassende Untersuchung zum Einfluß der Informationstechnologie auf den Flugreisemarkt nimmt Doll vor (vgl. DOLL 89).

116

1. Teilweise müssen für die Entwicklung derartiger Systeme hohe finanzielle Mittel aufgebracht werden. Dabei ist das erhöhte Risiko zu berücksichtigen. So wurden in das Reservierungssystem SABRE 350 Mio. Dollar investiert (vgl. BUDAY 87).

2. Die Komplexität der geschaffenen DV-Lösung oder das in dem System gebundene Know-how kann eine weitere Barriere sein. In der Regel benötigen die Softwareentwickler für strategische IS eine beträchtliche Vorlaufzeit, die von der Komplexität der Anwendung, Qualifikation der Mitarbeiter usw. abhängig ist. Gelingt es, die Entwicklungen vor der Konkurrenz geheim zu halten, so verbleibt zumindest ein gewisser Zeitvorsprung vor den Mitbewerbern. Ein anderer Aspekt ist dabei auch das in der Anwendung genutzte Wissen oder das zur Anwendung gespeicherte Datenmaterial. So hat z. B. Daimler-Benz für den Nutzfahrzeuge-Bereich ein System entwickelt, das Vorschläge zur Auswahl der LKW-Ausstattung macht (vgl. WEINDL 88). Es berät bei der Getriebewahl u. a. in Abhängigkeit davon, ob der LKW häufig im Gebirge, in der Stadt oder auf der Autobahn gefahren wird. Das System kennt gesetzliche und länderspezifische Vorschriften, die zur Auswahl der Aufbauten relevant sind. Das benötigte Datenmaterial wurde in der eigenen Entwicklung und durch die jeweiligen Informationsquellen über Jahre hinweg gesammelt und dürfte sich für Mitbewerber nur mit hohem finanziellen Aufwand und Zeitbedarf zusammenstellen lassen.

3. Umstellungskosten können insbesondere von Unternehmen, die zwischenbetriebliche Systeme anbieten oder Terminals beim Kunden aufstellen, erzeugt werden. Der Kunde muß bei einem Lieferantenwechsel häufig Software- und Hardwareänderungen vornehmen (soweit keine Branchenstandards vorhanden sind) sowie das Personal umschulen. Daten, die der Systemanbieter für den Kunden in Dateien oder Datenbanken speichert, sind teilweise nicht mehr verfügbar, wenn ein neuer Lieferant gewählt wird (etwa wenn der Lieferant die Lagerbestandsführung mit übernommen hat oder wenn in dem System Abnehmerdaten des Kunden, Marketingdaten usw. hinterlegt wurden).

4. Schließlich können IV-Systeme, wenn sie rechtzeitig im Absatzkanal plaziert werden, den Zugang zu diesen Vertriebskanälen beschränken. Das ist insbesondere dann der Fall, wenn die Anwendungen bei Absatzmittlern Einsatz finden. Dazu werden teilweise in den Geschäftsräumen der Leistungsanbieter Geräte, vorwiegend Terminals, aufgestellt. Bei einem Einzel- oder Großhändler kann schon allein Platzmangel entscheidend sein, kein weiteres System zu installieren. Wenn der Absatzmittler über das System außerdem Zugang zu verschiedenen Anbietern

hat (z. B. Reservierungssystem) und mit der verfügbaren Angebotsvielfalt zufrieden ist, besteht für ihn kein Grund, ein zusätzliches System von einem weiteren potentiellen Partner einzusetzen.

Es ist aber auch zu berücksichtigen, daß die IV nicht nur zum Aufbau von Barrieren verwendet wird. Sie läßt sich ebenso einsetzen, um Barrieren abzubauen oder zu eliminieren. Ein interessanter Fall ist das Ausschalten von Umstellungskosten im amerikanischen Pharma-Großhandel bei den Wettbewerbern McKesson und Bergen Brunswig (vgl. CLEMONS 88A, hier S. 143). Die Unternehmen haben ihre Systeme so konstruiert, daß für einzelne Kunden das Mitbewerbersystem simuliert werden kann, um einen Kundenwechsel zum eigenen Unternehmen zu ermöglichen. So ist es z. B. möglich, daß ein Apotheker von Bergen Brunswig zu McKesson wechselt, ohne seine alte Produktnummern-Klassifikation ändern zu müssen.

Dieses zeigt, daß Informationssysteme dazu beitragen können, sowohl Marktbarrieren zu schaffen als auch zu überwinden.

Ein Beispiel aus dem Bankenbereich veranschaulicht ebenfalls eine zusätzliche Kundenbindung und erhöhte Umstellungskosten durch die IV. Ein amerikanisches Kreditinstitut hat einen PC-Arbeitsplatz für Großkunden entwickelt, der das Cash-Management für die Geschäftskunden unterstützt. Dazu fragt das System automatisch Kontostände bei verschiedenen Banken ab und trägt sie in eine Analysesoftware ein, mit der untersucht werden kann, welche Finanztransaktionen das Unternehmen durchführen soll. Für die Bank ergab sich, daß die Geschäftsumsätze insgesamt um 11 % gesteigert werden konnten. Die Erhöhung betrug 13,6 % bei Systembenutzern, aber nur 3,9 % bei solchen, die Anwendungen anderer Banken einsetzen. Damit kann man annehmen, daß der Cash-Management-PC zur Kundenbindung beiträgt (vgl. KRCMAR 89A, S. 18 ff.).

### 3.5.3 Einfluß des Investitionszeitpunktes

Will man beurteilen, welche Chancen sich einem Unternehmen bieten, die eigene Wettbewerbsposition zu verbessern oder eine Marktveränderung herbeizuführen, so muß auch der Zeitpunkt betrachtet werden, zu dem das Unternehmen die Investition tätigt bzw. die Anwendung einführt. Nach dem Innovationsgrad lassen sich verschiedene Strategien unterscheiden (vgl. CLEMONS 88B):

- Das Unternehmen will erstes auf einem Markt mit einer neuen IT sein, das heißt, es versucht, in diesem Bereich zu führen (vgl. auch Kapitel 3.5.2).
- Das Unternehmen will nicht erster Anwender bei dem Einsatz der neuen Technologie sein, es will hier nur folgen. Dabei ist zwischen einem frühen Folgen, bei dem man es anstrebt, sehr schnell eine vergleichbare Anwendung anzubieten, und einem späten Folgen, bei dem man erst die Erfahrungen des Technologieführers abwartet, zu differenzieren.
- Das Unternehmen verzichtet darauf, die neue Technologie anzuwenden, da man sich entweder durch den Einsatz keinen direkten Vorteil verspricht oder erwartet, daß die Technologie keinen Einfluß auf den Markt besitzt. Im Falle des Scheiterns könnte sich die Unternehmensposition ja sogar verschlechtern.

Die Strategie des Innovators ist mit dem erhöhten Risiko verbunden, daß die Anwendung nicht am Markt durchgesetzt werden kann, die externe Zielgruppe sie nicht akzeptiert oder die technische Realisierung scheitert. Gegenüber traditionellen Investitionen besteht außerdem häufig die Schwierigkeit, unter alternativen IV-Techniken die geeignete auszuwählen und nicht bereits veraltete oder sich nicht durchsetzende IV-Technologien zu wählen. Dem stehen die Vorteile gegenüber, daß durch den frühen Einstieg eventuell bereits Marktpositionen besetzt werden. Durch die längere Zeitdauer des Einsatzes der IV gegenüber den Mitbewerbern wird ein fortgeschrittener Punkt auf der Erfahrungskurve erreicht, der dann z. B. zu Kostenvorteilen führt. Darüber hinaus können in anderen Fällen auch Vorteile der Größendegression greifen. Für Bestellsysteme sinken beispielsweise die Vollkosten pro angeschlossenem Teilnehmer mit der Anzahl der Nutzer eines solchen Systems.

Die Reservierungssysteme bilden ein Beispiel für einen Bereich, in dem die "First-Mover", hier American Airlines (SABRE) und United Airlines (APOLLO), zu einer grundlegenden Änderung des Marktes beitrugen und auch einen dauerhaften Wettbewerbsvorteil erzielen konnten. So gelang es den "Followern", wie Texas Air mit System One oder der TWA mit PARS, nie, auch nur annähernd so erfolgreich zu sein.

Ein Gegenbeispiel zu dem Erfolg von "First-Movern" ist der Einsatz von Geldausgabeautomaten in den USA. Einzelne Banken konnten damit kaum Wettbewerbsvorteile erzielen. Ein Grund für die schlechten Resultate kann wohl darin gesehen werden, daß auch dritte Dienstleistungsunternehmen sehr früh in den Markt einstiegen und damit viele Banken die Chance nutzten, ohne großes eigenes Risiko diese Serviceleistung ebenfalls anzubieten. Home Banking-Projekte wurden mittlerweile sogar schon eingestellt (vgl. O.V. 89G).

Ähnlich verhält es sich in der Bundesrepublik beim Angebot von Cash Management-Systemen durch Banken. Zum einen besitzen Großunternehmen, auf die der Service vorwiegend abzielt, häufig selber eigene Systeme zur weltweiten Finanz- und Liquiditätsplanung, mit denen die Bankensysteme in Konkurrenz treten. Zum anderen hatten mehrere Banken fast gleichzeitig solche Anwendungen, so daß kein Unternehmen einen Zeitvorteil verbuchen konnte. Für den australischen Bankenmarkt zeigt eine Analyse, bei der man unterschiedliche Anwendungen berücksichtigte, daß durch den IV-Einsatz keine langfristigen Vorteile erzielt wurden (vgl. SAGER 88).

Mit welchen Schwierigkeiten die Nichtbeachtung einer Technologie verbunden sein kann, hat das People's Express-Beispiel bereits gezeigt (vgl. Kapitel 3.1.5).

Wird eine Technik zu früh eingeführt, dann ergeben sich eine Vielzahl weiterer Ursachen, die zum Scheitern beitragen können. Dieses kann Gründe im organisatorischen Bereich und auch bei der Technologiebeherrschung oder technologischen Stabilität haben (z. B. Ausfallsicherheit, Fehlerrate). So können zwischenbetriebliche Bevorratungssysteme z. B. daran scheitern, daß die Lieferanten eventuell aktuellere Plandaten als die Hersteller benutzen. Wenn der Lieferant auf den aktuellen Produktionsfortschritt des Herstellers zugreift und auf dieser Basis seine Liefermenge plant, der Hersteller dagegen auf älteren Daten die eigene Bestelldisposition durchführt, so dürften sich permanent Unterschiede ergeben. Damit wird die Anwendung scheitern. Bei den ersten Lieferantenbestellsystemen ergaben sich zuweilen solche Abstimmungsprobleme; sie führten dazu, daß vereinzelt Applikationen wieder eingestellt wurden.

Interessanterweise gibt es auch bei den amerikanischen Flugbuchungssystemen eine Anwendungsentwicklung von TWA und United Airlines aus der Mitte der sechziger Jahre, die scheiterte, weil sowohl Defizite in der Hardwaretechnologie- als auch der Softwarebeherrschung bei den Unternehmen vorlagen (vgl. COPELAND 88, hier S. 356). Die entwickelte Anwendung hatte zu viele Fehler, und es konnten keine akzeptablen Antwortzeiten erreicht werden.

Ein Betrieb sollte daher zur Investition einen solchen Zeitpunkt wählen, der die erwarteten Nutzeffekte maximiert. Außerdem muß zusätzlich, zumindest bei einer "Follower-Strategie", eine Kooperation mit Wettbewerbern bei der Entscheidung berücksichtigt werden. Durch einen solchen Zusammenschluß kann das Investitionsrisiko des einzelnen gesenkt werden, da die Investitionssumme auf mehrere Firmen verteilt wird und vielleicht auch unterschiedliches Know-how kombiniert werden kann. Ergänzend läßt sich eventuell die Zeit zum Erstellen der Anwendung verkürzen. Dem steht dann jedoch auch eine Teilung der Marktvorteile und der damit verbundenen Erträge gegenüber. Daher bietet sich die Strategie besonders dann an, wenn man Marktnischen bedienen will.

Theoretisch kann man ein Marktmodell konstruieren, bei dem davon ausgegangen wird, daß die IV dazu beiträgt, Überkapazitäten aufgrund des Angebotes von Zusatzleistungen aufzubauen. Investitionen werden oft getätigt, wenn Unternehmen erkennen, daß ein Wettbewerber durch ein zusätzliches Angebot seine Marktposition verbessert. Nun entsteht eine zeitliche Verzögerung, bis die Technologie, mit der ein vergleichbares Angebot präsentiert werden kann, bei weiteren Betrieben implementiert ist. Dabei treten dann so viele Mitkonkurrenten auf, daß es zu einem Überangebot kommt, was sinkende Preise hervorruft und damit die Grenzgewinne verschwinden läßt (vgl. TEIXEIRA 89, hier S. 8 f.).

Der Technologieführer kann sich dieser Situation entziehen, wenn es ihm gelingt, aufgrund des Zeitvorsprungs die Erfahrungskurve zu nutzen, Vorteile aus den Economies of Scale zu ziehen oder bereits eine Weiterentwicklung anzubieten (vgl. Kapitel 3.5.2.1).

## 3.6 Sonstige Nutzeffekte der großintegrierten Informationsverarbeitung

Hier wird ein Überblick über Einflußfaktoren großintegrierter DV gegeben, die bislang unberücksichtigt blieben. Dabei überwiegen Resultate, die auch indirekt nur schwer oder nicht zu bewerten sind und damit die Analyse des IS-Einsatzes in vielen Fällen nur qualitativ ergänzen können. Es wird wieder nach intern auftretenden Effekten und extern wirkenden Faktoren, die Kunden oder Lieferanten beeinflussen, getrennt.

### 3.6.1 Sonstige interne Nutzeffekte

Umfassende IS im Absatzbereich, die es Vertriebsmitarbeitern erlauben, auf Informationen des Produktionsbereichs oder auch technische Daten des Entwicklungsbereichs zuzugreifen, tragen dazu bei, die Arbeitsteilung bei der Abwicklung von Kundenaufträgen abzubauen. Dieses führt zum Reduzieren von Rückfragen und zu verkürzten Durchlaufzeiten. Beides läßt sich quantifizieren. Aufgrund der sich ergebenden Arbeitsanreicherungen wird in solchen Anwendungen auch der Grund für eine bessere Motivation der Mitarbeiter, verbunden mit einer größeren Verantwortung, gesehen (vgl. VDI 90, insbes. S. 116 ff.). Dieser Effekt, der zu einer insgesamt verbesserten Leistungsfähigkeit des Unternehmens führen kann, läßt sich nur schwer abschätzen.

Ein für den IS-Einsatz ebenfalls berichtetes Ergebnis ist eine höhere Finanzplanungseffizienz. Diese zeichnet sich dadurch aus, daß Teilpläne, etwa unterschiedlicher Betriebsteile mit räumlich getrennten Standorten, einfacher zu aggregieren und zu koordinieren sind, daß mit Hilfe von Simulationsrechnungen Planungshorizonte leichter verändert werden können sowie Planabweichungen schneller identifiziert und Ursachenanalysen umfassender unterstützt werden. Für sämtliche Wirkungen ist eine Quantifizierung schwer. Allenfalls ist es möglich, den manuellen Zeitbedarf zur Planung und Analyse der benötigten Arbeitszeit mit Rechnerunterstützung gegenüberzustellen oder Teilergebnisse durch Zinsbewertungen zu erfassen.

Mit einem umfangreichen DV-Einsatz kann man die strukturelle Adaptionsfähigkeit des Unternehmens an sich verändernde Umweltbedingungen beeinflussen. Zum Teil wurden Einzeleffekte bei der Beschreibung von Flexibilitätsänderungen bereits dargestellt. Ein Beispiel für umfassende Adaptionsfähigkeit ist die IV-Nutzung der großen Zeitschriftenverlage, die heute in der Lage sind, weltweit Zeitungen tagesaktuell zu drucken. Als Übertragungsmedium für den Zeitungsinhalt wird dazu die Telekommunikation eingesetzt. Beispiele sind die Erstellung des Wall Street Journals oder der Tageszeitung USA Today (vgl. WISEMAN 88, speziell S. 211 und 303 ff.). Damit läßt sich die inhaltliche Ausgestaltung der Zeitungen völlig vom Druck und der Distribution trennen. Auch dezentrale Lösungen, bei denen einzelne Seiten an unterschiedlichen Orten erstellt und nur noch zentral koordiniert werden, sind denkbar. Es ist allerdings in diesem Fall schwierig nachzuweisen, welche neuen Märkte durch die geänderten Vertriebswege gewonnen werden konnten und wo es damit gelang, Marktanteile zu halten oder zu verbessern.

Man findet vergleichbare Beispiele, bei denen IS dazu beitragen, die Anpassungsfähigkeit an neue Märkte oder Marktbedingungen zu verbessern (etwa durch frühzeitiges Erkennen von Marktänderungen mit Absatzinformationssystemen oder kürzere Produktentwicklungszyklen durch CIM-Konzepte).

Einzelne IV-Anwendungen können auch Einfluß auf die Unternehmenskultur haben. So wird es mit einem Electronic Mail-System einfacher, hierarchische Strukturen zu durchbrechen, indem Mitarbeiter nicht nur Informationen an ihre direkten Vorgesetzten, sondern auch an höher in der Unternehmenshierarchie angesiedelte Personen senden können. Diese Freizügigkeit kann jedoch nicht nur positive Effekte haben. Sie führt zuweilen auch zu versteckten Kosten, wie sie in Kapitel 3.7 behandelt werden.

Eng mit diesem Aspekt ist auch die Akzeptanzentwicklung im Unternehmen verbunden. Von ihr wird direkt der IS-Einsatz beeinflußt. Indirekt ist auch das Leistungsprogramm des Unternehmens betroffen. Hier können IV-Applikationen dazu beitragen, die Arbeitseinstellung der Mitarbeiter zu verbessern, z. B. dann, wenn DV-gestützte Systeme als Verkaufshilfen verfügbar sind oder Erfahrungsdatenbanken, die Informationen über den Produkteinsatz bereitstellen, benutzt werden können. Damit sind Informationen verfügbar, die den Vertriebsmitarbeitern bei Verkaufsgesprächen größere Sicherheiten geben.


### 3.6.2 Sonstige externe Nutzeffekte

Im Mittelpunkt stehen in diesem Bereich Markteffekte, die durch den IS-Einsatz ausgelöst werden, deren Ergebnisse sich aber nur schwer vorhersagen lassen. Eine Folge kann eine Imageänderung des Unternehmens sein, die durch den DV-Einsatz hervorgerufen wird.

Ein Beispiel ist das bereits erwähnte Kodak-System "Technet". Die Systemnutzer vereinfachen damit nicht nur ihre Abwicklung der Labor-Prozesse, die Anwendung trägt auch zu einer Image-Verbesserung der Technet einsetzenden Photolabors bei, da diese nun damit werben können, daß die Bildqualität von Kodak überwacht wird. Aufgrund der Reputation, die Kodak in der Branche besitzt, wird damit ein zusätzlicher Nutzeffekt erzielt (vgl. CHOUDHURRY 87, hier S. 53).

IS können ebenfalls zu einer besseren Markttransparenz führen, z. B. wenn Reaktionen von Wettbewerbern früher erkannt werden. Dazu lassen sich auch externe Datenbanken nutzen. Sie können speziell bei der Analyse von Chancen und Risiken neuer Technologien eingesetzt werden, um das strategische Erfolgspotential des Unternehmens zu erhöhen. Es ist allerdings schwierig, diese Ergebnisse zu quantifizieren.

Die Frage, wie man die Kundenbeziehung mit Informationssystemen unterstützen kann, untersuchen insbesondere Ives und Learmonth mit dem Konzept des Customer Resource Life Cycle (CRLC) (vgl. IVES 84). Dabei wird die Verbindung zum Kunden nicht nur punktuell zum Zeitpunkt des Kaufs beachtet, sondern das Schema deckt den gesamten Güternutzungsprozeß beim Kunden von der Bedarfsentwicklung bis zur Nachkalkulation ab. Der CRLC, der aus 13 Phasen besteht, setzt bei einer Differenzierungsstrategie an, wobei in jeder Phase zwei Fragen untersucht werden:

1. Wie und wo kann ich meine Kunden mit Informationssystemen unterstützen?
2. Welche Möglichkeiten bestehen, daraus selbst Wettbewerbsvorteile zu ziehen?

Die einzelnen Phasen sind in vier Bereiche eingeteilt, die jeweils aus der Kundensicht beurteilt werden (vgl. LEARMONTH 87). Dieses sind:

- die Bedarfsermittlung,
- der Produkt-/Leistungserwerb,
- die Produkt-/Leistungsnutzung und
- Verbrauchsinformationen über das Produkt sowie Unterstützung bei dessen Entsorgung.

Mit den erwarteten Resultaten zielt man zwar primär auf eine Marktanteils- oder Renditeverbesserung, es werden aber eine Vielzahl zusätzlicher Effekte berührt, die nur schwer abzuschätzen sind, wie z. B. die bessere Integration des eigenen Leistungsangebots in das Kundenunternehmen.

## 3.7 Versteckte Kosten der Informationsverarbeitung

Bei vielen IV-Anwendungen muß zusätzlich der Einfluß von sogenannten "versteckten" Kosten oder "hidden costs" berücksichtigt werden. Im engeren Sinne sind das Kosten, die dadurch anfallen, daß Applikationen falsch oder übertrieben genutzt werden. Letztendlich sind sie auf geändertes Benutzerverhalten oder mangelnde Schulung zurückzuführen.

Häufig findet man diesen Aspekt beim Einsatz individueller IV und bei der Anwendung von Bürokommunikationssystemen. So können z. B. Business-Graphik-Programme falsch benutzt werden, weil man aufgrund mangelnder Schulung Abbildungen erstellt, die keine inhaltliche Aussagekraft besitzen. Stellenweise verleitet der anfängliche "Spieltrieb" der Benutzer ebenfalls dazu, daß verstärkt private und nicht unternehmensbezogene Bilder erstellt werden (vgl. BRÜCKNER 85). Ein weiterer Aspekt der falschen Nutzung wäre der Einsatz eines einfachen Zeichenprogrammes zum Erstellen von Graphiken, für die normalerweise eine CAD-Anwendung vorzusehen wäre, oder das Erstellen von Balken- und Kreisdiagrammen mit CAD-Systemen, für die spezielle Business-Graphik-Programme besser geeignet sind. Eine zusätzliche Nutzeffekteinbuße kann schließlich dadurch entstehen, daß die Benutzer das System zwar aufgabenadäquat einsetzen, jedoch bei der Handhabung der Anwendung umständlich vorgehen (anstelle eines mächtigen Befehls werden mehrere einzelne verwendet), so daß die erwarteten Einsparungspotentiale nicht erzielt werden.

Dieses sind hauptsächlich Beispiele für zusätzlichen Schulungsbedarf. Erfahrungen zeigen, daß die Kosten, die durch eine solche falsche Benutzung entstehen, ca. 20 Prozent der erreichbaren Nutzeffekte ausmachen können. Einzelfalluntersuchungen, beispielsweise für den Bürobereich, machen deutlich, daß sich durch Schulungsmaßnahmen diese Schwierigkeiten erheblich abbauen lassen (vgl. OLFMAN 88).

Bei einem Unternehmen des Großanlagenbaus wurde die Erfahrung gemacht, daß sich die Durchlaufzeit zur Erstellung technischer Berichte nach der Substitution von Schreibmaschinen durch Textsysteme in den Schreibdiensten von durchschnittlich 23 Tagen auf 26 Tage erhöhte (vgl. KOCH 86, S. 55 ff.). Auch hier lag die Ursache in geändertem Benutzerverhalten. Die Auftraggeber der Schreibarbeiten (Fachkräfte) stellten nach Einführung der Textsysteme einen höheren Qualitätsanspruch an die Dokumente. Hinzu kam weiterhin, daß sie die Qualität ihrer eigenen Textvorlagen reduzierten, da sie davon ausgingen, daß Korrekturen zu einem späteren Zeitpunkt ja leicht möglich wären. Dieses Verhalten führte jedoch im Durchschnitt zu einer Erhöhung der Korrekturzyklen für die Schriftstücke von drei auf vier Durchläufe. Damit wurden Zeiteinsparungen, die sich bei der reinen Texterstellungs- und Korrekturtätigkeit ergaben, überkompensiert.

Unter Kostengesichtspunkten ist die erhöhte Durchlaufzeit differenzierter zu betrachten. Hier sind im ersten Schritt die mit Kosten bewerteten Zeiteinsparungen der Fachkräfte den zusätzlichen Personalkosten auf der Schreibdienstseite gegenüberzustellen. Im zweiten Schritt muß dann untersucht werden, ob durch das verzögerte Vorliegen der Berichte zusätzliche Kosten entstehen oder Erlöse nicht realisiert werden können. Die Gesamtbewertung ähnelt dabei einer Break-even-Analyse.

Eine andere Frage, die in diesem Zusammenhang behandelt werden muß, ist, wie Simulationsrechnungen, die durch den DV-Einsatz möglich werden, zu beurteilen sind. Wie ist eine fünfte oder sechste Alternativrechnung zu bewerten, die ein Mitarbeiter mit Hilfe eines Tabellenkalkulationsprogrammes durchführt, die er aber ohne dieses Hilfsmittel nie vorgenommen hätte? Als Lösungsansatz könnte man langfristig die Ergebnisse seiner Entscheidungen beobachten und untersuchen, ob damit die Entscheidungsqualität, z. B. gemessen in Kosteneinsparungen oder Umsätzen, gegenüber dem manuellen Vorgehen zugenommen hat. Studien zum Einsatz von Decision-Support-Systemen im Marketing-Bereich (verwendet wurde die Planungssprache IFPS) zeigen, daß der Anwender mit steigender Schulung/Erfahrung weniger Alternativen berechnet (vgl. GOSLAR 86, insbes. S. 87).

Bei einer weiteren Fassung des Begriffs "hidden costs" werden auch Kosten betrachtet, die indirekt mit dem IV-Einsatz verbunden sind. Bei Untersuchungen in den USA wurde für den PC-Einsatz ermittelt, daß in Großunternehmen die laufenden Kosten pro Jahr ca. das eineinhalbfache der PC-Investitionssumme ausmachen (vgl. BULKELEY 87). Zu berücksichtigen sind vor allem der notwendige Benutzerservice, die fortlaufende Schulung, evtl. zentrale Wartungsabteilungen im Unternehmen und zusätzliche Softwarewünsche der Anwender über die Nutzungsdauer hinweg.

## 3.8 Auswirkungen von organisatorischen Änderungen

Einleitend wurden bereits die organisatorische Gestaltung des Unternehmens und die organisatorische Abwicklung der Unternehmensprozesse als Einflußfaktoren auf eine Wirtschaftlichkeitsuntersuchung angeführt.

Das Ziel einer Änderung besteht darin, die Organisation so umzugestalten, daß sie den veränderten Anforderungen der Umwelt gerecht werden kann (vgl. ALBACH 80). Die IV kann dazu Aktions- oder Reaktionsvariable sein. Im ersten Fall ermöglicht die Datenverarbeitung eine Implementierung effizienter organisatorischer Strukturen. Aber auch umgekehrt müssen teilweise geeignete Organisationsstrukturen zur effizienten IT-Nutzung gefunden werden. Einen Einfluß darauf, wie gut diese Anpassungen gelingen, besitzt der Reifegrad der Organisation in bezug auf die IV (vgl. KANCKY 89, insbes. S. 658).

Dieses soll im folgenden an einem Beispiel aus der Bürokommunikation genauer dargestellt werden (vgl. MERTENS 86A, hier S. 125 ff.). Es handelt sich um das Unternehmen des Großanlagenbaus, aus dem schon im Vorkapitel ein Beispiel verwendet wurde. Die dort erstellten technischen Berichte besitzen durchschnittlich einen Umfang von 16 Seiten. Die Schreibtätigkeit wird von einem zentralen Schreibdienst ausgeführt. Zuständige Projektingenieure erstellen die Textvorlagen. Bis zum fertigen Bericht sind mehrere Korrekturzyklen zu durchlaufen, an denen beide Parteien beteiligt sind.

Untersuchungen ergaben, daß das Erstellen des Berichtes bei der Nutzung des zentralen Schreibdienstes durchschnittlich 26 Tage dauerte. Durch unterschiedliche Organisation dieser Dienste konnten nun eine Reihe von Verbesserungen erreicht werden. Berechnungen und Versuche zeigten, daß eine Umorganisation der zentralen Schreibdienste in kleinere, dezentrale Schreibpools, die sowohl räumlich als auch sachlich an die zu unterstützenden Abteilungen angeschlossen waren, die Durchlaufzeit der Berichte auf 18 Tage reduzierte. Als Gründe wurden festgestellt:

- verkürzte Transportzeiten durch Wegfall der Hauspost,
- verkürzte Liegezeiten der Schreibaufträge durch bessere und flexiblere Arbeitseinteilung der Schreibkräfte und
- verkürzte Bearbeitungszeiten, da die Schreibkräfte die Auftraggeber besser kennen und damit Korrekturen besser interpretieren oder auf Gestaltungswünsche der Verfasser einfacher eingehen können.

Eine zusätzliche organisatorische Maßnahme wäre die Autorenkorrektur, die zu weiteren Durchlaufzeitverkürzungen führt. Die Zeiteinsparung ruft jedoch Kostensteigerungen bei der eigentlichen Bearbeitung hervor, da die Tätigkeit der Schreibkraft durch teurere Arbeitsleistungen der Fachkraft substituiert wird. Es ist daher zu klären, ob der Nutzeffekt der schnelleren Durchlaufzeit diesen Kostennachteil überkompensiert (vgl. Kapitel 3.7; hier liegt der umgekehrte Fall vor). Geht man davon aus, daß die Fachkraftleistung im Unternehmen vielleicht schon knapp ist, würde die letzte Alternative zu einer zusätzlichen Anspannung führen. Diese Situation kann bei der Analyse durch das Einführen von Knappheitspreisen berücksichtigt werden.

Will man die Auswirkungen des Electronic Mail-Einsatzes für das oben beschriebene Beispiel beurteilen, so kommt man zu folgenden Ergebnissen: Es lassen sich nur geringe Nutzeffekte erzielen, wenn Electronic Mail nur abteilungsintern, etwa zwischen Fachkraft und Schreibkraft bei dezentraler Lösung, eingesetzt wird. Wesentlich größer wären die Electronic Mail-Effekte bei der Ausgangssituation mit verteilten Benutzerstandorten. Dabei würde die Fachkraft mit den Schreibkräften des zentralen Schreibdienstes über Abteilungsgrenzen hinweg kommunizieren.

Das Beispiel zeigt auch, daß die Betrachtungsweise der Rechnung zu sehr unterschiedlichen Ergebnissen führen kann. Unter dem Gesichtspunkt einer möglichst günstigen Technologienutzung scheint für den Electronic Mail-Einsatz die zentrale Schreibdienstlösung ein gutes Resultat zu bringen. Unter Durchlaufzeitaspekten für die Berichte erweist sich eine dezentrale Lösung als günstig, bei der sogar Tätigkeiten auf Fachkräfte zurückverlagert werden. Unter dem Gesichtspunkt der direkt zurechenbaren Kosten des Berichterstellungsprozesses ist wohl eine Lösung vorteilhaft, die aus dezentralen Schreibdiensten besteht, bei der aber die Fachkräfte nicht zusätzlich mit Schreibtätigkeiten belastet werden.

Eine in einem englischen IBM-Labor durchgeführte Nutzen-Kosten-Untersuchung, die mehr als 170 Anwendungen umfaßte, hat gezeigt, daß ein einfacher Vergleich von Ergebnissen der betroffenen Unternehmenseinheiten vor und nach Einführung der IV-Anwendungen nur selten zu aussagefähigen Ergebnissen führte. Die Analyse ergab, daß bei Integrationsanwendungen eine Isolierung der Anwendungsresultate oft nicht möglich war. Mit der sogenannten "SESAM-Methodology" verwendete man eine mehrstufige Vorgehensweise. Die Systemkosten wurden für die einzelnen Phasen des Projekt-Lebenszyklus ermittelt. Dann befragte man die Systembenutzer, welcher Aufwand nötig wäre, die von der DV-Anwendung durchgeführten Aufgaben manuell zu erstellen. Das Ergebnis zeigte für 2/3 der untersuchten Projekte eine Amortisationszeit von weniger als einem Jahr. Ebenfalls wird von einem durchschnittlich sehr hohen Return on Investment (ROI) berichtet (vgl. LINCOLN 86).

## 3.9 Auswirkungen von Standards für IV-Systeme

Normungen für Hardware, Schnittstellen sowie Betriebssystem-Software (z. B. UNIX-Betriebssystem) charakterisieren einen Bereich, der hier nicht vertieft werden soll. Augenmerk wird vielmehr auf Datenschnittstellen zwischen Anwendungssystemen innerbetrieblicher Integration und Standardisierungsbestrebungen für die zwischenbetriebliche Integration gelegt. Man könnte auch von horizontaler und vertikaler Normung sprechen. Dabei soll die Normierung der Schnittstellen von einzelnen Anwendungsbereichen im Vordergrund stehen.

Innerbetrieblich ist besonders an großintegrierte Systeme, die in der Fertigung ihren Ursprung haben, zu denken. Die Normierung der Datenschnittstellen trägt dazu bei, daß auch Programme unterschiedlicher Hersteller aufgrund des festgelegten Datenformats miteinander kommunizieren können. Damit wird es einem Anwender möglich, Programmsysteme verschiedener Anbieter kooperativ einzusetzen. Dieses kann zu Nutzungsvorteilen führen, da nun für jeden Anwendungsbereich solche Programme gewählt werden können, die am besten die unternehmensspezifischen Eigenschaften berücksichtigen. Damit wird auch der Tendenz entgegengewirkt, bei Ergänzungsinvestitionen den ursprünglichen Anbieter zu bevorzugen, nur weil damit der Wert von Vorinvestitionen durch kompatible Nachlieferungen erhalten bleibt (vgl. SESSLER 88, hier S. 131).

Der Austausch von Informationen, die bei der Zeichnungserstellung anfallen, ist ein Beispiel dafür, daß man die eigentlichen Zeichnungsdaten um Zusatzinformationen wie Toleranzen oder Nominalwerte ergänzt. Darüber hinaus werden Werkstück-Definitionen sowie Werkstück-Informationen (Zusammensetzung, Zustand, Veredelung etc.) bereitgestellt (vgl. BRUNNER 88, hier S. 256). Dieses ist unter anderem mit folgenden Vorteilen verbunden:

- Kosteneinsparungen durch Variantenreduktionen (kleinerer Entwicklungsaufwand, weniger Werkzeuge, weniger Lagerpositionen),
- einheitliche "Sprache" und Informationsdarstellung (weniger Rückfragen, weniger Fehler, beschleunigter Informationsfluß und schnellere Prozeßabwicklung),
- verbesserte Wartbarkeit von Produkten und Informationen (Kostenreduktion für Kunden, erhöhte Portabilität).

Innerbetriebliche Pilotprojekte, bei denen man versucht, über Standardschnittstellen einzelne IV-Komponenten zu umfassenden CIM-Lösungen zu verbinden, finden sich z. B. im Regensburger BMW-Werk oder für die Montage des Airbus bei British Aerospace in Samlesbury/England (vgl. O.V. 89A). Als universelle Datenschnittstelle im Fertigungsbereich soll auch der am Institut für Wirtschaftsinformatik der Universität des Saarlandes entwickelte "CIM-Handler" fungieren (vgl. BERKAU 89, hier S. 11 ff.).

Neuere Entwicklungen im Bereich des zwischenbetrieblichen Informationsaustausches basieren größtenteils auf allgemeinen und branchenspezifischen Normen. Die Standards tragen dazu bei, das Investitionsrisiko und die Abhängigkeit der Kooperationspartner zu reduzieren. Dieses ist vor allem für kleinere Geschäftspartner wichtig. Die Normung erlaubt es, mit mehreren Unternehmen zu kommunizieren, ohne daß zusätzliche Investitionen für Hardware oder Software getätigt werden müssen oder jeweils die Verwaltung eines weiteren bilateralen Datenaustauschprotokolls notwendig wird[8]. Damit werden für Vertragspartner auch die Austrittsbarrieren bei der-

---

8)   Hersteller bieten Konvertierungsprogramme an, mit denen sich Dokumente, die von den Anwendungen nicht in einem Standard-Dokumentaufbau erzeugt werden, transformieren lassen. Damit wird es möglich, standardisierte Datenprotokolle einzusetzen und trotzdem die gewohnten Anwendungsumgebungen beizubehalten (vgl. O.V. 89E).

artigen Beziehungen wesentlich gesenkt. Ein Beispiel dazu ist der Anstieg des elektronischen Bestelldatenaustausches nach Einführung der SEDAS-Protokolle im Handelsbereich (vgl. REITZ 89).

In Abbildung 3.9/1 wird versucht, den verschiedenen Integrationsstufen, die durch einen standardisierten Datenaustausch möglich werden, Nutzeffekte zuzuordnen. Es wird dazu nach den Betreiben und Nutzern des zwischenbetrieblichen Systems getrennt.

| Integrations-grad | Nutzeffekte | |
| --- | --- | --- |
| | Systembetreiber | Systemnutzer |
| Elektronischer Datenaustausch | - schnellere Übertragungszeit<br>- weniger Übertragungsfehler<br>- Kosteneinsparungen bei Tätigkeiten<br>  zum Datenhandling | |
| Nutzung gemeinsamer Datenbestände | - schnellere Informationsverfügbarkeit<br>- bessere Planungsinformationen<br>- höherer Service für Kunden<br>  oder Lieferanten | |
| Zusammen-fassen/ Verlagern von Funktionen | - Kosteneinsparungen durch Verlagerung von<br>  Tätigkeiten/Funktionen<br>  (z.B. Datenerfassung an Kunden, Qualitäts-<br>  prüfung an Lieferanten)<br>- Verringern von Koordinationskosten zwischen<br>  Unternehmen<br>- Vermeiden von Doppelarbeit<br>- zeitliches Verkürzen von Vorgängen, Reduzieren<br>  von Durchlaufzeiten | |
| Automatische Abwicklung von Einzel-funktionen | - bessere Abstimmung von Einzeltätigkeiten für andere Unternehmen mit den eigenen Planungsparametern -> dadurch Kosteneinsparungen | - vollständige Delegation von Tätigkeiten |

Nutzeffekte kommen hinzu

Abb. 3.9/1        NUTZEFFEKTSTUFEN DES STANDARDISIERTEN DATEN-AUSTAUSCHS

Ob ein Unternehmen sich mit der Einführung von Standard-Datenprotokollen etwa im zwischenbetrieblichen Bereich des Einkaufs beschäftigen sollte, kann man durch wenige charakteristische Indikatoren identifizieren (vgl. MONCZKA 88):

-   einem großen Bedarf an zwischenbetrieblicher Kommunikation,
-   vielen Lieferanten,
-   einer langen innerbetrieblichen Durchlaufzeit für die Bestellabwicklung,
-   notwendigen Personalkostensenkungen und/oder der Zielsetzung, bei Geschäftsausweitungen kein zusätzliches Personal im Einkaufsbereich einzusetzen, sowie
-   dem Interesse, das Tätigkeitsniveau im Einkaufsbereich anzuheben.

Allgemeine Kostenvorteile, die durch das Aufgreifen von Normen entstehen, wie sie die DV-Protokolle zum Handelsdatenaustausch darstellen, werden damit deutlich. Nach der Einführung des elektronischen Datenaustausches, wie er mit dem EDI-Standard erfolgen kann, berichten die Anwender von erstaunlichen Einsparungspotentialen. Die amerikanische Luftfahrtindustrie setzt die Kosten eines EDI-Buchungsbelegs mit zwei DM an, während für konventionelle Unterlagen mit zehn DM gerechnet wird (vgl. O.V. 89F oder auch THOMAS 88, speziell S. 45 ff.). Abbildung 3.9/2 zeigt dazu weitere Beispiele (vgl. etwa RÜHL 89). Bei der Anwendung des zwischenbetrieblichen Datenaustausches mit Protokollstandards werden sich aber nur kurzfristig Kostenvorteile für "Vorreiter" in einer Branche ergeben (vgl. O.V. 89D). Zur Einführungsentscheidung sind auch die Kosten des elektronischen Datenaustausches zu berücksichtigen. Eine Übersicht zur Kostenabschätzung befindet sich im Anhang.

---

❑   Hewlett-Packard erzielt Einsparung in Höhe von 200 Mio. DM pro Jahr  (vgl. UEBEL 90)

❑   DEC hat den Lagerbestand in einem Werk von 2 Mio. DM auf 0,5 Mio. DM
    gesenkt  (vgl. KEMMLER 89)

❑   IBM erzielt im Werk Bordeaux bei der Abwicklung des Lieferantengeschäfts 7 % an
    Kosteneinsparungen  (vgl. SCHATZ 88)

❑   Douglas Aircraft Company hat die Kosten des Bestellvorgangs je Ersatzteil von 10 DM auf 2 DM
    reduziert  (vgl. RÜHL 89)

❑   Bei General Motors wurden die Produktionskosten pro Fahrzeug um 200 US-Dollar
    gesenkt  (vgl. FONG 85)

❑   RCA schätzt, daß sich die Kosten zur Abwicklung eines Bestellauftrags durch EDI von durch-
    schnittlich 50 US-Dollar auf 4 US-Dollar senken  (vgl. SENN 88)

---

*Abb. 3.9/2*      EINSPARUNGSPOTENTIALE DURCH ELEKTRONISCHEN DATEN-
AUSTAUSCH

Für einige Unternehmen kann das Einführen globaler Standards auch Nachteile bringen. So werden kostenintensive, individuelle Eigenentwicklungen obsolet, wenn sie durch allgemein zugängliche Normen ersetzt werden. Speziell Großunternehmen können, beispielsweise bei JIT-Verbindungen, daran interessiert sein, Klein- und Mittelbetriebe durch den Einsatz eigener Datenprotokolle besonders eng zu binden. Diese Lieferantenbindung aufgrund des Datenaustausches geht bei einer Standardisierung weitgehend verloren.

Die Normung des Datenaustausches kann darüber hinaus dazu beitragen, Wettbewerbsvorteile, die einzelne Unternehmen in bestimmten Branchen besitzen, zu überwinden. So sind für freie Versicherungsberater solche Versicherungsunternehmen besonders interessant, die ein komfortables Agentursystem anbieten. Die DV-Anwendung unterstützt die Abwicklung der Verwaltungsaufgaben für Versicherungsverträge.

Das System "Gemini" von Aetna, einer amerikanischen Versicherungsgesellschaft, zielt auf die Gruppe unabhängiger Versicherungsberater. Es hilft ihnen bei der Abwicklung sämtlicher Verwaltungs- und Marketingaufgaben. Das System ist bei mehr als 1500 Maklern installiert. Der normale Systempreis beträgt 50.000 Dollar, jedoch erhält der Makler das System umsonst, falls er Versicherungsbestände anderer Gesellschaften auf die Aetna umschichtet. Gemini erlaubt den Versicherungsagenten, Anträge beliebiger Versicherungsgesellschaften zu verwalten, jedoch werden nur Aetna-Anträge automatisch ausgefüllt und ausgedruckt. Daher sind die Versicherungsagenten bestrebt, aufgrund der Arbeitsvereinfachung insbesondere Aetna-Verträge abzuschließen (vgl. PETRE 85, hier S. 45).

Ähnliche Bindungen erzielen die deutschen Versicherungsunternehmen mit ihren Agentursystemen. Derzeit sind allerdings Bestrebungen im Gange, die Datenschnittstellen solcher Systeme branchenweit zu vereinheitlichen. Damit kann ein unabhängiger Versicherungsagent nun das System eines Unternehmens X auch dafür verwenden, Verträge des Unternehmens Y abzuwickeln. Damit wäre dann ein wesentliches Instrument der Wettbewerbsbeeinflussung ausgeschaltet oder reduziert. Bei diesen Effekten wird auch deutlich, warum solche Unternehmen, die sehr fortschrittliche IV-Lösungen für einzelne Anwendungsbereiche entwickelt haben, eher versuchen, Normungsbestrebungen zu verlangsamen, wohingegen technologische Nachzügler besonders an einer zügigen Einführung interessiert sind.

Wichtig ist es für viele Unternehmen, die Entscheidung zu treffen, ob bereits zwischenbetriebliche Absprachen mit Kunden oder Lieferanten stattfinden sollen, um individuelle Datenaustauschformate festzulegen, oder ob auf das Festlegen globaler Standards gewartet werden soll. Mehrere Aspekte spielen dabei eine Rolle:

- Die zusätzlichen Kosten einer individuellen Lösung im Vergleich zum universellen Standard.
- Das Risiko, Kunden oder Lieferanten zu verlieren, wenn man auf individuelle Absprachen verzichtet und auf die Einführung des Standards wartet. Dadurch können temporäre Kostennachteile im Vergleich zu Wettbewerbern entstehen, die solche Vereinbarungen treffen.
- Eventuell kann sich durch ein individuelles Datenprotokoll mit hohem Marktanteil ein "Quasi-Standard" etablieren, so daß eine Einführung der allgemeinen Norm kaum noch akzeptiert wird. Es ist dann wichtiger, den Industriestandard zu unterstützen.

## 3.10 Literatur zu Kapitel 3


ALBACH 80 — Albach, H., Organisationsänderung, in: Handwörterbuch der Organisation, Stuttgart, 2. Aufl. 1980, Sp. 1446 - 1460.

BAKOPOULOS 85 — Bakopoulos, J. A. Y. und Treacy, M. E., Information Technology and Corporate Strategy: A Research Perspective, CISR No. 124, Sloan WP No. 1639-85, Center for Information Systems Research, Sloan School of Management, Massachusetts Institute of Technology, March 1985.

BANKS 88 — Banks, H., Calmness Itself, Forbes vom 7. März 1988, S. 39.

BARSANTI 89 — Barsanti, J. B., Expert Systems and You, Information Executive 2 (1989) 1, S. 39 ff.

BEATH 86 — Beath, C.M., Vitale, M. R. und Ives, B., Identifying Strategic Information Systems: Finding a Process or Building an Organization, Seventh International Conference on Information Systems, San Diego, Ca., December 15. - 17., 1986.

BENDER 86

Bender, D. H., Financial Impact of Information Processing, Journal of Management Information Systems 3 (1986) 2, S. 22 ff.

BERKAU 89

Berkau, C., Kraemer, W. und Scheer, A.-W., Strategische CIM-Konzeption durch Eigenentwicklung von CIM-Modulen und Einsatz von Standardsoftware, Veröffentlichungen des Instituts für Wirtschaftsinformatik, Nr. 64, Saarbrücken, Dezember 1989.

BERKE 87

Berke, J., Datenfernübertragung: Elektronische Partner, Special Supplement Nr. 5, Beilage der Wirtschaftswoche 41 (1987) 42, S. 48 ff.

BRÜCKNER 85

Brückner, H., Untersuchung der relativen Vorteilhaftigkeit des Einsatzes von Personal- und Universalcomputern in einem Unternehmen des Großanlagenbaus, Diplomarbeit, Erlangen-Nürnberg 1985.

BRUNNER 88

Brunner, W. und Heer, A., Normung - eine neu entdeckte Chance bei CIM, Management Zeitschrift 57 (1988) 5, S. 256 ff.

BUDAY 87

Buday, R. S., Quicksand: What Kills Strategic Systems, Information Week vom 11. Mai 1987, S. 25.

BULKELEY 87

Bulkeley, W. M., Uncovering the Hidden Costs, The Wall Street Journal vom 12 Juni 1987, S. 14D.

CARTER 87

Carter, C. und Catlett, J., Assessing Credit Card Applications Using Machine Learning, IEEE Expert 2 (1987) 3, S. 71 ff.

CHOUDHURRY 87

Choudhurry, V., Sustaining Competitive Advantage with Information Systems, Research Draft, Graduate School of Management UCLA, Los Angeles, Juni 1987, S. 50 ff.

CLEMONS 86

Clemons, E. K., Information Systems for Sustainable Advantage, Information & Management 11 (1986), S. 131 ff.

CLEMONS 88A

Clemons, E. K. und Row, M., McKesson Drug Company - A Case Study of ECONOMOST: A Strategic Information System, in: Sprague Jr., R. H. (Hrsg.)., Proceedings of the Twenty-First Annual Hawaii International Conference on System Sciences, Vol. IV, Washington D.C. 1988, S. 141 ff.

CLEMONS 88B

Clemons, E. K. und Knez, M., Competition and Cooperation in Information Systems Innovation, Information & Management 15 (1988), S. 25 ff.

COPELAND 88

Copeland, D. G. und McKenney, J. L., Airline Reservations Systems: Lessons from History, MIS Quarterly 12 (1988) 5, S. 353 ff.

CORDROCH 88

Cordroch, C., Kundendienst unter Druck, Online o. Jg. (1988) 1, S. 22 ff.

CRON 83

Cron, W. L. und Sobol, M. G., The Relationship between Computerization and Performance: A Strategy for Maximizing the Economic Benefits of Computerization, Information & Management 6 (1983), S. 171 ff.

CROWSTON 86

Crowston, K. und Treacy, M. E., Assessing the Impact of Information Technology on Enterprise Level Performance, Proceedings of the Seventh International Conference on Information Systems, San Diego 1986, S. 299 ff.

DENNING 82

Denning, P. J., Electronic Junk, Communications of the ACM 25 (1982) 3, S. 163 ff.

DEUERMEYER 81

Deuermeyer, B. L., und Schwarz, L. B., A Model for the Analysis of System Service Level in Warehouse-Retailer Distribution Systems: The Identical Retailer Case, in: Schwarz, L. B. (Hrsg.), Multi-Level Prodution/Inventory Control Systems: Theory and Practice, Studies in the

Management Sciences, Vol. 16, Amsterdam u. a. 1981, S. 163 ff.

DIEFENBACH 88      Diefenbach, H., Praxis zeigt: Vorsprung durch Info-Technik, Computerwoche vom 25. März 1988, S. 28.

DOLL 89      Doll, W. J., Information Technology's Strategic Impact on the American Air Travel Service Industry, Information & Management 16 (1989), S. 269 ff.

DUMAIS 88      Dumais, S., Kraut, R. und Koch, S., Computers Impact on Productivity and Work Life, in: Allen, R. B. (Hrsg.), Conference on Office Information Systems, SIGOIS Bulletin 9 (1988) 2/3, S. 88 ff.

EVANS 89      Evans, G. E. und Riha, J. R., Assessing DSS Effectiveness Using Evaluation Research Methods, Information & Management 16 (1989) S. 197 ff.

FEHSENFELD 88      Fehsenfeld, B. und Langer, T., Expertensystem zur Konfigurierung einer kunststoffverarbeitenden Maschine, in: Cremers, A. B. und Geisselhardt, W. (Hrsg.), Proceedings des 2. Anwenderforums Expertensysteme, Wuppertal 1988, S. 78 ff.

FONG 85      Fong, M. L. und Amarath, P. A., MAP Application Layer Interface and Application Layer Management Structure, Computer Communication Review 15 (1985) 4/5, S. 28 ff.

GARBERS 86      Garbers, N., Möglichkeiten und Grenzen EDV-gestützter Personaldatenverarbeitung, in: Hentschel, B. (Hrsg.), Personaldatenverarbeitung in der Diskussion, Köln 1986, S. 157 ff.

GELFOND 87      Gelfond, S. M. und Davis, J. E., Now, the "Paperless" Expense Account, Business Week vom 7. September 1987, S. 106.

GOODHUE 88 — Goodhue, D. L., Quillard, J. A. und Rockart, J. F., Managing the Data Resource: A Contingency Perspective, MIS Quarterly 12 (1988) 4, S. 373 ff.

GOSLAR 86 — Goslar, M. D., Grem, G. I. und Hughes, T. H., Applications and Implementation - Decision Support Systems: An Empirical Assessment for Decision Making, Decision Sciences 17 (1986) S. 79 ff.

GREMILLION 85 — Gremillion, L. L. und Pyburn, P. H., Justifying Decison Support and Office Automation Systems, Journal of Management Information Systems 2 (1985) 1, S. 3 ff.

GRIESE 87 — Griese, J., Obelode, G., Schmitz, P. und Seibt, D., Ergebnisse des Arbeitskreises Wirtschaftlichkeit der Informationsverarbeitung, Zeitschrift für betriebswirtschaftliche Forschung 39 (1987) 7, S. 515 ff.

GROB 85 — Grob, R., Flexibilität in der Fertigung - Organisation und Bewertung von Personalstrukturen, Berlin u. a. 1985.

GROSS 81 — Gross, D. und Soland, R. M., Designing a Multi-Product, Multi-Echolon Inventory System, in: Schwarz, L. B. (Hrsg.), Multi-Level Production/Inventory Control Sy-stems: Theory and Practice, Studies in the Management Sciences, Vol. 16, Amsterdam u. a. 1981, S. 11 ff.

GUPA 88 — Gupa, Y. P. und Raghunathan, T. S., A Preliminary Model for Information System Replacement, Omega: The International Journal of Management Science 16 (1988) 4, S. 289 ff.

HAHN 86 — Hahn, E.-F. und Wollschläger, H., Technische Potentialanalyse als Grundlage für eine strategische Investitionsplanung, in: Albach, H. und Wildemann, H. (Schriftl.), Strategische Investitionsplanung für neue Technologien, Zeitschrift für Betriebswirtschaft, Ergänzungsheft (1986) 1, S. 49 ff.

HASPEL 89 — Haspel, B., Untersuchung der Wirtschaftlichkeit von C-Techniken in der Fertigung, Diplomarbeit, Nürnberg 1989.

HAUG 87 — Haug, H., CIM-Studie: Sagenhaftes Rationalisierungspotential, Computer-Magazin 16 (1987) 6, S. 16 ff.

HAYES 87 — Hayes, R. H. und Clark, K. B., Warum manche Fabriken produktiver sind als andere, HARVARDmanager 9 (1987) 2, S. 90 ff.

HELFERICH 88 — Helferich, O. K., Espel, C. J. und Taylor, L. A., Expert Systems: Logistics Applications in Support of Materials Planning and Production, in: Oliff, M. D. (Hrsg.), Expert Systems and Intelligent Manufacturing, Charleston 1988, S. 154 ff.

HERRMANN 88 — Herrmann, P., Wirtschaftlichkeitsaspekte und Chancen einer flexiblen Produktion - dargestellt an Beispielen aus dem Maschinenbau, in : Horváth, P., (Hrsg.), Wirtschaftlichkeit neuer Produktions- und Informationstechnologien, Stuttgart 1988, S. 157 ff.

HÖRING 83 — Höring, K., und Spengler-Rast, C., Elektronische Bürokommunikation im praktischen Einsatz, Baden-Baden 1983.

HOHE 88A — Hohe, U., Analyse von Nutzeffekten strategischer DV-Systeme, Diplomarbeit, Nürnberg 1988.

HOHE 88B — Hohe, U. und Schumann, M., Analyse von Nutzeffekten strategischer DV-Systeme, Arbeitspapiere der Informatik-Forschungsgruppe VIII der Friedrich-Alexander-Universität Erlangen-Nürnberg, Erlangen 1988.

HOPPLE 87 — Hopple, G. W., Decision Support Systems: Software Evaluation Criteria and Methodologies, Large Scale Systems 12 (1987), S. 285 ff.

HORVATH 88      Horváth, P., Grundprobleme der Wirtschaftlichkeitsanalyse beim Einsatz neuer Informations- und Produktionstechnologien, in: Horváth, P., (Hrsg.), Wirtschaftlichkeit neuer Produktions- und Informationstechnologien, Stuttgart 1988, S. 1 ff.

HUMMEL 86      Hummel, S. und Männel, W., Kostenrechnung 1, Grundlagen, Aufbau und Anwendungen, 4. Aufl., Wiesbaden 1986.

HUTCHINSON 82      Hutchinson, G. K. und Holland, J. R., The Economic Value of Flexible Automation, Journal of Manufacturing Systems 1 (1982) 1/2, S. 215 ff.

IVES 84      Ives, B. und Learmonth, G. P., The Information System as a Competitve Weapon, Communications of the ACM 27 (1984) 12, S. 1193 ff.

IWENS 89      Iwens, J. L., Informationsvernetzung: Entwicklungstendenzen und Anwendungsbeispiele, in: Biervert, B. und Dierkes, M. (Hrsg.), Informations- und Kommunikationstechniken im Dienstleistungssektor, Wiesbaden 1989, S. 207 ff.

JANKOWSKI 90      Jankowski, E. und Jansen, R., Logistikgerechte Verpackung, Logistik im Unternehmen 4 (1990) 3, S. 77 ff.

JANSEN 87      Jansen, R. und Thater, S., Logistikgerechte Verpackung, Logistik im Unternehmen 1 (1987) 9, S. 88 ff.

JOHNSTON 88      Johnston, H. R. und Vitale, M. R., Creating Competitive Advantage with Interorganizational Information Systems, MIS Quarterly 12 (1988) 3, S. 153 ff.

KANCKY 89      Kancky, G. und Niedereichholz, J., Informationstechnologie und Organisationsänderung, dargestellt am Beispiel von Investitionsentscheidungen im Großrechnerbereich, Zeitschrift für Betriebswirtschaft 59 (1989) 6, S. 655 ff.

KASTNER 86      Kastner, J., Apté, C., Griesmer, J., Hong, S. J., Karnaugh, M., Mays, E. und Tozawa, Y., A Knowledge-Based Consultant for Financial Marketing, AI Magazine o. Jg. (1986) 4, S. 71 ff.

KEEN 86      Keen, P. G. W., Competing in Time, Cambridge 1986.

KEMMLER 89      Kemmler, K., Die Geschäftspost bringt nicht mehr der Briefträger, Online o. Jg. (1989) 5, S. 25 ff.

KOCH 86      Koch, H., Untersuchungen zum Nutzen-Kosten-Verhältnis der Büroautomation unter Berücksichtigung eines Unternehmens aus dem Anlagenbau, Diplomarbeit, Nürnberg 1986.

KOCH 87      Koch, H., Mertens, P., Schumann, M. und Zeitler, P., Fallstudien zur Wirtschaftlichkeit der Büroautomation, Online o. Jg. (1987) 11, S. 48 ff.

KOTTHAUS 85      Kotthaus, R., Integrierte Bürosysteme für Sachbearbeiter und Fachspezialisten: Planung, Realisierung, Erfahrungen, in: Tagungsband Online 85, Symposium J, o. S.

KRCMAR 89A      Krcmar, H. und Lucas, H. C., Developing Strategic Information Systems, Arbeitspapiere, Lehrstuhl für Wirtschaftsinformatik, Universität Hohenheim, Nr. 8, Stuttgart, Mai 1989.

KRCMAR 89B      Krcmar, H., Consideration for a Framework for CATeam Research, Arbeitspapiere, Lehrstuhl für Wirtschaftsinformatik, Universität Hohenheim, Nr. 9, Stuttgart, August 1989.

KREDEL 88      Kredel, L., Wirtschaftlichkeit von Bürokommunikationssystemen. Eine vergleichende Darstellung, Berlin 1988.

KREISFELD 85      Kreisfeld, P., Kostenbestimmung mit CAD-Systemen für Rotationsteile, Berlin 1985.

LAYNE 87

Layne, R., Otis MIS: Going Up, Information Week vom 18. Mai 1987, S. 32 ff.

LEARMONTH 87

Learmonth, G. P. und Ives, B., Information System Technology Can Improve Customer Service, Data Base 18 (1987) 4, S. 6 ff.

LINCOLN 86

Lincoln, T., Do Computer Systems Really Pay-off?, Information & Management 11 (1986) 1, S. 25 ff.

LUTZ 89A

Lutz, H., Wirtschaftlichkeitsuntersuchungen für den Einsatz von Warenwirtschaftssystemen im Selbstbedienungs-Handel, Diplomarbeit, Nürnberg 1989.

LUTZ 89B

Lutz, B. und Moldaschel, M., Expertensysteme und industrielle Facharbeit, Frankfurt - New York 1989.

MCCUSKER 88

McCusker, T., Ocean Freighters Turn to High Tech on High Sea, Datamation 34 (1988) 5, S. 25 f.

MCFARLAN 84

McFarlan, W. E., Information Technology Changes the Way You Compete, Harvard Business Review 25 (1984) 3, S. 98 ff.

MCLEOD JR. 87

McLeod Jr., R. und Jones, J. W., A Framework for Office Automation, MIS Quarterly 11 (1987) 2, S. 87 ff.

MERTENS 82

Mertens, P., Anselstetter, R., Eckardt, T. und Nickel, R., Betriebswirtschaftliche Nutzeffekte und Schäden der EDV - Ergebnisse des NSI-Projektes, Zeitschrift für Betriebswirtschaft 52 (1982) 2, S. 135 ff.

MERTENS 86A

Mertens, P., Zeitler, P., Schumann, M. und Koch, H., Untersuchungen zum Nutzen-Kosten-Verhältnis der Büroautomation, in: Krallmann, H. (Hrsg.), Planung, Einsatz und Wirtschaftlichkeitsnachweis von Büroinformationssystemen, Berlin 1986, S. 103 ff.

MERTENS 86B  Mertens, P. und Plattfaut, E., Informationstechnik als strategische Waffe, Information Management 1 (1986) 2, S. 6 ff.

MERTENS 90  Mertens, P., Borkowski, V. und Geis, W., Betriebliche Expertensystem-Anwendungen, 2. Aufl., Berlin u. a. 1990.

MINK 88  Mink, H., Vergleich von Ansätzen zur Identifizierung von DV-Anwendungen zum Erreichen strategischer Vorteile, Diplomarbeit, Nürnberg 1988.

MONCZKA 88  Monczka, R. M. und Carter, J. R., Implementing Electronic Data Interchange, Journal of Purchasing and Materials Management 24 (1988) 2, S. 2 ff.

MÜLLER 86  Müller-Böling, D. und Müller, M., Akzeptanzfaktoren der Bürokommunikation, Band 17, München u. a. 1986.

NOTH 86  Noth, T. und Kretzschmar, M., Aufwandschätzung von DV-Projekten, Darstellung und Praxisvergleich, 2. Aufl., Berlin u. a. 1986.

OBERLACK 88  Oberlack, J., Wettbewerbsvorteile durch Informationstechnologie, Frankfurt u. a. 1988.

OLFMAN 88  Olfman, L. und Bostrom, R. The Influence of Training on Use of End-User Software, in: Allen, R. B. (Hrsg.), Conference on Office Information Systems, SIGOIS Bulletin 9 (1988) 2/3, S.110 ff.

O.V. 86  O. V., Fuhrpark: Gläserner Brummi, Wirtschaftswoche 40 (1986) 25, S. 113 ff.

O.V. 87A  O. V., Schnell mit Btx: Ersatzteile, IBM Nachrichten 37 (1987) 290, S. 32.

O.V. 87B  O. V., Verpaßter Anschluß, Wirtschaftswoche 41 (1987) 42, S. 48 f.

O.V. 88A     O. V., Ausgebliebene Grippewelle drückt Umsatz von Siegfried Pharma, Frankfurter Allgemeine Zeitung vom 9. Mai 1988, o. S.

O.V. 88B     O. V., Erfolgsrezepte für CAD, Diebold Management Report o. Jg. (1988) 5, S. 12 ff.

O.V. 89A     O. V., Die Realisierung von CIM bedarf der Normung, Computerwoche vom 17. März 1989, S. 20 f.

O.V. 89B     O. V., Softwaremanagement statt Flickschusterei, Diebold Management Report o. Jg. (1989) 8/9, S. 1 ff.

O.V. 89C     O. V., Electronic Document Management: Part I, I/S Analyzer 27 (1989) 5, S. 2.

O.V. 89D     O. V. The Strategic Value of EDI, IS Analyzer 27 (1989) 8, S. 6.

O.V. 89E     O. V., Produkte für den elektronischen Datenaustausch, IBM Nachrichten 39 (1989) 297, S. 72 f.

O.V. 89F     O. V., Rosige Aussichten für EDI, PC Woche 4 (1989) 51/52, S. 11.

O.V. 89G     O, V., USA - Home-Banking droht Offenbarungseid, Computerwoche vom 21. April 1989, S. 6.

O.V. 90     O. V., Automobilhersteller Chrysler gibt jetzt bei EDI Vollgas, Computerwoche vom 23. Februar 1990, S. 17.

PARDAY 88     Parday, H.-H., Der Computer malt die Brille ins Gesicht, Frankfurter Allgemeine Zeitung vom 13. September 1988, S. 33.

PARKER 86     Parker, M. M. und Benson, R. J., Enterprise-Wide Information Economics (EWIE): Investment Evaluation Techniques for Information Technology, IBM Los Angeles Scientific Center, Report-Nr. G320-2782, Los Angeles, Februar 1986.

PARKER 88          Parker, M. M., Benson, R. J. und Trainor, H. E., Information Economics, Englewood Cliffs 1988.

PARKER 89          Parker, M. M., Trainor, H. E. und Benson, R. J., Information Strategy and Economics, Englewood Cliffs 1989.

PETRE 85           Petre, P., How to Keep Customers Happy Captives, Fortune vom 2. September 1985, S. 42 ff.

PFEIFFER 85        Pfeiffer, W., Metze, G., Schneider, W. und Amler, R., Technologie-Portfolio zum Management strategischer Zukunftsgeschäftsfelder, Göttingen 1985.

PICOT 84           Picot, A. und Reichwald, R., Bürokommunikation, Leitsätze für den Anwender, München 1984.

PIN-SHAN CHEN 82   Pin-Shan Chen, P., Problems and Fundamental Issues in Cost/Benefit Analysis of Office Automation Systems, in: Landau, R. M., Blair, J. H. und Siegman, J. (Hrsg.), Emerging Office Systems, Noorwood, N.J. 1982, S. 223 ff.

PORTER 86          Porter, M. E., Wettbewerbsvorteile (Competitive Advantage), Frankfurt/Main - New York 1986.

PORTER 88          Porter, M. E., Wettbewerbsstrategie (Competitive Strategy), 5. Auflage, Frankfurt/Main - New York 1988.

REICHERT 88        Reichert, A. K., Moore, J. S. und Byler, E., Financial Analysis among Large U.S. Corporations: Recent Trends and the Impact of the Personal Computer, Journal of Business Finance & Accounting 15 (1988 ) 4, S. 469 ff.

REITZ 89           Reitz, M. und Uebel, C., Nachricht von EDI, Wirtschaftswoche 43 (1989) 41, S. 168 ff.

RÖSCH 86

Rösch, U., Untersuchungen zu betriebswirtschaftlichen Nutzeffekten der EDV in den Jahren seit 1983, Diplomarbeit, Nürnberg 1986.

RÜHL 89

Rühl, G., Mit EDI in die 90er Jahre, Office Management 37 (1989) 10, S. 46 ff.

SAGER 88

Sager, M. T., Competitive Information Systems in Australian Retail Banking, Information & Management 15 (1988) S. 59 ff.

SACHSE 88

Sachse, C. und Kempkens, W., Service im Maschinenbau: Reparatur per Telefon, Wirtschaftswoche 42 (1988) 17, S. 81 ff.

SCHATZ 88

Schatz, W., EDI: Putting the Muscle in Commerce & Industry, Datamation 34 (1988) 6, S. 56.

SCHEER 90A

Scheer, A.-W., CIM - Der computergesteuerte Industriebetrieb, 4. Aufl., Berlin u. a. 1990.

SCHEER 90B

Scheer, A.-W., EDV-orientierte Betriebswirtschaftslehre, 4. Aufl., Berlin u. a. 1990.

SCHREUDER 88

Schreuder, S. und Fuest, N., CAD/CAM für mittelständische Unternehmen - Leitfaden zur Planung und wirtschaftlichen Beurteilung einer CAD/CAM-Einführung, Köln 1988.

SCHÜLE 89

Schüle, H., Eine Systematik der Beziehungen zwischen herkömmlichen CIM-Konzepten und den Funktionsbereichen Einkauf, Materialwirtschaft, Logistik, Rechnungswesen und Personalwirtschaft, Diplomarbeit, Nürnberg 1989.

SCHÜNEMANN 83

Schünemann, T. M. und Lehnen, H., Berücksichtigung unterschiedlicher Flexibilitätsgrade bei der Investitionsplanung von Industrierobotern, Zeitschrift für wirtschaftliche Fertigung 78 (1983) 11, S. 501 ff.

SCHULZ 85          Schulz, H., Erfolgreiche Nutzung des Potentials rechner-
                   gestützter Fabrikautomatisierung, Werkstatt und Betrieb
                   18 (1985) 9, S. 565 ff.

SCHUMANN 87        Schumann, M., Methoden zur Quantifizierung von
                   Büroautomationseffekten - Versuch eines Überblicks, in:
                   Paul, M. (Hrsg.), GI - 17. Jahrestagung, Computerinte-
                   grierter Arbeitsplatz im Büro, Berlin u. a. 1987, S. 697 ff.

SCHUMANN 89        Schumann, M., Mertens, P. und Haspel, B., Abschätzung
                   der Vorteilhaftigkeit von CIM-Komponenten und Integra-
                   tionskonzepten - eine Bestandsaufnahme, Arbeitsberichte
                   des Instituts für Mathematische Maschinen- und Daten-
                   verarbeitung, Band 22, Nr. 16, Erlangen, November 1989.

SEITZ 85           Seitz, N., Automatische Disposition in einem Kooperati-
                   onssystem: Fallbeispiel V.A.G. aus dem Autohandel, in:
                   Zentes, J. (Hrsg.), Moderne Warenwirtschaftssysteme im
                   Handel, Berlin u. a. 1985, S. 210 ff.

SENN 88            Senn, J. A., Electronic Data Interchange: An Opportunity
                   for Fundamental Business Alliance, Information Technology
                   Management Center, College of Business Administration,
                   Georgia State University, Atlanta, Juni 1988.

SESSLER 88         Seßler, G.-W. und von Pattay, W., Normung als strategische
                   Aufgabe des Managements, WiSt 18 (1988) 3, S. 127 ff.

SHARDA 88          Sharda, R., Barr, St. H. und McDonnell, J. C., Decison
                   Support System Effectiveness: A Review and an Empirical
                   Test, Management Science 34 (1988) 2, S. 139 ff.

SPECHT 91          Specht, G. und Schmelzer, H. J., Qualitätsmanagement in
                   der Produktentwicklung, Stuttgart 1991.

STEPPAN 90         Steppan, G., Informationsverarbeitung im industriellen
                   Vertriebsaußendienst. Computer Aided Selling (CAS), Berlin
                   u. a. 1990.

SUMNER 88

Sumner, M., The Impact of Electronic Mail on Managerial and Organizational Communications, in: Allen, R. B. (Hrsg.), Conference on Office Information Systems, SIGOIS Bulletin 9 (1988) 2/3, S.110 ff.

TEIXEIRA 89

Teixeira, D., Productivity Efforts Must Focus on Boosting Systems Output, not Trimming Input, Chief Informaton Officer Journal o. Jg. (1989) 4, S. 5 ff.

THOMAS 88

Thomas, H. E., Firmenübergreifender elektronischer Geschäftsverkehr nach Normen, in: Scheer, A.-W. (Hrsg.), Rechnungswesen und EDV, 9. Saarbrücker Arbeitstagung 1988, Heidelberg 1988, S. 23 ff.

THOMPSON 87

Thompson, J. M., Winners and Loosers in the Channel Warfare, Index Group o. Jg. (1987) 4, o. S.

THOMPSON 88

Thompson, J. M. und Mead, K. C., Boost Your Market Power with Information Technology, Indications 5 (1988) 2, S. 2 ff.

TOMLIN 88

Tomlin, R., A European IS Culture for the 1990s, Datamation 34 (1988) 17, S. 48-14 ff.

TSCHOPP 88

Tschopp, P., Qualitätsmanagement - der Weg zur besseren Nutzung des Mitarbeiterpotentials, Management-Zeitschrift 57 (1988) 10, S. 447 ff.

UEBEL 90

Uebel, C. und Reitz, M., Zank um EDI, Wirtschaftswoche 44 (1990) 13, S. 98 ff.

ULRICH 89

Ulrich, Th., Analyse der Nutzeffekte von Expertensystemen, Studienarbeit, Erlangen 1989.

VDI 90

Verein Deutscher Ingenieure (Hrsg.), Wettbewerbsfaktor Informationsmanagement - Informationstechnik in der Vertriebsorganisation, Düsseldorf 1990.

VON BRIEL 86      von Briel, G., Schulz, E. und Weber, G., Strategische Maßnahmen zur Sicherung der Adaptionsfähigkeit vorhandener Betriebe, in: Albach, H. und Wildemann, H. (Schriftl.), Strategische Investitionsplanung für neue Technologien, Zeitschrift für Betriebswirtschaft, Ergänzungsheft (1986) 1, S. 65 ff.

WARNECKE 86      Warnecke, H. J. und Kazmair, M., Auf dem Weg zur Fabrik der Zukunft, in: Fraunhofer-Gesellschaft zur Förderung der angewandten Forschung (Hrsg.), FHG-Berichte (1986) 1, S. 30 ff.

WEBER 87A      Weber, J., Logistikkostenrechnung, Berlin u. a. 1987.

WEBER 87B      Weber, J., Logistikkostenrechnung durch Ausnutzung neuer EDV-Systeme, in: Scheer, A.-W. (Hrsg.), Rechnungswesen und EDV, 8. Saarbrücker Arbeitstagung, Heidelberg 1987, S. 206 ff.

WEINDL 88      Weindl, G., Brummis vom Bildschirm, MEGA 3 (1988) 2, S. 76 f.

WILDEMANN 86      Wildemann, H., Investitionsplanung für neue Technologien in der Produktion, in: Albach, H. und Wildemann, H. (Schriftl.), Strategische Investitionsplanung für neue Technologien, Zeitschrift für Betriebswirtschaft, Ergänzungsheft (1986) 1, S. 1 ff.

WILDEMANN 87A      Wildemann, H., Investitionsplanung und Wirtschaftlichkeitsrechnung für flexible Fertigungssysteme (FFS), Stuttgart 1987.

WILDEMANN 87B      Wildemann, H., Auftragsabwicklung in einer computergestützten Fertigung (CIM), Zeitschrift für Betriebswirtschaft 57 (1987) 1, S. 6 ff.

WILDEMANN 90      Wildemann, H., Kundennähe durch Just-in-Time, Office Management 38 (1990) 1/2, S. 14 ff.

# 4 Beurteilung der Wirtschaftlichkeit von IV-Investitionen

## 4.1 Grundlagen der Wirtschaftlichkeitsbeurteilung

### 4.1.1 Allgemeine Anforderungen

Zur Bewertung von Investitionen und damit auch quantitativen Nutzeffekten bietet die Betriebswirtschaftslehre ein ganzes Spektrum an Verfahren. Diese analysieren primär isolierte Einzelkomponenten. Für die komplexen Wirkungen, wie sie mit großintegrierten IV-Anwendungen hervorgebracht werden, ist es aber notwendig, mehrere Verfahren zu kombinieren. Dazu sind die für die jeweilige Situation am besten geeigneten Methoden auszuwählen. Bei kombinierten Einzelverfahren ist zu verhindern, daß Wirkungen mehrfach erfaßt und verrechnet werden. Dadurch wird die Komplexität des Untersuchungsbereichs weiter erhöht.

Hinzu kommt, daß es große Probleme bereitet, die relevanten Effekte und damit verbundenen Daten und Inputgrößen für die Rechenansätze zu ermitteln. Dabei müssen folgende Sachverhalte berücksichtigt werden:

- Die Wirkungen des DV-Einsatzes sind vollständig festzustellen. Neben den direkt bestimmbaren Effekten muß man indirekte Ergebnisse erfassen. Dabei sollte schon in sehr frühen Phasen der Systemplanung eine Abschätzung möglich sein. Die Beurteilung muß mit angemessenem Aufwand erfolgen.
- Zur Bestimmung der Wirkungen können direkt quantifizierbare, schwer quantifizierbare und qualitative Effekte unterschieden werden. Ziel muß es sein, möglichst viele Veränderungen in die Berechnung einzubeziehen.
- Auch Schwächen oder Schäden des DV-Einsatzes müssen berücksichtigt werden. Z. B. kann es bei einer sinkenden Mitarbeitermotivation aufgrund einer neuen Technologie sogar zu einer rückläufigen Arbeitsleistung kommen.
- Schließlich können speziell großintegrierte IV-Systeme zu organisatorischen Veränderungen führen. So wird aus manchen Bereichen von flacheren Unternehmensstrukturen berichtet. Die wirtschaftlichen Konsequenzen dieser Strukturänderungen sollten ebenfalls der Berechnung zugänglich gemacht werden, soweit sie auf die neue IV zurückzuführen sind.

Zur Bewertung ist eine detaillierte Erfassung von Zahlungsreihen, d. h. von Ausgaben und Einnahmen oder von Kosten und Leistungen, notwendig (vgl. HORVATH 88A, hier S. 9). Dazu muß der gesamte Lebenszyklus der IV-Anwendung betrachtet werden.

Ein Teil der Effekte ist mit Unsicherheiten in bezug auf die Höhe der erzielbaren Wirkungen behaftet. Einerseits können dafür Risikozuschläge oder -abschläge angesetzt werden. Es bietet sich andererseits an, Alternativrechnungen mit unterschiedlichen Prämissen für verschiedene Einflußfaktoren zu berücksichtigen (vgl. HORVATH 88 B, hier S. 51 f.). Mit diesem Vorgehen läßt sich die Planungssicherheit wesentlich erhöhen. Ebenso können dazu Simulationsrechnungen beitragen. Solche Verfahren helfen außerdem, die maßgeblichen und/oder kritischen Einflußgrößen der Wirtschaftlichkeitsrechnung zu bestimmen. Damit verbunden ist die Forderung nach Hilfsmitteln, die eine Abschätzung der Unsicherheiten, die mit den Planungsrechnungen verbunden sind, ermöglichen.

Integrierte Anwendungen lassen sich oft nur dann realisieren, wenn sowohl system- als auch anwendungstechnische Voraussetzungen geschaffen werden. Beispielsweise ist es für ein komfortables Bestellsystem notwendig, daß der Kunde auch Informationen darüber erhält, ob die georderten Waren verfügbar sind. Dazu muß auf der Seite des Systemanbieters eine IV-gestützte Lagerbestandsführung vorhanden sein. Nun wäre es denkbar, daß die isolierte Beurteilung eines neuen Lagerbestandsführungssystems nicht zur Projektauswahl und -realisierung führt, da bei dieser Abgrenzung rentablere Investitionsmöglichkeiten vorhanden sind. Andererseits wird das Bestellsystem vielleicht zu gut beurteilt, da die IV-technischen Voraussetzungen des benötigten Leistungsumfangs unberücksichtigt bleiben. In einer solchen Situation müssen die Investitionsprojekte zusammen bewertet werden (Investitionspaket), um die technischen Abhängigkeiten einfließen zu lassen.

Zusätzlich kann man weitere Anforderungen beschreiben, die an eine angemessene Vorgehensweise bei der Wirtschaftlichkeitsermittlung zu stellen sind:

- Der Integrationsgrad der Anwendung muß ermittelt werden. Als Ergebnis sollte man einen Anhaltspunkt finden, wie weit man die Daten- und Funktionsintegration der neuen Anwendung mit vorhandenen Systemen vornehmen sollte.
- Fachkräfte zur Systemkonfiguration oder Systemeinführung sind für Unternehmen häufig knappe Ressourcen, da ihre verfügbaren Kapazitäten nicht ausreichen, die für sie potentiell vorhandenen Projekte abzuwickeln. Daher sind Knappheitspreise oder Opportunitätskosten für solche Faktoren anzusetzen (vgl. Kapitel 4.2.4).
- Der Investitionszeitpunkt bildet eine weitere variable Größe. Das Verfahren sollte es deshalb erlauben, die finanziellen Konsequenzen durch unterschiedliche Investitionszeitpunkte zu bestimmen.

## 4.1.2 Systematisierung der Verfahren

### 4.1.2.1 Alternative Systematisierungsansätze

Die Verfahren zur Bewertung von IV-Investitionen lassen sich nach verschiedenen Kriterien klassifizieren:

1. Einteilung nach der Art des Verfahrens:
   - Verfahren, die qualitative Bewertungen vornehmen, und
   - Verfahren, die auf quantitativen Berechnungen beruhen.

Die qualitative Beurteilung wird häufig über Punktbewertungsverfahren ausgeführt. Ein typischer Vertreter dafür ist die Nutzwertanalyse. Schwierigkeiten kann bei der subjektiven Bewertung mehrerer Kriterien die Gewichtung von entscheidungsrelevanten Einflußfaktoren und die Punktvergabe für das jeweilige Projekt bereiten. Außerdem muß immer eine Vergleichssituation vorliegen, um das Bewertungsergebnis einordnen zu können. Daher sind diese Bewertungsverfahren besonders zur Auswahl von Entscheidungsalternativen geeignet. Geht es um die Beurteilung eines neuen Anwendungsbereiches, ergibt sich bei diesem Vorgehen nur die Möglichkeit, das Bewertungsschema ebenfalls auf die zur Zeit existierende Situation anzuwenden, um einen Vergleich vorzunehmen.

Darüber hinaus gibt es eine Reihe von Verfahren, bei denen mit Hilfe der mathematischen Programmierung speziell eine wirtschaftliche Hardwareauswahl unterstützt werden soll. Die Ansätze verwenden überwiegend die ganzzahlige Programmierung (vgl. SCHEIDEWIND 85 und auch RAMER 73 sowie SCHEER 78). Aufgrund ihrer begrenzten Einsatzfähigkeit bei Integrationslösungen sollen die Verfahren nicht weiter verfolgt werden.

Die quantitativen Ansätze können weiter in

   - statische Investitionsrechenverfahren und
   - dynamische Investitionsrechenverfahren

differenziert werden.

Werden Investitionsrechnungen als Beurteilungsinstrument herangezogen, so sollte ein dynamisches Verfahren gewählt werden, da in vielen Bereichen langfristige Auswirkungen zu berücksichtigen sind, wie sie z. B. für integrierte Produktionsmethoden mit einer veränderten Produktionsflexibilität bei wechselnden Produktionsprogrammen auftreten. Dynamische Rechenmethoden bieten sich ferner an, weil man für einzelne Projektphasen (Planungs-, Realisierungs-, Einführungs- und Nutzungsphase usw.) verschiedene oder unterschiedlich hohe Wirkungen erfassen und auf einen Zeitpunkt beziehen muß.

Als Hilfsmittel bei den Berechnungen und zum Absichern der eingesetzten Eckwerte kann eine Risikoanalyse dienen, in der man neben wahrscheinlichen auch optimistische und pessimistische Fälle abbildet.

Während die Kosteneffekte hauptsächlich auf Ursachen im betrachteten Unternehmen selbst zurückzuführen sind, werden Erlösänderungen, die als Sekundäreffekte auftreten können, maßgeblich durch die Marktbedingungen beeinflußt. Zur besseren Analyse derartiger Einflüsse läßt sich u. a. die Szenario-Technik einsetzen.

2. <u>Einteilung nach dem Hauptzweck des Verfahrens:</u>
   - Vorgehensweisen, die eine Datenerhebung/Wirkungsermittlung in den Vordergrund stellen, und
   - Bewertungsverfahren im engeren Sinne, die eine Wirtschaftlichkeitsanalyse aufgrund des vorliegenden Datenmaterials erlauben.

3. <u>Einteilung nach dem Umfang des Verfahrens:</u>
   - Bewertung von Eigenschaften/Zielsetzungen von Einzeltechnologien,
   - Bewertung von Einzeltechnologien,
   - Bewertung von integrierten Technologien oder
   - Gesamtkonzept zur strategischen Planung und Technologieauswahl.

Die Bewertung integrierter Technologien kann sich dabei sowohl auf innerbetriebliche als auch auf zwischenbetriebliche Systeme beziehen.

4. <u>Einteilung nach der Art und Anzahl zu beurteilender Zielgrößen:</u>
   - Zusammenfassende Beurteilung anhand einer Bewertungsgröße oder
   - formale Untersuchungen mit mehreren Outputgrößen oder mehrdimensionalen Bewertungen.

Die erste Klasse orientiert sich am Systemoutput, einem Zielerreichungsgrad oder typischen Wirtschaftlichkeitskriterien. Die formalen Untersuchungen werden dagegen überwiegend bei der Beurteilung von Entscheidungsunterstützungs-Systemen angewendet. Hier steht die formale Einschätzung der Qualität einer Anwendung oder der Unterstützungsfunktionen im Vordergrund (vgl. HOPPLE 87, hier S. 296). Für mehrdimensionale Bewertungen lassen sich Nutzwertanalysen durchführen. Es können ebenfalls verschiedene Kriterien nebeneinander betrachtet werden, für die keine Aggregation zu einem endgültigen Punktwert vorgenommen wird.

Daneben werden mehrdimensionale Analysen vorgeschlagen, um den mit einer Anwendung neu geschaffenen Informationswert zu bestimmen. Dazu sind eine Reihe theoretischer Ansätze vorhanden, deren praktische Relevanz allerdings bislang als enttäuschend angesehen werden muß (siehe dazu z. B. AHITUV 80). Ziel ist es, der durch ein IV-System bereitgestellten Information einen Wert zuzuordnen. Umgekehrt könnte auch gefragt werden, wieviel ein Endbenutzer für eine Information, die er z. B. über ein Entscheidungsunterstützungs-System erhält, zahlen würde (vgl. ROUSE 86). Dabei bereitet häufig schon die Auswahl von Bewertungskriterien für die verfügbare Information Schwierigkeiten. Für globale Analysen werden Faktoren herangezogen, wie:

- Reduzieren der Unsicherheit für eine Entscheidung,
- Relevanz der Information für die Entscheidungssituation und
- Eignung der Information für den Verwendungszweck.

Es ist deutlich, daß diese drei Kriterien stark miteinander korrelieren. Detailliertere Beurteilungsmaßstäbe wurden z. B. von King u. a. vorgeschlagen (vgl. KING 83). Sie unterscheiden:

- Zuverlässigkeit der Information,
- Relevanz der Information für die Themenstellung,
- Genauigkeit der Information,
- Aktualität der Information,
- Vollständigkeit der Information und
- Kürze der Informationsdarstellung.

Hier steht der subjektive Eindruck bei der Bewertung im Vordergrund. Aufgrund der Ausrichtung dieser Kriterien sind die Verfahren speziell zur Beurteilung von Entscheidungsunterstützungs-Systemen gedacht.

Zusammenfassend zeigt sich, daß es bei den in der Literatur vorgestellten Beurteilungsmethoden schwierig ist, eine eindeutige Klassifizierung vorzunehmen. So können einzelne Verfahrensvorschläge verschiedene Investitionsrechenverfahren beinhalten, oder es wird neben einer Investitionsrechnung auch eine Nutzwertanalyse durchgeführt. Die letzte oben skizzierte Einteilung erscheint nur für entscheidungsunterstützende Systeme relevant. Darüber hinaus werden häufig Handlungsanweisungen zur Wirkungsermittlung mit einzelnen Rechenverfahren kombiniert. Daher wird im folgenden versucht, Verfahren nach ihrem Umfang zu systematisieren.

## 4.1.2.2 Systematisierung nach dem Umfang des Verfahrens

Bei der Klassifikation einzelner Verfahren aufgrund des Bewertungsumfangs läßt sich keine vollständig überschneidungsfreie Einteilung vornehmen. Verfahren, die man für Teilbewertungen anwendet, gehen stellenweise in umfassende Analysen ein.

1.  <u>Bewertung von Eigenschaften/Zielsetzungen von Einzeltechnologien:</u>
    Bei diesen Untersuchungen steht nicht die Gesamtwirtschaftlichkeit einer Anwendung im Vordergrund. Es sollen vielmehr Einzelaspekte der neuen Technologie analysiert werden. Damit lassen sich dann Einzel- oder Teilziele, die mit dem System verbunden sind, überprüfen. Häufig sind die Verfahren aufgrund dieses Einsatzzwecks stark technologieabhängig. Bei innerbetrieblichen Systemen, u. a. im Fertigungsbereich, kann es darum gehen, die Kosten für die Produktion eines Erzeugnisses mit Hilfe der neuen Technologie um einen vorgegebenen Prozentsatz zu senken. In der Entwicklungsabteilung wäre es denkbar, daß man die Zeit zur Zeichnungserstellung reduzieren will.

    Diese Einzelbetrachtungen können stellenweise als Bausteine bei der Bewertung integrierter Systeme verwendet werden. Beispiele für derartige Rechnungen, die auf eine Beurteilung moderner Produktionsmethoden abzielen, sind:

    a)  Stückkostenrechnungen für unterschiedliche Kapazitätsgrade bei Fertigungssystemen (vgl. SCHLINGENSIEPEN 85).

    b)  Kalkulationssätze für die Erstellung von Konstruktionszeichnungen mit CAD-Anwendungen (vgl. ENCARNACAO 84, hier S. 132 ff.).

c) Break-even-Analysen oder Amortisationszeitberechnungen zur Abschätzung einzelner Flexibilitätsaspekte, wie der Umrüstbarkeit auf neue Produkte bei flexiblen Fertigungssystemen (vgl. SCHÜNEMANN 83). Dabei wird analysiert, wie viele produktprogrammabhängige Umrüstvorgänge pro Jahr notwendig sind, um eine flexiblere Anlage mit einer im allgemeinen höheren Investitionssumme zu rechtfertigen.

d) Durchlaufzeit-Analysen zur Untersuchung der Kapitalbindung bei Beständen oder bei der Abwicklung von Kundenaufträgen. Ebenso lassen sich Durchlaufzeiten von Vorgängen in der Verwaltung bestimmen.

e) Untersuchungen zur Beschleunigung der Produktentwicklung mit Hilfe einer neuen Technologie.

f) Kennzahlengestütztes Vorgehen zur Quantifizierung der veränderten Produktivität, Flexibilität und Informationsqualität durch den Einsatz neuer Technologien (vgl. HETTESHEIMER 88).

2. <u>Bewertung von Einzeltechnologien:</u>
In dieser zweiten Gruppe werden die Ergebnisse für einzelne Technologien ermittelt.

a) Kosten-Nutzen-Analysen (vgl. ANSELSTETTER 86, insbes. S. 2 ff.)
Bei diesem im IV-Bereich wohl am weitesten verbreiteten Verfahren werden die Investitionen sowie die laufenden Kosten des neuen Systems den Einsparungen, die durch die Anwendung entstehen, gegenübergestellt. Integrationswirkungen, die in anderen Bereichen des Betriebes auftreten, bleiben weitgehend unberücksichtigt. Ebenso werden Auswirkungen, die eine Anwendung indirekt auf den Absatz- oder Beschaffungsmarkt des Unternehmens haben kann, normalerweise vernachlässigt.

b) Vergleich von Kostenbudgets (vgl. HERRMANN 88)
Es werden die existierenden Kosten des Bereichs, in dem die neue Technologie eingesetzt werden soll, den geplanten Kosten gegenübergestellt, wie man sie mit der neuen Anwendung erwartet. Man versucht dabei, beispielsweise auf Jahresbasis, Verschiebungen im Kostenbudget darzustellen. Es interessiert, ob es zu einer Erhöhung des Gesamtvolumens der Kosten kommt oder in welchem Umfang diese sinken. Außerdem sind die Einzelpositionen und eine Zusammenfassung nach Kostenklassen wichtig, beispielsweise nach

dem Einzel- und dem Gemeinkostenanteil. Auf dieser Basis lassen sich Angaben darüber machen, wie die Kosten abgebaut werden können oder wie sie sich bei Kapazitätsschwankungen verändern.

c) Gegenüberstellung von Kostensätzen

Es werden Kostensätze für Outputgrößen als Entscheidungskriterium herangezogen. Diese werden für den manuellen/alten und den maschinellen/neuen Zustand bestimmt. Maßeinheiten können Stundensätze oder Stückzahlen sein. Es muß eine Kalkulation für die betrachteten Einheiten vorgenommen werden. Problematisch erscheint dieser Ansatz, wenn sich durch die neue Technologie beispielsweise Kostenverschiebungen von den Einzel- zu den Gemeinkosten ergeben, wie es speziell bei modernen Fertigungssystemen der Fall ist. Außerdem kann häufig nur ein Teilergebnis für die Investition dargestellt werden.

d) Dynamische Investitionsrechenverfahren

Die dynamische Investitionsrechnung orientiert sich an den Aus- und Einzahlungen, die mit dem neuen System verbunden sind. Auf Basis umfangreichen Datenmaterials, das über ein vorgegebenes Schema erfaßt werden kann, wird z. B. der Kapitalwert für die neue Technologie bestimmt. Ein Ansatz dazu, der auf den Fertigungsbereich abzielt, ist die marktinduzierte Kapitalwertberechnung von Wildemann (vgl. WILDEMANN 87A, hier S. 169 ff.). Ebenso sind Annuitätenrechnungen oder die Bestimmung eines internen Zinsfußes denkbar. Zur Entscheidungsfindung lassen sich im Produktionsbereich beispielsweise Losgrößen, Schichten oder der Personalbedarf variieren. Dieses demonstrieren Horváth u. a. (vgl. HORVATH 87). Aggregiert man solche Einzelergebnisse aus Teilbereichen, so können sie einen wesentlichen Bestandteil bei der Bewertung eines Integrationskonzeptes bilden.

e) Nutzwertanalysen zum Vergleich alternativer Lösungen (vgl. z. B. ZANGEMEISTER 76)[1]

Mit Hilfe einer Nutzwertanalyse bzw. eines Scoring-Modells erfolgt eine subjektive Bewertung/Bepunktung einer neuen Technologie. Dazu benötigt man Kriterienkataloge, die geeignet sind, die Leistungsfähigkeit der jeweiligen Lösung abzubilden und die Einsetzbarkeit des Systems für das Unternehmen abzuschätzen. Insbesondere bei neuen Anwendungen, mit denen wenige Erfahrungen vorliegen, erweist sich diese Methodik als schwierig. Je nach Vor-

---

[1]  Ein umfangreiches Beispiel zu einer CAD/CAM-Einführung findet sich bei Eversheim u.a. (vgl. EVERSHEIM 89, S. 130 ff.).

gehensweise kann man auch einen Punktwert für jede investierte Geldeinheit bestimmen. Da keine monetären Ergebnisse ermittelt werden, sollte man das Verfahren nur in Kombination mit anderen Ansätzen verwenden. Eine ähnliche Zielsetzung haben Methoden, bei denen Nutzen- oder Präferenzstrukturen von Entscheidungsträgern/Anwendern herangezogen werden, um ein IV-System zu beurteilen. Ein Beispiel ist die in Kapitel 5.5.1.2 skizzierte Conjoint-Analyse.

3. __Bewertung von integrierten Technologien:__

Viele der im folgenden skizzierten Vorgehensweisen sind allgemein für die Beurteilung von Integrationskonzepten einsetzbar. Die Ausgestaltung der Verfahren ist weniger durch die Funktion der gewählten Technologie gekennzeichnet als in den vorhergehend skizzierten Stufen.

a) Ebenenansatz (vgl. PICOT 84 oder REICHWALD 87)

Es erfolgt eine Analyse der durch die neu einzusetzende Technologie betroffenen Unternehmensebenen. Dabei wird unterschieden nach den isolierten Auswirkungen auf den einzelnen Arbeitsplatz, den Veränderungen auf der Abteilungs- oder Prozeßebene, die auch funktionsübergreifend sein können, sowie den Integrationseffekten für das Gesamtunternehmen. Bei zwischenbetrieblichen Anwendungen müssen die drei Ebenen um die unternehmensübergreifenden Auswirkungen in einer vierten Stufe ergänzt werden. Das Konzept bildet lediglich einen Analyserahmen. Für die einzelnen Ebenen sind jeweils die geeigneten Bewertungsverfahren auszuwählen (vgl. Kapitel 4.2.2 und 4.3).

b) Prozeßorientiertes Vorgehen (vgl. z. B. ZANGL 88)

Relevante Prozeßketten (Tätigkeitsfolgen), die sich mit dem Systemeinsatz verändern, werden abgebildet und quantitativ beschrieben. Im Extremfall kann dieses die gesamte Wertschöpfungskette eines Unternehmens sein. Die Prozesse werden mit und ohne die zu beurteilende DV-Lösung einander gegenübergestellt. Man baut dazu Zeit- und Mengengerüste für die Tätigkeitsketten auf. Auf dieser Basis wird eine wirtschaftliche Abschätzung vorgenommen. Häufig erfolgt diese Bewertung kosten- und erlösorientiert. Es läßt sich zwischen zusätzlichen Kosten, eingesparten Kosten und zusätzlichen Erlösen bei der Abwicklung der Prozesse unterscheiden. Ein Beispiel wird in Kapitel 4.3.2.2 vorgestellt.

c) Analyse von Nutzeffektketten (vgl. ANSELSTETTER 86, z. B. S. 109 und auch MERTENS 85, insbes. S. 70 ff.)

Ausgehend von der neuen Technologie werden die ausgelösten Effekte anhand sogenannter Wirkungsketten veranschaulicht. Diese beschreiben direkte und indirekte Konsequenzen des neuen Systemeinsatzes. Damit lassen sich dann auch Ursache-Wirkungsbeziehungen für sekundäre Veränderungen darstellen. Für die abgebildeten Einzelkonsequenzen kann man im nächsten Schritt Bewertungen vornehmen. Solche Abschätzungen erfassen üblicherweise zusätzliche Kosten durch die Investition, Einsparungen aufgrund der Technologie und Umsatz-/Deckungsbeitrags-Resultate. Kapitel 4.3.3.2 enthält ein Beispiel.

d) Analyse finanzieller Konsequenzen (vgl. HORVATH 88B, insbes. 51 f.)

Kernpunkt dieses Ansatzes bildet die finanzielle Gesamtbewertung der Investition bei unterschiedlichen Annahmen. Dazu werden die Gesamtwirkungen des neuen Systems nach jährlichem Mehraufwand, eindeutig zuzuordnenden Kosteneinsparungen, Kosteneinsparungen im Umfeld der Anwendung und Deckungsbeitrags-Wirkungen differenziert. Es ergibt sich gleichzeitig eine Ordnung der Resultate nach abnehmender Sicherheit und sinkender Quantifizierungsmöglichkeit. Die Einzelwerte von Teilbetrachtungen lassen sich zum Gesamtergebnis aggregieren. So fließen über Einzelrechnungen z. B. Flexibilitäts- und Durchlaufzeit-Ergebnisse ein.

e) Aufstellen von Argumentenbilanzen für qualitative Nutzeffekte (vgl. am Beispiel Flexibler Fertigungssysteme WILDEMANN 87A, speziell S. 162)

Mit Hilfe einer sogenannten Argumentenbilanz können qualitative Resultate gegenübergestellt werden. Die Länge der einzelnen Bilanzseiten spiegelt die Zahl der Nutzeffekte wider. Abbildung 4.1.2.2/1 zeigt eine solche Argumentenbilanz. Allerdings kommt die Wichtigkeit der Einzelpositionen nur dann zum Ausdruck, wenn man eine Reihenfolge bildet. Eine Verfeinerung wäre es, wenn man die Relevanz einzelner Faktoren, z. B. optisch durch die Länge der Bilanzpositionen, veranschaulicht. Es wäre ebenfalls möglich, Querbeziehungen zwischen Vor- und Nachteilen zu berücksichtigen. Schließlich könnten auch Gruppenurteile über derartige Bilanzen abgebildet werden. Dazu müßte man, abhängig von der Häufigkeit der Nennungen, die Einzelkriterien mit Gewichtungsfaktoren versehen.

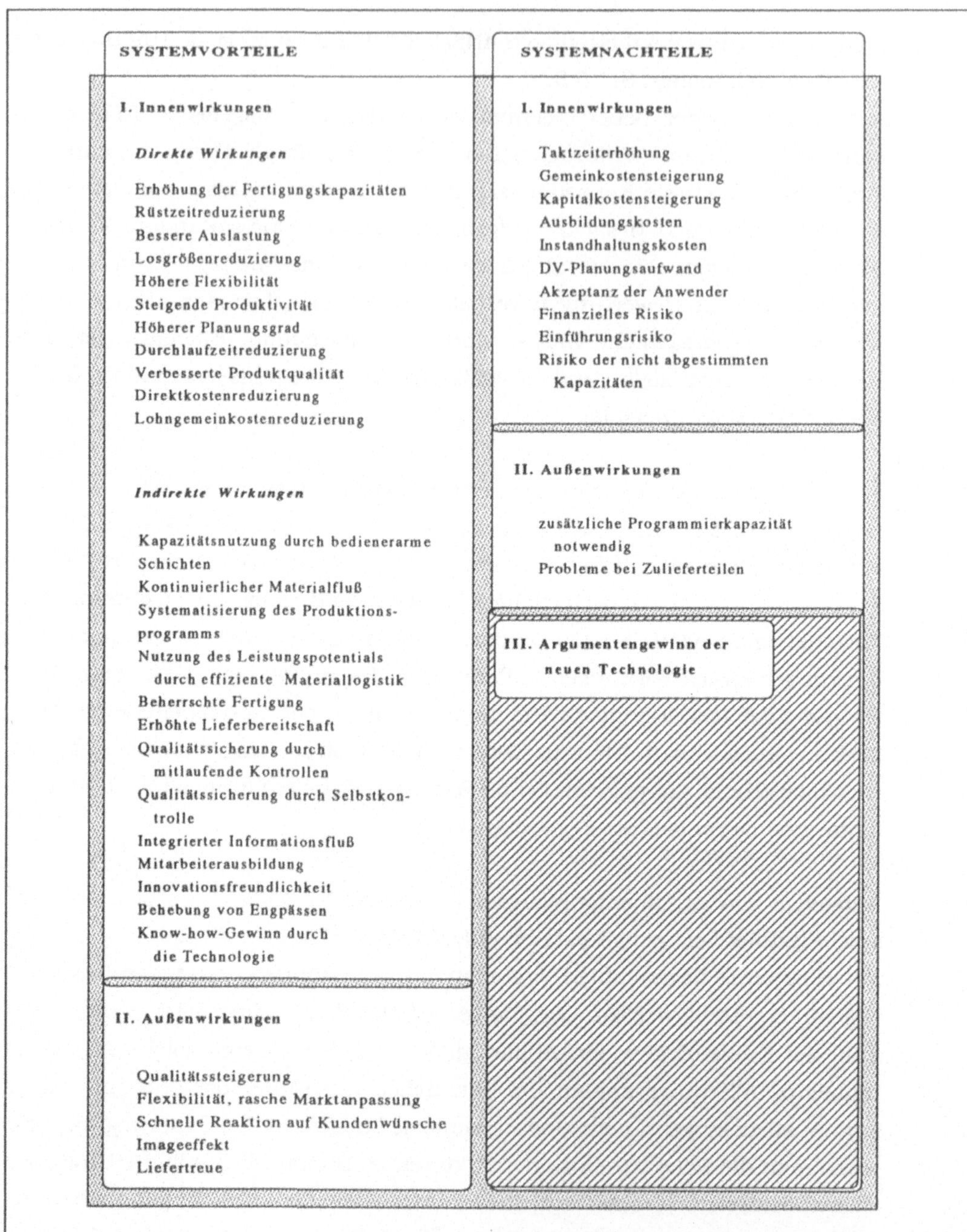



Abb. 4.1.2.2/1 ARGUMENTENBILANZ FÜR FLEXIBLE FERTIGUNGS-SYSTEME

4. <u>Gesamtkonzepte zur strategischen Planung und Technologieauswahl:</u>

Von Wildemann wird ein Konzept der Investitionsplanung und Wirtschaftlichkeitsrechnung für Flexible Fertigungssysteme und CAD-Anwendungen vorgeschlagen, das über die eigentliche Wirtschaftlichkeitsbeurteilung weit hinausgeht und den Gesamtprozeß von Technologieauswahl und -einsatz mit der strategischen Unternehmensplanung verbindet (vgl. WILDEMANN 86 und WILDEMANN 87A). Er bietet damit wohl die umfangreichste aus der Literatur bekannte Vorgehensweise zu diesem Thema. Der generelle Ablauf ist so allgemein gehalten, daß es möglich erscheint, ihn nicht nur auf andere Technologien des Produktionsbereiches, sondern generell auf die Beurteilung integrierter IV zu übertragen. In diesem Ansatz sind einzelne Komponenten enthalten, die erst in Kapitel 5 näher behandelt werden sollen.

Das Verfahren ist vierstufig. Einzelschritte sind die Analyse der Produkt-Markt-Potentiale, eine Normstrategieauswahl für den Technologieeinsatz, die konkrete Systemauswahl sowie schließlich die Kontrolle des Systembetriebes. Die ersten Phasen des Auswahlprozesses werden mit unterschiedlichen Portfolios sowie Chancen- und Risikoprofilen unterstützt. Die Alternativen eines frühen Technologieeinstiegs oder eines "sinnvollen Wartens" werden diskutiert. Zur Systemauswahl findet neben einer technischen Analyse alternativer Systemkonzepte ein Investitionsrechenverfahren (marktinduzierter Kapitalwert) Einsatz.

Trotz der umfassenden Darstellung von Wildemann ergeben sich viele Möglichkeiten, das Verfahren weiter anzureichern, insbesondere im Bereich der Wirtschaftlichkeitsbewertung. Außerdem läßt sich das beschriebene vierstufige Vorgehen als Grundmuster verstehen. Für die einzelnen Stufen können die Methoden technologieabhängig oder unternehmensindividuell ausgetauscht und angepaßt werden.

Bereits 1979 wurde als Teilprojekt des Sonderforschungsbereichs 57 der TU Berlin ein mehrstufiges Verfahren zur Wirtschaftlichkeitsbewertung von Flexiblen Fertigungssystemen entwickelt (vgl. GRIESE 80, S. 35 ff.). Die Vorgehensweise läuft in zwei Stufen ab, an deren Ausgangspunkt ein detaillierter Kostenkatalog steht. Dabei beschränkt man sich bei der monetären Einbeziehung von Effekten auf die Kostenkomponenten, die in Phase zwei detailliert und u. a. um Folgeinvestitionen ergänzt werden. Auswirkungen einer verbesserten Lieferfähigkeit oder reduzierten Durchlaufzeit werden über eine Nutzwertanalyse eingeführt. Die Besonderheit des Scoring-Modells ist eine zeitliche Dynamisierung. Sie ermöglicht eine unterschiedliche Gewichtung und Bewertung von Faktoren im Zeitablauf. Die Einzelbewertungen werden dann entlang der Zeitachse aggregiert. Eine Alternativenbewertung erfolgt mit Hilfe von Nutzen-Kosten-Quotienten.

## 4.1.3 Grenzen der Beurteilung

Bei den Versuchen, eine möglichst umfassende Quantifizierung der Kosten und Nutzeffekte von IV-Systemen vorzunehmen, müssen die Grenzen der nachfolgend vorgestellten Vorgehensweisen berücksichtigt werden. Die folgenden Aspekte hat man bei der Beurteilung der Rechenergebnisse kritisch zu hinterfragen[2]:

- Häufig wird pauschale Kritik geübt, daß der Beitrag der IV-Investition zur strategischen Zielerreichung nicht erkennbar sei, da sich Ursache-Wirkungs-Beziehungen nur schwer ableiten lassen.

- Bei fast allen Verfahren, insbesondere Investitionsrechnungen, wird auf zukünftige Zahlungsströme, den geplanten Kosten- und Nutzenanfall, abgestellt. Die Bestimmung der Zukunftswerte ist grundsätzlich mit Schätzproblemen verbunden. Bilden Ertragswirkungen einen großen Anteil der Ergebnisse durch die IV-Investitionen, so tritt dieser Aspekt besonders hervor.

- Für integrierte IV-Konzepte ist es nicht immer möglich, den Einzelkomponenten die Zahlungsreihen zuzurechnen. Die Werte können nur dem Gesamtkonzept zugeordnet werden. In der Gesamtlösung kann auch eine Änderung von Organisationsstrukturen enthalten sein, die das Ergebnis verfälscht.

- Beim Einführen neuer Technologien müssen Schulungs- und Ausbildungskosten für IV-Fachverantwortliche sowie Mitarbeiter/Endbenutzer beachtet werden. Die damit verbundenen Kosten sind insbesondere dann schwer abzuschätzen, wenn die Einführung der IV auch mit neuen Organisationsformen verbunden ist.

- Der Aufwand, um Dialogsysteme an Benutzeranforderungen anzupassen, hängt oft von den Spezifikationen und der Kommunikationsfähigkeit späterer Endanwender ab. Gelingt es zukünftigen Benutzern bereits in frühen Projektplanungsphasen, ihre Systemanforderungen eindeutig zu definieren und zu artikulieren, so läßt sich der Änderungsaufwand für spätere Projektphasen oder die eigentliche Einführung gering halten.

- Die Komplexität der Anwendung für den Endbenutzer kann ein wesentliches Kriterium bei der Nutzungshäufigkeit und damit den erzielbaren Nutzeffekten dar-

---

[2] Fehlerquellen der Wirtschaftlichkeitsbewertungen beschreiben auch Schäfer und Wolfram (vgl. SCHÄFER 87, hier S. 37 ff.)

stellen. Insbesondere der Einsatzgrad von Dialogsystemen, speziell Unterstützungssystemen, wird durch die Benutzerakzeptanz bestimmt.

- Die Weiterentwicklung und Wartung des Systems beeinflussen die zukünftig anfallenden Kosten. Die Komplexität dieser Aufgaben ist ein wichtiger Aspekt.

Besonders bei der Beurteilung von CIM-Investitionen wird die mangelhafte Abschätzbarkeit von Folgeaufwendungen hervorgehoben (vgl. KÖHL 89, hier S. 105).

Beim IV-Einsatz im Verwaltungsbereich wird häufig angeführt, daß die Wirtschaftlichkeit maßgeblich durch Faktoren beeinflußt werde, die in monetäre Bewertungen nicht einfließen. Es werden dazu Arbeitstempo, Streß, Arbeitsbelastung, Arbeitsintensität, Arbeitszufriedenheit und Arbeitsqualität genannt. Daher erscheint es wichtig, in solchen Situationen neben den monetären Bewertungen weitere Untersuchungen (z. B. Argumentenbilanzen, Nutzwertanalysen) durchzuführen, die qualitative Auswirkungen berücksichtigen.

Risiken beim Einsatz von IV-Systemen werden stellenweise mit Abschlägen für erwartete Nutzeffekte und Zuschlägen für die Kosten einbezogen. Dabei ist kritisch zu hinterfragen, wie hoch solche Faktoren festgelegt werden sollen. Technische Risikofaktoren lassen sich nicht immer derart einbeziehen, da sie die Leistungsfähigkeit des Gesamtsystems und damit die Grundlagen der Analyse maßgeblich beeinflussen können. Damit werden zusätzliche Risikoanalysen unter technischen Aspekten notwendig (vgl. dazu CLEMONS 91, S. 29 ff.). Als Alternative eine Verkürzung des Zeithorizontes der Betrachtung vorzunehmen, um Unsicherheiten auszuschalten, erscheint wenig befriedigend.

Der unterschiedliche Zeitbezug von Zahlungsströmen wird in dynamischen Investitionsrechnungen berücksichtigt. Dennoch müssen verschiedene Planungshorizonte bei der Auswahl von Investitionsalternativen verwendet werden. Ein Grund dafür sind Diskontinuitäten in den Unternehmensbedingungen, die Nutzungsdauern für IV-Investitionen reduzieren können. Insofern ist zwischen kurz-, mittel- und langfristigen Wirkungen zu differenzieren. So kann es zur Auswahl einer Investition kommen, die, gemessen mit einem ROI, vielleicht niedriger bewertet wird als eine andere, die aber bei der Festlegung eines kurzen Zeithorizontes im Vergleich besser abschneidet. Entsprechend ist auch die Entwicklungs- und/oder Einführungszeit eines Systems von Bedeutung.

Unter den gleichen Gesichtspunkten muß das bereits verfügbare Leistungsvermögen der vorhandenen IV-Anwendungen in den ausgewählten Investitionsbereichen gesehen werden. Dabei wird man sicherlich häufig eine Investition in den Bereichen vorziehen, die aus technischer Sicht ein besonderes Defizit aufweisen, auch wenn das direkte finanzielle Ergebnis nicht für einen ersten Platz bei einer Rangfolgebildung mit einer finanziellen Kennzahl ausreicht.

Der Untersuchungsumfang sollte angemessen sein, damit das Ziel der effizienten Analyse erfüllt wird. Dieses ist bei dem Planungs- und Kontrollaufwand zu berücksichtigen.

Trotz dieser Limitierungen erscheint es überzogen, die Quantifizierungsversuche als Hilfsmittel für die Entscheidungsfindung vollständig abzulehnen, wie dies stellenweise erfolgt (vgl. LAY 85, hier S. 30 ff.). Ebenso lassen sich für Investitionsentscheidungen, die ausschließlich mit dem Argument der strategischen Relevanz durchgeführt werden, zahlreiche Kritikpunkte finden (vgl. SERFLING 89, speziell S. 2084 f.). Die Wirtschaftlichkeitsrechnung bildet damit ein wichtiges Entscheidungskriterium bei einer Auswahl von IV-Investitionen. Allerdings sind die Rechnungen um zusätzliche Analysen zu erweitern, die nichtmonetäre Kriterien und strategische Zielsetzungen des Unternehmens einbeziehen. Diese Aspekte sollen in Kapitel 5 behandelt werden.

## 4.2 Allgemeine Vorgehensweisen der Wirtschaftlichkeitsbeurteilung

Nachfolgend werden Ansätze und Aspekte vorgestellt, die grundsätzlich bei einer Bewertung integrierter IV-Systeme beachtet werden sollten.

### 4.2.1 Verfahren zur schrittweisen Analyse

Werden bei der IV-Planung Wirtschaftlichkeitsanalysen herangezogen, so ist es notwendig, bereits in frühen Planungsphasen Anhaltspunkte für eine wertmäßige Beurteilung der DV-Projekte zu gewinnen.

Zu Beginn des Planungsverfahrens stehen nur globale Einschätzungen der Systemwirkungen zur Verfügung, die dann mit detaillierterer Projektplanung ebenfalls verfeinert werden können. Dabei lassen sich die Kostenveränderungen allgemein wesentlich leichter bestimmen als die Ertragswirkungen. Als Startpunkt könnte die Einteilung nach quantitativ und nicht quantitativ erfaßbaren Größen sowie den entstehenden Wirkungsrichtungen dienen. Dabei ist zwischen positivem Wirtschaftlichkeitseinfluß, negativen Ergebnissen und unklarem Wirkungsverhalten zu unterscheiden. Ebenso kann der Einfluß von "hoch" bis "gering" eingestuft werden. Abbildung 4.2.1/1 zeigt dazu ein Beispiel zur Einführung Flexibler Fertigungssysteme (vgl. HORVATH 88B, hier S. 74). Die in der Darstellung vorgenommene Einteilung kann als Ausgangspunkt eines Verfahrens der Wirtschaftlichkeitsermittlung zur Beurteilung von Projektideen dienen.

Bei einer umfassenden Analyse kann man mehrstufig vorgehen, wie es in Abbildung 4.2.1/2 beispielhaft dargestellt wird.

In den hier vorgeschlagenen Prozeß ist auch die organisatorische Abwicklung integriert (vgl. Stufe 3). Diese ist besonders wichtig, da nur mit Hilfe erfahrener, auf diesem Gebiet üblicherweise knapper Mitarbeiter, die aus sämtlichen relevanten Abteilungen stammen sollten (IV-Abteilung, Anwendungs-Abteilung(en), Controlling), fundierte Analysen und Prognosen durchgeführt werden können. Außerdem besitzt das Verfahren Checkpunkte, mit denen Einfluß auf die Ausgestaltung des zu beurteilenden Systems genommen werden kann. Dazu dienen die ermittelten Zwischenergebnisse. Die Korrekturmaßnahmen lösen dann jeweils wieder neue Beurteilungsschritte aus.

In dem dargestellten Ablauf wird zusätzlich eine kritische Analyse des Bewertungsprozesses selbst vorgenommen, um für zukünftige Beurteilungen von IV-Projekten auf den gewonnenen Erfahrungen aufbauen zu können (vgl. EVANS 87, insbes. S. 200 ff.). Die eigentliche Wirtschaftlichkeitsanalyse läßt sich ausgehend von den Bewertungskriterien durchführen.

Ordnet man sie in den zeitlichen Projektablauf ein, so wird sie parallel zur Systemspezifikation/-entwicklung und Projektdefinition in einem schrittweisen Vorgehen verfeinert. Während der Systemspezifikation lassen sich dann speziell die Schätzungen zu den IV-Kosten detaillierter ausführen. Ebenso kann man die Nutzeffekte umfassend darstellen.

| | quantitativ erfaßbar | | schwer quantitativ erfaßbar | |
|---|---|---|---|---|
| | Effekte | Wirkungs-richtung | Effekte | Wirkungs-richtung |
| klare Wirkungs-richtung, großer Einfluß | - Anschaffungs-ausgaben<br>- Personal-ausgaben<br>- Erhöhung der Fer-tigungskapazität<br>- Möglichkeit zur bedienerarmen Produktion<br>- Durchlaufzeit<br>- Lagerraum<br>- Instandhaltungen | ○ ● ● ● ● ● ○ | - Nacharbeit, Ausschuß, Qualität<br>- höhere Flexibilität | ● ● |
| klare Wirkungs-richtung, geringer Einfluß | - Vorlaufkosten<br>- Werkzeugkosten<br>- Aufwendungen bei Änderung des Produkt-spektrums<br>- Umbauten des Systems | ○ ● ○ ○ | - Markt-reaktionen | ● |
| unklare Wirkungs-richtung, kein Einfluß | - Bearbeitungs-raum<br>- Energie | ⊖ ⊖ | - Akzeptanz und Motivation | ⊖ |

● positive Wirkung auf die Wirtschaftlichkeit
⊖ Wirkung auf die Wirtschaftlichkeit nur im Einzelfall bestimmbar bzw. unklar
○ negative Wirkung auf die Wirtschaftlichkeit

*Abb. 4.2.1/1*     AUSWIRKUNGEN AUF DIE WIRTSCHAFTLICHKEIT AM BEISPIEL FLEXIBLER FERTIGUNGSSYSTEME

Mit der Phase zur detaillierten DV-Projektdefinition müssen umfangreiche Kosten- und Nutzenschätzungen einhergehen. Diese können während des weiteren Projekt-ablaufs durch konkrete Systementscheidungen komplettiert oder verfeinert werden. Damit ist ein erstes Kontrollinstrument für den Entwicklungs- oder Einführungs-prozeß vorhanden (vgl. KEIM 82).

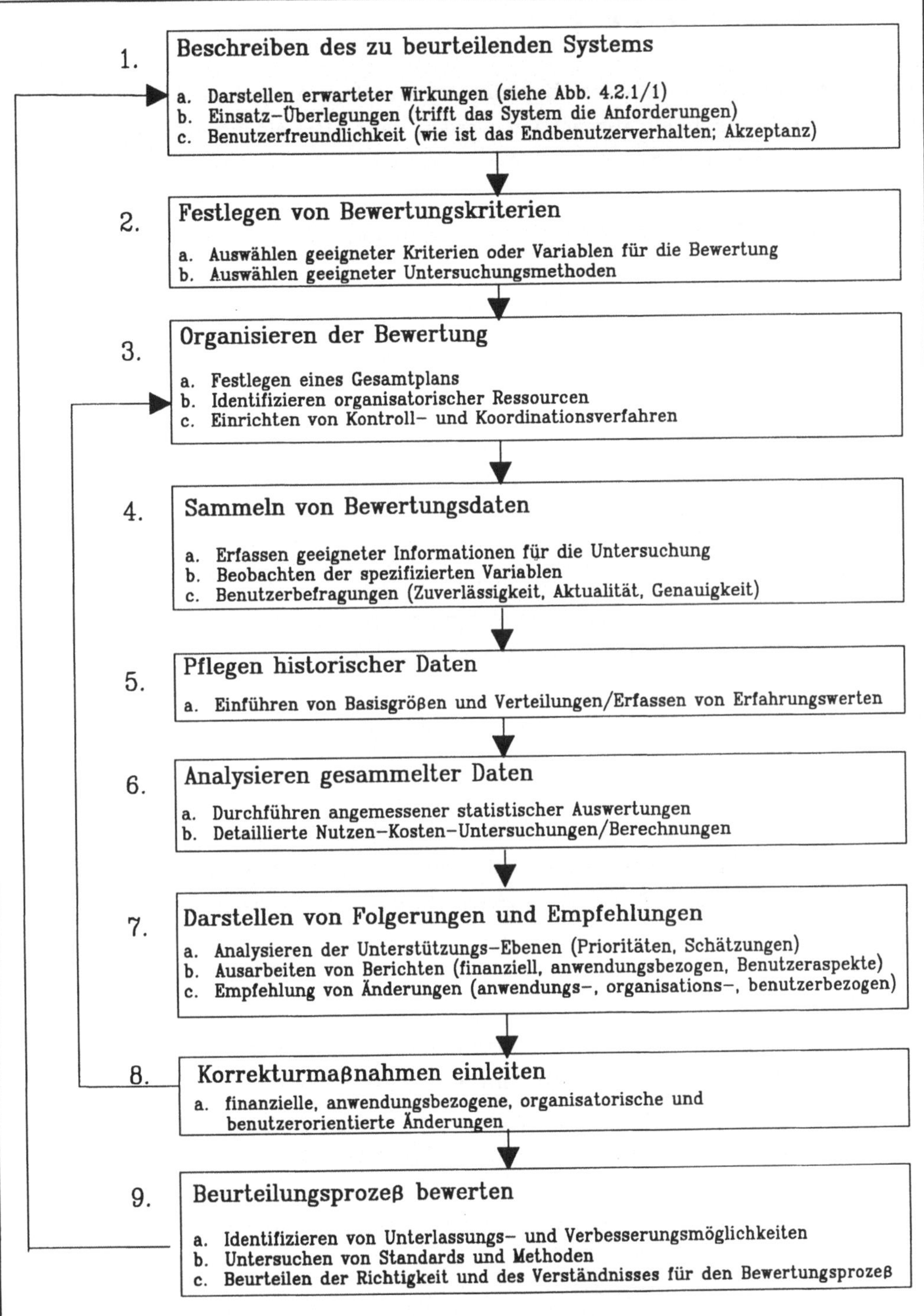



*Abb. 4.2.1/2*   ABLAUF DES UNTERSUCHUNGSPROZESSES

## 4.2.2 Verfahren zur Ebenenanalyse

Für den Ebenenansatz lassen sich Indikatorenkataloge aufstellen, über die eine veränderte Wirtschaftlichkeit abgeschätzt werden kann. Bei einer Systematisierung der einzelnen Betrachtungsebenen sind folgende Dimensionen von Bedeutung:

- Kosten- und Leistungsgrößen oder Einnahmen und Ausgaben,
- direkte und indirekte Wirkungen,
- einmalige oder laufende Einflüsse,
- kurz- und langfristige Resultate sowie
- quantitative und qualitative Ergebnisse.

Aufbauend auf der Ebeneneinteilung aus Kapitel 3.1.5 sollen nun Quantifizierungsansätze zugeordnet werden sowie eine Erweiterung für zwischenbetriebliche Anwendungen erfolgen.

Ebene 1:

Es werden die Auswirkungen einer Systemkomponente auf den isolierten Einsatzbereich, wie z. B. den Arbeitsplatz, untersucht. Ein Beispiel wäre die individuelle CAD-Nutzung. Zur isolierten Analyse eines solchen Arbeitsplatzergebnisses könnte man eine Platzkostenrechnung einsetzen.

Ebene 2:

Auf dieser Hierarchiestufe sollen die mittelbaren Auswirkungen einer IV-Komponente auf die übrigen Funktionsbereiche bestimmt werden. Diese indirekten Effekte lassen sich z. B. mit Hilfe von Wirkungsketten funktionsübergreifend darstellen.

Ebene 3:

Hier werden die Effekte aller Komponenten des Integrationskonzeptes auf das Gesamtunternehmen und dessen Umwelt (Absatz- und Beschaffungsseite) abgebildet. Dazu sind auch Aussagen über zukünftige Marktentwicklungen zu treffen. Dieses ist z. B. ein Einsatzfeld für die Szenariotechnik.

Für zwischenbetriebliche Systeme wird eine weitere Ebene eingeführt.

Ebene 4:

Zwischenbetriebliche Nutzeffekte und Kosten werden in dieser Stufe erfaßt, die man als Kooperationsebene bezeichnen könnte. Dazu zählen einerseits solche Ergebnisse, die entstehen können, weil Kunden oder Lieferanten durch den Einsatz der Anwendung stärker an das eigene Unternehmen gebunden werden. Resultate wären hier der zusätzliche Marktanteil oder der Preisvorteil aus einer Lieferantenbeziehung.

Andererseits können hier aber auch die Wirkungen einfließen, die nicht direkt im eigenen Unternehmen auftreten, sondern beim Kunden oder Lieferanten als Systemnutzer anfallen. Ein Beispiel für eine Hersteller-Lieferanten-Beziehung wurde in Abbildung 3.4.2/2 dargestellt. An den damit entstehenden Vorteilen für den externen Partner kann man aufgrund der eigenen Verhandlungsposition möglicherweise partizipieren. So wäre es denkbar, daß man bei einem Kundenbestellsystem, das bei dem Partner Kosteneinsparungen hervorruft, Preiserhöhungen vornimmt oder die Systemnutzung in Rechnung stellt. Im Vergleich zur Konkurrenz besteht vielleicht durch die Systemdifferenzierung eine Möglichkeit, sich nicht an einem Wettbewerb durch Produktpreissenkungen beteiligen zu müssen.

Da volkswirtschaftliche Effekte bereits in der Einleitung ausgeklammert wurden, sollen sie auch hier nicht berücksichtigt werden.

Diese vier Ebenen finden auf der technischen Seite ihre Entsprechung in den Gestaltungskonzepten des Hardware-Einsatzes. Hier wird ebenfalls zwischen der Arbeitsplatzausstattung, wie Terminals, PCs etc., der arbeitsplatznahen Infrastruktur, z. B. Abteilungsrechnern, der DV-Infrastruktur in Form der Zentralrechner und unternehmensweiten Netzwerke sowie den externen Infrastrukturen, die durch öffentliche Datennetze repräsentiert werden, unterschieden.

Auf jeder Ebene läßt sich eine Konsequenzenanalyse durchführen. Dazu werden die betroffenen Unternehmenseinheiten "top-down", möglichst tief (eventuell bis zu den einzelnen Stellen), in organisatorische Funktionsbereiche unterteilt. Zu den einzelnen Stellen werden dann Input- und Output-Größen, der Personal- und Sachmittelbedarf unter funktionalen, prozeßorientierten und strukturellen Aspekten erfaßt sowie Wirkungen aufgezeigt. Die in den einzelnen Funktionseinheiten ermittelten Ergebnisse lassen sich im Folgeschritt mit einem "bottom-up"-Vorgehen zum Gesamtergebnis für das Unternehmen aggregieren.

Mittlerweile existieren erste rechnergestützte Tools, die mit Hilfe einer Abbildung der relevanten Unternehmensstrukturen und dem anschließenden Versuch der Bewertung eine solche Vorgehensweise unterstützen. Ein Beispiel ist das Manufacturing

Model Development Tool (MMDT), das als Untersuchungsgebiete die Marktbeziehungen des Unternehmens, den eigentlichen Produktionsprozeß und die finanzielle Bewertung unterscheidet. Zur Konstruktion der Prozesse werden aus dem Software-Engineering bekannte Verfahren, wie z. B. SADT, eingesetzt (vgl. QUINT 89).

Bei der Erfassung und Dokumentation der Wirkungen empfehlen sich Systemmatrizen bzw. Erfassungsbögen (vgl. EBERLE 88, speziell S. 120). Abbildung 4.2.2/1 gibt dazu ein Beispiel für schwer quantifizierbare Wirkungen.

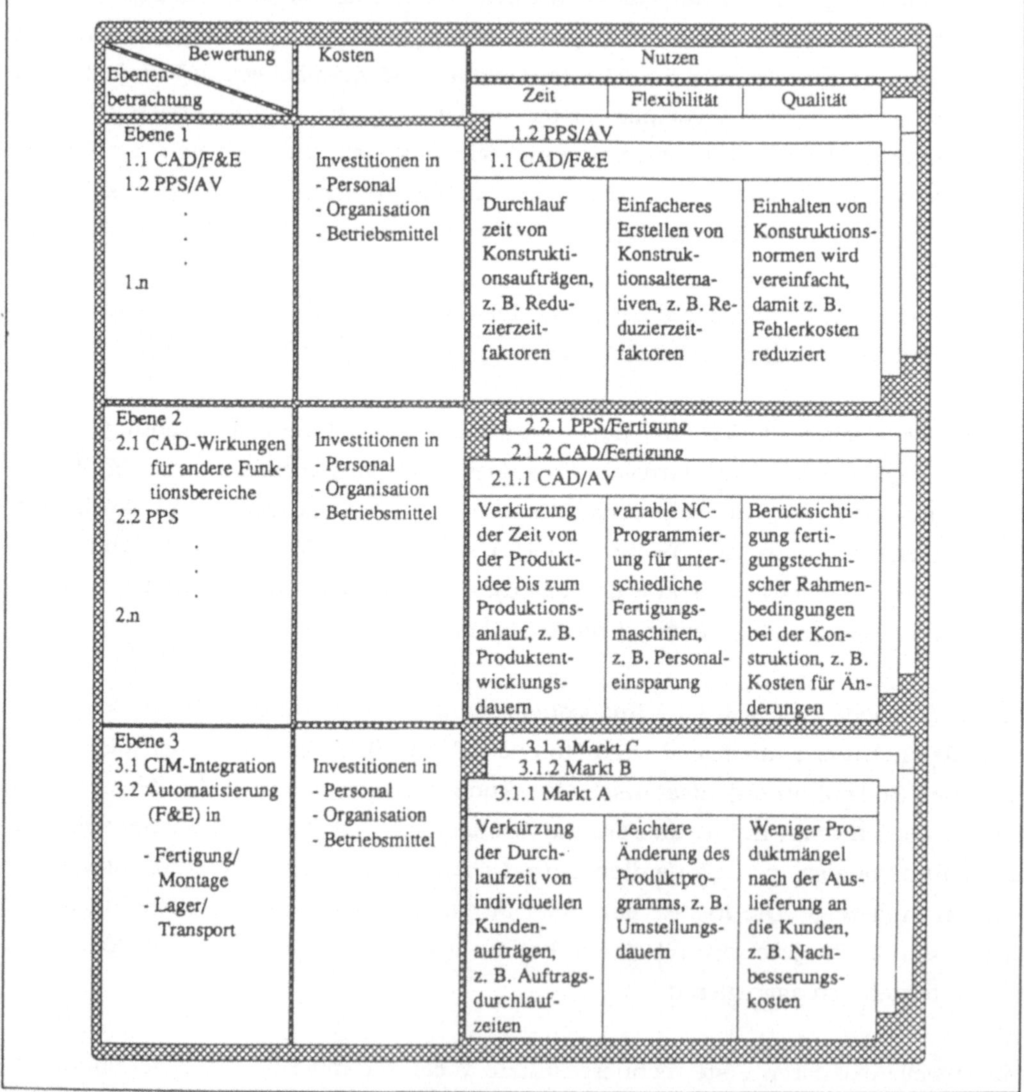



*Abb. 4.2.2/1*    BEISPIEL EINER SYSTEMMATRIX FÜR INTEGRIERTE C-TECHNIKEN

Als Kostenkomponenten werden auf jeder Ebene die einmaligen und laufenden Kosten bestimmt. Kostenreduzierungen gegenüber dem Ist-Zustand sind als Nutzeffekte auszuweisen. Auf der Unternehmens-/Kooperationsebene ist zusätzlich die veränderte Erlössituation, die auf die Anwendung zurückgeführt wird, zu erfassen. Abbildung 4.2.2/2 zeigt als Ergebnis einer Konsequenzenanalyse einen möglichen Indikatorenkatalog zu den Auswirkungen einer CAD-Integration. Dabei wurde eine Unterteilung nach Kosten- und Leistungskomponenten vorgenommen.

| EBENE 1 | EBENE 2 | EBENE 3 |
|---|---|---|
| Isoliert-technikbezogene, funktionsbereichsbezogene Betrachtungsweise einer Technologie (direkte Effekte) z. B. CAD-Arbeitsplatz | Betrachtung der Auswirkungen einer Technologie für die betroffenen Funktionsbereiche (indirekte Effekte) z. B. Auswirkung des CAD-Einsatzes für den Funktionsbereich Fertigung | Betrachtung des Gesamtkonzeptes aller Systemkomponenten (Gesamtorganisation) (Integrationseffekte) z. B. Auswirkungen des CAD-Einsatzes für die gesamte Auftragsabwicklung |
| **Kosten** Systemgestaltung, Planung; Systempflege, Instandhaltung; Ausstattung (Soft-/Hardware); Qualifikation; Einführung; laufende Personalkosten | **Kosten** Folgekosten für Fertigungsanlagen, z. B. zur Umsetzung der durch CAD erstellten Zeichnungen in NC-Programme; Qualifikation (veränderte Anforderungen), Lohnniveau; Abstimmung, Anpassung (neue Normen, Vorgaben) | **Kosten** Datenübermittlung, Schnittstellen, Datenbanken; Herstellung der Kompatibilität einzelner Systeme; Organisation - Aufbauorganisation - Ablauforganisation |
| **Leistungen** Detailliertere Zeichnungen; Zusätzliche Berechnungen; Vollständigere Stücklisten; Reduzierung der Zeit zur Zeichnungserstellung; Möglichkeit von Simulationen am Rechner; Entlastung von Routinetätigkeiten durch wiederverwendbare Bausteine in "Bibliotheken" | **Leistungen** Reduzierung der Teilevielfalt; Verkürzte Produktanlaufzeit in der Fertigung; Sparsamerer Materialeinsatz in der Fertigung; Geringere Werkstattprogrammierkosten (NC-Programme); Gesteigerte Produktqualität (dreidimensionale Volumenmodelle mit CAD-Einsatz) | **Leistungen** Steigerung der langfristigen Flexibilität (anderes Produkt); Verkürzung der Entwicklungszeiten (Marktpräsenz); Weniger Redundanzen bei der Datenerhebung; Gesteigerte Termintreue; Frühes Erkennen fehlerhafter Daten, Vermeiden von Übertragungsfehlern; Schnellere Rückkopplung bei Soll-Ist-Regelkreisen z. B. CAD/CAM/BDE |

*Abb. 4.2.2/2*   INDIKATORENKATALOG FÜR DEN CAD-EINSATZ

Eine mögliche Schwäche dieser Untersuchung liegt in dem Aufwand, der mit der Analyse verbunden sein kann. Daher bietet es sich an, auf jeder Ebene exemplarisch vorzugehen. Dazu sollten ausgewählte Arbeitsplätze auf der Ebene 1 oder Teilprozesse auf der Ebene 2 gewählt werden. Ist eine repräsentative Selektion vorhanden, kann aufgrund der Resultate für die einzelnen Teilkomponenten das Gesamtergebnis hochgerechnet werden.

### 4.2.3 Verfahren zur Berücksichtigung von Integrationsaspekten

### 4.2.3.1 Bestimmung des Integrationsgrades

Soll die Integration von DV-Systemen bewertet werden, so könnte man vereinfachend annehmen, daß die Kosten der Integration, die speziell durch notwendige Schnittstellen entstehen, den direkten Nutzeffekten gegenüberzustellen wären. Als solche Nutzenkomponenten sind der verringerte Aufwand und Zeitbedarf für die Dateneingabe, geringerer Aufwand für Prüfvorgänge, die raschere Entdeckung von Fehlern oder auch weniger Fehler bei der Datenübertragung zu nennen. Diese Betrachtung beruht allerdings auf einer Reihe von Kriterien, die normalerweise nicht gegeben sind:

1.  Die Einzelkomponenten besitzen üblicherweise keine universellen Schnittstellen, so daß nur eine kostenintensive Kopplung möglich ist. Aus der Literatur bekannte Verfahrensvorschläge vernachlässigen dabei oft solche "kostentreibenden" oder "nutzenhemmenden" Faktoren.

2.  Häufig muß mit dem Integrationskonzept auch noch die Einführung der Einzelmodule geplant werden. Zur Prioritätenbestimmung braucht man Aussagen, welche Effekte diese Module besitzen, solange die Integration nicht beendet ist.

3.  Einzelsysteme können sich beim Stand alone-Einsatz als unwirtschaftlich erweisen. In einem Integrationskonzept mögen sie gleichwohl wirtschaftlich sein, da durch den gekoppelten IV-Einsatz zusätzliche Nutzeffekte in anderen Bereichen entstehen oder das System selbst mehr Leistungen bereitstellt, nachdem es Informationen von anderen Komponenten übernehmen kann (vgl. Kapitel 3.1.3). Der umgekehrte Fall, bei dem die Kosten der Integration höher als die Nutzeffekte sind, ist ebenfalls möglich. Zur richtigen Entscheidungsfindung ist neben der individuellen Einzelsystembetrachtung eine auf das gesamte Unternehmen bezogene Analyse durchzuführen, um sämtliche Auswirkungen festzustellen.

4. Für eine Entscheidung ist es außerdem wichtig, die richtige Integrations-Reihenfolge zu bestimmen. Diese wird sowohl durch technische Rahmenbedingungen als auch durch die wirtschaftlichen Ergebnisse der integrierten Teilkomponenten festgelegt (vgl. Kapitel 4.2.3.2).

Außerdem müssen weitere Probleme der Integration berücksichtigt werden. Beispiele dafür sind die Gefahren einer Fehlerfortpflanzung bei falschen Basisdaten, die langen Vorlaufzeiten für die Realisierung oder die hohe Qualifikation der benötigten Systemarchitekten. Vergleiche zwischen modularen Teilsystemen und großintegrierten Lösungen im Bankenbereich zeigen, daß Parameterveränderungen, die finanzielle Auswirkungen haben, in kleinen Programmmodulen viel einfacher realisierbar sind als in komplexen, umfassenden Lösungen (vgl. STEVENS 89). Zielt eine Integration auf Zeiteinsparungen bei der Abwicklung von Prozessen, so muß man überprüfen, ob damit wirklich eine nennenswerte Veränderung erreicht wird und nicht andere Aufgaben die eigentliche Ursache für lange Durchlaufzeiten sind.

Hinzu kommt, daß damit noch nicht der Integrationsgrad an sich geklärt ist. Es erhebt sich z. B. die Frage, ob das CAD-System nur mit Verfahren zur NC-Programmerstellung verbunden wird oder ob auch eine Kopplung zur Stücklistenerstellung sowie Kostenrechnung vorhanden sein soll. Die Kosten für die jeweilige Komponentenintegration lassen sich im allgemeinen recht gut isolieren. Komplexer ist die Nutzenerfassung. In Anlehnung an das Ebenenkonzept kann man für unterschiedliche Integrationsgrade die Nutzeffekte auf den einzelnen Ebenen bestimmen und bezogen auf das Gesamtunternehmen bewerten. Zu beachten sind Verlagerungen von Arbeitsinhalten zwischen Organisationseinheiten. Wichtig ist dabei, daß auch die mit der verlagerten Tätigkeit verbundenen Leistungen jeweils dem Funktionsbereich oder der Systemkomponente zugeordnet werden, die mit den Kosten zur Leistungserstellung belastet wird. Als Ergebnis lassen sich die verschiedenen Lösungen gegenüberstellen und miteinander vergleichen.

## 4.2.3.2 Bestimmung der Integrationsreihenfolge

Bei der Beurteilung einer Integrationsreihenfolge müssen die Rentabilitäten der Grenzinvestitionen betrachtet werden. Eine Beurteilung ausschließlich mit Einsparungspotentialen reicht nicht aus. Vergleicht man z. B. empirische Ergebnisse zu Kostensenkungen im Fertigungsbereich, so stellt man fest, daß durch die CAM-Einführung Personalkostensenkungen bis zu 50 % auftreten, während sich bei der Integration nur noch eine Reduktion von ca. 15 bis 33 % ergibt (vgl. HASPEL 89, hier S. 7 ff.).

Damit könnte der Eindruck entstehen, daß man erst möglichst viel in Einzeltechnologien investieren sollte, bevor man sich Integrationskonzepten zuwendet. Aus technischer Sicht erscheint die Argumentation schlüssig: Die Integration wird erst dann gewagt, wenn man die Einzeltechnologie beherrscht. Zur Beurteilung müssen jedoch die Nutzeffekte den Investitionen gegenübergestellt werden. Es ist unter anderem die Rendite der Alternativen zu vergleichen. Werden beispielsweise durch DV-gesteuerte Robotertechnologie, die man als Stand alone-System einsetzt, die Personalkosten eines Bereichs von zehn auf fünf Millionen DM pro Jahr halbiert und beträgt die Investitionssumme 15 Millionen DM, so ergibt sich eine jährliche Rendite von 33 %. Bei einer PPS-CAM-Kopplung (Integrationsschritt), für die eine Investition von 1,5 Millionen DM erforderlich ist, sollen sich die Personalkosten um 10 % (eine Million DM pro Jahr) reduzieren lassen. Damit würde sich eine Rendite von 66 % pro Jahr ergeben, womit die zweite Alternative unter diesem Gesichtspunkt zu bevorzugen wäre.

Es ist außerdem der Bezugsmaßstab zu berücksichtigen, an dem das Einsparungspotential gemessen wird. Zum einen muß man beachten, daß Einsparungen in Bereichen, in denen schon hohe Potentiale erzielt wurden, nur noch schwer zu realisieren sind. Zum anderen können aber aufgrund einer geringen Ausgangsbasis prozentuale Maßgrößen weiterhin ein hohes oder sogar ansteigendes Einsparungspotential ausweisen, wohingegen absolute Werte nur noch geringe Verbesserungen deutlich machen. Daraus ergeben sich folgende Forderungen:

- Ausgangspunkt von Berechnungen müssen absolute, nicht relative Werte sein.
- Die Grenzrendite der einzelnen Investitionsalternativen sollte zur Bewertung herangezogen werden.
- Technische Abhängigkeiten sind zu beachten. Dieses kann dazu führen, daß man gesamte Investitionspakete oder eine Kombination von DV-Projekten als Einheit beurteilen muß.

Bei den Investitionen ist als Variante einzubeziehen, daß in Einzelbereichen eventuell Vorleistungen zu erbringen sind, durch die zwar Kosten entstehen, jedoch keine Nutzeffekte eintreten. Bei isolierter Analyse müßten diese Vorhaben abgelehnt werden. Sie sind jedoch mit den Projekten zu kombinieren, für die sie technische oder organisatorische Voraussetzungen schaffen. Dabei kann auch eine stufenweise Investitionsrechnung angewendet werden. In höheren Rechnungsstufen werden dann die "Infrastrukturinvestitionen" zugeordnet. Dies läßt sich mit der Vorgehensweise bei einer stufenweisen Fixkostendeckungsrechnung vergleichen (vgl. ALTMANN 89).

Ein weiterer Ansatz, die Reihenfolge der Integration festzulegen, besteht darin, Entscheidungsbaumverfahren einzusetzen, mit denen die Alternativen systematisch abgebildet werden (vgl. KRUSCHWITZ 90, hier S. 280 ff.). Dazu unterscheidet man zwischen verschiedenen Einführungszeitpunkten und alternativen Investitionspaketen. Die einzelnen Ebenen des Entscheidungsbaumes lassen sich nach diesen Kriterien unterteilen. Voraussetzung ist, daß man reihenfolgeabhängig unterschiedliche Zahlungsreihen für die Teilinvestitionen aufstellen kann. Damit wird die Vorgehensweise recht aufwendig.

Während der Realisierung muß immer wieder geprüft werden, ob die für die erste Analyse zugrunde gelegten Prämissen, aus denen eine Implementierungsreihenfolge abgeleitet wurde, überhaupt noch Gültigkeit besitzen oder Änderungen eingetreten sind, die eine Umstrukturierung der geplanten IV-Investitionen erfordern. Dazu werden zwischen den einzelnen Investitionsschritten Go-/No-Entscheidungsstufen eingebaut. Man prüft, ob die angestrebten (strategischen) Zielsetzungen überhaupt noch relevant und erreichbar sind oder ob veränderte Rahmendaten zu neuen IV-Investitionsprojekten führen. Auch hier sind Verfahren zur Simulationsrechnung oder Sensitivitätsanalyse einzusetzen.

### 4.2.4 Verfahren zur Berücksichtigung knapper Ressourcen

Bei der Realisierung von großintegrierten Systemen ist der Einsatz knapper Ressourcen mit in die Bewertung einzubeziehen. Dies sind speziell die Fachkräfte, auf denen die Konzeption und Realisierung der Anwendungen lastet. Da die verfügbare Mitarbeiterkapazität häufig geringer ist als die benötigte Anzahl für sämtliche Integrationsprojekte, müssen Prioritäten festgelegt werden. Diese Reihenfolgebildung wird auch durch die technischen Rahmenbedingungen determiniert. Darauf wird in Kapitel 5 eingegangen.

Unter kostentheoretischen Aspekten sollte eine Opportunitätskostenbetrachtung für den Engpaßfaktor "Systemkonzept-Fachkraft" durchgeführt werden (vgl. Kapitel 4.1.1). Dies bedeutet, daß ein Projekt dann realisiert wird, wenn sich für die betrachtete Aufgabe ein positiver Wert ergibt, nachdem sie mit dem Ergebnis der bestmöglichen Alternative als Kostenkomponente belastet worden ist. Ebenfalls sind Kosten für die Ausbildung/Umschulung von Mitarbeitern für die neuen Tätigkeiten zu berücksichtigen.

Um eine Reihung auf Basis der knappen Faktoren vorzunehmen, sind bei projektbezogenen Kosten- und Erlösbetrachtungen engpaßbezogene Deckungsbeiträge zu bestimmen. Für Investitionsrechnungen können u. a. Renditen für den Engpaßfaktor herangezogen werden. Voraussetzung dazu ist, daß eine detaillierte Planung, z. B. für den Einsatz der Mitarbeiter, bereits im Vorfeld der Projekte erfolgt.

Ebenso wäre es denkbar, mit Marktpreisen für diejenigen Faktoren zu arbeiten, die für das Unternehmen einen Engpaß bilden. Das Systemkonzept könnte auch von einer Beratungsfirma entwickelt werden. Somit wären dafür bei der Bewertung die Honorarsätze als Kosten einzusetzen.

Der Fall, daß aufgrund des IV-Systems Knappheitspreise sinken, kann ebenfalls auftreten. Speziell im Management-Bereich können die Anwendungen dazu beitragen, Routinetätigkeiten abzubauen und damit Arbeitszeiten für höherwertige Aufgaben verfügbar zu machen. Häufig findet man diesen Nutzeffekt in Verbindung mit Expertensystemen. Ein Vorgehen, solche Resultate zu quantifizieren, wird in Kapitel 4.3.1.2 demonstriert.

### 4.2.5 Verfahren zur Berücksichtigung des Investitionszeitpunktes

Bei der Wahl des richtigen Investitionszeitpunktes müssen auch eine Reihe technischer Einflußgrößen berücksichtigt werden. Um diese Kriterien sind die in Kapitel 3.5.3 dargelegten Argumente zu ergänzen. Der erste Aspekt ist der technische Entwicklungsstand. Investiert man in eine Technologie zu spät, so besteht die Gefahr der technischen Veralterung. Bei zu früher Investition trägt man dagegen das Risiko des Pilotanwenders mit fehleranfälliger Technik. Daneben muß man eventuell die Diskussion zur Standardisierung des Datenaustausches und von Datenschnittstellen berücksichtigen. Mit der Einführung globaler Normen können betriebliche Eigenentwicklungen obsolet werden oder sich Schnittstellen kostengünstiger bereitstellen lassen. Allerdings kann das Warten auf Normen auch eine Fehlentscheidung sein, wenn damit allgemeine Branchenentwicklungen nicht nachvollzogen werden. Man läuft ebenfalls Gefahr, die Systeme des falschen Herstellers einzuführen, weil sich in der Folgezeit durch das Anwenderverhalten die Kommunikationslösung eines anderen Anbieters als "Quasi-Industriestandard" etablieren mag. Ein weiterer Gesichtspunkt ist die zukünftige Preisentwicklung bei der Investition in notwendige IV-Komponenten. Im IV-Bereich tritt oft bald nach der Einführung neuer Produkte ein Preisverfall ein. Außerdem können bei Installationen, die nach den Pilotanwendungen erfolgen, typische Einführungsprobleme vermieden werden. In der Tendenz läßt sich feststellen, daß eine technische Realisierung mit fortgeschrittenem Zeitablauf kostengünstiger wird.

Wildemann bezeichnet dieses Verhalten für den Fertigungsbereich als Position des "sinnvollen Wartens" (vgl. WILDEMANN 86, hier S. 32 ff.). Jedoch zeigen Praxisbeispiele, daß das Argument, der schnelle Folger könnte Lehren aus den Fehlern des Pioniers ziehen, oft nicht überzeugt. Gerade der Pionier wird in vielen Bereichen am schnellsten und am meisten aus den eigenen Fehlern lernen, so daß damit eine bessere IV-Beherrschung als bei den Folgern verbunden ist (vgl. SIMON 89).

Dem steht die Marktposition des Unternehmens gegenüber. Gehört es zu den Technologieführern, so mag es mit der IV-Lösung gelingen, die Wettbewerbsposition und damit auch den Umsatz maßgeblich zu verbessern. Dies ist dann der Fall, wenn ein Leistungsvorteil im Vergleich zu Mitbewerbern erzielt wird, wie es z. B. mit Qualitätsverbesserungen, einer beschleunigten Auftragsabwicklung, einem Zusatzangebot oder auch günstigeren Preisen aufgrund von Kostenvorteilen hervorgerufen werden kann. Am Beispiel von Videokonferenzsystemen behandeln Keen und Gooding den Zeitpunkt der Technologieeinführung und deren Auswirkungen (vgl. KEEN 87).

Die meisten Untersuchungen, in denen man den Zusammenhang zwischen dem Unternehmenserfolg sowie dem Zeitpunkt des Markteintritts oder der Einführung einer Innovation analysiert, kommen zu dem Ergebnis, daß für Innovatoren ein Renditevorteil entsteht. Für das PIMS-Programm (PIMS = Profit Impact of Market Strategies) wurde wohl das umfangreichste Datenmaterial in diesem Bereich zusammengetragen. Die Untersuchungen bestätigen tendenziell Vorteile bei einem frühen Markteintritt (vgl. BUZZELL 89, hier S. 153 ff.).

Daher müssen bei einer Einführung großintegrierter Systeme, speziell zwischenbetrieblicher Anwendungen, auch die Investitions-Auswirkungen auf externe Faktoren beurteilt werden, die im gesamten Unternehmenserfolg zum Ausdruck kommen. Zumindest sollte ein (finanzieller) Vergleich mit der Situation erfolgen, in der die Investition unterbleibt (vgl. WILDEMANN 87B, hier S. 195 f.). Außerdem kann eine Analyse, wie sich das Ergebnis beim Verschieben der Investition z. B. um ein oder drei Jahre verändert, zur besseren Beurteilung beitragen.

Im Rahmen des MAPI(Machinery and Allied Products Institute)-Verfahrens werden ebenfalls Untersuchungen zum Einführungszeitpunkt von Investitionsvorhaben unterstützt (vgl. TERBORGH 62, hier S. 99 ff.). Die Entscheidung wird dabei anhand einer relativen Rentabilität des nächsten Jahres getroffen. Diese Größe setzt sich aus den Nettoinvestitionsausgaben [1], dem Betriebsergebnis des nächsten Jahres [2], dem vermiedenen Kapitalverzehr des nächsten Jahres [3], dem entstehenden Kapitalverzehr des nächsten Jahres [4] sowie dem aus dem Ergebnis resultierenden Steuerbetrag [5] zusammen. Sämtliche Größen beziehen sich dabei auf das Investitionsobjekt.

$$\text{Rentabilität} = \frac{[2] + [3] - [4] - [5]}{[1]}$$

Bei der MAPI-Methode fließen in die Entscheidungsfindung nur die Beträge für die nächste Periode ein. Daher läßt sich eine korrekte Entscheidung nur dann treffen, wenn während des Projektlebenszyklus konstante Zahlungsreihen (oder Aufwendungen/Erträge) vorliegen. Da aus den DV-Investitionen normalerweise keine konstanten Erträge oder Kostenänderungen entstehen, weil z. B. Anlaufkosten auftreten oder Lernkurven vorhanden sind, erscheint die MAPI-Methode für integrierte IV-Investitionen nur dann einsetzbar, wenn man die relative Rentabilität langfristig oder über den gesamten Lebenszyklus bei unterschiedlichen Projektstartzeitpunkten berechnet. Dazu könnte man z. B. eine Art "Mittelwertbildung" vornehmen.

Abbildung 4.2.5/1 versucht, die Investitionskosten und kumulierten Nutzeffekte eines IV-Systems mit Marktwirkung, die sich durch den Einführungszeitpunkt verändern, grafisch zu veranschaulichen. Abhängig davon, ob man bei der Einführung des IV-Systems zu den Technologieführern oder -folgern gehört, werden sich Erlös- und damit Deckungsbeitrags-Effekte einstellen. Umgekehrt muß bei einem vollständigen Verzicht auf ein marktbeeinflussendes System mit Marktanteilsverlusten gerechnet werden, wenn die Konkurrenz eine entsprechende Investition vornimmt und damit die eigene Wettbewerbsfähigkeit nicht mehr gegeben ist. Kapitel 4.3.3.1.2 gibt dazu ein praktisches Beispiel.

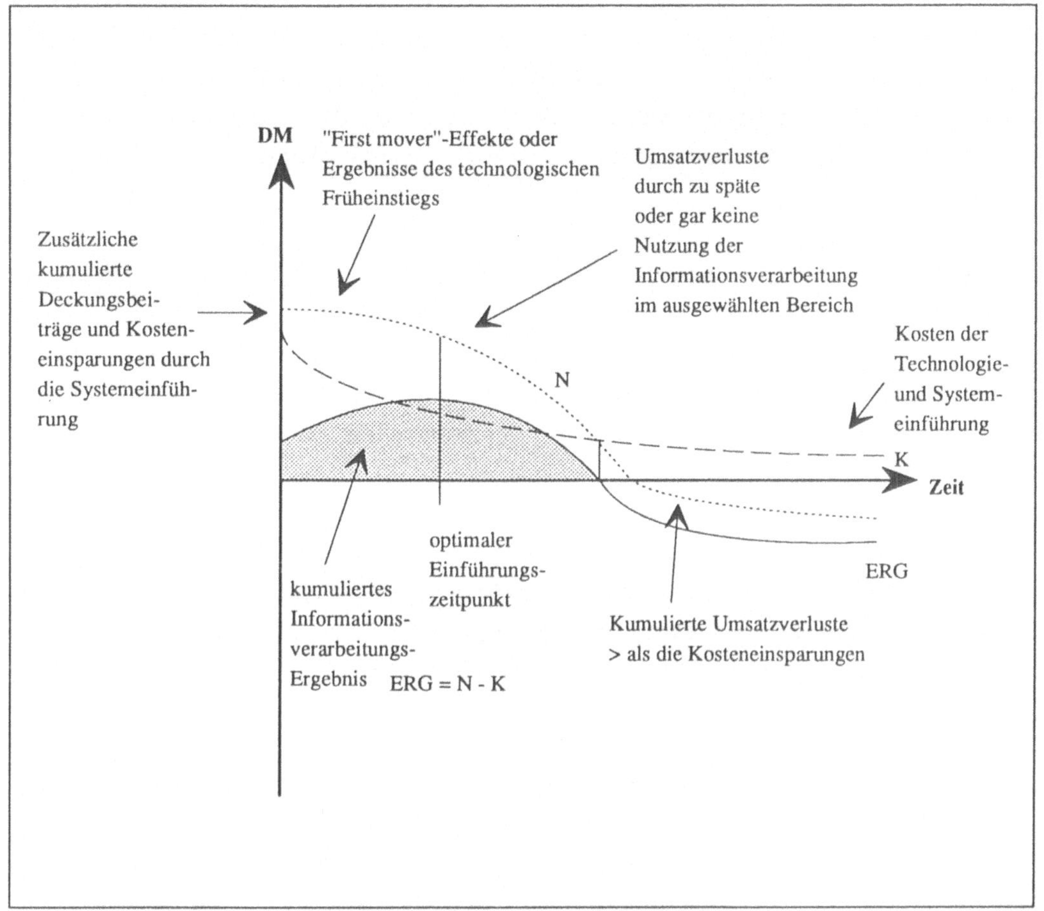



*Abb. 4.2.5 / 1*      GESAMTWIRKUNG DER IV-INVESTITION

## 4.2.6 Verfahren zur Berücksichtigung unsicherer Erwartungen

Da es sich bei den für die Berechnung verwendeten Zahlenwerten, zumindest für die neue IV, um Planungsgrößen handelt, sollte man dieses bei den Verfahren berücksichtigen. Dazu lassen sich verschiedene Ansatzpunkte wählen, die Unsicherheiten einbeziehen.

Aufgrund des verfügbaren Datenmaterials ergibt sich zumeist eine Einteilung nach optimistischen, pessimistischen und wahrscheinlichen Werten. Sämtliche Größen sollten auch in verschiedenen Rechnungen angesetzt werden, um die mögliche Bandbreite des Ergebnisses aufzuzeigen.

Stehen darüber hinaus Wahrscheinlichkeitsverteilungen für das Zahlenmaterial zur Verfügung, so bietet es sich an, eine Risikoanalyse anzuwenden, um auch eine entsprechende Verteilung für das wirtschaftliche Ergebnis zu berechnen (vgl. LUHMANN 80). Es können dann Aussagen gemacht werden, wie sicher ein positives Resultat aus der IV-Investition ist.

Mit Sensitivitätsanalysen lassen sich die wesentlichen Einflußgrößen auf das Gesamtergebnis herausfiltern. "How-to-achieve"-Rechnungen kann man einsetzen, um mit den aufgestellten Wirkungsmodellen u. a. in Erfahrungsberichten publizierte Einsparungspotentiale zu erfragen. Es läßt sich so feststellen, in welchen Größenordnungen Eckwerte auftreten müssen, um die ausgewiesenen Erfahrungswerte zu erreichen.

Außerdem sollten die Berechnungen so aufgebaut sein, daß eine Gliederung von weitgehend sicheren Daten zu weniger sicheren Informationen erfolgt. Werden die Bereiche zu einzelnen Klassen zusammengefaßt und dafür Zwischenergebnisse ausgewiesen, so steht eine verbesserte Informationsgrundlage bereit.

Zu einer umfassenden Analyse des Technikeinsatzes kann schließlich die Szenario-Methode herangezogen werden. Man kann unterschiedliche Szenarien über den Einsatz der Technologie aufbauen und diese mit entsprechenden wertmäßigen Annahmen verbinden (vgl. CLEMONS 91, S. 25 ff.). Damit gelingt es insbesondere, unterschiedliche Handlungsweisen (etwa: Wann soll investiert werden?) zu untersuchen. Ein Beispiel dazu findet sich in Kapitel 4.3.3.1.2.

Schließlich kann man auf der Grundlage der Szenarien eine Simulationsrechnung durchführen, wobei die Simulationsanordnung dazu verwendet wird, über die Zufallsauswahl bei Entscheidungssituationen auf jeweils eine mögliche Alternative zuzugreifen. Es ergibt sich dann ein Ergebnisspektrum für die betrachteten Projekte.

## 4.3 Ausgewählte Vorgehensweisen für einzelne Analyseebenen

### 4.3.1 Verfahren auf der Arbeitsplatzebene

Auf der Arbeitsplatzebene lassen sich die Methoden danach unterscheiden, ob eine Bewertung der personellen Arbeitsleistung im Mittelpunkt steht oder ob outputbezogene Untersuchungen, insbesondere Berechnungen zur Leistungserstellung, z. B.

für die Produktion, vorgenommen werden. Die erste Kategorie wird überwiegend bei Analysen im Büro- und Verwaltungsbereich eingesetzt, während die zweite Gruppe im Fertigungsbereich oder speziell bei der direkten Leistungserstellung vorherrscht.

Für produkt-/leistungsbezogene Analysen werden im allgemeinen Kostensätze verglichen. Bei personalorientierten Vorgehensweisen werden auch Produktivitätsveränderungen oder Verlagerungen von Arbeitsinhalten bestimmt.

Im Verwaltungsbereich verwendet man Arbeitsplatz- oder Aufgabentypanalysen. Ein Beispiel für das erste Untersuchungsgebiet sind Sekretariatsanalysen, der zweiten Kategorie können u. a. Schriftgutanalysen zugeordnet werden.

### 4.3.1.1 Beurteilung des Arbeitsergebnisses

### 4.3.1.1.1 Produktivitätsorientierte Rechnungen

Führt der IV-Einsatz am einzelnen Arbeitsplatz zu einer schnelleren Tätigkeitsverrichtung, so wird die Mitarbeiterproduktivität gesteigert, wenn man die eingesparte Zeit für andere Aufgaben verwendet oder bei gleichartigen Tätigkeiten eine höhere Anzahl ausführt.

Ist eine dieser beiden Annahmen gegeben, so reduzieren sich die zeitabhängigen (variablen) Lohnkosten pro Ausführungseinheit. Diesem Effekt sind die eventuell neu entstehenden oder höheren Systemkosten gegenüberzustellen. Rechenansätze beruhen oft auf Beschleunigungsfaktoren für einzelne Tätigkeiten. Ein typisches Beispiel ist die Zeichnungserstellung mit und ohne CAD-System. Je nach Genauigkeit der Untersuchung kann mit globalen Beschleunigungsfaktoren oder detaillierten Werten gerechnet werden (vgl. ENCARNACAO 84, hier S. 135 ff.).

Die Bewertung läßt sich in folgenden sechs Schritten durchführen (vgl. ELLENRIEDER 89, insbes. S. 54):

1. Bestimmung der herkömmlichen Konstruktionskosten, z. B. pro Jahr.
2. Ermittlung der Investitionssumme für das neue System.
3. Berechnung der laufenden Kosten pro Jahr bei Systemeinsatz.
4. Ableitung des erwarteten Produktivitätszuwachses (in eingeschwungenem Zustand) für die Gesamtanwendung.

5. Bestimmung der zusätzlich ausführbaren Projekte, unter der Annahme, daß die freien Kapazitäten vollständig genutzt werden können.

6. Berechnung von Zusatzgewinnen/-verlusten durch den Systemeinsatz, Amortisationszeiten etc.

Dabei wird vereinfachend angenommen, daß Anlernzeiten unberücksichtigt bleiben können. Diese Prämisse muß in der Praxis allerdings teilweise aufgegeben werden, da bei komplexen Systemen Lernprozesse stattfinden, die oft mehrere Monate betragen. In einer solchen Situation sind dann zeitlich gestaffelte Beschleunigungsfaktoren anzusetzen.

Für das in Abbildung 4.3.1.1.1/1 dargestellte Berechnungsbeispiel wird auf folgende Annahmen zurückgegriffen:

1. Die Planungsabteilung eines Bauunternehmens soll mit einem CAD-System ausgestattet werden.

2. Es sind drei technische Zeichner ca. 60 % der Arbeitszeit mit Zeichentätigkeiten beschäftigt.

3. Es ist geplant, zwei CAD-Arbeitsplätze zu schaffen.

4. Gedacht wird an Workstations mit Spezial-CAD-Software und einen elektrostatischen Drucker.

5. Die ursprüngliche Zahl abzuwickelnder Projekte beträgt ca. 700 pro Jahr. Durch steigende Auftragszahl wird erwartet, daß man ohne CAD-System die Abteilung um mindestens einen technischen Zeichner erweitern muß.

6. Bei den Schulungskosten werden neben der eigentlichen Schulungsgebühr die Kostensätze für die technischen Zeichner als Opportunitätskosten verrechnet.

7. Die Ausfallzeiten des DV-Systems sollen vernachlässigbar sein. Dazu tragen auch die zwei unabhängigen Systeme bei.

8. Für die erste Berechnung wird mit einem globalen Beschleunigungsfaktor von 32 % gerechnet.

9. Es gibt keine Gehaltszulagen für die technischen Zeichner aufgrund der neuen DV-Systembedienung.

Das in Abbildung 4.3.1.1.1/1 ausgewiesene Ergebnis ist völlig unbefriedigend. Es ergibt sich z. B. eine Amortisationszeit von mehr als 15 Jahren. Zu berücksichtigen ist aber, daß nur direkte Effekte der CAD-Anwendung mit Hilfe der Produktivitätssteigerungen dargestellt wurden. Außerdem läßt sich die Auftragssteigerung ohne zu-

sätzliches Personal bewältigen. Ohne CAD-System müßte eine weitere Person eingestellt werden. Dafür wären auch die Kosten zu tragen.

**1. Herkömmliche Konstruktionskosten**

3 Technische Zeichner à 1.600 Stunden/Jahr      201.600,-- DM/Jahr
60 % der Arbeitszeit für Zeichentätigkeit
Kalkulationssatz: 70,- DM /Stunde
(3 x 1.600 (Stunden/Jahr) x 0,6 x 70,- (DM/Stunde))
bei 700 Projekten (201.600,-/700)      288,00 DM Personalkosten/Projekt
variable Materialkosten à 3,10 DM

*Gesamtkosten*      *291,10 DM/Projekt*

**2. Investitionssumme des Systems**

Hardware à 34.700 DM x 2 Arbeitsplätze      69.400,- DM
Software      34.500,- DM
Elektrostatischer Plotter DIN A0      70.000,- DM

*Investitionssumme System*      *173.900,- DM*

Kosten Vorbereitung und Installation:

3 Technische Zeichner x 20 Stunden x 70,- DM      4.200,- DM
1 Ingenieur/DV-Spezialist à 40 Stunden x 85,- DM      3.400,- DM
3 x Schulung à 3.000 DM      9.000,- DM

*Gesamte Investition*      *190.500,- DM*

**3. Aufwand pro Jahr mit neuem System**

a) Personalkosten (aus 1.)      201.600,- DM
b) Abschreibungen bei fünfjähriger Nutzung (aus 2.)      38.100,- DM
c) Wartung (8 % auf 173.00,- DM) (aus 2.)      13.912,- DM

*Gesamter Aufwand pro Jahr*      *253.612,- DM*

**4. und 5. Produktivitätszuwachs**

Bisher 700 Projekte, neu 700 x 1,32 =      924 Projekte

**6. Ergebnis**

Kosten pro Projekt mit dem neuen System:

253.612,- DM : 924 Projekte      274,47 DM/Projekt
+ Materialkosten à 2,44 DM      276,91 DM/Projekt

*Gesamtkosten*      *255.866,56DM*

Würden die Projekte personell abgewickelt, so ergäben sich bei
einem kostenorientierten Ansatz (Annahme: beliebige Teilbarkeit des technischen Zeichners):

*291,10 DM/Projekt (aus 1.) x 924 = 268.976,40,- DM*

| | |
|---|---|
| **Einsparung ca.** | **13.100,00 DM/Jahr** |
| **bei Investitionen** | **190.500,00 DM** |
| **Amortisationszeit ca.** | **14,5 Jahre** |

*Abb. 4.3.1.1.1/1*      BERECHNUNGSBEISPIEL ZUM CAD-EINSATZ

### 4.3.1.1.2 Stückkostenorientierte Rechnungen

Zur Entscheidungsunterstützung auf der Arbeitsplatzebene soll für den Fertigungsbereich eine stückkostenorientierte Rechnung vorgestellt werden. Im Mittelpunkt steht dabei der Vergleich von Montagekosten für unterschiedliche Fertigungssysteme am Beispiel einer flexiblen Montagezelle für Montageroboter und eines konventionellen Rundtaktautomaten (vgl. LOTTER 88 und siehe dazu auch: BARTHELMESS 87, hier S. 60 ff.). Bei der Platzkostenrechnung sind aus Herstellerangaben bzw. Erfahrungswerten die Kosten, die Leistung pro Stunde, die Personalbindung und die durchschnittliche Verfügbarkeit der Anlagen anzusetzen. Abbildung 4.3.1.1.2/1 zeigt dieses für das Beispiel im Überblick. Um einen differenzierten Vergleich durchzuführen, sollte man im ersten Schritt von einer Anlagennutzung ausgehen, bei der keine technische Veränderung des Systems erfolgt. Umbaukosten durch Produktwechsel können in Folgeschritten eingeführt werden.

Als Entscheidungsfaktoren, die die Wirtschaftlichkeit der flexiblen Montageroboter und starren Einzwecklösung beeinflussen, lassen sich nennen:

- die im Jahr zu produzierende Stückzahl (Beispiel 165.000 Stück),
- die Komplexität des Montagevorgangs (u. a. verschiedene Produktvarianten),
- die Produktkomplexität,
- die Nutzungsdauer der Anlage und
- der durchschnittliche Grad an wiederverwendbaren Bauteilen der Anlage bei Produktwechseln.

Beim Ansatz der Anlagekosten sollte zwischen Standardbausteinen des Systems und produktspezifischen Systemteilen getrennt werden. Über den Ansatz variierender Produktlebenszyklen besteht dann die Möglichkeit, langfristige Flexibilitätspotentiale bei Systemumstellungen in die Analyse einfließen zu lassen (vgl. SCHÜNEMANN 83). Zur vereinfachten Berechnung kann auch auf pauschale Wiederverwendungsgrade der Maschinen aus Erfahrungswerten zurückgegriffen werden (vgl. WITTE 89, hier S. 364 und auch JACOBI 82).

Die Berechnung der Montagekosten pro Stück läßt sich in sechs Schritte einteilen (vgl. LOTTER 88, hier S. 27):

| Produktionsmenge: | 165.000 Stück/Jahr |

**Rundtaktautomat**

Zeit pro Stück:   4 sec.-Takt  *  3 Durchläufe = 12 sec. / Stück

Personalbindung:   1 Mitarbeiter

Verfügbarkeit:   80 %

Leistung:   $\dfrac{3.600 \text{ sec.} * 0{,}8}{12 \text{ sec. / Stück}} = 240$ Stück / Stunde

Benötigte Laufzeit/Tag: $\dfrac{165.000 \text{ Stück / Jahr}}{240 \text{ Stück / Stunde}} = 688$ Stunden / Jahr

$\dfrac{688 \text{ Stunden / Jahr}}{230 \text{ Arbeitstage / Jahr}} = 3$ Stunden / Tag

**Flexible Montagezelle**

Personalbindung:   0,5 Mitarbeiter

Verfügbarkeit:   90 %

Leistung:   45 Stück / Stunde

Benötigte Laufzeit/Tag: $\dfrac{165.000 \text{ Stück / Jahr}}{45 \text{ Stück / Stunde}} = 3.666$ Stunden / Jahr

$\dfrac{3.666 \text{ Stunden / Jahr}}{230 \text{ Arbeitstage / Jahr}} = 16$ Stunden / Tag

*Abb. 4.3.1.1.2 / 1*   RAHMENGRÖSSEN DER ANLAGENNUTZUNG

1. Es werden die vollständigen Anlagekosten ermittelt. Die angesetzten Abschreibungen sind aufgrund unterschiedlicher Nutzungsdauern je nach Wiederverwendungsgrad der Anlagen zu wählen.

2. Es wird die Laufzeit der Anlagen berechnet, die man zur Produktion der Sollmengen benötigt (im Beispiel 165.000 Stück pro Jahr bei 230 Arbeitstagen). Dabei haben die Leistung der Anlage pro Stunde und ihre Verfügbarkeit wesentlichen Einfluß.

Die Zielvorgaben sollten aus der Absatzplanung und nicht aufgrund der technisch möglichen Auslastung gewonnen werden. Als Ergebnis dieser Rechnung erhält man die notwendige tägliche Laufzeit der Systeme. Sie wird in Abbildung 4.3.1.1.2/1 dargestellt. Dabei ergeben sich für die flexible Montagezelle 16 Stunden pro Tag und für den Rundtaktautomaten drei Stunden.

3. Die Kapitalzinsen, Abschreibungen, Raum-, Energie- sowie Instandhaltungskosten werden für die jeweilige Alternative zusammengefaßt, um die Anlagenkosten pro Jahr zu bestimmen.

4. Mit Hilfe der berechneten Laufzeit werden aus den Anlagenkosten pro Jahr die Anlagenkosten pro Stunde ermittelt.

5. Die Personalkosten je Anlagenstunde werden errechnet. Dazu ist der Lohnsatz für einen Maschinenbediener etc. mit der benötigten Mitarbeiterzahl zu multiplizieren. Die Höhe des Lohnsatzes richtet sich u. a. nach Qualifikationsanforderungen oder Schichtzulagen. Es wird davon ausgegangen, daß freie Personalkapazitäten für andere Aufgaben eingesetzt werden können, so daß hier eine beliebige Teilbarkeit unterstellt wird (z. B. 0,5 Personen).

6. Die gesamten Montagekosten ergeben sich nun aus der Summe der Personal- und Anlagenkosten, die durch die Leistung pro Stunde dividiert werden.

Bei einer Jahresproduktion von 165.000 Stück ist für das Beispiel die flexible Montagezelle im Vergleich zum Rundtaktautomaten die kostengünstigere Alternative (vgl. Abbildung 4.3.1.1.2/2).

Es läßt sich nun z. B. die Ausbringungsmenge bestimmen, bei der die Kostenentwicklung zugunsten des Rundtaktautomaten umschlägt. Die Kurven schneiden sich, da der Rundtaktautomat eine größere Leistungsfähigkeit besitzt und damit insbesondere die höheren Fixkosten bei ausreichender Nachfrage auf größere Stückzahlen verteilt werden können, wogegen man dann bei der anderen Lösung zusätzliche Montagezellen benötigt. Allerdings ist die flexible Montagezelle viel günstiger bei kleinen und mittleren Losgrößen. In Abbildung 4.3.1.1.2/3 ist der Verlauf der Montagekosten in Abhängigkeit von der im Jahr zu produzierenden Stückzahl aufgezeigt.

Auf Basis dieser Planungsergebnisse lassen sich für die erwarteten Mengen die Gesamtkosten gegenüberstellen. Damit wird dann ein Vergleich der zwei Technologien für das geplante Produktspektrum möglich.

| Platzkostenrechnung | Flexible Montagezelle mit Montageroboter | | Rundtaktmontageautomat | |
|---|---|---|---|---|
| Nutzungsdauer: 4 Jahre | | | | |
| Investitionssumme: | | | | |
| Grundelemente | DM | 145.000,- | DM | 154.000,- |
| produktspezifische Komponenten | DM | 82.000,- | DM | 194.000,- |
| | | ---------- | | ---------- |
| Gesamtsumme | DM | 227.000,- | DM | 348.000,- |
| | | DM / Jahr | | DM / Jahr |
| Kapitalabschreibung Grundelemente: 8 Jahre | 145.000 : 8 = | 18.125,- | 145.000 : 8 = | 19.250,- |
| prod.spez.Komp.: 4 Jahre | 82.000 : 4 = | 20.500,- | 194.000 : 4 = | 48.500,- |
| Kapitalzinsen (K/2) * p = 10 % | (227.000 : 2) * 10 % = | 11.350,- | (348.000 : 2) * 10 % = | 17.400,- |
| Raumkosten m² * DM/m² Monat | 20 m²* DM 10,- * 12 = | 2.400,- | 30 m² * DM 10,- * 12 = | 3.600,- |
| Energiekosten Strom | 5 kW * DM -,20 * 3666 Stunden = | 3.666,- | 5 kW * DM -,20 * 688 Stunden = | 688,- |
| Druckluft | 5 m³ * DM -,08 * 3666 Stunden = | 1.466,- | 30 m³ * DM -,08 * 688 Stunden = | 1.651,- |
| Instandhaltung 10 % vom Kapitaleinsatz | | 22.700,- | | 34.800,- |
| Anlagenkosten / Jahr | | DM 80.207,- | | DM 125.889,- |
| $K = \dfrac{\text{Anlagenkosten / Jahr}}{\text{Stunden / Jahr}}$ | $\dfrac{80.207}{3666} =$ DM / Stunde 21,88 | | $\dfrac{125.889}{688} =$ DM / Stunde 182,98 | |
| Personalkosten 1 Person * DM 12,50 / Stunde + 110 % Schichtzulage | 0,5 Pers | DM / Stunde 13,12 -,31 | 1 Pers. | DM / Stunde 26,25 -- |
| Personalkosten / Stunde | DM | 13,43 | DM | 26,25 |
| K Personalkosten | DM / Stunde 21,88 DM / Stunde 13,43 | | DM / Stunde 182,98 DM / Stunde 26,25 | |
| Montagekosten / Stunde | DM | 35,31 | DM | 209,23 |
| Montagekosten / Stück | $\dfrac{\text{DM 35,31}}{\text{45 Stück}} =$ DM | -,78 | $\dfrac{\text{DM 209,23}}{\text{240 Stück}} =$ DM | -,87 |

*Abb. 4.3.1.1.2/2*   PLATZKOSTENRECHNUNG FLEXIBLE MONTAGEZELLE - RUNDTAKTAUTOMAT

## 4.3.1.2 Beurteilung von Veränderungen des Tätigkeitsprofils

Zur Beurteilung von veränderten Tätigkeitsinhalten, die durch ein DV-System am einzelnen Arbeitsplatz auftreten, wird häufig nach einem fünfstufigen Verfahren vorgegangen (vgl. SCHUMANN 87, hier S. 700 ff.):

1. Einteilung der Beschäftigten in unterschiedliche Mitarbeiterklassen oder Zuordnung nach Arbeitsplatztypen (Führungskräfte, technische Fachkräfte, Schreib-

sekretariate etc.), abhängig von den auszuführenden Aufgaben (einschließlich des Bildens von Unterklassen).

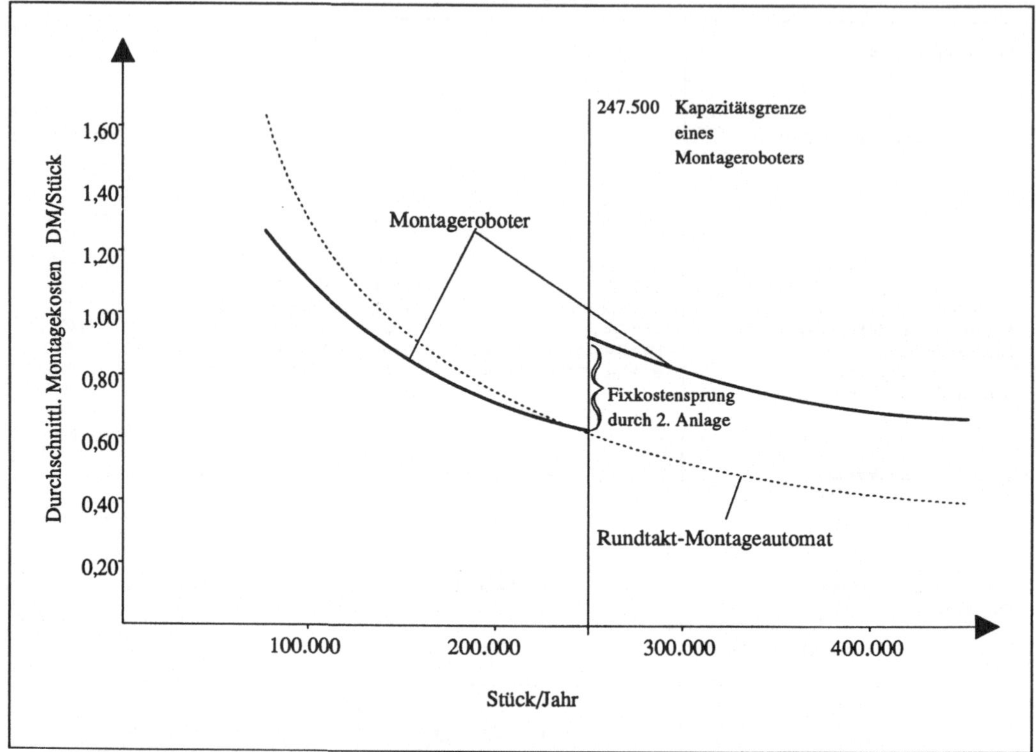



*Abb. 4.3.1.1.2/3*     VERGLEICH ZWISCHEN FLEXIBLER MONTAGEZELLE UND RUNDTAKTAUTOMAT IN ABHÄNGIGKEIT VON DER PRODUKTIONSMENGE

2. Zuordnung von Aufgabenklassen (Abwicklung von Korrespondenz, Schriftgutverwaltung, Besprechungen und Reisen usw.) und deren Zeitanteilen zu einzelnen Mitarbeiterklassen.

3. Ermittlung der Anteile individueller Arbeitsinhalte (z. B. Texterfassung, Briefversendung, Tabellenrechnung) an den einzelnen Aufgabenklassen für die Mitarbeiterklassen.

4. Schätzen der Einsparungspotentiale für diese generischen Arbeitsinhalte.

5. Ableiten möglicher Zeiteinsparungen, Produktivitätssteigerungen und mit Gehaltskosten bewerteter Gesamteinsparungen.

Das Abschätzen von Nutzeffekten durch den Einsatz eines Bürokommunikationssystems ist ein typisches Beispiel für ein solches Vorgehen.

In diesem Bereich findet man als globales Beurteilungskriterium auch die Management-Produktivität (vgl. HÖHRING 85). Auf der Ebene einzelner Geschäftseinheiten wird dazu die sogenannte Management-Wertschöpfung in Beziehung zu den direkt vom Management verursachten Kosten gesetzt, um eine renditeähnliche Größe zu bestimmen.

Management-Produktivität     = Management-Wertschöpfung/Management-Kosten
Management-Kosten            = Personal- + Kapital- + Dienstleistungskosten, die für das
                              Management eingegangen werden
Management-Wertschöpfung     = Management-Kosten + Gewinn + Ergebnissteuern

Kritisch ist dabei die Abgrenzung des Management-Begriffs und damit auch der verbundenen Kosten zu sehen. Oft wird sich eine eindeutige Kostenzuordnung nicht vornehmen lassen.

Es wurde bereits mehrfach darauf hingewiesen, daß Knappheitspreise oder Opportunitätskosten in die Wirtschaftlichkeitsberechnung einfließen sollen. Daher wird ein Ansatz vorgestellt, der auf diesen Überlegungen beruht. Man argumentiert beim Bürokommunikationseinsatz häufig, daß die Systeme dazu beitragen, Routinetätigkeiten und unproduktive Zeiten, die z. B. durch Übertragungsarbeiten oder gescheiterte Telefonanrufe entstehen, abzubauen und damit zusätzliche Freiräume für höherwertige Arbeiten zu schaffen. Nimmt man nun eine Unterteilung nach Führungs-, Fach-, Sachbearbeiter- und Unterstützungsaufgaben vor, so wird man bei einer Führungskraft sämtliche Tätigkeitsklassen zur Aufgabenverrichtung vorfinden.

Es soll davon ausgegangen werden, daß Führungskräfte eines Unternehmens eine "knappe Ressource" sind, es sich also lohnen würde, wenn diese Mitarbeiter einen stärkeren Anteil an Führungsaufgaben als bisher bewältigen könnten. Man kann versuchen, dieses über die Personalkosten wertmäßig zu erfassen, indem man für die einzelnen Tätigkeiten Knappheitspreise bestimmt[3].

Für Unterstützungsaufgaben wird ein Unternehmen nur bereit sein, den am Markt verlangten Satz für Unterstützungskräfte zu bezahlen. Darüber hinaus wird der

---

3)     Erstmals wird dieses Verfahren von Sassone und Schwarz beschrieben. Hier wird eine modifizierte
       Berechnungsform verwendet (vgl. SASSONE 86A und SASSONE 86B).

Stundensatz, mit dem man die Unterstützungstätigkeit ansetzt, um einen Zuschlag für unproduktive Zeiten ergänzt. Bestimmt man nun z. B. das Tätigkeitsprofil der Fachkräfte, so werden sie auch Unterstützungsaufgaben wahrnehmen. Da diese Aufgaben aber auf Stundenbasis geringer bewertet werden, als es den Kosten für eine Fachkraft entspricht, muß der kalkulatorische Differenzbetrag den höherwertigen Aufgabenklassen (z. B. den eigentlichen Fachaufgaben) zugeschlagen werden. Damit liegt der Kostensatz für die Abwicklung einer Stunde an Fachaufgaben über dem, den man für eine Fachkraftstunde bezahlen muß. Man kann in diesem Zusammenhang von Knappheitspreisen sprechen. Dieser Knappheitspreis kann durch die Verlagerung des Tätigkeitsprofils auf höherwertige Aufgaben reduziert werden. Abbildung 4.3.1.2/1 zeigt ein Beispiel für Tätigkeitsverschiebungen durch ein Bürosystem. In Abbildung 4.3.1.2/2 werden die Tätigkeitskosten für die einzelnen Aufgaben vor und nach Einführung der Bürokommunikation bestimmt. Dazu wird ein Gleichungssystem aufgestellt, um Tätigkeitskosten pro Stunde berechnen zu können, die sich aus den Personalkostenanteilen der unterschiedlichen Mitarbeiterklassen zusammensetzen. Durch das Lösen des Gleichungssystems werden nun "Preise" für einzelne Tätigkeiten mit und ohne Bürokommunikationseinsatz ermittelt.

Ausgangspunkt der Preisbestimmung bildet die kostenmäßig günstigste Tätigkeitsgruppe. Die Werte für die einzelnen Aufgaben werden durch die Verwendung des Bürosystems geringer. Bewertet man die Zeitdifferenzen mit den neuen Kostenwerten (vgl. Abbildung 4.3.1.2/2), so erhält man als Ergebnis den quantifizierten Effekt der Bürokommunikation. Das gleiche Ergebnis stellt sich ein, wenn man die Ausgangsmatrix mit den Kostendifferenzen (Tätigkeitskosten ohne Bürokommunikation minus Tätigkeitskosten mit Bürokommunikation) bewertet. Bei den einzelnen Kostenwerten kann man auch von Knappheitspreisen oder Opportunitätskosten sprechen.

Für das Beispiel "mittleres Management" ergibt sich ein jährlicher Wertgewinn von 8.785,00 DM. In einem weiteren Schritt kann das erhaltene Ergebnis in zwei Effekte zerlegt werden. Mit dem ersten wird dargestellt, daß sich der Anteil höherwertiger Arbeitsinhalte verbessert. Der zweite beruht darauf, daß man unproduktive Tätigkeiten abbaut. Janko u. a. wenden das Verfahren zur Beurteilung von Forschungs- und Lehrarbeitsplätzen an der Wirtschaftsuniversität Wien an. Sie weisen dabei beträchtliche Einsparungspotentiale durch den Bürotechnik-Einsatz aus (vgl. JANKO 89).

Arbeitszeitanteile ohne Büroautomation

Annahme: Arbeitszeit pro Jahr = 2.000 Std.

| | Führungs-aufgaben Std. | | Fach-aufgaben Std. | | Sach-aufgaben Std. | | Unter-stützungs-aufgaben Std. | | nicht produktive Tätigkeiten Std. | |
|---|---|---|---|---|---|---|---|---|---|---|
| mittleres Management | 49 % | 980 | 17 % | 340 | 9 % | 180 | 7 % | 140 | 18 % | 360 |
| Fachkraft | 5 % | 100 | 57 % | 1140 | 11 % | 220 | 11 % | 220 | 16 % | 320 |
| Sachbearbeiter | 0 % | 0 | 5 % | 100 | 58 % | 1160 | 27 % | 540 | 10 % | 200 |
| Unterstützungskraft | 0 % | 0 | 0 % | 0 | 8 % | 160 | 84 % | 1680 | 8 % | 160 |

Arbeitszeitanteile mit Büroautomation

Annahme: Arbeitszeit pro Jahr = 2.000 Std.

| | Führungs-aufgaben Std. | | Fach-aufgaben Std. | | Sach-aufgaben Std. | | Unter-stützungs-aufgaben Std. | | nicht produktive Tätigkeiten Std. | |
|---|---|---|---|---|---|---|---|---|---|---|
| mittleres Management | 52 % | 1040 | 20 % | 400 | 11 % | 220 | 5 % | 100 | 12 % | 240 |
| Fachkraft | 6 % | 120 | 66 % | 1320 | 11 % | 220 | 8 % | 160 | 9 % | 180 |
| Sachbearbeiter | 0 % | 0 | 8 % | 160 | 60 % | 1200 | 27 % | 540 | 5 % | 100 |
| Unterstützungskraft | 0 % | 0 | 0 % | 0 | 8 % | 160 | 86 % | 1720 | 6 % | 120 |

Tätigkeitszeiten für das mittlere Management ohne und mit
Büroautomation (in Stunden pro Jahr)

| | ohne | mit | Differenz |
|---|---|---|---|
| | | Büroautomation | |
| Führungsaufgaben | 980 Std. | 1040 Std. | + 60 Std. |
| Fachaufgaben | 340 Std. | 400 Std. | + 60 Std. |
| Sachaufgaben | 180 Std. | 220 Std. | + 40 Std. |
| Unterstützungsaufgaben | 140 Std. | 100 Std. | - 40 Std. |
| nicht produktive Tätigkeiten | 360 Std. | 240 Std. | - 120 Std. |

*Abb. 4.3.1.2/1*      ARBEITSZEITANTEILE MIT UND OHNE BÜROKOMMUNI-

KATION

Gleichungssystem 1: Tätigkeitskosten ohne Büroautomation

x1: Führungsaufgaben  x2: Fachaufgaben

x3: Sachaufgaben  x4: Unterstützungsaufgaben

mittleres Management  Kosten = 60 DM/Std.

Fachkraft  Kosten = 50 DM/Std.

Sachbearbeiter  Kosten = 44 DM/Std.

Unterstützungskraft  Kosten = 33 DM/Std.

Ergebnisse:

$$0.49\,x1 + 0.17\,x2 + 0.09\,x3 + 0.07\,x4 = 60 \qquad x1 = 85.67 \text{ DM/Std.}$$
$$0.05\,x1 + 0.57\,x2 + 0.11\,x3 + 0.16\,x4 = 50 \qquad x1 = 63.10 \text{ DM/Std.}$$
$$0.05\,x2 + 0.58\,x3 + 0.27\,x4 = 44 \qquad x1 = 54.44 \text{ DM/Std.}$$
$$0.08\,x3 + 0.84\,x4 = 33 \qquad x1 = 34.09 \text{ DM/Std.}$$

Gleichungssystem 2: Tätigkeitskosten mit Büroautomation analog
Gleichungssystem 1 mit Werten aus Matrix 2

Ergebnisse:

$x1 = 79.09$ DM/Std. $x2 = 55.96$ DM/Std.

$x3 = 50.70$ DM/Std. $x4 = 33.65$ DM/Std.

Kosteneffekt für mittleres Management pro Jahr durch Büroautomation:

| | Differenz-stunden | Kosten mit Bürosyst. je Std. | Produktivitäts-vorteil |
|---|---|---|---|
| Führungsaufgaben | + 60 Std. | 79.09 DM/Std. | 4745.40 DM/Jahr |
| Fachaufgaben | + 60 Std. | 55.96 DM/Std. | 3357.60 DM/Jahr |
| Sachaufgaben | + 40 Std. | 50.70 DM/Std. | 2028.00 DM/Jahr |
| Unterstützungsaufgaben | - 40 Std. | 33.65 DM/Std. | - 1346.00 DM/Jahr |
| nicht produktive Tätigkeit | - 120 Std. | | |

Wertvorteil mittleres Management  Summe: 8785.00 DM/Jahr

durch Büroautomation pro Jahr

*Abb. 4.3.1.2/2*  BESTIMMUNG DER TÄTIGKEITSKOSTEN

Drei Voraussetzungen, die diesem Modell zugrunde liegen, müssen aber kritisch betrachtet werden:

1. Die Gehaltsstruktur der Mitarbeiter entspricht der Qualität und damit der "Knappheit" der von ihnen auszuführenden Arbeit. Diese Voraussetzung dürfte aufgrund des Einflusses der Altersstruktur auf die Gehaltshöhe nicht immer erfüllt sein, wird sich jedoch wohl dann einstellen, wenn man ein Gesamtunternehmen betrachtet.

2. Die aktuelle Mitarbeiterzahl ist so ausgelegt, daß sie dem Arbeitsanfall entspricht, also weder Leerzeiten vorhanden sind (die durch die IT erhöht werden) noch Überstunden notwendig werden. Treten Überstunden auf, so würde das Bürosystem zuerst darauf Einfluß haben.

3. Man geht davon aus, daß die zusätzliche höherwertige Arbeit auch sinnvoll genutzt werden kann. Dieses muß sich entweder in einer verbesserten Qualität der Entscheidungen niederschlagen, oder das Unternehmen muß die Möglichkeit haben Zusatzaufträge abzuwickeln, bei denen entsprechende Tätigkeiten anfallen.

Bei diesem Vorgehen muß außerdem berücksichtigt werden, daß die Akzeptanz einen wesentlichen Einfluß auf die Resultate hat. Daher kann man die so bestimmten Werte nur als Anhaltspunkte bei einer Beurteilung der Gesamtergebnisse des IV-Systems verwenden.

## 4.3.2 Verfahren auf der Organisationseinheits- und Prozeßebene

Auf dieser Ebene lassen sich als Hauptelemente Prozeß- oder Vorgangsanalysen nennen, deren Anwendung auf keinen spezifischen Funktionalbereich beschränkt ist. Besonders häufig findet man allerdings Büroprozeßanalysen. Wird im Bürobereich die Informationsbereitstellung und -übertragung geändert, so sollte eine Kommunikationsanalyse vorausgehen, um die dadurch entstehenden Einflüsse zu planen und abzuschätzen.

Soll für einen abgeschlossenen Bereich eine direkte Bewertung erfolgen, so bietet sich eine Input-Output-Analyse für ausgewählte Teilergebnisse, wie z. B. den Personaleinsatz, an. Ebenso können für einen Bereich Kostenbudgets mit und ohne IV-Investitionen verglichen werden.

Lassen sich sowohl die Input- als auch die Output-Leistungen bewerten (z. B. mit Marktpreisen), so wäre eine wertschöpfungsorientierte Betrachtung möglich, mit der sich Gesamteffekte der IV ausweisen lassen. Die Wertschöpfung ergibt sich aus der Differenz der Gesamtleistung eines Funktionsbereichs und den zur Leistungserstellung in Anspruch genommenen Vorleistungen. Man kann versuchen, Effekte des DV-Einsatzes anhand dieser Maßgröße zu erkennen und zu beurteilen. Indirekte Ergebnisse werden durch Wirkungskettenanalysen veranschaulicht.

### 4.3.2.1 Kostenorientierte Betrachtungsweise

Ein an die traditionelle Kosten-Nutzen-Rechnung angelehntes Verfahren ist die Budgetbetrachtung oder Kostenwirkungsanalyse, bei der man die im Unternehmen existierende Kostensituation mit dem geplanten Kostenanfall vergleicht, wie er nach einer Integration oder der Einführung einer neuen Technologie erwartet wird[4].

Die zu berücksichtigenden Kosten werden üblicherweise auf Abteilungsebene erfaßt und dann aggregiert. Veränderungen sind von dem bereits vorhandenen Automatisierungsniveau und den geplanten Kopplungen des neuen Systems abhängig. Besonders geeignet erscheint die Vorgehensweise für Investitionen in Fertigungstechnologien.

Wegen des häufig hohen Kapitaleinsatzes ist es in einem zweiten Schritt dann insbesondere bei Investitionen in moderne IV-gestützte Fertigungsanlagen erforderlich, eine Break-even-Analyse durchzuführen. Als Ergebnis erhält man die kritische Ausbringungsmenge. Diese Auslastungsplanung ist damit ein weiterer Eckpfeiler der Wirtschaftlichkeitsrechnung.

Neben den reinen kostensenkenden bzw. -erhöhenden Effekten sind Kostenverlagerungen darzulegen. Veränderte Gemeinkosten können durch geänderte Maschinenkosten oder neue Kostenarten, z. B. für Software, auftreten. Ebenso beeinflussen die neu zusammengesetzten Arbeitsinhalte des Funktionsbereichs den Kostenanfall.

---

4) Ein weiterer Schritt wäre es dann, die ermittelten Größen in Planungsrechnungen des Rechnungswesens zu übernehmen, um den Einfluß auf das Gesamtunternehmen abzubilden (vgl. WEINRICH 89).

Als Beispiel sei hier das Budget für die Fertigungsabteilung bei Einführung eines Flexiblen Fertigungssystems herausgegriffen. Im technischen Bereich sind folgende Effekte denkbar:

- Einsparungen an Materialkosten durch höhere Fertigungspräzision der Anlage,
- Reduzierung des Bedienungspersonals,
- Verringerung des Budgets für den Lagerbereich durch Direktanlieferung an die Montageanlage (weniger Pufferlager und dadurch geringere Kapitalbindung sowie verminderte Lagerraumkosten),
- weniger Platzbedarf für die Maschinen,
- Abbau der Kosten für Werkzeuge, deren Zahl geringer wird,
- sinkende Energiekosten durch Abschaltbetrieb und höheren Wirkungsgrad der Antriebssysteme,
- Kosten für den Systementwurf,
- erhöhte Kosten für die Wartung der Flexiblen Fertigungssysteme,
- steigender Kapitaldienst (höhere Abschreibungen auf die kapitalintensiveren Neuanlagen).

Beim Plan-/Ist-Kostenvergleich sind für abgeschriebene Anlagen ebenfalls kalkulatorische Abschreibungen anzusetzen.

Daneben müssen die funktionsübergreifenden bzw. durch Wechselwirkungen entstehenden Kosteneffekte untersucht werden. Diese Betrachtung kann man anhand von Zielgrößen, wie Durchlaufzeit oder Qualität, vornehmen. Für jeden Funktionsbereich sind dazu, je nach Zielgröße, Wirkungsketten aufzustellen, um die Veränderung der automatisierungsrelevanten Kostenarten abzuleiten bzw. Budgetveränderungen der Bereiche zu planen.

In einer weiteren Stufe können die Kapazitätsänderungen eingeführt werden (vgl. LIENERT 78, hier S. 62 und auch HORVATH 87, insbes. S. 80 ff.). Beim Einsatz Flexibler Fertigungssysteme kann das z. B. der Übergang vom Zwei- zum Drei-Schicht-Betrieb sein. Für den Personalstand läßt sich ein Budgetplan, der die Umschichtung der Personal-Struktur und die Veränderung durch eine mögliche dritte Schicht darlegt, aufstellen.

Mit Hilfe dieser Budgetuntersuchungen können nun schrittweise Wirtschaftlichkeitsziele hinterfragt werden. Die Gegenüberstellung der jährlichen Mehraufwendungen und der eingesparten Kosten zeigt, ob aufgrund einer reinen Kostenbetrachtung eine

Unter- oder Überdeckung vorliegt, die Wirtschaftlichkeit also bereits nachgewiesen werden kann. Als Hilfsmittel dient u. a. eine Graphik, wie sie z. B. die Abbildung 4.3.2.1/1 zeigt. Es werden der kumulierte jährliche Mehraufwand und die kumulierten Kosteneinsparungen aufgetragen. Die Veränderung der Kurvensteigung resultiert aus den unterschiedlichen Projektphasen (Entwicklungs-, Einführungs- und Nutzungsphase).

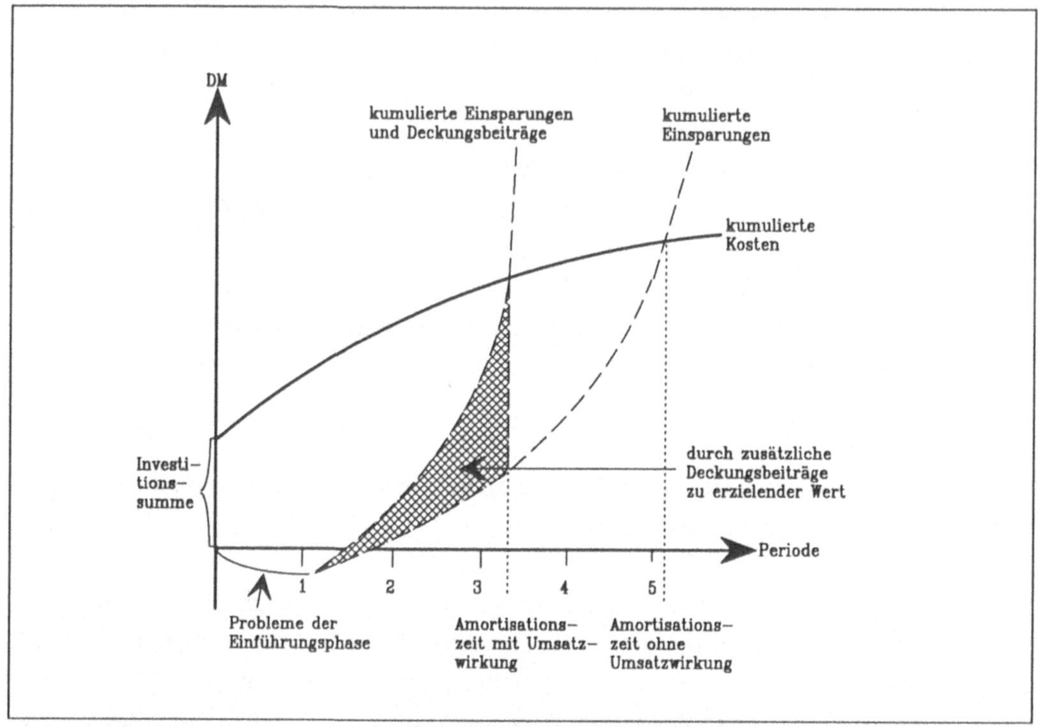


*Abb. 4.3.2.1/1*   BREAK-EVEN-ANALYSE FÜR DEN INFORMATIONSTECHNIKEINSATZ

Nun lassen sich alternative Amortisationszeiten vorgeben. In der Graphik kann man aufzeigen, welche Erhöhung des Deckungsbeitrags durch Umsatzsteigerungen oder zusätzliche Gewinnanteile auftreten muß, um die gewünschte Amortisationszeit zu erreichen. Hier können Management-Beurteilungen ansetzen, ob dieser notwendige Zuwachs realistisch ist oder ob der fehlende Deckungsbeitrag durch den Einfluß des Systems auf die Unternehmensstrategie als gerechtfertigt erscheint. Somit kann bei diesem Verfahren neben der Kostenbetrachtung ein Markteffekt, der durch die Investition erreicht werden muß, in die Diskussion eingeführt werden.

Schulz und Bölzing stellen ein Verfahren vor, das sich stark an einer dem Betriebsabrechnungsbogen nachempfundenen Vorgehensweise orientiert (vgl. SCHULZ

89, insbes. S. 615 ff.). Dazu wird in mehreren Schritten vorgegangen, wobei die Methode für jede Technologie und jeden Integrationsschritt zu durchlaufen ist. In einem ersten Schritt werden die relevanten Kosten des Unternehmens bestimmt und auf die einzelnen Funktionsbereiche (entspricht den Spalten des Abrechnungsbogens) verteilt.

$$\text{Gesamtkosten} = \sum_{i=1}^{m} (\text{Kostenanteil}_i \cdot \text{Gesamtkosten}) \,[\, \% \cdot \text{DM}\,]$$

i = Funktionsbereich; m = Anzahl der Bereiche

In der Kopfspalte der Matrix sind Bewertungskriterien eingetragen, auf die eine IV-Investition wirkt. Nun sind für alle Funktionsbereiche die Wirkungen dieser Kriterien auf die Kosten abzuschätzen. Dazu müssen der beeinflußbare Kostenanteil und die Änderung des Kostenanteils durch die Bewertungskriterien festgelegt werden. Damit ergibt sich ein beeinflußbarer Kostenanteil durch ein Bewertungskriterium für einen Funktionsbereich $K_{Li}$.

$$K_{Li} = (\text{Beeinflußbarer Kostenanteil}_i) \cdot (\text{Änderung des Kostenanteils}_{Li}) \,[\, \% \cdot \% \,]$$

L = Beurteilungskriterium

Nachdem sämtliche Kriterien bestimmt wurden, um für einzelne Funktionsbereiche die Veränderungen des Kostenanfalls zu ermitteln, muß die Gesamtkostenveränderung für alle Funktionsbereiche ausgewiesen werden.

$$\text{Kostenwirkung}_i = \sum_{L=1}^{n} K_{Li} \cdot \text{Kostenanteile}_i \cdot \text{Gesamtkosten}$$

n = Anzahl Beurteilungskriterien

Der Gesamteffekt ergibt sich dann aus:

$$\text{Gesamtkostenwirkung} = \sum_{i} \text{Kostenwirkung}_i; \quad \text{für alle Funktionsbereiche i}$$

Abbildung 4.3.2.1/2 zeigt ein Beispiel für eine Bewertungsmatrix. Kritisch ist hervorzuheben, daß sich nicht immer Einzel- und Integrationswirkungen, wie hier geschehen, so klar voneinander abgrenzen lassen. Die Einzeltechnologien und die Integration können nicht immer einer gesonderten Betrachtung unterzogen werden. Vielmehr sind auch Interdependenzen zwischen den Kostenveränderungen einzelner Tableaus zu berücksichtigen.

196

| Funktionsbereich / Zielbeitrag | Konstruktion | Qualitäts-sicherung | Formen-/ Werkzeugbau | Arbeitsvor-bereitung | Fertigung | Qualitäts-prüfung | Kostenwirkung der Zielgröße (in TDM) |
|---|---|---|---|---|---|---|---|
| Anteil am Gesamtkostenbudget | 15 %<br>1.800 | 2 %<br>240 | 9 %<br>1.080 | 6 %<br>720 | 40 %<br>4.800 | 6 %<br>720 | 12.000 |
| Produktivitätssteigerungen in der Konstruktion | – 25 % | – 1 % |  | – 1 % |  |  | – 459,6 |
| Bessere Flexibilität bei Kundenwünschen | – 4 % |  | – 2 % | – 0,7 % | – 0,3 % |  | – 113,0 |
| Teile- und Varianten- zahl senken | – 0,4 % | – 0,3 % | – 5 % | – 1,2 % | – 2 % | – 0,8 % | – 172,3 |
| Durchlaufzeitverkürzung in der Konstruktion | – 3 % | – 0,7 % | – 2 % | – 1 % | – 0,5 % | – 1 % | – 115,7 |
| Automatisches Übertragen von Zeichnungsdaten |  | – 3 % | – 7 % | – 8 % | – 1,5 % | – 0,5 % | – 216,0 |
| Verbesserte Planungs- und Konstruktionsunterlagen |  | – 0,8 % | – 1,2 % | – 0,7 % | – 0,3 % |  | – 34,3 |
| Kostenwirkung im Funktionsbereich | – 32,4 %<br>– 583,2 | – 5,8 %<br>– 13,9 | – 17,2 %<br>– 185,8 | – 12,6 %<br>– 90,7 | – 4,6 %<br>– 220,8 | – 2,3 %<br>– 16,5 | – 9,25 %<br>– 1.110,9 |
| Gesamtkostenwirkung | – 9,25 %<br>– 1110,9 TDM | | | (eingeschwungener Zustand, vollständige Integration des CAD–Systems) | | | |

*Abb. 4.3.2.1/2*  BEWERTUNGSMATRIX FÜR KOSTENVERÄNDERUNGEN

## 4.3.2.2 Untersuchung von Prozeßketten

Nachfolgend wird vorgestellt, wie Nutzeffekte, die durch Funktions- oder Ablaufänderungen beim Einsatz neuer IV-Systeme entstehen, analysiert werden können. Die Beschreibung der Prozeßanalyse erfolgt anhand eines Beispiels aus dem Selbstbedienungseinzelhandel (SB-Handel), bei dem ein Warenwirtschaftskonzept, das nur auf der Wareneingangsseite eine DV-Unterstützung besitzt, den Ist-Zustand darstellt. Es soll durch ein geschlossenes System ersetzt werden, bei dem Scanner-Kassen den Warenausgang mit Hilfe des EAN-Codes erfassen (vgl. LUTZ 89, hier S. 4 ff.). Dieses geschlossene Warenwirtschaftssystem erlaubt es, die Produkte vom Wareneingang bis zum Verlassen des Ladens am Point of Sale (Warenausgangsdatenerfassung) mit der IV zu verfolgen. Damit sind artikelgenaue Informationen über aktuelle Lagerbestände permanent verfügbar.

## 4.3.2.2.1 Informationsbeschaffung

Zum Durchführen einer prozeßorientierten Analyse müssen zwei Voraussetzungen gegeben sein:

1. Es muß eine Abgrenzung der Einzelprozesse erfolgen. Für den SB-Handel wurden dazu:

   - der Wareneingang,
   - die Bestellabwicklung,
   - die Regalauffüllung,
   - Verkaufspreisänderungen,
   - die Rechnungsprüfung,
   - sogenannte Abschriften (physisches und buchtechnisches Aussortieren fehlerhafter Ware) sowie
   - die Inventur

   unterschieden.

   Diese Unterteilung ähnelt stark der Aufgabendifferenzierung in den einzelnen Funktionalbereichen des Handelsbetriebes.

2. Das mit den Tätigkeitsfolgen verbundene Datengerüst ist zu erfassen. Um diesen Vorgang möglichst effizient zu gestalten, sollte man auf unterschiedliche Informa-

tionsquellen zurückgreifen. Häufig existieren im Unternehmen bereits Auswertungen oder Statistiken, die herangezogen werden können. Beispiele für den hier gewählten Bereich sind die Anzahl der Wareneingänge pro Tag oder Woche, die Anzahl der Rechnungen einer Periode oder die Rechnungsdifferenzen etc. Diese Informationen sind um selbst erhobene Daten zu ergänzen. Dazu tragen folgende Arbeitsschritte bei:

- Arbeitsabläufe werden beobachtet,
- Vorgänge werden stichprobenhaft ausgewertet,
- Mitarbeiter des Unternehmens werden befragt.

Zur Einschätzung der Nutzeffekte des neuen Systems ist es außerdem wichtig, auch Informationen aus Unternehmen zu erhalten, die bereits die analysierte Anwendung einsetzen. Als Ausgangspunkt der Kostenermittlung für das System können oft Angebote der IV-Hersteller dienen.

Die damit erhobenen Daten werden allerdings nur in seltenen Fällen vollständig ausreichen. Daher ist es notwendig, stellenweise Schätzungen vorzunehmen. Dabei kann man sich an gleichartigen Tätigkeiten oder ähnlichen Informationen orientieren.

### 4.3.2.2.2 Ablauf der Analyse

Der Umfang der Analyse ist von den Veränderungen abhängig, die durch das neue System hervorgerufen werden. Bleiben die Arbeitsinhalte im wesentlichen erhalten, so reicht es aus, eine Prozeßkette für die Tätigkeitsfolge aufzustellen und mit dieser die Änderungen zu bestimmen. Sind die ausgelösten Änderungen größer, so müssen solche Prozeßketten sowohl für den alten als auch für den neuen Arbeitsablauf bestimmt und einander gegenübergestellt werden. Darüber hinaus erhebt sich die Frage, ob sämtliche Prozesse analysiert werden müssen oder ob es genügt, nur repräsentative Aufgabenfolgen abzubilden und dann mit den ausgewählten Ergebnissen eine Hochrechnung zu versuchen. Dies ist ebenfalls von den Änderungen durch die neue Lösung abhängig. Werden Arbeitsinhalte von einem Bereich in einen anderen verlagert oder entstehen durch das einzuführende IV-System in größerem Umfang neue Tätigkeiten, so muß eine umfangreichere Analyse erfolgen.

Für das hier dargestellte Beispiel war eine Gegenüberstellung der Arbeitsprozesse mit und ohne die neue IT erforderlich. Dieser Vergleich  wurde für die wesentlichen Arbeitsabläufe des Handelsbetriebes ausgeführt. Abbildung 4.3.2.2.2/1 zeigt, daß man dazu in sechs Teilschritten vorging.

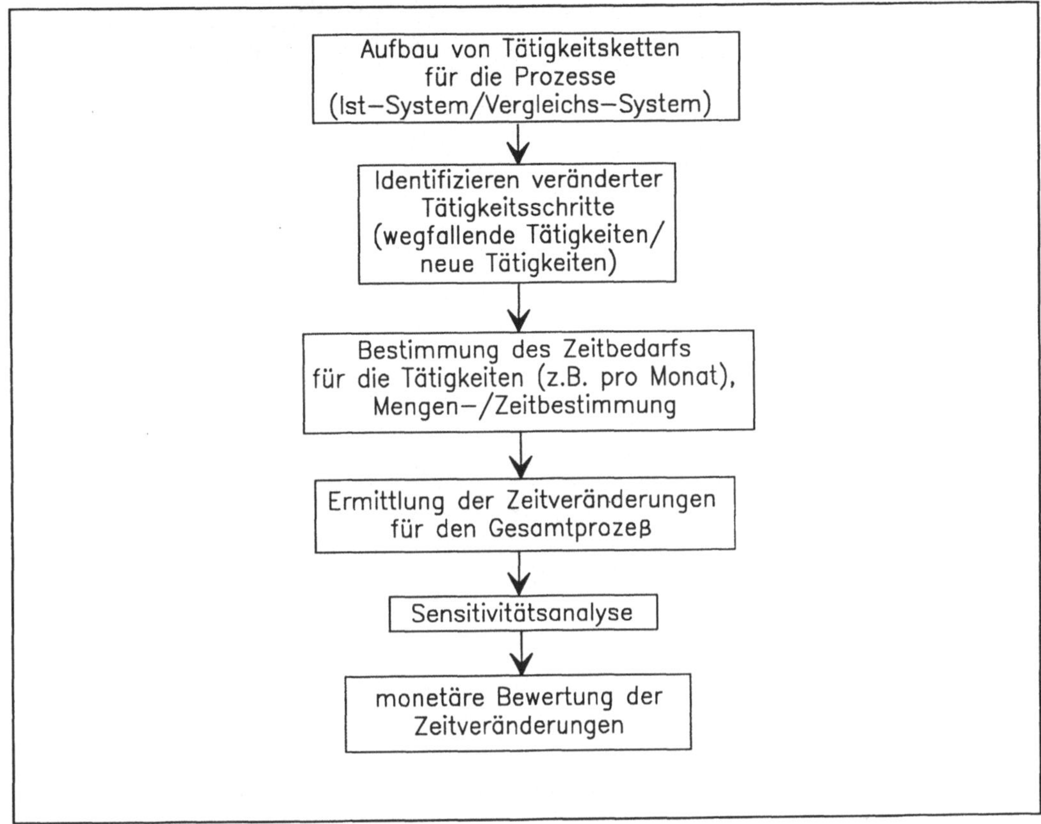


*Abb. 4.3.2.2.2/1*          VORGEHENSWEISE BEI DER PROZESSANALYSE

### 4.3.2.2.3 Aufbau von Tätigkeitsketten

Die in diesem Schritt auszuführende Aufgabe orientiert sich stark an Verfahren der Systemanalyse. Die einzelnen Prozeßschritte werden für das alte und das neue System bestimmt und miteinander verglichen. Die Abbildungen 4.3.2.2.3/1 und 4.3.2.2.3/2 zeigen vereinfacht das unterschiedliche Vorgehen in einem Teilbereich des Wareneingangs.

Unterscheiden lassen sich bei dieser Tätigkeit Fremdlieferungen und interne Lieferungen vom Zentrallager oder einer anderen Filiale. Bei den Fremdlieferungen kann man weitere Fälle differenzieren:

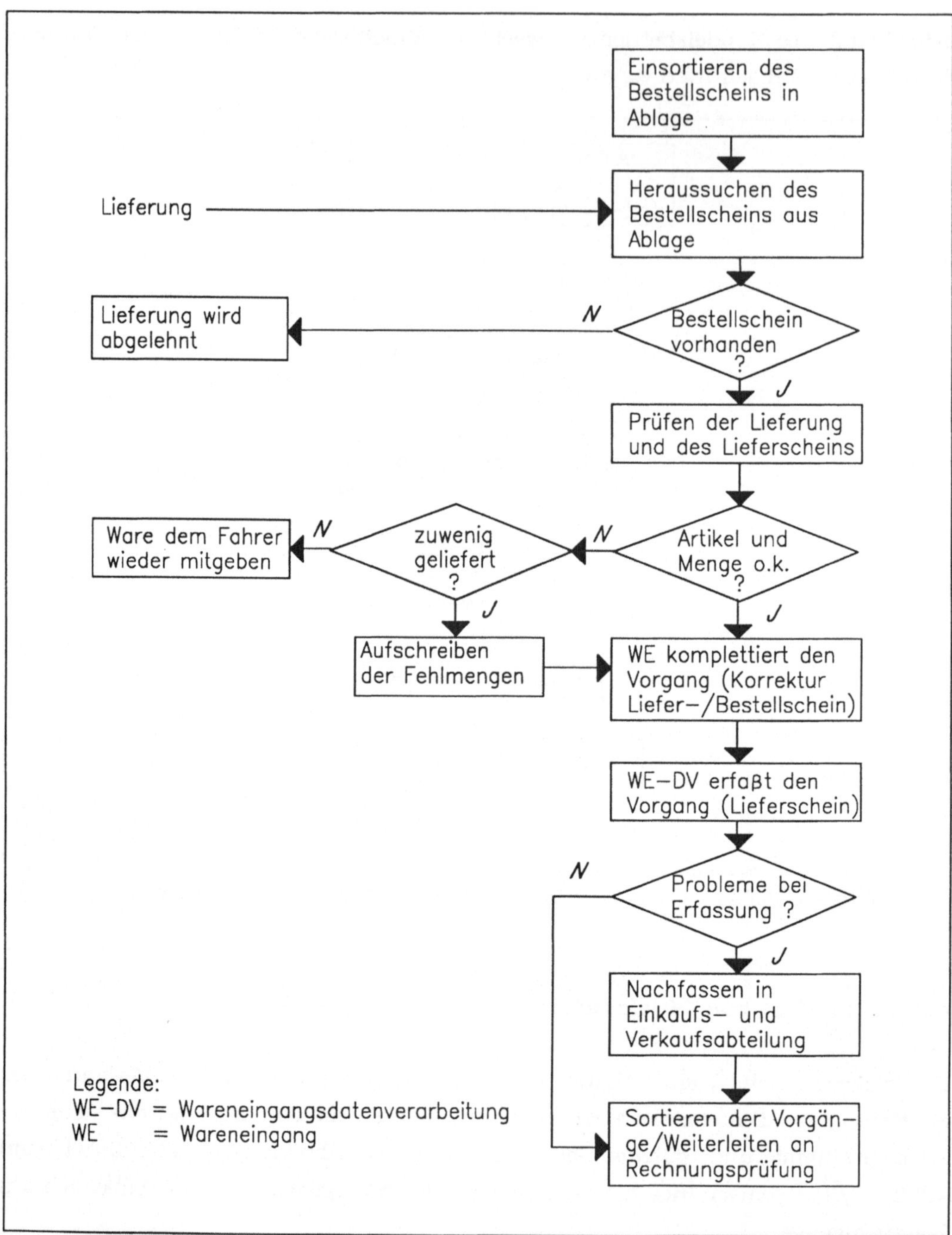


*Abb. 4.3.2.2.3/1*  BEISPIELHAFTER AUSSCHNITT EINER TÄTIGKEITSKETTE FÜR DEN WARENEINGANG OHNE ONLINE-DV-UNTERSTÜTZUNG

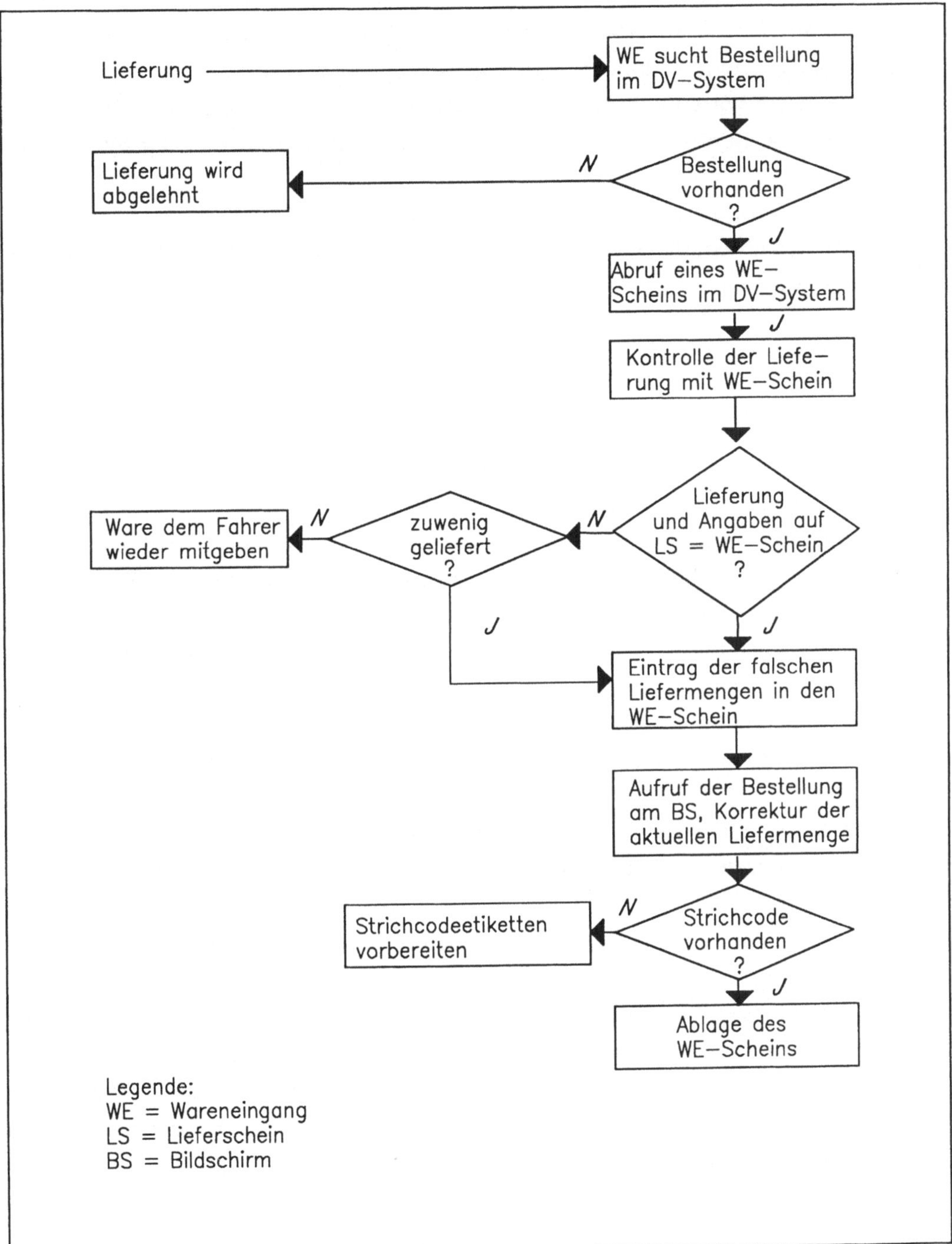


*Abb. 4.3.2.2.3/2*     BEISPIELHAFTER AUSSCHNITT EINER TÄTIGKEITSKETTE FÜR DEN WARENEINGANG MIT ONLINE-DV-UNTERSTÜTZUNG

- Die Artikel werden am Wareneingang kontrolliert. Der Vorgang der Produktannahme/-ablehnung ist danach abgeschlossen.
- Die gelieferten Waren können erst beim Einsortieren in das Regal geprüft werden. Solange diese Kontrolle nicht erfolgt ist, muß man einen offenen Posten für den Wareneingang führen.
- Schließlich kann es bei der alten Organisationsform vorkommen, daß zentral Waren bestellt werden, für die erst nach der Auslieferung die Bestellung DV-technisch ausgelöst wird.

Die wesentlichen Unterschiede der beiden Vorgehensweisen (altes/neues System) sind folgende:

- Jede Bestellung wird nach der Einführung des geschlossenen Systems in einer Bestelldatei gehalten, auf die die DV-Anwendung für den Wareneingang zugreift. Das Hantieren mit Bestellscheinen im Wareneingang ist damit überflüssig. Die Wareneingangskontrolle kann jetzt mit den über das IV-System verfügbaren Daten abgewickelt werden. Die Lieferscheine sind nicht mehr Grundlage der Prüfung.
- Falschlieferungen erfaßt sofort der Wareneingang. Ihre Eingabe in das IV-System erfolgt nicht erst zu einem späteren Zeitpunkt, etwa durch die Verkaufsabteilungen, wie es in dem alten System notwendig ist. Ebenso findet eine aktuelle Erfassung der Liefermengen statt.
- Als zusätzliche Aufgabe muß man im Wareneingang z. B. Strichcodeetiketten für solche Waren ausdrucken, die nicht über einen EAN-Code verfügen (im einzelnen gehen die zusätzlichen Tätigkeiten aus Abbildung 4.3.2.2.4/1 hervor).

Die Arbeitsprozesse würden sich für die Analyse wesentlich effizienter beschreiben lassen, wenn rechnergestützte Tools verfügbar wären, die einen solchen Prozeßentwurf unterstützen. Die einzelnen Knoten könnten dann mit Bewertungsgrößen und -einheiten versehen werden, so daß sich im nächsten Schritt eine Quantifizierungsrechnung anstoßen läßt, bei der das System die Einzelwerte abfragt und Rechenvorgänge übernimmt sowie die Vollständigkeitsprüfung überwacht. Auf erste Ansätze in diesem Bereich wird in Kapitel 6 eingegangen.

### 4.3.2.2.4 Bewertung von Tätigkeitsketten

Um eine Bewertung vorzunehmen, lassen sich die ermittelten Tätigkeiten in vier Kategorien einteilen:

- Tätigkeiten mit veränderten Ausführungszeiten,
- wegfallende Tätigkeiten,
- neu hinzukommende Tätigkeiten und
- unveränderte Tätigkeiten.

Für die Untersuchung sind nur die ersten drei Gruppen interessant, wobei man hier noch einmal in bedeutende und unbedeutende Aufgaben unterteilen sollte. Zur effizienteren Untersuchung werden dann nur die bedeutenden Tätigkeiten weiter verfolgt. Als Maßgröße kann z. B. der notwendige Zeitaufwand dienen. Abbildung 4.3.2.2.4/1 beschreibt diese Einteilung für den Wareneingang anhand des dargestellten Beispiels.

| Zeitaufwand | wegfallende Tätigkeiten | hinzukommende Tätigkeiten |
|---|---|---|
| bedeutend | Einsortieren von Bestellscheinen in die Ablage<br><br>Bestellscheine heraussuchen; Lieferscheine für Kontrolle vorbereiten<br><br>Vorgänge komplettieren<br><br>Lieferungen im DV-System erfassen<br><br>Probleme bei der WE-Erfassung beseitigen | Bestellungen am Bildschirm suchen und ausdrucken<br><br>abweichende Liefermengen in DV-System übertragen<br><br>Belastungsanzeigen am Bildschirm erstellen<br><br>Strichcodeetiketten für WE-Kontrolle vorbereiten |
| unbedeutend | Ersatzlieferscheine schreiben<br>Fehlmengenscheine schreiben<br>zuviel gelieferte Artikel auf den Bestellscheinen ergänzen<br>. <br>. <br>. | bei Abweichungen Liefermengen in WE-Scheine eintragen<br><br>bei Feinkontrollen ein Kennzeichen in die Bestellungen eingeben<br><br>Strichcodeetiketten drucken lassen<br>. <br>. |

*Abb. 4.3.2.2.4/1*     TÄTIGKEITSEINTEILUNG FÜR DEN WARENEINGANG

Im Folgeschritt wird nun die Einzelbewertung vorgenommen. Dazu lassen sich beispielsweise benötigte Zeiteinheiten heranziehen. Es sind sowohl Einsparungen als auch zusätzlicher Aufwand zu bestimmen. In Abbildung 4.3.2.2.4/2 sind die aufgrund der Analyse ermittelten Zeitveränderungen für den Wareneingang aufgeführt. Zur Absicherung und besseren Abschätzung der Analyse sollte mit wahrscheinlichen, optimistischen und pessimistischen Annahmen gearbeitet werden. Die benötigten Einzelwerte kann man zumeist aus dem verfügbaren Datenmaterial bestimmen. Anschließend läßt sich mit einer Sensitivitätsrechnung untersuchen, welche Einflußfaktoren die größte Wirkung auf das berechnete Ergebnis haben. Diese Faktoren gilt es besonders genau zu analysieren. Den letzten Schritt bildet schließlich die monetäre Bewertung des abgeleiteten Einsparungspotentials oder Mehraufwandes. Abbildung 4.3.2.2.4/3 zeigt für sämtliche Prozesse des Warenwirtschaftssystems die ermittelten Werte im Überblick.

| Tätigkeit \ Einschätzung | pessimistisch | Basiswert | optimistisch |
|---|---|---|---|
| **Zeiteinsparungen** | | | |
| Einsortieren von Bestellscheinen in die Ablage | 5 Std. | 8 Std. | 10 Std. |
| Bestellschein heraussuchen und Vorgang für WE-Kontrolle vorbereiten | 29 Std. | 44 Std. | 59 Std. |
| Vorgang komplettieren | 70 Std. | 80 Std. | 90 Std. |
| Erfassung von Lieferungen im DV–System | 29 Std. | 29 Std. | 29 Std. |
| Probleme bei der WE–Erfassung beseitigen | 8 Std. | 14 Std. | 16 Std. |
| Gesamteinsparung: | 141 Std. | 175 Std. | 204 Std. |
| **Zusätzlicher Zeitbedarf** | | | |
| Bestellungen am Bildschirm suchen | 24 Std. | 16 Std. | 8 Std. |
| Verändern von Liefermengen im DV–System | 9 Std. | 7 Std. | 6 Std. |
| Erfassung von Belastungsanzeigen am Bildschirm | 3 Std. | 2 Std. | 2 Std. |
| Strichcodeetiketten vorbereiten | 48 Std. | 16 Std. | 5 Std. |
| Gesamtaufwand: | 84 Std. | 41 Std. | 21 Std. |
| Gesamtzeiteinsparung im Wareneingang: | 57 Std. | 134 Std. | 183 Std. |

*Abb. 4.3.2.2.4/2*    ZEITVERÄNDERUNGEN BEIM WARENEINGANG (IN STUNDEN PRO WOCHE)

### 4.3.3 Verfahren auf der Unternehmensebene

Bei der unternehmensbezogenen Betrachtungsweise stehen die Marktwirkungen großintegrierter Systeme im Vordergrund. Da dieser Bereich mit besonderen Unsicherheiten behaftet ist, sind hier Simulations- und Szenariotechniken vorherrschend.

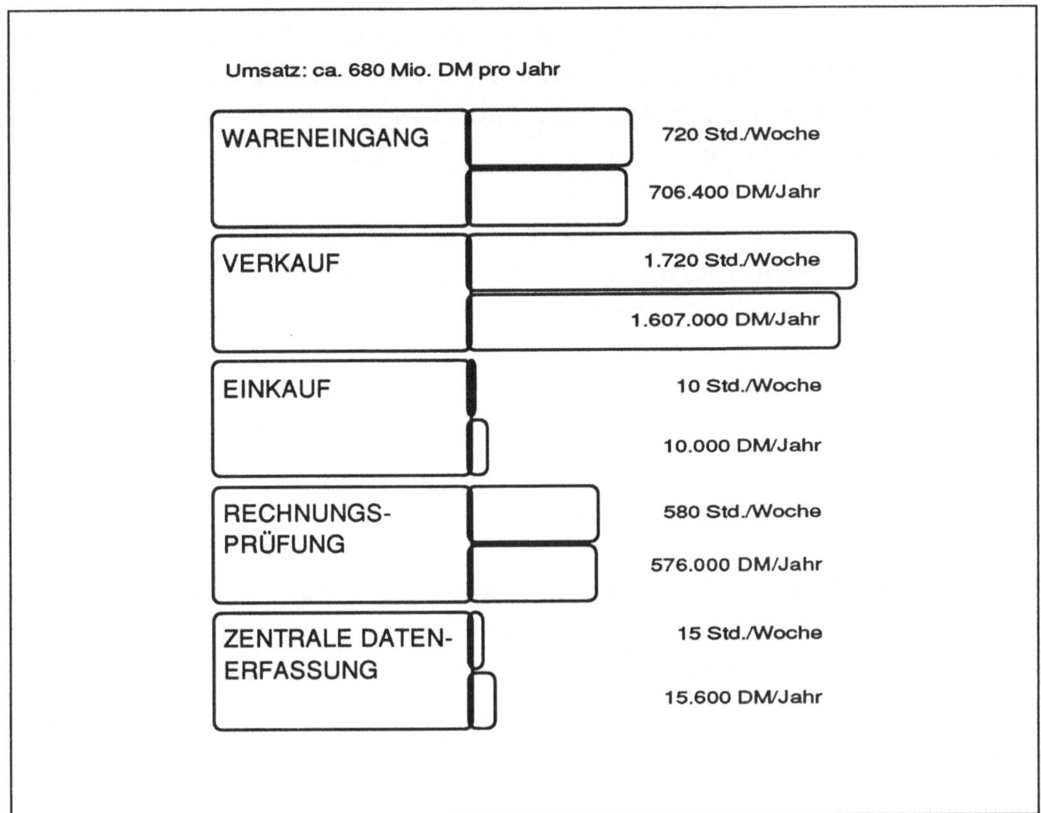


*Abb. 4.3.2.2.4/3*    VERTEILUNG DER BRUTTONUTZEFFEKTE DURCH PROZESSÄNDERUNGEN AUF DIE EINZELNEN FUNKTIONSBEREICHE

Als Ausgangspunkt für mögliche Marktentwicklungen kann beispielsweise eine Cross-Impact-Analyse verwendet werden (vgl. PLATTFAUT 88, hier S. 54 ff.). Eine Gap-Analyse kann ebenso herangezogen werden, um mögliche Schwachpunkte des Unternehmens zu identifizieren und die Auswirkungen neuer Technologien abzuschätzen.

Ebenfalls lassen sich in diesem Bereich aus der Marktforschung bekannte Verfahren auf das Gebiet der IV-Investitionen übertragen. Zu nennen sind hier vor allem Modelle des Typs Decision Calculus (vgl. LITTLE 70).

Um die Marktwirkungen vollständig zu erfassen, müssen auch für den Fall, daß die Investition nicht erfolgt, die finanziellen Konsequenzen für das Gesamtunternehmen aufgezeigt werden. Dazu läßt sich eine Opportunitätskosten-Rechnung heranziehen.

Um möglichst viele Wirkungen, die sich nur schwer quantifizieren lassen, in den Analysen zu berücksichtigen, bietet es sich auch an, eine Wirkungskettenanalyse durchzuführen. Über Ersatzgrößen kann dann zumindest für Teilbereiche eine monetäre Abschätzung erfolgen.

Außerdem finden sich auf dieser Ebene viele qualitativ-beschreibende Verfahren. Sie reichen von der einfachen Argumentenbilanz über Nutzwertanalysen bis zu Conjoint-Analysen als einer speziellen Vorgehensweise für qualitative Bewertungsverfahren[5].

## 4.3.3.1 Abschätzung der Wettbewerbswirkungen von IV-Systemen

### 4.3.3.1.1 Allgemeine Überlegungen

In den Kapiteln 2.2 und 3.5 ist deutlich geworden, daß Wettbewerbswirkungen einen wesentlichen Aspekt großintegrierter Systeme darstellen. Daher ist es unabdingbar, die Marktwirkungen zu analysieren, die z. B. durch Preissenkungen als Folge entstehender Kostenvorteile oder durch Produktdifferenzierung, eventuell verbunden mit Preiserhöhungen und/oder Mehrabsatz, erzielt werden. Eine verbesserte Wettbewerbssituation muß dabei nicht notwendigerweise zu erhöhten Einzahlungsüberschüssen aus dem Produktverkauf führen. Dieses hängt stark von der Attraktivität der Branche ab. Zäpfel versucht dazu anhand eines Wettbewerbsmodells, die Einflußgrößen der Marktwirkungen für Technologien mit strategischer Zielrichtung zu analysieren (vgl. ZÄPFEL 89).

Er bestimmt das Nash-Gleichgewicht für einen Markt nach der Technologie-Einführung, das dadurch gekennzeichnet ist, daß kein Wettbewerber durch Abweichen von seiner Nash-Strategie ein besseres Resultat erzielen kann, solange die Mitbewerber ebenfalls an ihren Nash-Lösungen festhalten. Als Resultat ergibt sich, daß die Preis-Absatz-Funktion der Unternehmen einen wesentlichen Einfluß auf die Marktwirkungen besitzt.

Die Investitionen sind um so lohnender,

- je höher die für das Unternehmen vorhandene Nachfrage ist,
- je geringer die direkte Preiswirkung ist,

---

5)  Hier wird ein Verfahren, das ursprünglich im Marktforschungsbereich eingesetzt wurde, auf die IT-Wirkungen übertragen (vgl. THEUERKAUF 89).

- je produktiver der betrachtete Prozeß durch die Investition gestaltet werden kann und

- je geringer die Investitionsauszahlungen sind.

Insbesondere auf homogenen Märkten, bei denen die direkten und indirekten Preiswirkungen sehr hoch sind, haben die Preisstellung der Wettbewerber und die Kostensituation erheblichen Einfluß. In heterogenen Märkten wird dagegen durch die Differenzierung der Einfluß einer direkten Preiswirkung erheblich gesenkt.

Diese Resultate zeigen, wie wichtig Annahmen über Marktentwicklungen sind. Nachfolgend soll dazu ein Beispiel vorgestellt werden, bei dem die Szenariotechnik verwendet wird.

## 4.3.3.1.2 Anwendung der Szenariotechnik

In Anlehnung an eine von uns in einem Unternehmen der Verpackungsindustrie durchgeführte Analyse sollen nachfolgend mehrere kleinere Szenarien aufgebaut werden, die eine Wirtschaftlichkeitsermittlung für die Einführung integrierter Produktionstechnologien unterstützen (vgl. SCHUMANN 89, hier S. 36 ff.). Es wird die Einführung eines integrierten CAD-Systems zum Entwurf von Kunststoffverpackungen für hochpreisige Konsumgüter analysiert. Das CAD-System soll beim Design der Verpackung und zur Konstruktion der für die Produktion benötigten Formen verwendet werden. Speziell bei Eilaufträgen, die häufig in Verbindung mit Aktions- oder Promotionsverkäufen der Kunden anfallen, werden die benötigten Produktionsformen im Unternehmen selbst hergestellt. Darüber hinaus wird ein Teil der Formenaufträge nach außen vergeben. Das Unternehmen produziert mit CNC-Maschinen (vgl. GRAENZER 89).

Von einer CAD-Anwendung werden folgende Effekte erwartet:

1. Die Zeichnungszeiten für Einzelprodukte werden reduziert.
2. Neue Produkte können mit dem Kunden am CAD-System konstruiert werden. Die Kunden erhalten noch am gleichen Tag ein Konstruktionsmuster; der Service wird damit beträchtlich gesteigert.
3. In Verbindung mit einem Postprozessor können automatisch die NC-Programme, die bisher von der Arbeitsvorbereitung erstellt wurden, generiert werden.
4. Aus den CAD-Daten lassen sich die Zeichnungen für den Formenbau ableiten.

5. Standardbibliotheken tragen zur Vereinheitlichung des Produktprogramms bei, so daß weniger Formen benötigt werden.

6. Die CAD-Unterstützung führt zu einer Verkürzung der Auftragsdurchlaufzeiten, die insbesondere bei Eilaufträgen von entscheidender Bedeutung für die Auftragsakquisition sind.

Für das Unternehmen werden zwei Realisierungsstufen unterschieden:

- Das CAD-System wird im Stand alone-Betrieb eingesetzt.
- Das CAD-System wird mit anderen Komponenten der Fertigung, speziell der NC-Steuerung und Verfahren der Arbeitsvorbereitung, gekoppelt.

Im ersten Fall ergeben sich hauptsächlich die Veränderungen aus 1. und 2. Bei der Integrationslösung treten dagegen sämtliche Effekte auf. Es werden die folgenden Szenarien aufgestellt:

- Das Unternehmen führt eine Investition zum jetzigen Zeitpunkt durch.
- Das Unternehmen plant die Durchführung einer solchen Investition in drei Jahren.
- Es wird auf die CAD-Investition verzichtet.

Folgende vereinfachende Annahmen, insbesondere bei den durch die neue Technik entstehenden Wirkungen, sind mit diesen Szenarien verbunden:

1. In zwei bis drei Jahren werden die Investitionskosten für den CAD-Einsatz nur noch ca. 40 % des heutigen Wertes betragen. Dies ist darauf zurückzuführen, daß man erwarten kann, dann große PCs als CAD-Stationen einsetzen zu können. Heute ist eine Workstation-Lösung oder ein System der mittleren Datentechnik notwendig.

2. Ohne die CAD-Nutzung wird das für den Betrieb wichtige Segment der Eilaufträge langfristig, d. h. nach ca. 5 Jahren, vollständig wegfallen. Dieser Bereich macht ca. 20 % des Umsatzes aus. Der Gesamtumsatz beläuft sich auf 80 Mio. DM pro Jahr. Die durchschnittliche Umsatzrendite beträgt 3 %. Bei einer Stand alone-Lösung würden langfristig ca. 10 % des Umsatzes wegfallen, da Eilaufträge nicht maximal beschleunigt werden können. Führt man das CAD-System erst in drei Jahren ein, so ist davon auszugehen, daß einige Mitbewerber einen Wettbewerbsvorteil erzielen können und damit Marktanteile gewinnen. Kurzfristig können da-

mit ca. 4 % vom Umsatz verlorengehen. Bei einer sofortigen CAD-Einführung ist dagegen eine Marktanteilssteigerung aufgrund des besseren Kundenservice zu erwarten. Durch die schnellere Auftragsabwicklung kann langfristig ein Umsatzzuwachs von 1,5 % erhofft werden. Die Auswirkungen der CAD-Investitionsalternativen auf den Umsatz für die ersten sechs Jahre zeigt Abbildung 4.3.3.1.2/1.

| Jahr | 1 | 2 | 3 | 4 | 5 | 6 |
|---|---|---|---|---|---|---|
| **Sofort** CAD integriert | - | 1,5% | 3% | 1,5% | 1,5% | 1,5% |
| **Sofort** CAD Stand alone | - | - | -2% | -4% | -5% | -10% |
| CAD integriert in drei Jahren | - | -2% | -4% | -3% | -2% | - |
| keine CAD-Investition | - | -2% | -5% | -10% | -15% | -20% |

*Abb. 4.3.3.1.2/1*     UMSATZWIRKUNGEN DURCH DIE CAD-INVESTITION
(IN % VOM UMSATZ)

3. Durch die schnellere Zeichnungserstellung lassen sich mittelfristig zwei Personen im Konstruktionsbereich freisetzen (entspricht 170.000 DM pro Jahr).

4. Bei der integrierten Lösung reduzieren sich außerdem die Kapitalkosten um 15.000 DM pro Jahr, da die Zahl der Formen gesenkt wird. Zusätzlich entstehen in der Arbeitsvorbereitung Einsparungen in Höhe von 80.000 DM pro Jahr.

Bei sofortiger Investition beträgt die Investitionssumme für das integrierte CAD-System 550.000 DM, für die Stand alone-Lösung 350.000 DM. Für die integrierte PC-Lösung sind in drei Jahren 210.000 DM aufzuwenden.

Abbildung 4.3.3.1.2/2 stellt die finanziellen Wirkungen der integrierten CAD-Lösung auf der Basis von sechs Jahren dar. Zur besseren Veranschaulichung wurden wesentliche Vereinfachungen am Zahlenmaterial vorgenommen. Aufgrund analoger Rechnungen für die drei anderen Alternativen ergibt sich folgendes Bild (diese Berechnungen finden sich im Anhang 2 auf den Seiten 348 bis 350):

| Jahr<br>Finanzielle<br>Konsequenzen | 1 | 2 | 3 | 4 | 5 | 6 |
|---|---|---|---|---|---|---|
| **Jährlicher Mehraufwand**<br>*Investitionssumme*<br>*Wartung/System-*<br>*kosten* | -550.000<br><br>-62.000 | <br>-62.000 | <br>-62.000 | <br>-62.000 | <br>-62.000 | |
| **Eindeutig zuorden-bare Kosteneinspa-rungen**<br>*Personalkosten* | 170.000 | 170.000 | 170.000 | 170.000 | 170.000 | |
| **Indirekte Ergebnisse/ Einsparungen**<br>*Kapitalkosten*<br>*Arbeitsvorbereitung* | 15.000<br>80.000 | 15.000<br>80.000 | 15.000<br>80.000 | 15.000<br>80.000 | 15.000<br>80.000 | |
| **Erhöhung des Deckungsbeitrags** | 36.000 | 72.000 | 36.000 | 36.000 | 36.000 | |
| **Ergebnis** | -550.000 | 239.000 | 275.000 | 239.000 | 239.000 | 239.000 |
| **Kalkulationszins Kapitalwert** | 8 %<br>435.122 | | | | | |

*Abb. 4.3.3.1.2/2*   ERGEBNISSE DER INTEGRIERTEN CAD-LÖSUNG (IN DM)

Die schlechteste Lösung ist der Verzicht auf sämtliche Investitionen, da dann ein katastrophaler Umsatzrückgang zu verzeichnen wäre (Kapitalwert minus 909.000 DM). Auch die Stand alone-CAD-Lösung weist mit minus 179.900 DM einen negativen Kapitalwert auf. Dieses ist ebenfalls auf den langfristigen Umsatzrückgang zu-rückzuführen. Bei der Investition in drei Jahren wird ein möglicher Umsatzzuwachs durch einen technologischen Früheinstieg in dieser Branche verschenkt. Der Kapital-wert beläuft sich hier auf 125.500 DM. Am höchsten ist er bei der Integrationslösung, die sofort in Angriff genommen wird. Dafür beträgt er rund 435.000 DM (vgl. Abb. 4.3.3.1.2/2).

Allerdings ist zu hinterfragen, ob eventuell in zwei Stufen vorgegangen werden soll. Dabei würde zuerst die Stand alone-CAD-Investition stattfinden, wobei die spätere Integration bereits zu berücksichtigen wäre. Diese erfolgte dann in einem zweiten Schritt. Ein solches Vorgehen hätte auch den Vorteil, daß die Einführung in Teil-schritten geschehen könnte und somit insbesondere eine Überlastung der Spezialisten vermieden würde.

### 4.3.3.1.3 Anwendung marktanteilsorientierter Verfahren

Bei der Abschätzung von Markteffekten durch großintegrierte Systeme kann man sich auch an Vorgehensweisen orientieren, die Verfahren des Typs Decision Calculus entsprechen. Eine solche Methode ist von Little zur Werbebudgetplanung entwickelt worden (vgl. LITTLE 70 oder den deutschen Nachdruck in LITTLE 77).

Bei diesem Ansatz wird davon ausgegangen, daß sich der Marktanteil eines Unternehmens für ein Produkt, einen Produktbereich oder ein Strategisches Geschäftsfeld (SGF) durch die Höhe des Werbemitteleinsatzes beeinflussen läßt. Für den Betrachtungszeitraum bildet die Sättigungswerbung zur Marktanteilserhöhung einen Extrempunkt. Die andere Grenze für den werbemaßnahmenbezogenen Marktanteilsverlust ist durch den vollständigen Verzicht auf Werbung gekennzeichnet. Als Maß für die Werbeintensität werden die geplanten Ausgaben dieses Bereichs innerhalb der Betrachtungsperiode herangezogen.

Vollständig kann man dieses Modell nicht auf den Bereich der IV übertragen, da die empirischen Untersuchungen zeigen, daß sich eine solche direkte Verknüpfung zwischen den Investitionen in integrierte IV-Systeme und den möglichen Marktanteilswirkungen eines Unternehmens nicht eindeutig nachweisen läßt (vgl. Kapitel 3). Will man ähnlich wie im Little-Modell vorgehen, so muß anstelle der Ausgaben oder Investitionssummen eine Ersatzgröße gefunden werden.

Für Branchen, in denen die Auftragsdurchlaufzeit ein kritischer Erfolgsfaktor ist, würde es sich anbieten, z. B. diese Größe bei der Beurteilung zwischenbetrieblicher Systeme zu verwenden, wenn durch den Einsatz der DV-Anwendungen die Durchlaufzeit maßgeblich beeinflußt wird. Innerbetrieblich integrierte Anwendungen, etwa eine CAD-CAM-PPS-Verbindung bei kundenwunschorientierter Fertigung, könnten durch die Vorlauf- oder Entwicklungszeiten von der Produktanforderung über die Produktentwicklung bis zum Produktionsanlauf beurteilt werden.

Dabei sollte nicht der absolute Zeitwert, sondern eine Veränderung der jeweils benötigten Zeit, wie der Durchlaufzeit, betrachtet werden. Nun wird versucht, mit einer subjektiven Abschätzung (diese kann vom Vertrieb oder Marketing vorgenommen werden) von vier Wertepaaren einen funktionalen Zusammenhang, z. B. zwischen der Durchlaufzeit und dem Marktanteil, zu entwickeln. Die zu schätzenden Werte sind:

1. Welcher Marktanteil wird sich am Ende der Betrachtungsperiode einstellen, wenn die Durchlaufzeit konstant bleibt (Wie hoch ist die Einbuße, die auf mangelnde Änderung der Durchlaufzeit im Vergleich zum Wettbewerb zurückgeführt werden kann?) (min)?

2. Wie hoch erwartet man den maximalen Marktanteil, der allein mit Durchlaufzeitverkürzungen erzielt werden kann (max)?

3. Wie hoch muß die Durchlaufzeitverkürzung sein, damit keine zeitbedingten Marktanteilsveränderung entstehen (der Marktanteil verändert sich aufgrund der Durchlaufzeit nicht)?

4. Eine beliebige, vierte, für den Beurteilenden charakteristische Marktanteils-Durchlaufzeit-Veränderungs-Kombination wird zusätzlich bestimmt.

Nun kann man durch Interpolation dieser vier Punkte eine Funktion bestimmen, die eine Absatzrelationskurve wiedergibt. Dieses Vorgehen ist bewußt einfach gehalten, um den Untersuchungsaufwand nicht zu groß werden zu lassen. Abbildung 4.3.3.1.3/1 zeigt eine beispielhafte Funktion.

$$\text{Marktanteil} = \min + (\max - \min) \, (\, adlz)^{\beta} / [\partial + (adlz)^{\beta}]$$

$adlz$ = Veränderung der Durchlaufzeit
$\beta, \partial$ = Konstanten

Man könnte bei der Funktionsbestimmung auch mit komplexeren Regressionsanalysen oder Sensitivitätsuntersuchungen arbeiten, sollte dann aber über weitere Informationen verfügen, die den Aufwand rechtfertigen.

Außerdem läßt sich eine zeitliche Wirkungsverzögerung in die Betrachtung einführen. Dazu werden folgende Annahmen getroffen:

1. Findet keine Durchlaufzeit-Verkürzung statt, so wird der Marktanteil eventuell auf einen langfristiges Minimum (long run min), möglicherweise auf Null sinken.

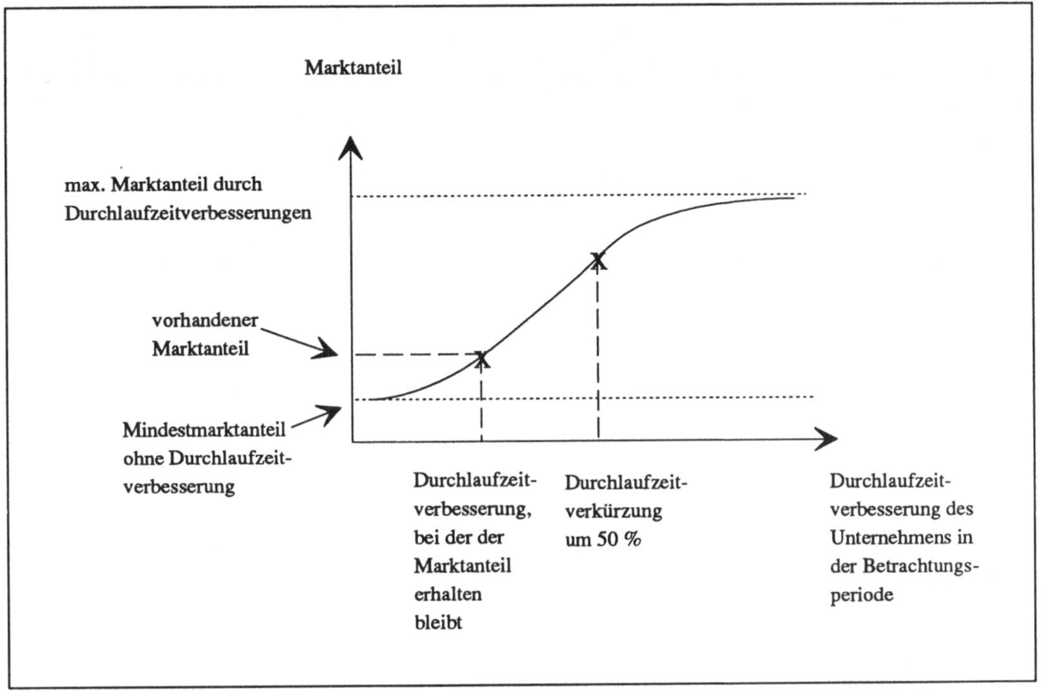



*Abb. 4.3.3.1.3 / 1*  MARKTANTEILSWIRKUNGEN AUFGRUND VON DURCH-
LAUFZEITVERÄNDERUNGEN

2.  Die Abnahme des Marktanteils in einer Periode wird einen konstanten Bruchteil der Differenz zwischen gegenwärtigem und langfristig minimalem Marktanteil betragen. Sie verläuft damit exponentiell.

3.  Für jede Periode wird min durch diese Abnahmerate determiniert.

4.  Die Bandbreite des durch die Durchlaufzeit beeinflußbaren Marktanteils (max - min) bleibt konstant.

Wenn "long run min" das langfristige Minimum des Marktanteils bedeutet und wenn mit "Persistenz" jener Bruchteil der Differenz zwischen Marktanteil und "long run min" bezeichnet wird, der bei bestimmter Abnahmerate in jeder Periode verbleibt, so gilt unter den Annahmen:

Persistenz = (min - long run min) / (anfänglichen Marktanteil - long run min)

Marktanteil (t) - long run min = (Persistenz) $\cdot$ [Marktanteil (t-1) - long run min] + (max - min) [adlz (t)]$^{\beta}$/($\partial$ + [adlz (t)]$^{\beta}$)

t = Periodenindex

Beschränkt man sich auf eine Partialbetrachtung der Durchlaufzeitwirkungen, so kann man folgendes kleine Modell jeweils für ein Produkt, eine Produktgruppe oder ein SGF darstellen:

Marktanteil = A . unberichtigter Marktanteil

A ist dabei ein Faktor, der andere Einflüsse auf den Marktanteil summarisch wiedergibt.

Unberichtigter Marktanteil = long run min + (Persistenz) . [unberichtigter Marktanteil (t-1) - long run min] + (max - min) $[adlz\ (t)]^{\beta}/(\partial + [adlz\ (t)]^{\beta})$

Den Einfluß von adlz könnte man auch differenziert, nach Produktgruppen etc., in die Berechnung einfließen lassen. Das Absatzvolumen des Produktes oder des SGF ergibt sich dann aus:

Absatzvolumen = Marktvolumen . Marktanteil

Das Marktvolumen wird z. B. in DM/Jahr gemessen.

Multipliziert man das Absatzvolumen mit einem durchschnittlichen Deckungsbeitrag des Bereichs (ohne Beachtung der Zusatz-Investition), so ergibt sich ein Gewinn, den man der Ausgangssituation gegenüberstellen kann, um über n Perioden hinweg die Gewinnänderung zu analysieren.

Nun können Durchlaufzeitveränderungen nicht so inkrementell erzeugt werden, wie es für den Werbemitteleinsatz möglich ist. Es läßt sich jedoch für die alternativen DV-Investitionen eine Durchlaufzeit-Auswirkung abschätzen, die monetär quantifiziert wird. Das Ergebnis kann als Ertragskomponente, z. B. in eine Kapitalwertberechnung, eingeführt werden. Außerdem würde man damit gleichzeitig den Fall abdecken, daß keine Investition vorgenommen wird (Durchlaufzeitveränderung = 0). Somit wäre auch ein Element einer Opportunitätskostenbetrachtung enthalten.

Ähnliche Überlegungen wären auch für einen qualitätsorientierten Maßstab durchführbar, wobei der Qualitätsfaktor aber meßbar sein müßte (z. B. der prozentuale Anteil der Kundenreklamationen an den abgewickelten Aufträgen). Außerdem wird bei der Vorgehensweise ein Abschätzen des Marktverhaltens erwartet.

## 4.3.3.2 Ergebnisse aufgrund neuer und verbesserter Management-Informationen

Um Auswirkungen verbesserter Management-Informationen zu bestimmen, soll ein Verfahren vorgestellt werden, dessen zentraler Inhalt aus einer Wirkungsketten-analyse besteht. Zur Darstellung dieser Vorgehensweise wird wiederum das Beispiel des Selbstbedienungs-Handels aufgegriffen (vgl. LUTZ 89, hier S. 60 ff.).

### 4.3.3.2.1 Vorgehensweise

Für den Ablauf der Untersuchung wird ein fünfstufiges Vorgehen gewählt. Abbildung 4.3.3.2.1/1 stellt die Einzelschritte dar. Ausgangspunkt bildet die Bestimmung relevanter Analysetätigkeiten und der dafür benötigten Informationen. Abbildung 4.3.3.2.1/2 zeigt dazu eine Auswahl für den SB-Handel. Die Ziele sämtlicher dort aufgezählter Analysen lassen sich auf drei Einflußgrößen zurückführen. Dieses sind:

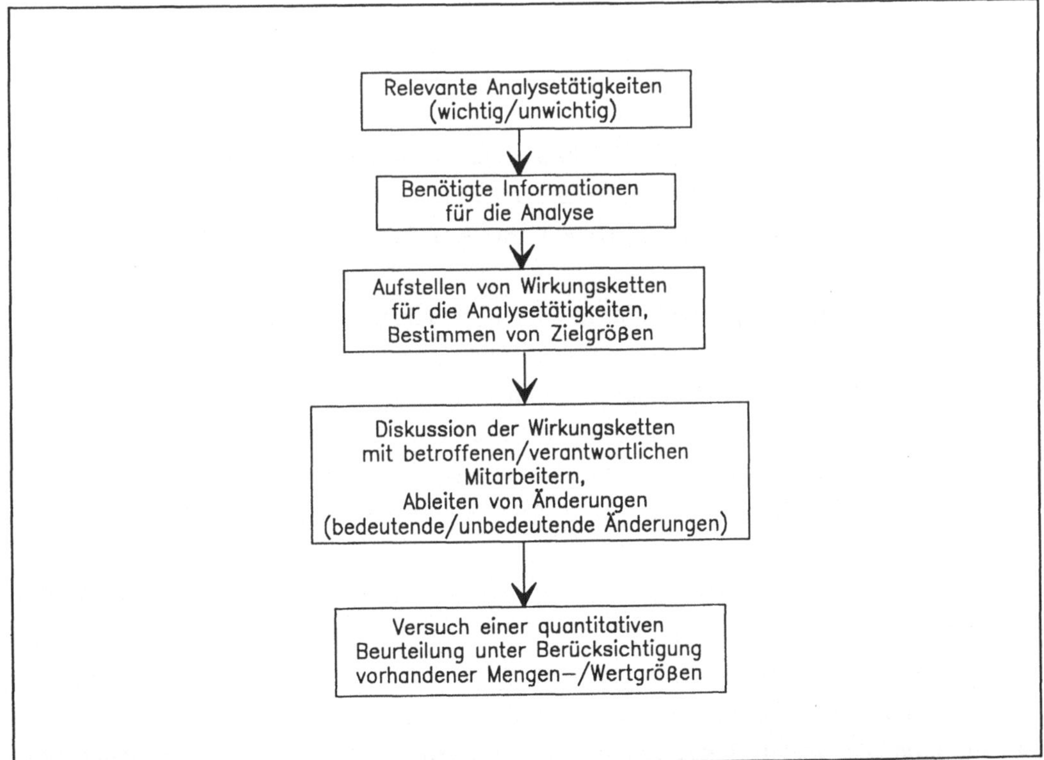


*Abb. 4.3.3.2.1/1*     VORGEHEN BEI DER NUTZEFFEKT-ABSCHÄTZUNG DURCH ZUSÄTZLICHE INFORMATIONEN

| Tätigkeiten (Auswahl) | benötigte Informationen (Beispiele) |
|---|---|
| Sortimentsanalyse | Absatz– und Rendite–zahlen für die Artikel |
| Regalmengenanalyse | Umschlagshäufigkeit für jeden Artikel |
| Aktionsanalyse | tägliche Absatz– und Bestandszahlen der Aktionsartikel, Umsatzzahlen nach der Aktion |
| Warenkorbanalyse | Verbundartikel, Verteilung von Aktionsartikeln |
| ⋮ | ⋮ |

*Abb. 4.3.3.2.1/2*     INFORMATIONSGRUNDLAGEN FÜR ANALYSETÄTIGKEITEN

- durch eine reine Steigerung der Verkaufsmenge ein Umsatzwachstum zu erzielen,
- durch Preisveränderungen eine Renditeverbesserung herbeizuführen oder
- durch mögliche Kostensenkungen die Rendite zu erhöhen.

Die einzelnen Analysetätigkeiten können dazu in wichtige und weniger relevante sowie bereits gut unterstützte und gering unterstützte Aufgaben klassifiziert werden. Eine solche Einschätzung kann das Management treffen. Damit erfolgt eine Absicherung, daß man in die Analyse keine Tätigkeiten einbezieht, die zwar erfolgversprechend erscheinen, aber nachher von den zuständigen Personen nicht akzeptiert und verwendet werden, so daß sich die vermuteten Nutzeffekte nicht realisieren lassen.

Besonderes Augenmerk muß der Klasse wichtiger, aber schlecht unterstützter Analysetätigkeiten (es fehlen z. B. die benötigten Informationen) gelten. Für diesen Bereich werden nun Wirkungsketten mit den Zielgrößen für die einzelnen Aufgaben, für die das IV-System Informationen bereitstellen kann, gebildet. Dabei erweist es sich als ratsam, eine Diskussion dieser Ketten mit den betroffenen und verantwortlichen Mitarbeitern zu führen, um eine Überprüfung vorzunehmen (vgl. TAPLICK 89, hier S. 29 f.). Ebenfalls läßt sich anhand der nun verfügbaren Entscheidungsinformation wieder in bedeutende sowie unbedeutende Veränderungen trennen, so daß nur die erste Gruppe weiterbehandelt werden muß. Im abschließenden Schritt ist eine quantitative Bewertung anzustreben. Dazu sucht man nach Mengen- und Wertgrößen, mit denen die Änderungen beschrieben werden können.

### 4.3.3.2.2 Ausgewählte Wirkungsketten

Abbildung 4.3.3.2.2/1 zeigt eine beispielhafte Wirkungskette für eine Regalmengenanalyse.

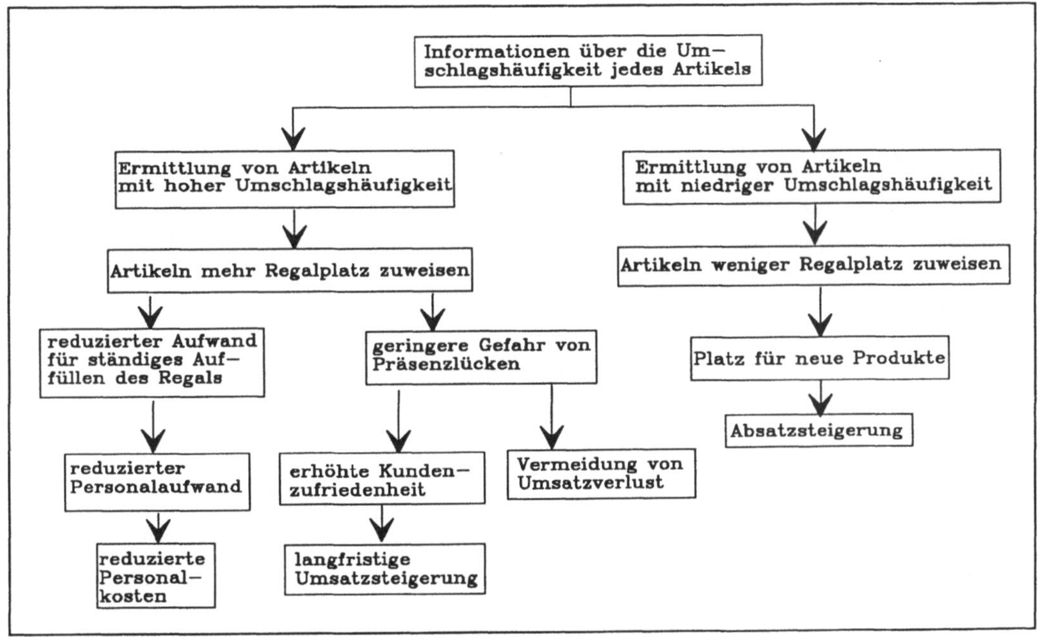


Abb. 4.3.3.2.2/1    NUTZEFFEKTKETTE DER REGALMENGENANALYSE

Aufgrund der vom DV-System bereitgestellten Umschlagshäufigkeiten der einzelnen Artikel sollen Informationen abgeleitet werden, ob der zugewiesene Regalplatz ausreichend, zu klein oder überdimensioniert ist. Das Ziel der Analyse besteht darin:

- Produkte mit zuviel Regalplatz abzubauen und damit Raum für Neuprodukte zu schaffen, von denen man sich zusätzlichen Umsatz erhofft,
- Präsenzlücken bei zu knapp dimensioniertem Regalplatz für einzelne Produkte und damit Umsatzverluste zu vermeiden sowie
- Personalkosten einzusparen, da bei knappem Regalplatz für ein "schnell-drehendes" Produkt dieser laufend aufgefüllt werden muß.

Wie wichtig bei diesen Analysen die Rückkopplung mit den betroffenen und verantwortlichen Mitarbeitern ist, zeigt das abgebildete Beispiel. So stellte es sich heraus, daß der linke Ast im Schaubild 4.3.3.2.2/1 in der Praxis unbedeutend ist, da es das Ladenpersonal moniert, wenn einzelne Produkte im Regal häufig nachgefüllt werden. Die Waren erhalten dann automatisch mehr Regalplatz. Dieser Bereich konnte daher für die weitere Analyse vernachlässigt werden.

Die nachfolgende Bewertung des rechten Teilastes zeigte, daß ca. pro 20 Warengruppen Platz für eine neue Warengruppe geschaffen werden kann. Außerdem wurde aufgrund der Warengruppenstatistiken angenommen, daß mit dieser neuen Warengruppe nur 10 % des Umsatzes einer durchschnittlichen Warengruppe erreicht werden können. Damit ergibt sich aber immer noch eine Gesamtumsatzsteigerung von 0,5 %.

Abbildung 4.3.3.2.2/2 zeigt eine vereinfachte Nutzeffektkette für die Einführung eines Systems mit automatischen Bestellvorschlägen anstelle der manuellen Abwicklung mit Hilfe von Dispositionslisten. Davon werden zwei Wirkungen erhofft: Präsenzlücken sollen vermieden und Überbestellungen abgebaut werden.

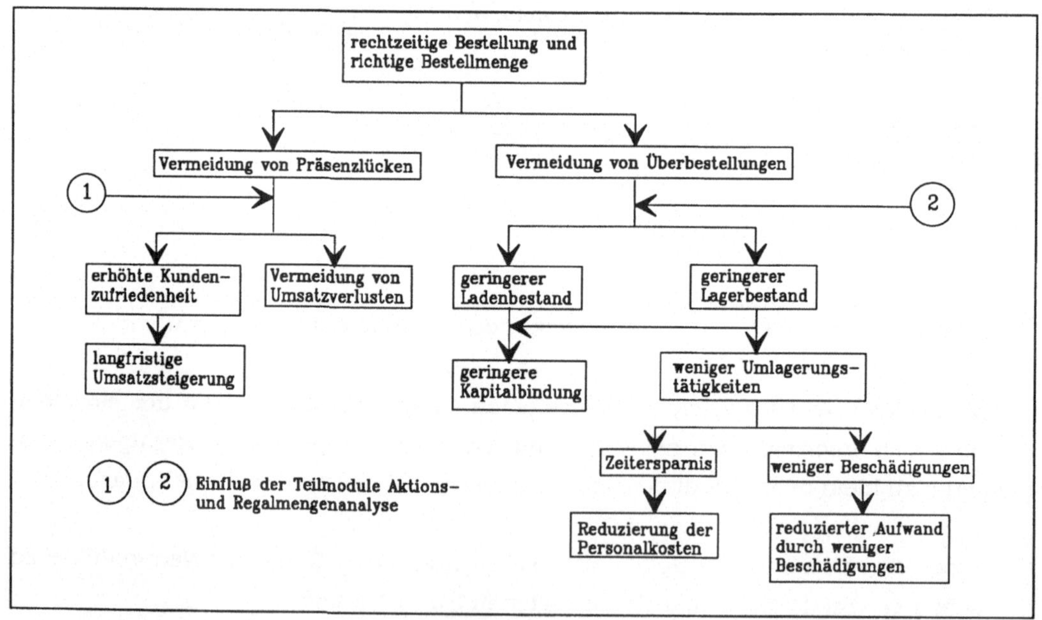


*Abb. 4.3.3.2.2/2*  NUTZEFFEKTKETTE FÜR DEN AUTOMATISCHEN BESTELLVORSCHLAG

Analysiert man den Abbau von Überbestellungen genauer, so kann man sowohl aufgrund eines geringeren Ladenbestandes als auch geringerer Lagerbestände Einsparungen erzielen. Die vorgenommenen Bewertungen stellt Abbildung 4.3.3.2.2/3 dar. Hinzu kommen noch die eingesparten Kapitalbindungskosten im Lagerbereich.

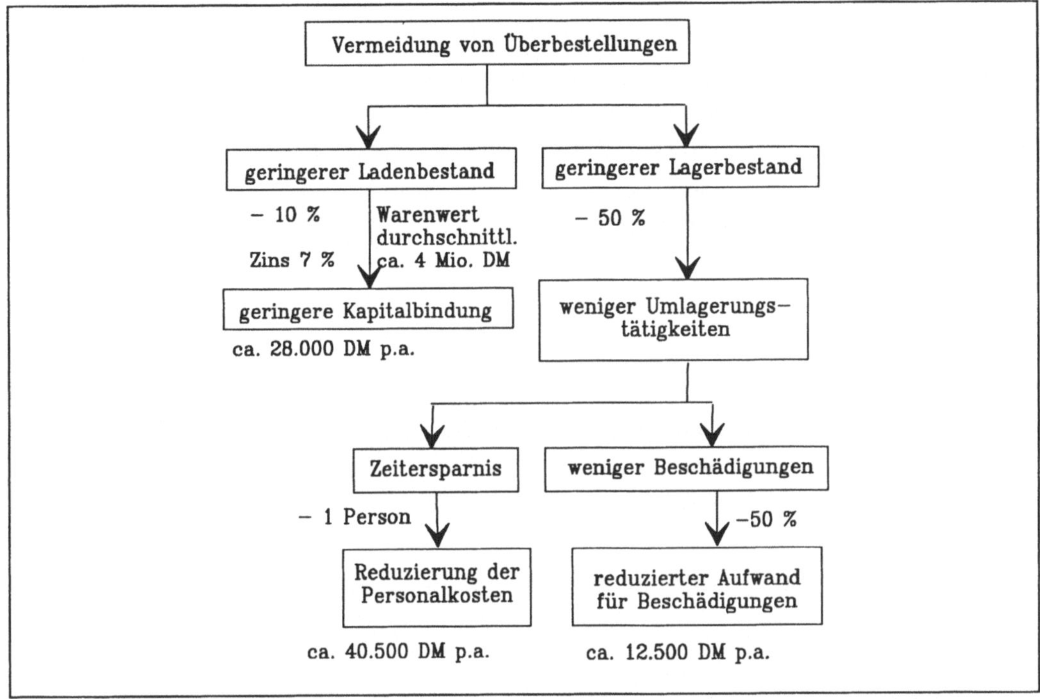


*Abb. 4.3.3.2.2/3*    BEWERTUNG VON WIRKUNGEN DES AUTOMATISCHEN BESTELLVORSCHLAGS

## 4.3.4 Unternehmensübergreifende Verfahren

Bei zwischenbetrieblichen Systemen müssen zwei Bereiche betrachtet werden. Dieses sind inner- und zwischenbetriebliche Effizienzvorteile sowie der Einfluß auf die Marktposition des Unternehmens, das die Applikation betreibt.

Innerbetriebliche Veränderungen wurden in den Vorkapiteln behandelt. Die zwischenbetriebliche Effizienz wird durch den Informationsaustausch der über das System verbundenen Handelspartner bestimmt. Dazu läßt sich mit einer Untersuchung der Transaktionskosten ermitteln, welche wertmäßigen Veränderungen in den Verbindungen zu Kunden und/oder Lieferanten durch IV-Systeme eintreten. Dabei müssen auch die Marktkräfte zur Nutzeffektverteilung einbezogen werden.

Eine weitere Möglichkeit, überbetriebliche Veränderungen aufzuzeigen und insbesondere Marktwirkungen zu kategorisieren, bieten Wirkungsmodelle. Man kann versuchen, die Höhe der Ertragswirkungen über Einzelaspekte abzuschätzen, die sich in den Wirkungsketten widerspiegeln. Schließlich sollte auch untersucht werden, welche Auswirkungen überbetriebliche DV-Anwendungen auf den Gesamtmarkt haben. Hier erfolgt wieder der Einsatz von Simulationsverfahren.

Erfolgversprechend erscheint ein schrittweises Vorgehen. Man startet mit weitgehend sicheren Wirkungen und untersucht dann Effekte, die stark durch externe Faktoren beeinflußt werden. Nach jedem Schritt läßt sich dann im Vergleich mit dem Kostenanfall überprüfen, ob die Vorteilhaftigkeit der Investition nachgewiesen werden kann.

### 4.3.4.1 Allgemeine Beurteilung

Werden für die Nutzung zwischenbetrieblicher Systeme vom Betreiber Gebühren erhoben, so fließen dem Unternehmen aus diesem Bereich Einnahmen zu, die sich wie folgt zusammensetzen können:

- Grundgebühren/Anschlußgebühren für die Nutzung (monatlich, quartalsweise, halbjährlich, jährlich),
- transaktionsabhängige Gebühren,
- Gebühren pro Vertragsabschluß über das System,
- stellenweise werden die angeschlossenen Geräte vom Systembetreiber verändert, so daß die Systemnutzer auch diese erwerben müssen.

Eine unternehmensübergreifende Bewertung der IV kann dann notwendig werden, wenn die Einführung des IV-Systems Marktwirkungen zur Folge hat, die sich wiederum auf das eigene Unternehmensergebnis auswirken.

Dabei können zwei grundsätzliche Technologieeffekte unterschieden werden (vgl. MALONE 87, hier S. 488):

- Es wird ein elektronischer Markt geschaffen, oder
- es erfolgt eine stärkere Integration von Wertschöpfungsketten selbständiger Unternehmen.

Die IV hat dabei Einfluß auf die sogenannten Transaktionskosten der Betriebe. Aus Kundensicht entstehen diese Kosten dadurch, daß man Informationen sammelt (etwa Angebote einholt), Verträge mit Lieferanten aushandelt und Maßnahmen ergreift, die zur Absicherung der Lieferantenbeziehung und der festgelegten Absprachen dienen. Die Effizienz der IV-Unterstützung hängt dabei von der Beschreib- und Bewertbarkeit der auszutauschenden Leistungen, z. B. dem Standardisierungsgrad von Produkten, der Häufigkeit oder Wiederholrate der Transaktionen sowie der Kontinuität des Leistungsaustauschprozesses ab (vgl. dazu PICOT 91, insbes. S. 344 ff.).

Ciborra trifft eine Unterscheidung zwischen gut strukturierten Vertragsbeziehungen, teilstrukturierten Verträgen und unstrukturierten Liefer- und Kundenbeziehungen. Er zeigt, daß der zwischenbetriebliche Informationsaustausch bei umfassenderem Strukturierungsgrad in der Praxis bereits verstärkt eingeführt ist (vgl. CIBORRA 87, insbes. S. 28 ff.).

Der Prozeß der Leistungserbringung läßt sich vereinfachend in Produktions- und Koordinationsaufgaben unterteilen. Mit dem IV-gestützten Übertragen, Bereitstellen und Aufbereiten von Informationen kann man die Koordinationsaufgaben und damit verbundenen Kommunikationsprozesse unterstützen. Dieses gilt insbesondere für den Informationsfluß, der zu den Lieferanten und Kunden besteht und sich in den Transaktionskosten niederschlägt. Werden Teilleistungen, die man von Lieferanten bezieht, von mehreren Betrieben angeboten, so wird man hier eine Auswahl vornehmen, wenn die damit verbundenen Transaktionskosten im Verhältnis zu den Kosten für die eigentlich zu beziehenden Produkte/Dienste nicht zu hoch sind. Im anderen Fall wird dagegen eine bilaterale Beziehung zu einem festen Lieferanten für die benötigte Leistung aufgebaut. Durch individuelle Absprachen kann man dann die Transaktionskosten gegenüber dem allgemeinen Fall, bei dem man die Marktstrukturen ausnutzt, senken. Die bilaterale Verbindung könnte für den Nachfrager allerdings mit dem Nachteil verbunden sein, daß er für die Leistung einen höheren Preis bezahlen muß, als es beim Nutzen eines Marktangebotes der Fall wäre. (Unter volkswirtschaftlichen Gesichtspunkten könnte man sogar argumentieren, daß dabei für den Anbieter eine monopolistische Struktur vorliegt. Als Konsequenz würden sich zumindest langfristig, im Sinne der Monopoltheorie, höhere Produktionskosten als bei einer Wettbewerbssituation einstellen.) In Abhängigkeit von der Verhandlungsmacht der Geschäftspartner spricht man in diesem Zusammenhang auch von "Hierarchien"[6].

---

6)     Zu den Unterschieden zwischen "hierarchischen" und "Markt"-Strukturen für Beschaffungsprozesse siehe Hubmann (vgl. HUBMANN 89, insbes. S. 199 ff.).

Diese sind dadurch gekennzeichnet, daß Partner unterschiedlicher Verhandlungsmacht eine bilaterale Geschäftsverbindung eingehen.

Die IV leistet einen Beitrag, die Transaktionskosten zu senken (vgl. auch Kapitel 3.9). Durch den Einsatz zwischenbetrieblicher IV-Systeme können Unternehmen teilweise hierarchische Hersteller-Kunden-Beziehungen aufgeben und verstärkt Marktbeziehungen einsetzen, bei denen für einzelne Aufträge die Lieferantenauswahl jeweils wieder neu erfolgt, womit die Gesamtkosten des Unternehmens sinken (Kosten für Beschaffungsprodukte eines Unternehmens sinken stärker, als die Transaktionskosten eventuell ansteigen). Abbildung 4.3.4.1/1 verdeutlicht dieses anhand der IV-Verbindungen zu mehreren Partnern (Marktstruktur) und einer Transaktionskostenkurve für eine hierarchische Verbindung, die sich auf einen Partner beschränkt. Die Transaktionskosten werden in der Abbildung zum Umfang der Informations- und Kommunikationsprobleme in Beziehung gesetzt (vgl. PICOT 89, hier S. 369). Die unterschiedliche Steigung der Kurven ergibt sich durch die Änderung der fixen und variablen Transaktionskosten. Die hierarchische Organisationsform wird mit der IV-Nutzung erst bei einem Problemumfang U2 genutzt, wohingegen ohne IV-Einsatz dieses bereits ab dem Punkt U1 erfolgt.

Mit reduzierten Transaktionskosten läßt sich auch die in manchen Branchen stattfindende Verschiebung von Wertschöpfungsketten in vorgelagerte Produktionsstufen erklären. Auffallend ist diese Tendenz insbesondere in der Automobilindustrie, in der die zwischenbetriebliche Kommunikation besonders umfassend eingeführt ist (vgl. BÖHMER 88).

Bei IV-Verbindungen zu Kunden sind Unternehmen, die zwischenbetriebliche Systeme einführen, daran interessiert, den Abnehmern möglichst nicht die vollständige Information bereitzustellen. So wird man bei einem elektronischen Markt versuchen, Angebote von Konkurrenten, die ebenfalls abrufbar sind, so darzustellen, daß der Kunde nur aufwendig Angebotsvergleiche durchführen kann. Nur so ist es möglich, Zusatzgewinne bei dem eigenen Leistungsangebot abzuschöpfen und den Wettbewerb durch vollständige Informationen der IV-Anwendung nicht zu erhöhen.

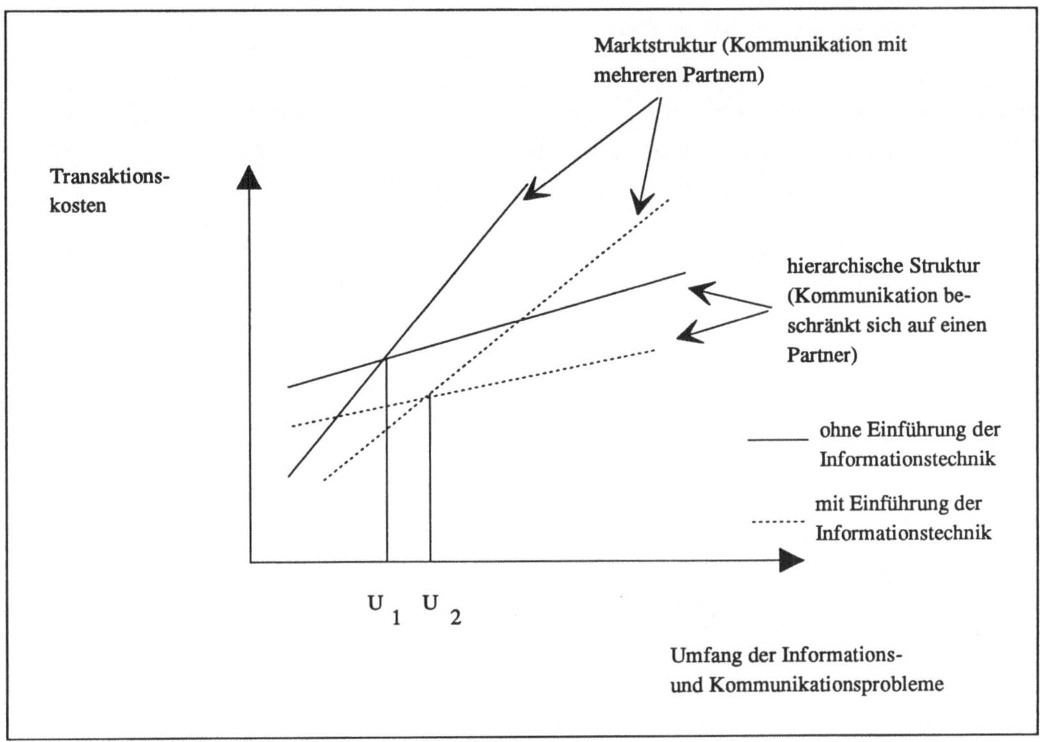


*Abb. 4.3.4.1 / 1*          ÜBERGANG VON HIERARCHISCHEN ZU MARKT-
STRUKTUREN

Durch Wettbewerbsdruck werden aber z. B. die Anbieter von elektronischen Bestellsystemen langfristig gezwungen, ein vollständiges Informationsangebot bereitzustellen, das auch Mitbewerberinformationen enthält.

Malone hat hierzu die These aufgestellt, daß sich elektronische Märkte in drei Stufen entwickeln (vgl. MALONE 86, hier S. 16 ff.). In Stufe 1 handelt es sich um unausgewogene Märkte, die einen oder mehrere Anbieter bevorteilen ("Biased markets"). Dann werden diese Anbieter von Marktkräften oder durch gesetzliche Einwirkungen gezwungen, die Begünstigungen aufzugeben ("Unbiased markets"). Nach der Entwicklung zu neutralen Märkten führt man in der dritten Stufe personalisierte Elemente ein, d. h. es wird eine möglichst optimale Anpassung des Marktangebotes an die Bedürfnisse von individuellen Kunden vorgenommen. Diese Phasen lassen sich z. B. anhand der in Kapitel 3.5.2.1 beschriebenen Entwicklungen für Reservierungssysteme nachvollziehen.

## 4.3.4.2 Wirkungskettenorientiertes Vorgehen

Mit Hilfe des bereits für innerbetriebliche Veränderungen eingesetzten Wirkungskettenansatzes können auch zwischenbetriebliche Effekte und die Auswirkungen auf das betrachtete Unternehmen abgebildet werden. Abbildung 4.3.4.2/1 zeigt dazu ein Beispiel für ein Bestellsystem mit Kunden (vgl. HOHE 88, hier S. 17 ff.).

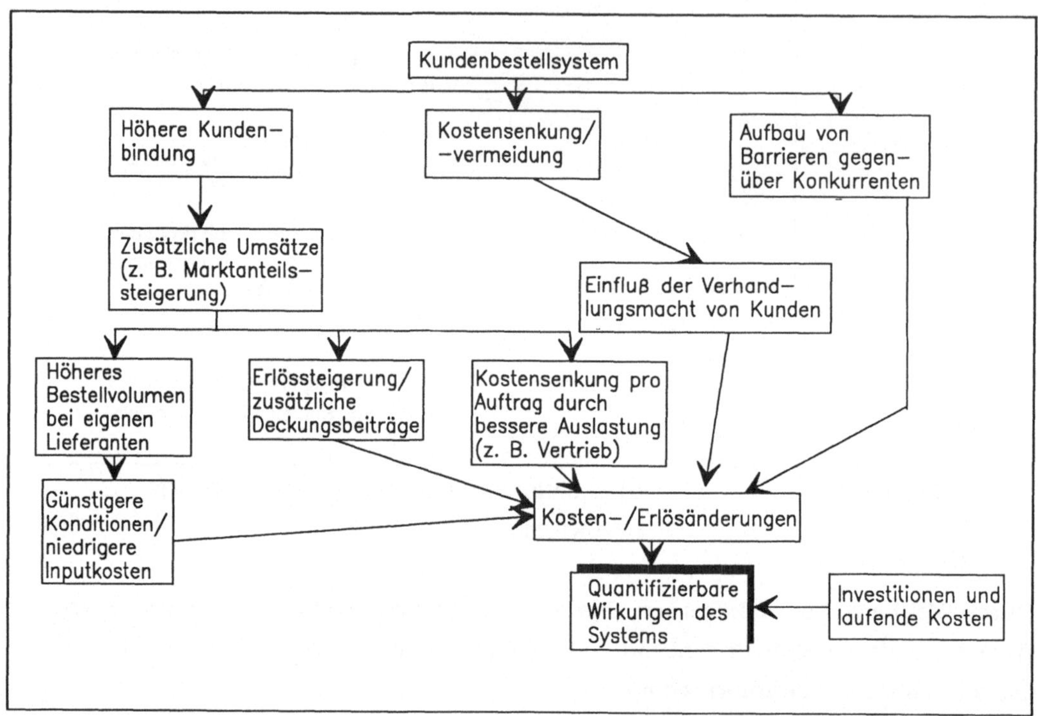


Abb. 4.3.4.2/1    NUTZEFFEKTWIRKUNGSKETTE FÜR KUNDENBESTELL-SYSTEME AUS SICHT DES SYSTEMBETREIBERS

Dabei handelt es sich um ein recht allgemein gehaltenes Modell, dessen Abhängigkeiten aus den Beschreibungen der Anwendung von American Hospital Supply abgeleitet wurden (vgl. BUDAY 86 und PILLSBURY 82).

Im linken Ast der Abbildung wird der Zusammenhang dargestellt, der sich aus einer erhöhten Kundenbindung ergibt. Aus dieser Bindung soll ein größeres Geschäftsvolumen (Marktanteilsverbesserung) verbunden mit zusätzlichen Deckungsbeiträgen resultieren.

Zur genaueren Analyse dieses Effektes sind Aussagen darüber zu treffen, wieviel Prozent der Kunden das Bestellsystem nutzen werden und wie hoch der Kundenanteil sein wird, der aufgrund der einfacheren Bestellabwicklungsprozedur das Geschäftsvolumen steigert. Geht man davon aus, daß der Bestellsystembetreiber selber ein Großhändler ist, so muß er ebenfalls eine Güterbeschaffung durchführen, deren Volumen vom eigenen Absatz abhängt. Bei steigendem Bestellvolumen gegenüber den Lieferanten verbessert sich auch die Verhandlungsposition des Großhändlers, so daß bessere Konditionen erzielt werden könnten, die wiederum den eigenen Deckungsbeitrag erhöhen oder bei der Preisgestaltung mehr Spielräume lassen.

Die Kostensenkungen bzw. -vermeidungen im mittleren Ast ergeben sich beispielsweise durch den Wegfall des Aufwandes für den personellen Dateninput oder aufgrund von Produktivitätssteigerungen im Außendienst. Dieses Resultat tritt sowohl bei dem Systembetreiber als auch bei dem Nutzer auf. Hier gilt es, ebenfalls Abschätzungen vorzunehmen. Dazu liegen recht gute empirische Vergleichsgrößen vor.

Im rechten Ast der Abbildung 4.3.4.2/1 werden die Auswirkungen des Bestellsystems auf die Konkurrenz beurteilt. Um diesen Wirkungsast zu beschreiben, sollten Vorgehensweisen wie im Kapitel 4.3.3.2 gewählt werden. Mit diesen wäre dann das Gesamtsystem durchzurechnen. Dazu sind verschiedene Szenarien zu erstellen.

Schließlich ist die Verhandlungsmacht des Kunden zu berücksichtigen. Hier geht es darum, wie die Erlöse aus dem Bestellsystem zwischen dem Großhändler und den Kunden aufgeteilt werden oder ob ein Hersteller Kostenvorteile an den Abnehmer weitergibt. Ist die Verhandlungsmacht des Kunden hoch, so werden diesem, etwa über günstigere Konditionen, ein Großteil der Nutzeffekte zufließen. Diese Größe kann über einen Prozentsatz abgeschätzt werden. Mit Hilfe einer Simulation könnte man nun eine Beurteilung des Systems vornehmen, wenn man anstelle von einzelnen Inputgrößen Verteilungen oder mehrwertige Eingangsgrößen vorgibt.

## 4.4 Literatur zu Kapitel 4


AHITUV 80

Ahituv, N., A Systematic Approach Toward Assessing the Value of an Information System, MIS Quarterly 4 (1980) 12, S. 61 ff.

ALTMANN 89

Altmann, H., Fischer, J., Frevert, A., Hessenbruch, D. und Seyfert, W., Integrierte Investitionsrechnung, Zeitschrift für betriebswirtschaftliche Forschung 41 (1989) 10, S. 896 ff.

ANSELSTETTER 86      Anselstetter, R., Betriebswirtschaftliche Nutzeffekte der Datenverarbeitung, 2. Aufl., Berlin u. a. 1986.

BARTHELMESS 87      Barthelmeß, P., Montagegerechtes Konstruieren durch Integration von Produkt- und Montageprozeßgestaltung, Berlin 1987.

BÖHMER 88      Böhmer, R., Automobilindustrie: Direkter Zugriff, Wirtschaftswoche 42 (1988) 29, S. 113 f.

BUDAY 86      Buday, R., AHAC On-Line Systems Ships Supplies ASAP, Information Week vom 26. Mai 1986, S. 35 ff.

BUZZELL 89      Buzzell, R. D. und Gale, B. T., Das PIMS-Programm, Strategien und Unternehmenserfolg, Wiesbaden 1989.

CIBORRA 87      Ciborra, C. U., Reframing the Rule of Computers in Organizations - The Transaction Costs Approach, Office Technology and People o. Jg. (1987) 3, S. 17 ff.

CLEMONS 91      Clemons, E. K., Evaluation of Strategic Investments in Information Technology, Communications of the ACM 34 (1991) 1, S. 22 ff.

EBERLE 88      Eberle, M. und Schäffner, G. J., Analyse und Bewertung von CIM-Investitionen, Zeitschrift für wirtschaftliche Fertigung 83 (1988) 3, S. 118 ff.

ELLENRIEDER 89      Ellenrieder, J., Amortisation von CAD-Systemen, Computer Magazin 18 (1989) 9, S. 53 ff.

ENCARNACAO 84      Encarnacao, J., Hellwig, H. E., Hettesheimer, E., Klos, W. F., Lewandowski, S., Messina, L. A., Poths, W., Rohmer, K. und Wenz, H. (Hrsg.), CAD-Handbuch, Auswahl und Einführung von CAD-Systemen, Berlin u. a. 1984.

EVANS 87            Evans, G. E. und Riha, J. R., Assessing DSS Effectiveness Using Evaluation Research Methods, Information & Management 16 (1987) S. 197 ff.

EVERSHEIM 89       Eversheim, W., Dahl, B. und Spenrath, K., CAD/CAM-Einführung, Köln 1989.

GRAENZER 89        Graenzer, K., Entwicklung eines Konzepts zur Einführung/Realisierung strategischer DV-Systeme unter besonderer Berücksichtigung der Kundenbeziehung, Diplomarbeit, Nürnberg 1989.

GRIESE 80          Griese, D., Knoop, J. und Siegel, R., Wirtschaftlichkeit von flexiblen Fertigungssystemen, in: Spur, G. (Hrsg.), Produktionstechnik und Automatisierung, Sonderforschungsbereich 57, Kolloquium 1980, Technische Universität Berlin 1980, S. 35 ff.

HASPEL 89          Haspel, B., Untersuchung der Wirtschaftlichkeit von C-Techniken in der Fertigung, Diplomarbeit, Nürnberg 1989.

HERRMANN 88        Herrmann, P., Wirtschaftlichkeitsaspekte und Chancen einer flexiblen Fertigung - aufgezeigt an Beispielen aus dem Maschinenbau, in: Horváth, P. (Hrsg.), Wirtschaftlichkeit neuer Produktions- und Informationstechnologien - Tagungsband Stuttgarter Controller-Forum 14.-15.9.1988, Stuttgart 1988, S. 143 ff.

HETTESHEIMER 88    Hettesheimer, E., Quantifizierung des Nutzens beim Einsatz rechnergestützter Verfahren im Entwicklungsbereich, in: Horváth, P. (Hrsg.), Wirtschaftlichkeit neuer Produktions- und Informationstechnologien - Tagungsband Stuttgarter Controller-Forum 14.-15.9.1988, Stuttgart 1988, S. 235 ff.

HÖHRING 85         Höhring, K. und van Nievelt, M. C. A., Wirtschaftlichkeit von Büro- und Informationssystemen - ein neuer Anfang, Office Management 33 (1985) 1, S. 6 ff.

HOHE 88

Hohe, U., Analyse von Nutzeffekten strategischer DV-Systeme, Diplomarbeit, Nürnberg 1988.

HOPPLE 87

Hopple, G. W., Decision Support Systems: Software Evaluation Criteria and Methodologies, Large Scale Systems o. Jg. (1987) 12, S. 285 ff.

HORVATH 87

Horváth, P., Kleiner, F. und Mayer, R., Dynamische Investitionsrechnung für flexibel automatisierte Werkzeugmaschinen, Die Betriebswirtschaft 47 (1987) 1, S. 69 ff.

HORVATH 88A

Horváth, P., Grundprobleme der Wirtschaftlichkeitsanalyse beim Einsatz neuer Informations- und Produktionstechnologien, in: Horváth, P. (Hrsg.), Wirtschaftlichkeit neuer Produktions- und Informationstechnologien - Tagungsband Stuttgarter Controller-Forum 14.-15.9.1988, Stuttgart 1988, S. 1 ff.

HORVATH 88B

Horváth, P. und Mayer, R., CIM-Wirtschaftlichkeit aus Controller-Sicht, CIM Management 4 (1988) 4, S. 48 ff.

HUBMANN 89

Hubmann, H.-E., Elektronisierung von Beschaffungsmärkten und Beschaffungshierarchien, München 1989.

JACOBI 82

Jacobi, W., Automatisierung im Karosseriebau unter Berücksichtigung der Flexibilität, Zeitschrift für wirtschaftliche Fertigung 77 (1982) 6, S. 253 ff.

JANKO 89

Janko, W. H., Pönighaus, R. und Taudes, A., Der Nutzen von Büroautomation - Eine Fallstudie, Angewandte Informatik 31 (1989) 10, S. 436 ff.

KEEN 87

Keen, P. G. W. und Gooding, G., Strategic Investments in Information Technologies; Leading Versus Following: An Example from Video Conferencing, International Center for Information Technologies, Washington - London 1987.

KEIM 82

Keim, R. T. und Janaro, R., Cost/Benefit Analysis of MIS, Journal of Systems Management 33 (1982) 9, S. 20 ff.

KING 83

King, W. R. und Epstein, B. J., Assessing Information System Value: An Experimental Study, Decision Sciences 14 (1983) 1, S. 34 ff.

KÖHL 89

Köhl, E., Esser, U., Kemner, A. und Förster, U., CIM zwischen Anspruch und Wirklichkeit - Erfahrungen, Trends, Perspektiven, Köln 1989.

KRUSCHWITZ 90

Kruschwitz, L., Investitionsrechnung, 4. Aufl., Berlin u. a. 1990.

LAY 85

Lay, P. M. Q., Beware of the Cost/Benefit Model for IS Project Evaluation, Journal of Systems Management 36 (1985) 6, S. 30 ff.

LIENERT 78

Lienert, J. und Wieß, P. S., Wirtschaftlichkeitsbeurteilung komplexer Fertigungsanlagen, Zeitschrift für wirtschaftliche Fertigung 73 (1978) 2, S. 59 ff.

LITTLE 70

Little, J. D. C., Models and Managers: The Concept of a Decision Calculus, Management Science 16 (1970) 8, S. B-466 ff.

LITTLE 77

Little, J. D. C., Modelle und Manager: Das Konzept des Decision Calculus, in: Köhler, R. und Zimmermann (Hrsg.), Entscheidungshilfen im Marketing, Stuttgart 1977, S. 122 ff. (übersetzter Nachdruck aus LITTLE 70).

LOTTER 88

Lotter, B., Umrüstbare Montagezellen - eine Chance für die Flexibilisierung der Kleinmontage, Maschinenbau 70 (1988) 11, S. 21 ff.

LUHMANN 80

Luhmann, K., Berücksichtigung des Risikos in Wirtschaftlichkeitsrechnungen, Zeitschrift für Betriebswirtschaft 50 (1980) 7, S. 809 ff.

LUTZ 89

Lutz, H., Wirtschaftlichkeitsuntersuchungen für den Einsatz von Warenwirtschaftssystemen im Selbstbedienungs-Handel, Diplomarbeit, Nürnberg 1989.

MALONE 86

Malone, T. W., Yates, J. und Benjamin, R. I., Electronic Markets and Electronic Hierarchies: Effects of Information Technology on Market Structures and Corporate Strategies, in: Proceedings of the Seventh International Conference on Information Systems, San Diego 1986, S. 16 ff.

MALONE 87

Malone, T. W., Yates, J. und Benjamin, R. I., Electronic Markets and Electronic Hierarchies, Communications of the ACM 30 (1987) 6, S. 484 ff.

MERTENS 85

Mertens, P., Forschungsergebnisse zum Nutzen-Kosten-Verhältnis der computergestützten Informationsverarbeitung, in: Ballwieser, W. und Berger, K.-H. (Hrsg.), Information und Wirtschaftlichkeit, Wiesbaden 1985, S. 49 ff.

PICOT 84

Picot, A. und Reichwald, R., Bürokommunikation, Leitsätze für den Anwender, München 1984.

PICOT 89

Picot, A., Zur Bedeutung allgemeiner Theorieansätze für die betriebswirtschaftliche Information und Kommunikation: Der Beitrag der Transaktionskosten- und Principal-Agent-Theorie, in: Kirsch, W. und Picot, A. (Hrsg.), Die Betriebswirtschaftslehre im Spannungsfeld zwischen Generalisierung und Spezialisierung, Wiesbaden 1989, S. 362 ff.

PICOT 90

Picot, A., Ein neuer Ansatz zur Gestaltung der Leistungstiefe, Zeitschrift für betriebswirtschaftliche Forschung 43 (1991) 4, S. 336 ff.

PILLSBURY 82

Pillsbury, A. B., The Hard-Selling Supplier to the Sick, Fortune vom 26. Juli 1982, S. 56 ff.

PLATTFAUT 88

Plattfaut, E., DV-Unterstützung strategischer Unternehmensplanung, Beispiele und Expertensystemansatz, Berlin u. a. 1988.

QUINT 89

Quint, W., Integriertes Investitionsanalysesystem, CIM-Management 5 (1989) 3, S. 53 ff.

RAMER 73

Ramer, St., Konfigurations- und Anwendungsplanung von EDV-Systemen, Berlin 1973.

REICHWALD 87

Reichwald, R., Ein mehrstufiger Bewertungsansatz zur Wirtschaftlichkeitsbeurteilung der Bürokommunikation, in: Hoyer, R. und Kölzer, G. (Hrsg.), Wirtschaftlichkeitsrechnungen im Bürobereich, Berlin 1987, S. 23 ff.

ROUSE 86

Rouse, W. B., On the Value of Information in System Design: A Framework for Unterstanding and Ading Designers, Information Processing and Management 22 (1986) 2, S. 217 ff.

SASSONE 86A

Sassone, P. G. und Schwarz, A. P., Cost Justifying OA, Datamation 32 (1986) 4, S. 83 ff.

SASSONE 86B

Sassone, P. G., Cost Benefit Analysis of Information Systems: A Survey of Methodologies, Proceedings of the Third International Conference in Enterprise-Wide Information Management, St. Louis 1986, S. 15 ff.

SCHÄFER 87

Schäfer, G. und Wolfram, G., Kosten-/Nutzenbewertung von Bürosystemen, die praktische Verwendbarkeit von Ergebnissen, in: Hoyer, R. und Kölzer, G. (Hrsg.), Wirtschaftlichkeitsrechnungen im Bürobereich, Berlin 1987, S. 35 ff.

SCHEER 78

Scheer, A.-W., Ein Optimierungsmodell zur Hardwareauswahl, Angewandte Informatik 20 (1978) 3, S. 104 ff.

SCHEIDEWIND 85    Scheidewind, N. F., Analytic Model for the Design and Selection of Electronic Digital Computing Systems, University of Southern California 1985.

SCHLINGENSIEPEN 85    Schlingensiepen, J., Wirtschaftlichkeitsrechungen und kostenrechnerische Kalküle für flexible Fertigungssysteme (FFS), Kostenrechnungspraxis o. J. (1985) 5, S. 179 ff.

SCHÜNEMANN 83    Schünemann, T. M. und Lehnen, H., Berücksichtigung unterschiedlicher Flexibilitätsgrade bei der Investitionsplanung von Industrierobotern, Zeitschrift für wirtschaftliche Fertigung 78 (1983) 11, S. 501 ff.

SCHULZ 89    Schulz, H. und Bölzing, D., Erfassung des indirekten Nutzens von CIM-Investitionen, Die Betriebswirtschaft 49 (1989) 5, S. 611 ff.

SCHUMANN 87    Schumann, M., Methoden zur Quantifizierung von Büroautomationseffekten - Versuch eines Überblicks, in: Paul, M. (Hrsg.), GI - 17. Jahrestagung, Computerintegrierter Arbeitsplatz im Büro, Berlin u. a. 1987, S. 697 ff.

SCHUMANN 89    Schumann, M., Mertens, P. und Haspel, B., Abschätzung der Vorteilhaftigkeit von CIM-Komponenten und Integrationskonzepten, Arbeitsberichte des Instituts für Mathematische Maschinen und Datenverarbeitung (Informatik), Band 22, Nr. 16, Erlangen 1989.

SERFLING 89    Serfling, K. und Schönebeck, H., Überlegungen zur Entwicklung eines strategischen Controlling am Beispiel von CIM-Investitionen, Der Betrieb 42 (1989) 42, S. 2081 ff.

SIMON 89    Simon, H., Die Zeit als strategischer Erfolgsfaktor, Zeitschrift für Betriebswirtschaft 59 (1989) 1, S. 70 ff.

STEVENS 89    Stevens, L., Banking on Integration, Datamation 35 (1989) 17, S. 31 ff.

TAPLICK 89 — Taplick, N., Bedeutung und Wirtschaftlichkeit computergestützter Vertriebsplanungs- und -steuerungssysteme, Kompetenz, Diebold Management Journal, o. Jg. (1989) 5, S. 22 ff.

TERBORGH 62 — Terborgh, G., Leitfaden der betrieblichen Investitionspolitik, Wiesbaden 1962.

THEUERKAUF 89 — Theuerkauf, I., Kundennutzenmessung mit Conjoint, Zeitschrift für Betriebswirtschaft 59 (1989) 11, S. 1179 ff.

WEINRICH 89 — Weinrich, G., Verbesserte Investitionsentscheidungen durch Abbildung von Investitionen im Rechnungswesen, Der Betrieb 42 (1989) 20, S. 989 ff.

WILDEMANN 86 — Wildemann, H., Strategische Investitionsplanung für CAD/CAM, Stuttgart 1986.

WILDEMANN 87A — Wildemann, H., Investitionsplanung und Wirtschaftlichkeit für flexible Fertigungssysteme, Stuttgart 1987.

WILDEMANN 87B — Wildemann, H., Strategische Investitionsplanung - Methoden zur Bewertung neuer Produktionstechnologien, Wiesbaden 1987.

WITTE 89 — Witte, K.-H., Rationalisierungsreserven nutzen: Flexible Automatisierung in der Montage, VDI-Zeitschrift 125 (1989) 10, S. 363 ff.

ZÄPFEL 89 — Zäpfel, G., Wirtschaftliche Rechtfertigung einer Computerintegrierten Produktion (CIM) - Probleme und Anforderungen an die Investitionsrechnung - Zeitschrift für Betriebswirtschaft 59 (1989) 10, S. 1058 ff.

ZANGEMEISTER 76 — Zangemeister C., Nutzwertanalyse in der Systemtechnik, 2. Aufl., München 1976.

ZANGL 88        Zangl, H., CIM-Konzepte und Wirtschaftlichkeit, Wegweiser von der isolierten zur ganzheitlichen Wirtschaftlichkeitsbetrachtung, Office Management 36 (1988) 5, S. 14 ff.

# 5 Auswahl von IV-Investitionen

Bisher wurde versucht, die wirtschaftlichen Ergebnisse großintegrierter DV-Systeme stufenweise zu erfassen. Die Ergebnisse dieser Rechnung sollen nun als Planungsgrößen ein Element für die Auswahl von DV-Investitionen bilden. Es wird dargestellt, welche anderen Komponenten die Selektionsentscheidung beeinflussen. Da hierbei qualitative Kriterien einfließen, wird auch der Kritik des Kapitels 4.1.3 Rechnung getragen, in dem eine Ergänzung quantitativer Faktoren gefordert wurde.

Die nachfolgend vorgestellten Investitionsauswahlentscheidungen bilden eine Komponente innerhalb des gesamten strategischen IV-Planungsprozesses.

## 5.1 Grundlagen des Auswahlprozesses

Die Selektion von IV-Projekten steht üblicherweise am Ende eines Phasenkonzeptes zur strategischen IS-Planung. Das gesamte Planungskonzept soll nicht Gegenstand dieser Darstellung sein. Es wird hier davon ausgegangen, daß mögliche IV-Projektideen bereits vorliegen, der Ideenfindungsprozeß sowie Identifikationsverfahren also bereits durchlaufen wurden. Dennoch kann die IV-Strategiefindung nicht ganz vernachlässigt werden, da man hier ja die Anforderungen und Zielsetzungen an die IV-Lösungen definiert, an denen die einzelnen Projektvorschläge dann auch überprüft werden müssen. Abbildung 5.1/1 zeigt dazu einen möglichen Ablauf (vgl. HANSEN 90, hier S. 666 ff. oder ZAHN 89, speziell S. 37 f.).

Allgemein werden die IS-Ziele aus einer Umwelt- und Unternehmensanalyse abgeleitet sowie mit den Zielsetzungen des Gesamtunternehmens abgestimmt. Die so gewonnenen Erkenntnisse (z. B.: Welche kritischen Erfolgsfaktoren sollen mit den IS beeinflußt werden?) tragen zur Entwicklung der IV-Strategie in bezug auf die Anwendungsarchitektur und die Ressourcenallokation sowie zur Organisation und Führung der IV-Aktivitäten bei[1]. In Abhängigkeit von der strategischen Ausrichtung (Will das Unternehmen primär Stärken ausbauen oder Schwächen beheben?) lassen sich dann relevante Maßnahmen identifizieren. Die daraus entstehenden Projektideen müssen bezüglich ihrer Zielrelevanz bewertet werden. Am Ende dieser Bewertung soll dann das IV-Investitionsportfolio zusammengestellt werden.

---

[1]     Einen Überblick zu Methoden dieses Bereichs bieten Heinrich und Lehner oder auch Broadbent und Koenig (vgl. HEINRICH 89 und BROADBENT 88).

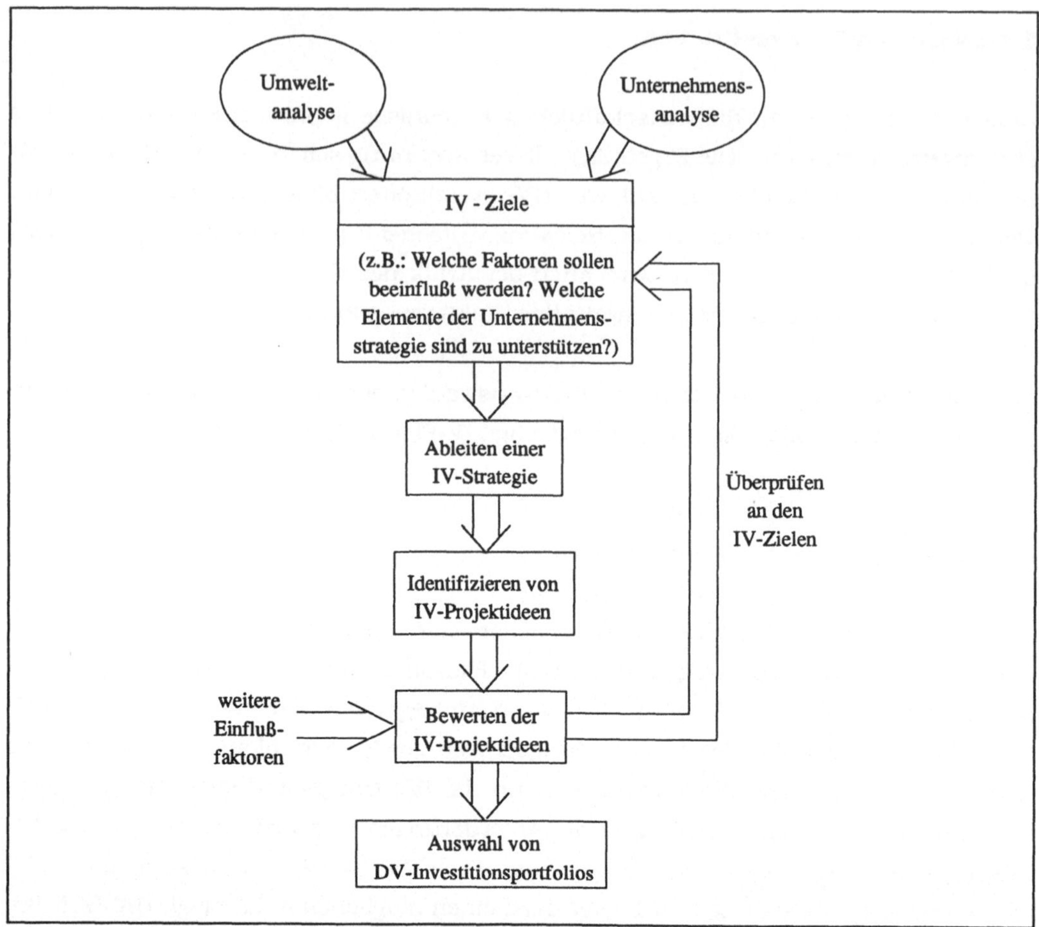



*Abb. 5.1 / 1*      ABLAUF DES IV-PLANUNGSPROZESSES

Je nach Zielrichtung der Planungsschritte kann der Prozeß der Projektideengewinnung bereits mit einschränkenden Suchbedingungen erfolgen. Ein Beispiel zeigt die Abbildung 5.1/2. Darin wird ein Schwerpunkt auf die Verbesserung der Kundenbeziehung gelegt.

Ähnlich einer Anwendungskonzeption, bei der in einem Top-Down-Vorgehen Zielsetzungen vorgegeben werden und dann der geeignete Mitteleinsatz mit Hilfe des Bottom-Up-Ansatzes bestimmt wird (vgl. LOCKEMANN 83), kann man auch beim Identifizieren von IV-Projekten diese beiden Vorgehensrichtungen finden.

Um aus Projektideen für IV-Investitionen geeignete Projekte auszusuchen und zu einer IV-Investitionsplanung zu kombinieren, lassen sich mehrere Analyseschritte un-

terscheiden, die durch verschiedene Detaillierungsgrade gekennzeichnet sind. Man
kann Verfahren zur Auswahl von

- IV-Investitionsbereichen,
- IV-Projekten und
- IV-Projektgestaltungsalternativen

trennen.

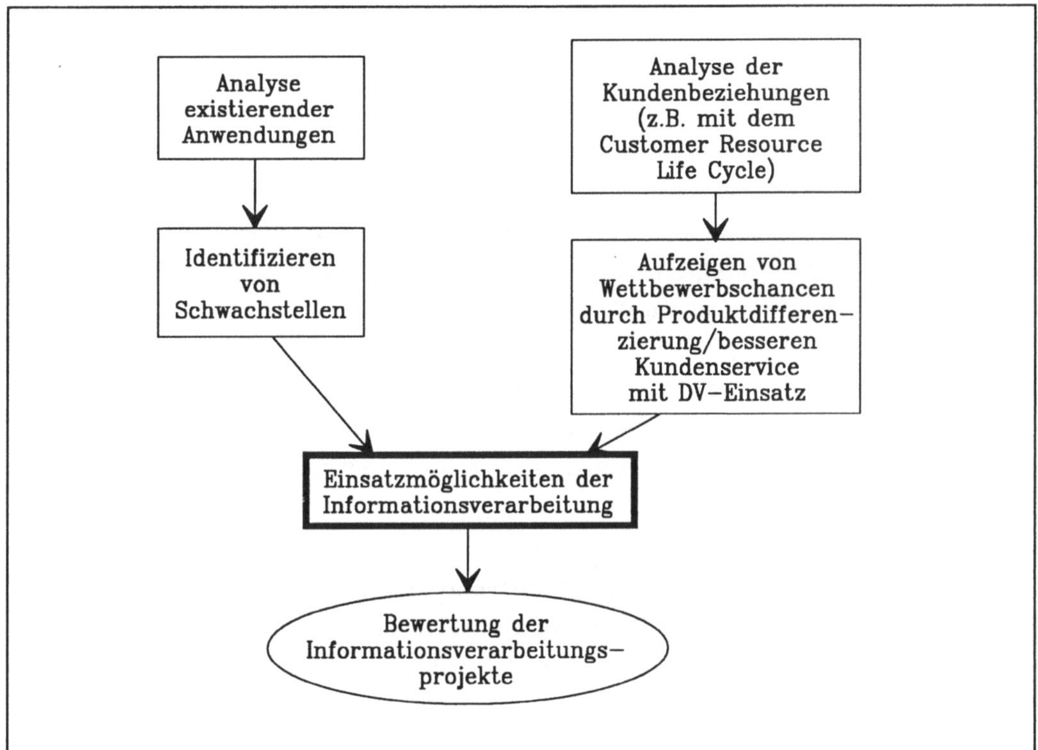


*Abb. 5.1/2*    İDENTIFIZIERUNG VON IV-EINSATZMÖGLICHKEITEN

Bei diesen Schritten nimmt die konkrete Ausgestaltung des Investitionsplanes oder
eines "IV-Investitionsportfolios" mit jedem Teilschritt zu. Die notwendige Budgetverteilung wird ebenfalls schrittweise konkretisiert. Unter einem IV-Investitionsportfolio soll dabei eine solche Kombination von IV-Projekten verstanden werden, die
zu einer maßgeblichen Unterstützung der Strategien des Unternehmens führt sowie
vorgegebene Rahmenbedingungen erfüllt.

Die Vorgehensweise kann entweder als fester Bestandteil der Unternehmensplanung
gestaltet sein oder wird als unregelmäßige Maßnahme durchgeführt. In jedem Fall

sind Projekt-/Beurteilungsgremien mit der Auswahlaufgabe betraut. Typische Beispiele sind sogenannte DV-Lenkungsausschüsse (vgl. GRUPP 89, hier S. 15 ff.). An diese DV-Ausschüsse oder auch "System Review Boards" werden Projektanträge herangetragen. Die Gremien müssen dann über den Einsatz der Budgetmittel entscheiden (vgl. KOBER 83, S. 45). Neben den IV-Spezialisten sind Mitglieder aus den betroffenen Führungsbereichen sowie dem Controlling und der Strategischen Planung in den Gruppen vertreten. Umstritten ist, ob Führungskräfte der IV-Abteilungen selbst ein Stimmrecht bei Entscheidungen besitzen sollen. Sie sollten aber zumindest nicht majorisierend wirken können (vgl. MERTENS 85, S. 85 ff.).

**5.2 Einflußfaktoren des Auswahlprozesses**

Bei der Auswahl vorgegebener IV-Projektideen müssen sowohl betriebswirtschaftliche als auch technische Faktoren berücksichtigt werden. Dazu wird überprüft, wie die Projektvorschläge die strategischen Zielsetzungen unterstützen und ob der IV-Einsatz eventuell sogar neue Chancen im Wettbewerb eröffnet.

Es ist zu hinterfragen, ob der Einsatz der IV besonders darauf abzielen soll, Stärken des Unternehmens durch Investitionen weiter auszubauen, oder ob es primär darum geht, Schwächen, die das Unternehmen im Vergleich zu Mitbewerbern besitzt, zu beheben.

Die Wirtschaftlichkeitsbeurteilung der Datenverarbeitung fließt in das Verfahren ein. Sie kann in Form einer Restriktion, etwa als erwartete Mindestrendite, in das Konzept eingehen. Damit wird eine Vergleichsmöglichkeit zu anderen Investitionsprojekten geschaffen. Man kann auch versuchen, ein IV-Anwendungsportfolio zu realisieren, das sich durch eine besonders hohe Wirtschaftlichkeit auszeichnet. Von solchen Kriterien sind allerdings Systeme auszunehmen, die technische Notwendigkeiten oder "Muß-Anwendungen" für das Unternehmen darstellen.

Weiterhin sollten die technisch-organisatorischen Voraussetzungen für die Systemrealisierung erfüllt sein und die Rahmenbedingungen eingehalten werden. Rahmenbedingungen sind z. B.

- Leistungsmerkmale, die für das vorgegebene Projekt gefordert werden (u. a. die technische Kapazität oder Flexibilität des Systems),

- die Erfüllung von Sachzwängen (Ablösung bisher verwendeter technisch bzw. wirtschaftlich veralteter DV oder Verwirklichung von Vorgaben/Vorschriften des Staates, eines Marktpartners etc.),
- das Weiterentwicklungspotential der Technologie,
- zusätzliche Anwendungsmöglichkeiten der Technologie in anderen Bereichen,
- die Komplexität bei der Pflege und/oder Weiterentwicklung einer Anwendung sowie
- die Nebeneffekte der IT auf andere Anwendungsbereiche.

Bei der Beurteilung ist danach zu unterscheiden, ob es sich um Basistechnologien, wie Zentralrechner, Betriebssysteme, Netzwerke usw., oder Anwendungslösungen handelt.

Schließlich sind neben den wirtschaftlichen auch die technischen Risiken zu identifizieren, die mit dem IS-Einsatz verbunden sind. Es lassen sich dann möglichst frühzeitig Maßnahmen ergreifen, mit denen man versuchen kann, die Probleme zu reduzieren. Risikofaktoren können folgende Kriterien darstellen:

- Die technischen Voraussetzungen einer Systemrealisierung sind zum Planungszeitpunkt noch nicht vollständig überschaubar.
- Eine neue, wenig bekannte IT wird eingesetzt (Implementierungs- und Einführungsprobleme etc.).
- Es ist im Unternehmen zu wenig Erfahrung mit IV-Projekten und Wissen über die IT für den speziellen Anwendungsfall vorhanden.

Daneben müssen auch die verfügbaren Ressourcen berücksichtigt werden. Speziell ist das verfügbare DV-Budget relevant.


## 5.3 Einflußfaktoren des IV-Budgets

Betrugen die durchschnittlichen DV-Ausgaben, gemessen am Umsatz der Unternehmen, in der Bundesrepublik 1982 noch ca. 1,1 % (vgl. ANSELSTETTER 86), so liegt dieser Anteil heute bei einer Größenordnung von 2 % (siehe MEYER 88). In den USA haben Befragungen für das Jahr 1989 Ausgaben in Höhe von 2,3 % vom Umsatz ergeben. Diese jährlichen Ausgaben teilten sich auf in durchschnittlich ca. 11 % für Software, 34 % für Hardware und 44 % für Personal. Die restlichen 11 % sind sonstige Kosten (vgl. O.V. 87 und O.V. 89).

### 5.3.1 Umfang des IV-Budgets

Im Einzelfall ist zu klären, welches Budget von den Unternehmen für IV-Investitionen bereitgestellt werden soll, welche Anteile für Basis- und Anwendungssysteme verwendet werden und, zumindest bei Großunternehmen, wie das Budget auf Funktions- und Geschäftsbereiche verteilt wird. Dabei ist zu berücksichtigen, daß diese Budgetzuordnung bei integrierten Lösungen nur noch teilweise oder in größeren Aggregationsstufen möglich ist. Einerseits kann eine vergangenheitsorientierte Planung im Sinne einer Budgetierung erfolgen, bei der die bisherigen Mittelzuweisungen den Ausgangspunkt bilden. Andererseits würde sich auch das Zero-Base Budgeting eignen, bei dem frühere Planungsbudgets ebenfalls hinterfragt werden. Dazu erfolgt eine Kombination einzelner Entscheidungspakete, die im zweiten Schritt in eine Auswahlreihenfolge gebracht werden. Diese Priorisierung kann bereits als Selektionsprozeß verstanden werden (vgl. PYHRR 73, insbes. S. 5 ff.).

Wohl eines der allgemeinsten Verfahren in diesem Bereich ist die Vier-Felder-Matrix von McFarlan, McKenney und Pyburn (vgl. Abb. 5.3.1/1) (vgl. MCFARLAN 83). Mit ihr soll die langfristige Relevanz der IV zum Erreichen von Unternehmenszielen bestimmt werden. Fragen zur strategischen Bedeutung existierender und zukünftig zu realisierender Anwendungssysteme zeigen, welchen Einfluß die IT bei der zukünftigen Unterstützung von Unternehmensstrategien haben kann. Das Unternehmen wird dazu in der Matrix positioniert. Die vier Quadranten besitzen folgende Bedeutung:

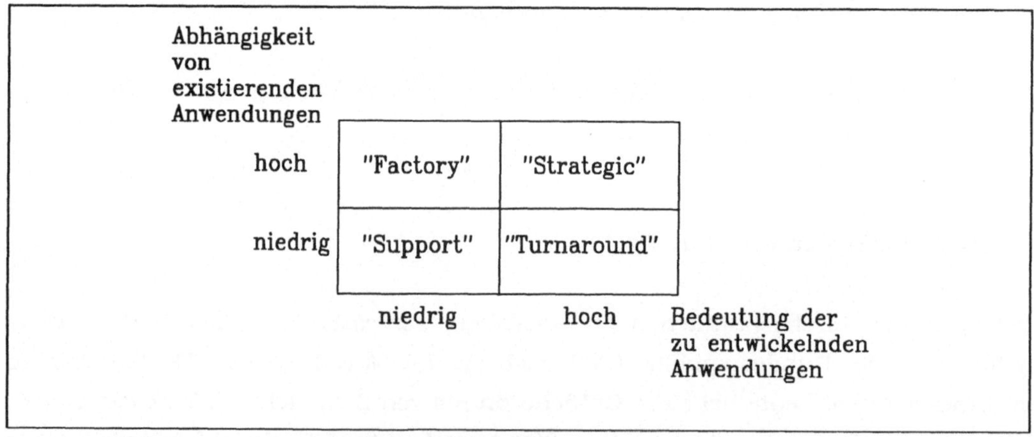



Abb. 5.3.1/1          IV-RELEVANZ-MATRIX

- "Strategic":
  Die strategische Bedeutung der verwendeten und der in der Entwicklung befindlichen Systeme (Anwendungen) ist hoch.

- "Factory":
Das Unternehmen ist stark abhängig von der vorhandenen IV-Unterstützung. Sie wird benötigt, um den reibungslosen Betrieb, z. B. die Fertigung, sicherzustellen. Die in Entwicklung befindlichen Anwendungen sind nicht bedeutend für die strategische Wettbewerbsposition des Unternehmens. Der operative Charakter, auch der geplanten IV-Systeme, steht im Vordergrund.

- "Support":
Weder der laufende Betrieb noch der Erfolg der Unternehmensstrategie ist direkt von den IV-Aktivitäten und -Entwicklungen abhängig.

- "Turnaround":
Unternehmen in dieser Kategorie sind bislang nicht abhängig von der IV. Aber die noch in Entwicklung befindlichen Systeme werden lebenswichtig sein, um die strategischen Unternehmensziele zu erreichen.

Mit dieser Positionierung ergeben sich:

- Eine Einstufung, die als Ausgangspunkt bei der Ressourcenzuteilung dienen kann, und
- eventuell ein Hinweis auf die Ansiedlung der IV-Planungsgruppe im Unternehmen (Welche Stufe in der Unternehmenshierarchie?).

Vielleicht läßt sich auch eine grobe Tendenz für die Weiterentwicklung des IV-Einsatzes (operativ oder strategisch) ableiten. Weitere Hinweise für das gesamte IV-Investitionsvolumen können aus Querschnittsuntersuchungen gewonnen werden, die branchenbezogene Erhebungen enthalten.

Eine Bestimmungsgröße der Budgethöhe sind bereits bekannte fixe Ausgaben, die durch Entscheidungen in Vorperioden festgelegt wurden. Gerade für das Gebiet der Software wird häufig berichtet, daß 70 % der Kosten für Wartung und Pflege existierender Anwendungen entstehen.

Eine differenzierte Betrachtungsweise wäre hier mit unterschiedlichen Maßgrößen für einzelne IV-Anwendungsbereiche durchzuführen. Dabei könnte man für den Bereich der Administrations- und Dispositionssysteme die Ausgaben als Prozentsatz vom Umsatz messen, für Planungs-, Kontroll- sowie Bürokommunikationssysteme bietet sich eine Messung der IS-Ausgaben pro Mitarbeiter des jeweiligen Aufgabenbereichs an.

Für die Prozeßautomatisierung kann man die IV-Ausgaben in Beziehung zu den erstellten Output-Einheiten setzen. Bei extern orientierten Anwendungen läßt sich wiederum der Unternehmensumsatz als Bezugsgröße heranziehen, und für Infrastrukturinvestitionen sollte eine Messung als Prozentsatz an den gesamten IV-Ausgaben erfolgen.

Ein Unternehmen, das versucht, durch den IV-Einsatz zumindest temporär gegenüber Wettbewerbern Vorteile zu erlangen, muß mit höheren Budgets rechnen als eines, das mit seiner IS-Ausstattung den Maßnahmen der Konkurrenz folgt. Ein Grund sind höhere Hardwarekosten der "first mover" durch den technologischen Früheinstieg und durchschnittlich höhere Realisierungskosten aufgrund fehlender Erfahrungen sowie des damit verbundenen größeren Risikos.

## 5.3.2 Verteilung des IV-Budgets

Nachfolgend werden zwei Vorgehensweisen skizziert, die als Hilfsmittel bei der Budgetaufteilung fungieren.

Es ist zu beachten, daß sich bei diesem Prozeß Wechselwirkungen mit der Zusammenstellung von IV-Projekten auch derart ergeben können, daß es aufgrund der Projektselektion zu einem Verschieben des Budgets kommt. Dieses wird dadurch notwendig, daß die vorgeschlagenen Projekte in ihrer zeitlichen Struktur nicht der davon unabhängig vorgeschlagenen Budgetverteilung entsprechen. Die Aufteilung des Budgets ist daher als erste Vorgabe zu verstehen, die es in den Folgeschritten zu konkretisieren gilt.

Teilweise wird auch zuerst die Projektauswahl und dann erst die Budgetzuordnung vorgenommen (vgl. z. B. EISENHOFER 88, hier S. 19). Allerdings muß dabei vorher wenigstens die Größenordung des verfügbaren Budgets geklärt sein.

## 5.3.2.1 Erfolgsfaktorenorientierte Budgetverteilung

Im Modell von Norton wird die Ressourcenzuteilung aufgrund der strategischen Wichtigkeit einzelner Investitionsbereiche vorgenommen[2]. Dazu werden eine Reihe von Matrizen gebildet, die das bisherige Investitionsverhalten im Bereich der IV wider-

---

2)  Das Vorgehen wird ausführlich in mehreren Aufsätzen geschildert (vgl. dazu: NORTON 84A, NORTON 84B, NORTON 84C und NORTON 85).

spiegeln. Darüber hinaus überprüft man den zielgerichteten Einsatz der Investitionen. Auf Basis der Matrizen werden auch die Planung und Verteilung des zukünftigen Budgets durchgeführt. Als Maßgröße verwendet Norton die IV-Investitionen in Prozent vom Umsatz.

Die Analyse stützt sich auf fünf Portfolios, bei denen auch insgesamt fünf verschiedene Achsen verwendet werden:

1. Die Anwendungs-Funktionsbereichsmatrix beschreibt, in welche Anwendungstypen für die einzelnen Funktionsbereiche investiert wird. Als Anwendungstypen werden

   - Administrations- und Dispositionssysteme,
   - Planungs- und Kontrollsysteme,
   - Büroautomatisierung,
   - Fertigungsautomatisierung sowie
   - extern orientierte Anwendungen (zwischenbetriebliche, überbetriebliche Systeme)

   differenziert.

   Die DV-Infrastruktur in Form von Datenbanken oder Netzwerken wird gesondert untersucht.

2. Die zweite Matrix ist eine Funktionsbereichs-"Jobfamilien"-Darstellung. Eine beispielhafte Unterscheidung ist hier:

   - Führungskräfte (im Sinne von "General Management"),
   - branchenspezifische Fachkräfte,
   - technische/wissenschaftliche Fachkräfte,
   - administrative Sachbearbeiter,
   - Sekretariatskräfte,
   - Vertriebs-/Außendienstmitarbeiter,
   - DV-Fachkräfte,
   - Kunden sowie
   - Lieferanten.

Die letzten beiden Gruppen wurden aufgenommen, um die Verbindung mit externen Partnern zu dokumentieren.

Diese zwei Matrizen sind die wesentlichen Elemente zur Budgetverteilung unter dem Aspekt der Unternehmensziele. Abbildung 5.3.2.1/1 zeigt ein Beispiel für das Anwendungs-Funktionsbereichsportfolio. Dabei wurde ein Gesamtbudget in Höhe von 3,1 % vom Umsatz verteilt.

| Anwendungstyp / Funktionsbereich | Administrations- und Dispositionssysteme | Planungs- und Kontrollsysteme | Büroautomatisierung | Technische Automatisierung | extern orientierte Anwendungen | $\Sigma$ Funktionsbereich |
|---|---|---|---|---|---|---|
| Forschung und Entwicklung | | 0,15 % | 0,10 % | 0,10 % | | 0,35 % |
| Einkauf | 0,15 % | 0,20 % | 0,10 % | | 0,15 % | 0,60 % |
| Produktion | 0,10 % | 0,20 % | | 0,30 % | | 0,60 % |
| Marketing / Vertrieb | 0,20 % | 0,15 % | 0,10 % | | 0,40 % | 0,85 % |
| Verwaltung | 0,10 % | 0,30 % | 0,30 % | | | 0,70 % |
| $\Sigma$ Anwendungstyp | 0,55 % | 1,00 % | 0,60 % | 0,40 % | 0,55 % | 3,10 % |

(Prozentzahlen = Investitionshöhe in Prozent vom Umsatz)

*Abb. 5.3.2.1/1*      ANWENDUNGS-FUNKTIONSBEREICHSPORTFOLIO

Drei weitere Matrizen dienen zur Budgetverteilung nach dem Kriterium der Technologiedifferenzierung sowie der technischen Risikostreuung. Außerdem wird der Aspekt der organisatorischen Abwicklung der Projekte angesprochen.

3. In der ersten Matrix werden die Funktionsbereiche den benötigten technischen Ressourcen gegenübergestellt. Dabei unterscheidet man zwischen der IT im engeren Sinne, relevanter Software (Systemsoftware wird den Hardwarekomponenten zugerechnet), benötigtem Personal sowie sonstigen technischen Ressourcen. Für die IT erfolgt eine Differenzierung nach Arbeitsplatzsystemen, Netzwerken, Zentralrechnern, Speichern und sonstigen Hardwarekomponenten. Bei der Personalzuordnung für einzelne Funktionsbereiche dürfte dabei häufig nur eine Schlüsselung möglich sein.

4.  Das zweite Portfolio beschreibt Technologien in Abhängigkeit vom Projektmanagement. Man trennt zwischen einem zentralen Management, z. B. für aufgabenoder anwendungsübergreifende IV-Ressourcen, ein projektbezogenes Management ist für innovative Technologien vorgesehen, und ein dezentrales Management, etwa auf der Bereichs- oder Abteilungsebene, soll kleineren, dezentralen IV-Investitionen zugeordnet werden.

5.  In der letzten Matrix werden die Anwendungstypen dem Projektmanagement gegenübergestellt.

Abbildung 5.3.2.1/2 faßt die fünf Matrizen noch einmal schematisch zusammen.

Auf Grundlage der vorgegebenen IV-Ziele muß nun eine Umsetzung in die Budgetverteilung erfolgen. Dazu werden die relevanten Matrixfelder, die sogenannten "kritischen Zellen", zum Verfolgen der Unternehmensstrategien identifiziert[3]. Dieses sind:

-  Funktionsbereiche,
-  Job-Familien,
-  Unternehmensprozesse und
-  Produktbereiche.

Auf dieser Basis kann nun, abhängig von den vergebenen Prioritäten und vom verfügbaren Investitionsvolumen, eine Budgetverteilung vorgenommen werden. Ebenso ist es möglich zu überprüfen, ob die verfolgten Zielsetzungen durch die bisher durchgeführte Mittelverteilung unterstützt wurden.

Kritisch ist zu dem Vorgehen anzumerken, daß die verfügbare IV-Ausstattung nur sehr pauschal berücksichtigt wird. Außerdem geht man von der vereinfachenden Annahme aus, daß zwischen den Unternehmenszielen/IV-Zielsetzungen und dem Einsatz an finanziellen Mitteln eine proportionale positive Beziehung besteht.

## 5.3.2.2 Basistechnologiebezogene Budgetverteilung

In dem zuvor dargestellten Ansatz wurden kaum Aussagen über Investitionen in Basistechnologien getroffen, und die bereits vorhandene technologische Ausstattung wurde wenig berücksichtigt. Die nachfolgende Technologieerhebung soll, beispiels-

---

3)  Ein erweiterter BSP-Ansatz erlaubt ein ähnliches Vorgehen (vgl. SCHOUW 87).

Angaben der Matrixfelder in Prozent vom Umsatz oder in DM

**Jobfamilien / Funktionsbereich**

| Funktionsbereich | Führungskräfte | Technische Fachkräfte | ..... | Sekretariatskräfte |
|---|---|---|---|---|
| Einkauf | | | | |
| Produktion | | | | |
| .......... | | | | |
| Verwaltung | | | | |

**Technische Ressourcen / Funktionsbereich**

| Funktionsbereich | Hardware (PCs ........... Großrech.) | Anwendungssoftware | ..... | Sonstiges Material |
|---|---|---|---|---|
| Einkauf | | | | |
| Produktion | | | | |
| .......... | | | | |
| Verwaltung | | | | |

**Technische Ressourcen / Projektmanagement**

| Projektmanagement | Hardware (PCs ........... Großrech.) | Anwendungssoftware | ..... | Sonstiges Material |
|---|---|---|---|---|
| Zentrales Management | | | | |
| Dezentrales Management | | | | |
| Projektbezogenes Management | | | | |

**Anwendungstyp / Funktionsbereich**

| Funktionsbereich | Administrations- und Dispositionssysteme | Planungs- und Kontrollsysteme | ...... | Technische Automatisierung |
|---|---|---|---|---|
| Einkauf | | | | |
| Produktion | | | | |
| .......... | | | | |
| Verwaltung | | | | |

**Anwendungstyp / Projektmanagement**

| Projektmanagement | Administrations- und Dispositionssysteme | Planungs- und Kontrollsysteme | ...... | Technische Automatisierung |
|---|---|---|---|---|
| Zentrales Management | | | | |
| Dezentrales Management | | | | |
| Projektbezogenes Management | | | | |

*Abb. 5.3.2.1/2*  MATRIZEN ZUM BEURTEILEN VON IV-EINSATZBEREICHEN

weise in bezug auf die Personalausstattung, Investitionsdefizite aufzeigen (vgl. JOHNSON 87). Das Verfahren ist achtstufig:

1. Eine Entscheidung, welche Bereiche analysiert werden sollen (Administrationssysteme, Bürokommunikation, Fertigungsautomatisierung usw.), steht am Anfang.

2. Die relevanten Technologien (z. B. Workstations, PCs, Terminals, Abteilungsrechner) werden ausgewählt.

3. Eine Technologieerhebung wird für den ausgewählten Bereich durchgeführt. Ein Beispiel zeigt Abbildung 5.3.2.2/1.

| | Bereich I | Bereich II | Bereich III | Bereich VI | Summe |
|---|---|---|---|---|---|
| | (Zahlen: absolut / % am gesamten Bereich) | | | | |
| **Zahl der Sachbearbeiter und Fachkräfte** | 2.300 / 59 % | 600 / 15 % | 650 / 17 % | 350 / 9 % | 3.900 |
| **Administrationsanwendungen** | | | | | |
| installierte Großrechner-Terminals | 926 / 56 % | 524 / 32 % | 176 / 11 % | 19 / 1 % | 1645 |
| Zahl der Online-Sitzungen/Monat | 2.716 / 35 % | 1.291 / 17 % | 3.520 / 46 % | 198 / 2 % | 7.725 |
| Online-CPU-Stunden/Monat | 14,5 / 32 % | 9,5 / 21 % | 18 / 39 % | 4 / 8 % | 46 |
| Batch-CPU-Stunden/Monat | 30,5 / 47 % | 17.5 / 27 % | 13 / 20 % | 3,5 / 6 % | 64,5 |
| **Endbenutzer-Werkzeuge** | | | | | |
| Zahl der Stand alone PCs | 580 / 40 % | 357 / 25 % | 210 / 15 % | 300 / 20 % | 1447 |
| Zahl der Planungssprachen-Installationen | 170 / 38 % | 75 / 17 % | 15 / 3 % | 187 / 42 % | 447 |
| Zahl der PC-DB-Installationen | 210 / 31 % | 237 / 34 % | 85 / 12 % | 160 / 23 % | 692 |
| Zahl sonstige Software-Lizenzen | 430 / 47 % | 176 / 19 % | 180 / 20 % | 127 / 14 % | 913 |
| **Bürotechnik** | | | | | |
| Textverarbeitungssysteme | 27 / 64 % | 0 / 0 % | 10 / 24 % | 5 / 12 % | 50 |
| PCs zur Textverarbeitung | 80 / 39 % | 55 / 27 % | 45 / 22 % | 25 /12 % | 205 |
| Laserdrucker | 12 / 40 % | 5 / 17 % | 8 / 26 % | 5 / 17 % | 30 |
| Nadeldrucker | 40 / 36 % | 32 / 29 % | 25 / 22 % | 15 / 13 % | 112 |
| Electronic-Mail-Netzanschlüsse | 800 / 59 % | 300 /22 % | 200 / 15 % | 50 / 4 % | 1.350 |

*Abb. 5.3.2.2/1*    TECHNOLOGIEERHEBUNG

Für vier betriebliche Organisationseinheiten wurden die Daten erhoben. Dabei wird zwischen den Anwendungstechniken "Administrationssysteme", "Endbenutzerwerkzeuge" und "Bürotechnik" differenziert.

4. Die ermittelten Zahlen werden mit den in diesen Bereichen tätigen Sachbearbeitern und Fachkräften verglichen. Dieser Anteil beschreibt, in welchem Umfang die Mitarbeiter bei ihren Tätigkeiten unterstützt werden. Man geht davon aus, daß zwischen den IV-System-Installationen und dem Knowledge-Worker-Anteil eine Proportionalität besteht.

5. Es wird versucht, Soll-Ist-Vergleiche vorzunehmen und Abweichungen zu analysieren (Tätigkeiten sind besonders stark IV-abhängig bzw. Tätigkeiten benötigen nur teilweise IV-Unterstützung).

6. Die Ergebnisse werden in die Budget-Planung einbezogen. Für identifizierte Mangelbereiche werden geeignete Investitionen in Basistechnologien eingeplant.

7. Zusätzlich kann ein Vergleich auf Kostenbasis erfolgen. Dazu muß man eine Bewertung der genutzten IV-Leistungen, z. B. pro Jahr, mit Kostensätzen vornehmen. Auch hier können Prozentsätze als Vergleichsbasis dienen.

8. Über mehrere Perioden hinweg lassen sich Trends vergleichen. Für den Bürokommunikations-Einsatz kann man den Return-on-Management (Rendite bezogen auf den Kapitaleinsatz für Mitarbeiter in Management-Positionen (Personal-, Kapital- und Dienstleistungskosten, vgl. auch Kapitel 4.3/2)) zu den getätigten Investitionen für Bürokommunikationssysteme in Beziehung setzen (vgl. STRASSMANN 88, hier S. 268 ff.). Werden einzelne Teilgebiete mit unterschiedlichen Renditen und verschiedenen DV-Investitionshöhen gegenübergestellt, lassen sich eventuell Investitionsempfehlungen aufzeigen.

Bei dieser Vorgehensweise muß hervorgehoben werden, daß ausschließlich der Basistechnologieeinsatz analysiert und geplant werden kann[4]. Ein Schwachpunkt ist darin zu sehen, daß man technische Weiterentwicklungen bei der Betrachtung nicht berücksichtigt.

### 5.3.3 Fristigkeit der Mittelbindung

Bei der Entscheidung, DV-Investitionen vorzunehmen, ist zu hinterfragen, für welchen Zeitraum das Budget beansprucht wird. Dabei sind zwei Komponenten zu tren-

---

4)  Eine ähnliche Untersuchung für den Einsatz eines Anwendungssystems in Personalabteilungen wurde von Edelman im RCA-Konzern durchgeführt (vgl. EDELMAN 81).

nen: zum einen die Investitionen oder die Kosten zur Projekterstellung, zum anderen die laufenden Kosten der IV, die ebenfalls das Budget belasten. Besonders wichtig sind in diesem Zusammenhang die Kosten der Softwarewartung und -pflege. Bei den Investitionen oder Aufwendungen zur Systemerstellung sind auch Erweiterungen zu berücksichtigen, die zum Zeitpunkt der Planung bereits feststehen und dadurch eingegangen werden, daß man sich für das Projekt entscheidet.

Um der unterschiedlichen zeitlichen Budgetbelastung der Einzelinvestitionen Rechnung zu tragen, sollte eine Klassifikation auf Basis der Projektdauer eingeführt werden. Dabei bietet sich eine Trennung in kurz-, mittel- und langfristige Projekte an. Damit ist auch bereits eine gewisse Risikoklassifikation verbunden, da man davon ausgehen kann, daß sich mit zunehmender Projektdauer auch das Risiko erhöht. Abbildung 5.3.3/1 zeigt eine beispielhafte Budgetaufteilung.

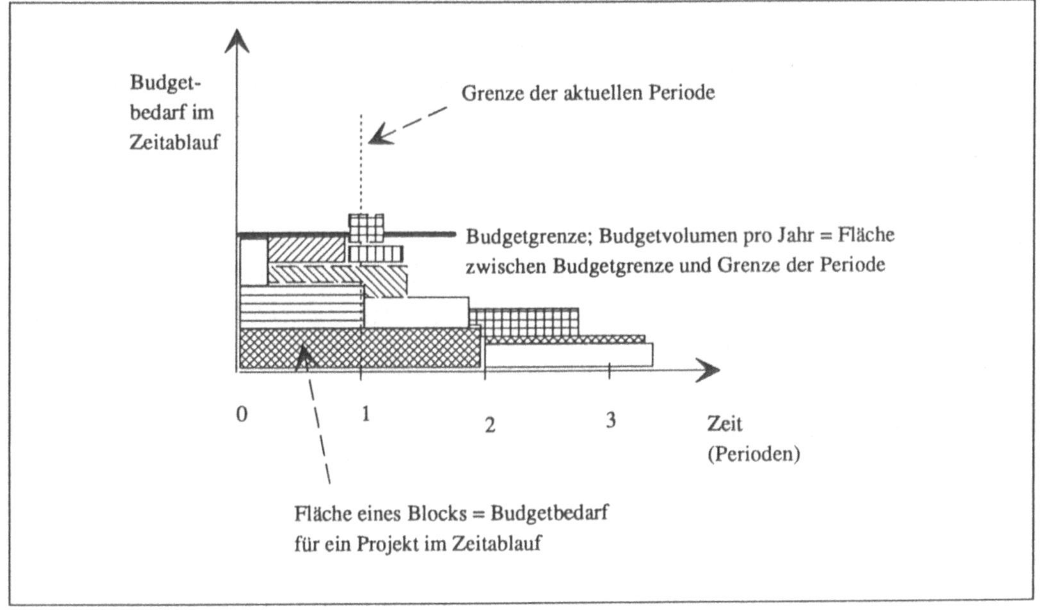


Abb. 5.3.3/1        PROJEKT-BUDGETAUFTEILUNG

Eine Einteilung kann nach der Projektdauer erfolgen, wie z. B. "geringer als sechs Monate", "zwischen sechs Monaten und einem Jahr" sowie "länger als ein Jahr". Die Projekte in den einzelnen Zeitklassen sind dann jeweils gesondert zu untersuchen. Aufgrund der Budgetverteilung für die einzelnen Gruppen und der Zuordnung von Budgetanteilen können auch andere Restriktionen, wie beispielsweise das verfügbare IV-Fachpersonal, berücksichtigt werden.

## 5.4 Technische Abhängigkeiten bei der Projektbewertung

Bei der Untersuchung der IV-Projekte müssen technische Abhängigkeiten und Voraussetzungen einbezogen werden. Zur einfachen Betrachtung dieser Interdependenzen läßt sich zwischen Basis- und Anwendungssystemen unterscheiden. Beide Systemklassen sind separat zu analysieren. Die Basissysteme bilden eine Voraussetzung für die Anwendungsprogramme. Die hier notwendigen Auswahlentscheidungen müssen auf der Ebene des Gesamtunternehmens durchgeführt werden, wenn man eine integrationsfähige Systemlandschaft schaffen will. Die Zuordnung und Auswahl der Anwendungstechnologie erfolgt dagegen aufgrund unterschiedlicher Anforderungen häufig erst auf der Ebene von Geschäftsbereichen. Bei einem technischen Basissystem ist weiter zu berücksichtigen, daß technische Notwendigkeiten in den Entscheidungsprozeß einbezogen werden müssen. Hardwareveränderungen können beispielsweise einen Wechsel in Systemprogrammversionen notwendig machen. Investitionsentscheidungen werden durch den technischen Fortschritt bestimmt, wenn man im Unternehmen den aktuellen Stand der Technologie beibehalten will. Schon aus einer solchen Betrachtung kann es sich ergeben, daß in bestimmte Systeme investiert werden muß.

Drei Fälle können unterschieden werden, wenn man Projektabhängigkeiten aufgrund technischer Voraussetzungen erfaßt. Sie lassen sich über unterschiedliche Matrizen veranschaulichen, mit denen die Verknüpfungen aufgezeigt werden. Folgende Varianten sind zu berücksichtigen:

1.  Basissysteme-Basissysteme:
    Das Installieren einer Basisarchitektur beruht auf einem anderen Basissystem. Als Beispiel sei eine Betriebssystem-Umstellung genannt, die Voraussetzung für die Wahl eines bestimmten Kommunikations- oder Transaktionssystems ist.

2.  Basissysteme-Anwendungen:
    Die Installation einer Anwendung kann nur erfolgen, wenn bestimmte Basiskomponenten bereits vorhanden sind. Beispielsweise werden für viele Massenanwendungen, etwa im Finanz- und Rechnungswesen, heute Datenbanksysteme benötigt, um die relevanten Informationen abzuspeichern. Entscheidungsunterstützungs-Systeme nutzen oft graphikfähige PCs als Ausgabegeräte, um eine komfortable Benutzerführung und Ergebnisaufbereitung zu bieten.

3. Anwendungen-Anwendungen:
   Anwendungsprogramme bauen auf anderen Anwendungen auf, so daß hier eine
   Implementierungsreihenfolge entsteht. Es ist u. a. ein Materialwirtschaftssystem
   Voraussetzung, wenn ein Kundenbestellsystem eingeführt werden soll, bei dem
   der Abnehmer feststellen kann, ob das gewünschte Produkt auch wirklich lie-
   ferfähig ist.

Die für diesen Teil vorgenommenen Klassifizierungen sind Untersuchungen vergleichbar, die im klassischen BSP-Verfahren Anwendung finden (vgl. IBM 81). Allerdings untersucht man dabei nicht Informationstechnologien als Ganzes, man beschäftigt sich vielmehr mit der Datenentstehung und -verwertung. Darüber hinaus
wird versucht, eine Clusterung für Anwendungsbereiche auch in zeitlicher Abfolge
vorzunehmen.

Ein einfaches Beispiel einer Basissystem-Anwendungs-Matrix zeigt Abbildung 5.4/1.
Die Anwendungen 1 bis 6 benötigen eine oder mehrere Basisapplikationen zur Ein-
führung. Die Matrix macht diese Abhängigkeiten deutlich. Sie erlaubt es auch, eine
Ordnung nach den jeweils am häufigsten benötigten Basissystemen vorzunehmen.
Die Wichtigkeit einer solchen Technologie kann damit als ein Entscheidungskriterium
bei der Auswahl herangezogen werden.


**5.5 Ansätze zum Festlegen von IV-Investitionsportfolios**

Bei der Zusammenstellung von IV-Investitionsportfolios lassen sich die Vorgehensweisen in drei Kategorien teilen.

1. Man benutzt Auswahlverfahren, bei denen ausschließlich mit einer Nutzwertanalyse, einer quantitativen Kennzahl oder einer Portfoliozuordnung auf Basis
   weniger Beschreibungsmerkmale eine Projektbeurteilung stattfindet. Teilweise
   werden zusätzliche Rahmenbedingungen vorgegeben, die die Projekte erfüllen
   müssen.

2. Es wird eine Kombination quantitativer und qualitativer Bewertungsmethoden
   gewählt. Als qualitative Verfahren findet man vorwiegend Ausprägungen der
   Nutzwertanalyse. Zur Selektion der IV-Investitionen dient allerdings nur eine
   Maßgröße. Eine Kombination der Ergebnisse erfolgt dann entweder durch eine
   Zuordnung in einer Matrix, aus der dann die vorteilhaften Projekte selektiert wer-

den, oder es wird eine Nutzenfunktion für die kombinierten qualitativen und quantitativen Ergebnisse gebildet, so daß sich ein einheitlicher Bewertungsmaßstab für sämtliche Investitionsalternativen ergibt[5].

---

**Basistechnologie:**

(A) Zentralrechnererweiterung
(B) Abteilungsrechner—Einsatz
(C) Lokales Netzwerk
(D) Einführen einer relationalen DB
(E) Größere Steuereinheit zum
    zusätzlichen Geräteanschluß

**Anwendungs—Projekte:**

(1) Kundenbestellsystem
(2) integrierte Lagerbestandsverwaltung
    (Hochregallager)
(3) CAD für Abteilung XY
(4) Wartungstechnik—Unterstützung
(5) Werbebudgetplanung
(6) Planungssprache Finanzabteilung
    (konzernweite Konsolidierung)

|     | (A) | (B) | (C) | (D) | (E) |
|-----|-----|-----|-----|-----|-----|
| (1) | X   |     |     | X   | X   |
| (2) | X   |     |     | X   | X   |
| (3) |     | X   |     |     |     |
| (4) |     | X   | X   |     |     |
| (5) |     | X   | X   | X   |     |
| (6) | X   |     |     | X   |     |

*Abb. 5.4 / 1*      BASISSYSTEM-ANWENDUNGS-MATRIX

---

5) Zu den Schwierigkeiten des Zusammenführens mehrerer Bewertungskriterien siehe Rausch (vgl. RAUSCH 85).

3. Die Auswahl der IV-Investitionen basiert auf mehreren Analysetechniken, die man für die vorgeschlagenen Projekte anwendet. Sie bestehen sowohl aus quantitativen als auch aus qualitativen Untersuchungen. Häufig bilden die Vorgehensweisen einen Analyserahmen, mit dem die Auswahlalternativen unter verschiedenen Gesichtspunkten bewertet werden können. Die eigentliche Selektionsentscheidung ist dann auf dieser Grundlage nach individuellen Kriterien und Präferenzen vorzunehmen.

Nachfolgend werden Ansätze dargestellt, die den Kategorien zwei und drei zuzurechnen sind.

## 5.5.1 Auswahlverfahren auf der Grundlage von Multifaktoren-Bewertungen

### 5.5.1.1 Integrierte Ansätze zur Nutzwertanalyse

Umfassende Bewertungsmodelle ergänzt man häufig mit Multifaktoren- oder Nutzwertanalysen (vgl. etwa SCHERFF 86). Dabei ist die dreistufige Vorgehensweise mit dem Aufstellen von Kriterienbäumen, Gewichten der Bäume und Bewerten der Einzelfaktoren charakteristisch (vgl. z. B. MATARÉ 87, insbes. S. 96 ff.). Für einzelne Kriterienbereiche läßt sich nach der Bewertung ein Hundert-Prozent-Test (Zielsetzung wird vollständig erfüllt = 100 Prozent) anwenden. Modifizierte Verfahren zur Nutzwertanalyse wurden inzwischen auch für die Bewertung von Expertensystemen vorgeschlagen (vgl. ZAHEDI 90).

Im Anschluß an die Bewertung kann ein Kosten-Nutzen-Verhältnis berechnet werden, um den subjektiv bestimmten Leistungswert des Systems an der Investitionssumme zu messen.

In der Literatur findet man auch den Vorschlag, gemischte Verfahren aus Wirtschaftlichkeitsberechnung und Nutzwertanalyse einzusetzen. Die Problematik besteht dann darin, eine Zielfunktion aus beiden Komponenten zu bilden. Es muß dazu eine Indifferenzfunktion zwischen dem wirtschaftlichen Ergebnis (beispielsweise ausgedrückt in Einsparungspotential DM/Jahr) und einem dimensionslosen Punktwert gefunden werden. Bildet man einen solchen funktionalen Zusammenhang, so lassen sich die Auswirkungen einer Veränderung der Austauschrate mit einer Sensitivitätsanalyse bestimmen (vgl. KOREIMANN 87). Bei sehr einfachen Analysen wird das Ergebnis in einer Nutzwert-Kosten-Matrix dargestellt (vgl. KUHNERT 90, insbes. S. 10 ff. und SCHWEIZERISCHE 85, speziell S. 170 ff.).

Das Fraunhofer-Institut für Arbeitswissenschaft und Organisation schlägt eine sogenannte "Arbeitssystemwert-Ermittlung" vor, um eine auf Kosten- und Leistungsgrößen basierende Wirtschaftlichkeitsberechnung für IV-Systeme zu ergänzen (vgl. BULLINGER 88, hier S. 429 ff.). Dazu werden Aspekte wie das Informationsangebot, eine Flexibilitätsänderung oder Humankriterien mit einer Nutzwertanalyse bewertet. Diese Vorgehensweise hat das VDI als Hilfsmittel übernommen, um Bürokommunikationslösungen zu analysieren (vgl. SCHMID 89).

### 5.5.1.2 Conjoint-Analysen als Hilfsmittel bei der Auswahl qualitativ orientierter Projektvorschläge

In der Marktforschung werden Conjoint-Analysen verwendet, um eine Nutzen- und Präferenzstruktur zu identifizieren, die Kunden den Eigenschaften eines bestimmten Produktes beimessen. Die Conjoint-Analyse ist eine Kombination einer besonderen Erhebungstechnik, einer multivariaten statistischen Methode sowie spezieller Analysetechniken (vgl. THEUERKAUF 89). Dabei sollen Produkteigenschaften identifiziert werden, die für eine unterschiedliche Wertschätzung der Objekte relevant sind. Testpersonen bilden dazu, aufgrund ausgewählter Produkteigenschaften, eine Präferenzordnung. Eine solche Vorgehensweise kann modifiziert ebenfalls eingesetzt werden, um die Vorteile von IV-Systemen abzuschätzen, die speziell intangible Nutzeffekte hervorrufen und/oder zu einer verbesserten Entscheidungsqualität beitragen. Dazu wird ein Nutzenwert bestimmt, der die Anwendung charakterisieren soll. Dieser Wert ist dann ein Entscheidungskriterium bei der Annahme oder Ablehnung des Projektvorschlags. Das Verfahren umfaßt vier Schritte (vgl. MONEY 88):

1. Die relevanten Effekte, um IV-Projekte zu beurteilen, werden in Form einer Checkliste gesammelt. Zum Identifizieren relevanter Faktoren werden Literaturstudien (Sekundärerhebungen) oder Delphi-Befragungen von Fachleuten eingesetzt.

2. Die einzelnen Nutzeffekte werden zu homogenen Gruppen zusammengefaßt.

3. Mit dem Conjoint-Beurteilungsverfahren werden anwendungsunabhängige Einschätzungen für den Nutzen der intangiblen Effekte bestimmt. Als Ergebnis erhält man Teilnutzenwerte für die einzelnen Faktoren. Der Ablauf wird nachfolgend kurz beschrieben.

4. Die resultierenden Nutzwerte werden verwendet, um anwendungsindividuell eine Entscheidungsregel zur Annahme oder Ablehnung eines Projektvorschlags abzuleiten.

Teilweise findet man auch eine Einteilung in sechs Schritte (vgl. GREEN 78, hier S. 105 ff.). In den einzelnen Stufen lassen sich unterschiedliche Analyseverfahren einsetzen.

In der ersten Phase können verschiedene Vorgehensweisen eingeschlagen werden, um einen Katalog relevanter IV-Effekte zu bestimmen. Führt man voneinander unabhängig eine Literaturerhebung und eine Expertenbefragung durch, so lassen sich die Umfrageergebnisse durch die Erfahrungsberichte kontrollieren.

Im zweiten Schritt werden die möglichen Resultate zu Gruppen zusammengefaßt, die inhaltliche Bezüge besitzen. Für Entscheidungsunterstützungs-Systeme läßt sich z. B. eine Einteilung nach Wirkungsebenen in

- operative Faktoren,
- Management-Faktoren sowie
- Faktoren der Individualebene

vornehmen. Abbildung 5.5.1.2/1 zeigt ein Beispiel. Die einzelnen Ebenen können als Attribute angesehen werden. Die individuellen Nutzeffekte wären dann Attributausprägungen. Es ist aber auch möglich, zu jedem Nutzeffekt eine Ausprägungsliste anzulegen, wenn man nicht nur danach unterscheiden will, ob der Effekt durch das IV-Projekt eintritt oder nicht. Damit erhöht sich allerdings stark die Zahl der Alternativen.

Ausgangspunkt der Ebenenzuordung kann eine Gruppenbefragung sein. Dabei legen die Teilnehmer fest, welchen Ebenen sie die einzelnen Nutzeffekte zuordnen würden ("bessere Planung und Kontrolle" z. B. zu den "Management-Faktoren"). Mit einer Cluster-Analyse werden die Urteile der einzelnen Personen ausgewertet und endgültig den Faktorengruppen zugeteilt (im Beispiel den Gruppen "Operative Faktoren", "Management-Faktoren" und "Faktoren der Individualebene"). Die so strukturierten Effekte bilden eine Basis für die Conjoint-Bewertung. Hier wäre auch ein analytisches Vorgehen zur Gruppenbildung (etwa mit Wirkungszusammenhängen) denkbar.

Im dritten Schritt wird vor dem Anwenden der Conjoint-Analyse zu jeder dieser Faktorengruppen ein sogenannter "0-Effekt" ergänzt, der ausdrückt, daß mit den neuen IV-Systemen kein Einfluß auf den Faktorenbereich entsteht. Diese Komponenten werden dem Klassifikationsschema hinzugefügt (für den Faktor-Katalog in Abbildung 5.5.1.2/1 ergänzt man drei "0-Effekte"), um in den einzelnen Faktorbereichen die Größe der Nutzwerte abzuschätzen, die auf die neuen Anwendungen zurückgeführt werden.

---

**Operative Faktoren**

- vereinfachte Abwicklung administrativer Tätigkeiten

- schnellere Abwicklung von Vorgängen

- bessere Nutzung von Informationen

- keine operativen Nutzeffekte


**Management-Faktoren**

- bessere Kommunikation zwischen Führungskräften

- bessere Planung und Kontrolle

- bessere Nutzung der Zeit für Management–Entscheidungen

- keine Nutzeffekte auf der Management–Ebene


**Faktoren der Individualebene**

- genauere und umfangreichere Untersuchung von Alternativen

- erhöhtes Potential zur Entscheidungsfindung

- gesteigertes Problemverständnis

- keine Nutzeffekte auf der individuellen/persönlichen Ebene

---

*Abb. 5.5.1.2/1*     BEISPIEL EINES FAKTOREN-KATALOGS ZUR CONJOINT-ANALYSE

Mit einer Befragung findet ein anwendungsunabhängiger Vergleich einzelner Effektkombinationen statt. Ziel ist es dabei, relevante Einzelfaktoren für die Beurteiler zu bestimmen (etwa: Welcher Faktor wird höher eingeschätzt: "schnellere Abwicklung von Vorgängen" oder "bessere Planung und Kontrolle"?). Dazu werden jeweils Faktorenkombinationen aus sämtlichen Effektgruppen gebildet. Es erfolgt ein paarweiser Vergleich, mit dem dann in der Gesamtheit auch die Wichtigkeit der Einzelinformationen zum Ausdruck kommen soll (vgl. GREEN 72). Theoretisch sind für den hier gewählten Faktoren-Katalog, beim Vergleich von Tripeln (für jede Ebene wird ein Faktor gewählt), 4 . 4 . 4 = 64 Kombinationen zu beurteilen. Um die Zahl der Vergleiche nicht zu umfangreich werden zu lassen, wählt man üblicherweise eine Stichprobe aller relevanten Möglichkeiten. Diese kann mit einem statistischen Design bestimmt werden. Außerdem können weitere Fälle herausfallen, wenn für alle Faktoren eine Alternative besser als eine andere eingestuft wird. Mit multivariaten Schätzverfahren läßt sich aufgrund der Benutzerantworten, für den durchgeführten Vergleich der Faktor-Profile, ein Teilnutzenwert für jeden Effekt ermitteln. Eine Nutzwertzuordnung kann sowohl für einen Bewerter als auch für eine Benutzergruppe erfolgen. Hierfür stehen auch Computerprogramme zur Verfügung, um die benötigten statistischen Verfahren anzuwenden (vgl. KUCHER 87).

Die so bestimmten Nutzenwerte erlauben eine detaillierte Untersuchung der Anwendereinschätzungen. Unter anderem sind dieses:

1. Die Wichtigkeit der Einzelfaktoren läßt sich abschätzen. Als Maßgröße kann man die ermittelten Nutzwerte heranziehen.
2. Die von der beurteilenden Person vermuteten Abhängigkeiten zwischen Einzeleffekten können aufgezeigt werden.
3. Die relative Wichtigkeit jedes Einflußbereichs kann aufgrund der Benutzerantworten ermittelt werden. Diese Einschätzung kann individuell und für die gesamte Gruppe erfolgen.
4. Die Sicherheit, mit der die Wichtigkeit von Einzelfaktoren festgelegt wurde, läßt sich ableiten.

In der vierten Phase ist nun zu entscheiden, ob ein konkretes IV-Projekt einen Nutzenwert besitzt, der die Realisierung rechtfertigt. Es wird ein dreistufiges Nutzeffekt-Schwellenwert-Konzept verwendet.

Zuerst müssen die Bewerter aus der Liste der zusammengestellten Nutzeffekte eine Auswahl solcher Elemente treffen, die sie für das vorgeschlagene System als relevant ansehen (ermittelte, anwendungsindividuelle Nutzenwert-Zusammenstellung). Danach wird ein Schwellenwert für die Nutzenwert-Zusammenstellung bestimmt. Dazu wird die "0-Effekt"-Zusammenstellung gewählt. Da diese z. B. auf der Einschätzung zukünftiger Anwender beruht, handelt es sich dabei nicht um eine absolute, sondern um eine relative Größe. Man nimmt dazu an, daß der kombinierte Nutzenwert der Anwendung signifikant größer als der 0-Nutzen-Wert ist. Zur Untersuchung dieser Annahmen können Signifikanztests, wie der t-Test, das Wilcoxon- oder das Walsh-Verfahren, angewendet werden. Läßt sich mit der Analyse ein signifikanter Unterschied ermitteln, so kann die Projektrealisierung empfohlen werden. Aufgrund der Nutzenwerte lassen sich auch verschiedene Projekte vergleichen.

Wurde für die Nutzeffektfaktoren zusätzlich zwischen Ausprägungskombinationen gewählt, so müssen in dieser vierten Phase die jeweiligen Nutzeffektausprägungen zugeordnet werden.

Der Verfahrensaufwand nimmt mit wachsender Zahl berücksichtigter Nutzeffekte und Nutzeffektausprägungen zu. Der Bewertungsablauf der Conjoint-Methoden ist relativ komplex. Jüngere Untersuchungen zeigen, daß die Ergebnisse einfacherer Bewertungsverfahren, bei denen hierarchische Kriterienkataloge mit einem paarweisen Vergleich gewichtet werden, zu ähnlich aussagefähigen Ergebnissen führen (vgl. MONEY 88, insbes. S. 231 ff.). Damit würde sich der benötigte Untersuchungsaufwand reduzieren. Außerdem müßte eigentlich der Projektaufwand als Faktor Berücksichtigung finden, wenn man DV-Projekte vergleichen will.

### 5.5.1.3 Verfeinerung von Nutzwertanalyse-Ansätzen

Verfeinerungen der nutzwertorientierten Ansätze ergeben sich speziell für die Gewichtung von Einzelfaktoren in einem Kriteriensystem sowie für die Festlegung des Bewertungsmaßstabes der Faktoren.

Ein Vorschlag, die Gewichtungsfaktoren eines Zielsystems zu ermitteln, ist der "Analytic Hierarchy Process" (vgl. SAATY 80)[6]. Dabei findet ein paarweiser Vergleich der Einzelkriterien durch einen Bewerter statt, um die Relevanz der Elemente untereinander zu bestimmen und so eine Gewichtung festzulegen. Es werden keine absoluten Größen bestimmt, sondern nur relative Gewichte ermittelt (vgl. HANSSMANN 90, insbes. S. 355). Die Faktoren werden als Zeilen und Spalten einer Matrix angeordnet und mit einer Punkteskala verglichen (z. B. von "1" = "beide Faktoren sind gleich wichtig" bis "9" = "ein Faktor dominiert vollständig über einen anderen").

---

6)    Einen Überblick zu Anwendungsgebieten bieten Golden u. a. (vgl. GOLDEN 89). Zur Beurteilung von Technik-Investitionen siehe Ruusunen u. a. (vgl. RUUSUNEN 89).

Die Ergebnisse werden als Matrixelement eingetragen, wobei sich für den weniger wichtigen Faktor jeweils der reziproke Wert ergibt. Durch Lösung des Eigenwertproblems lassen sich die Gewichte festlegen. Das Vorgehen besitzt den Vorteil, daß es unter anderem Inkonsistenzen in der Bewertung aufzeigen kann. Nachteile sind in dem bei umfangreichen Faktorkatalogen aufwendigen und redundanten Vergleichsverfahren zu sehen. In der Praxis werden daher häufig Vereinfachungen vorgenommen, um den Aufwand zu beschränken. Dazu kann sich der paarweise Faktorvergleich auf einzelne, zusammengehörende Faktorgruppen beschränken.

Im technischen Bereich, z. B. bei der Maschinenauswahl, wird in jüngerer Zeit mit Expertensystemansätzen experimentiert, um Nutzwertanalysen anzureichern (vgl. NEITZEL 88). Dazu entwickelt man Anwendungen, die sich als "intelligente Checklisten" charakterisieren lassen (vgl. MERTENS 90, S. 6 ff.). Die Verfahren werden durch flexiblere Bewertungsvorschriften verfeinert, und Bewertungshierarchien lassen sich in Abhängigkeit von Teilbeurteilungen verändern.


### 5.5.2 Auswahlverfahren auf der Grundlage von Erfolgsfaktoren

Kritische Erfolgsfaktoren des Unternehmens können als Bewertungskriterium für IV-Projekte direkt oder indirekt eingesetzt werden. Geht man davon aus, daß die Erfolgsfaktoren Zielkriterien widerspiegeln, auf welche die IS einwirken sollen, so kann durch den Grad der Einflußnahme eine Bewertung erfolgen.

In der Unternehmensplanung läßt sich eine Hierarchie kritischer Erfolgsfaktoren mit Hilfe einer stufenweisen Verfeinerung erarbeiten. Dazu bietet die Literatur eine Reihe von Vorschlägen (vgl. ADRIAN 89; LEIDECKER 84, S. 26; NAGEL 88, insbes. S. 100 f. oder auch ROCKART 79, insbes. S. 86 ff.):

1. Wesentliche Branchenerfolgsfaktoren
   Wesentliche Branchenfaktoren resultieren aus den Wettbewerbskräften. (Beispiel: Bei einer großen Rivalität unter den bestehenden Unternehmen können hohe Kapital- und Know-how-Ressourcen als Grundlage für einen möglichen Marktkampf mit den Wettbewerbern kritische Erfolgsfaktoren bilden.)

2. Spezifische Unternehmenserfolgsfaktoren
   Die Wettbewerbsposition und Wettbewerbsstrategie des Unternehmens bestimmen die kritischen Erfolgsfaktoren in dieser Ebene. (Beispiel: Bei einer Dif-

ferenzierungsstrategie wäre eine kurze Auftragsdurchlaufzeit in den entsprechenden Funktionalbereichen des Unternehmens als kritischer Erfolgsfaktor denkbar.)

3. Prozeßorientierte Faktoren

   In dieser Stufe werden kritische Erfolgsfaktoren für unternehmensspezifische Prozesse abgeleitet. Die Prozesse können im Unternehmen selbst, z. B. durch die Wertkette, oder beim Kunden mit dem Customer Resource Life Cycle dargestellt werden. (Beispiel: Wird die Distribution als Prozeß gewählt, könnten die Informationen zur Verbesserung der Materialdisposition ein kritischer Erfolgsfaktor sein.)

Eine recht einfache Vorgehensweise, die auf unternehmensbezogenen Erfolgsfaktoren beruht, läßt sich in sechs Teilschritten durchführen (vgl. NAGEL 89):

1. Definition von "Muß-Investitionen"
2. Priorisierung der Rangfolge von "Muß-Investitionen"
3. Aufstellen einer Argumenten-Bilanz
4. Abschätzen des Nutzens
5. Abschätzen des Risikos
6. Abschätzen des Nettonutzens

"Muß-Investitionen" tragen entscheidend zum Erfolg der Organisation bei. Als Bewertungsmaßstab nimmt man den Einfluß, den die IV-Projekte auf die kritischen Erfolgsfaktoren haben.

Mit Hilfe einer Nutzwertanalyse, bei der eine Bewertung des Erfolgsfaktoren-Einflusses stattfindet, wird eine Priorisierung vorgenommen. Die Erfolgsfaktoren werden dazu aufgrund ihrer Relevanz gewichtet. Zusätzlich sollte man eine Argumentenbilanz aufstellen, wie sie bereits von Wildemanns Vorgehensweise bekannt ist (vgl. Kapitel 4.1.2.2). Neben Vor- und Nachteilen bietet es sich an, projektfördernde und -hemmende Faktoren zu erfassen.

Von den "Muß-Investitionen" sind solche zu unterscheiden, die genauer auf ihre Wirtschaftlichkeit überprüft werden. Dazu wird eine erste Nutzeffektanalyse vorgenommen, die zwischen strategischen Vorteilen, Produktivitätsvorteilen und Kostenersparnissen differenziert. Mit Hilfe der Investitionssumme wird z. B. eine ROI-Rechnung durchgeführt. Eine Risiko-Abschätzung findet durch pessimistische, wahrscheinliche und optimistische Ansätze für die jeweiligen Schätzgrößen Berücksichtigung bei den Berechnungen.

Die Ergebnisse werden in einer Matrix abgetragen, deren Achsen die strategische Bedeutung und Wirtschaftlichkeit der geplanten Projekte repräsentieren.

Grundsätzlich muß für den Ablauf festgestellt werden, daß es sich nur um eine sehr globale Vorgehensweise handelt. So ist unklar, welches Ziel bei der Erfolgsfaktorenanalyse angestrebt wird. Sind solche Projekte zu bevorzugen, die den größten "Absolutbeitrag" zu den Erfolgsfaktoren leisten, oder sollen Projekte präferiert werden, die besonders die Schwächen des Unternehmens bei ihrer Erfüllung beheben? Außerdem ist zu klären, wie man die Faktoren ermittelt und wie daraus Gruppenurteile gebildet werden.

Bei der Nutzwertanalyse sollte ein Bezug zur Investitionssumme hergestellt werden. Auch K.o.-Kriterien für die Projekte mit hoher strategischer Bedeutung (z. B. technische Abhängigkeiten, die gar nicht in die Betrachtung einfließen) sind notwendig.

Mit einer anderen Vorgehensweise läßt sich beurteilen, welche Unternehmensprozesse intensiv auf einzelne Erfolgsfaktoren wirken (vgl. BÖRSCH 89). Man bewertet dazu eine Erfolgsfaktoren-Prozeßketten-Matrix mit einem Punkteschema, um Vorgänge zu identifizieren, die maßgeblichen Einfluß auf die Erfolgsfaktoren haben. Zusätzlich könnte man zweistufig vorgehen, wobei zuerst die Erfolgsfaktoren gewichtet und dann die Prozesse bewertet werden. Bei der Auswahl von Erfolgsfaktoren sind nur solche zu berücksichtigen, die auch von der IV beeinflußt werden.

Es kann ebenfalls eine Verfeinerung der Erfolgsfaktoren-Analyse auf Prozeßebene vorgenommen werden, um relevante Einzelaspekte herauszuarbeiten und besonders kritische Teilprozesse hervorzuheben.

Im nächsten Schritt wird untersucht, welche Teilaufgaben durch die IV-Projekte unterstützt werden können. Auch dieses wird bewertet. Dabei fließt die Wichtigkeit der Teilprozesse für die Verbesserung der Erfolgsfaktoren in die Beurteilung ein. Da die Bewertung eines IV-Projektes für sämtliche relevanten Prozesse erfolgt, lassen sich auch Integrationsergebnisse darstellen. Technologien mit der höchsten Bewertung werden ausgewählt.

Dem Verfahren liegen zwei einfache Annahmen zugrunde: Einerseits wird bei der Untersuchung für die Teilprozesse unterstellt, daß sich bei Verbesserungen durch die IV dann auch automatisch positive Auswirkungen auf die Erfolgsfaktoren einstellen. Andererseits bleiben negative Ergebnisse weitgehend unberücksichtigt.

### 5.5.3 Auswahlverfahren auf der Grundlage von Prioritäts-Matrizen

Viele Ansätze verwenden Matrizen, um die Vorteile von Investitionen zu beschreiben. Einfache Verfahren beschränken sich auf eine Matrix, während anspruchsvollere auch mehrere Matrizen kombinieren.

Ein Vorgehen beruht darauf, die strategische Bedeutung der DV-Investitionen gegenüber der wirtschaftlichen Relevanz, die durch die quantifizierbaren Vorteile repräsentiert wird, abzutragen (vgl. WINCK 88, hier S. 10). Die Genauigkeit ist dabei abhängig vom Detaillierungsgrad der zwei Teilaspekte. So kann mit einer schrittweisen Wirtschaftlichkeitsanalyse begonnen werden, ebenso läßt sich die strategische Relevanz mit wenigen Faktoren einschätzen. Dieses führt zu einer ersten Selektion. Die verbleibenden IV-Alternativen werden dann wesentlich genauer und aufwendiger analysiert.

Eine andere Achsenwahl, wie der Beitrag zur Differenzierungs-Strategie und die erwarteten Kostensenkungspotentiale, ist möglich.

Buss schlägt ein Verfahren vor, das auf vier Basismatrizen und einem Gesamtprioritätsportfolio beruht (vgl. BUSS 83)(siehe Abbildung 5.5.3/1). Er verwendet einheitliche 9-Felder-Matrizen, um eine grobe Einteilung der DV-Investitionen vorzunehmen. Die eine Achse sämtlicher Matrizen bildet die Investitionshöhe, in den vier Basis-Schemata werden auf der zweiten Achse die Höhe finanzieller Erträge, nicht quantifizierbare Erträge, die technische Bedeutung des Projektes und die Übereinstimmung mit den Unternehmenszielen abgetragen. Auch hier kann von einer überblicksartigen zu einer verfeinerten Analyse für die Achsenkriterien fortgeschritten werden.

Die finanziellen Erträge lassen sich über Wirtschaftlichkeitsrechnungen, nicht quantifizierbare Erträge über Argumentenbilanzen, die technische Bedeutung sowie Übereinstimmung mit den Unternehmenszielen mit Scoring-Modellen erfassen.

Um ein Gesamturteil bilden zu können, werden die Einzeldiagramme zu einem Gesamtdiagramm zusammengefaßt. Die Einordnung eines DV-Projektes in die Gesamt-

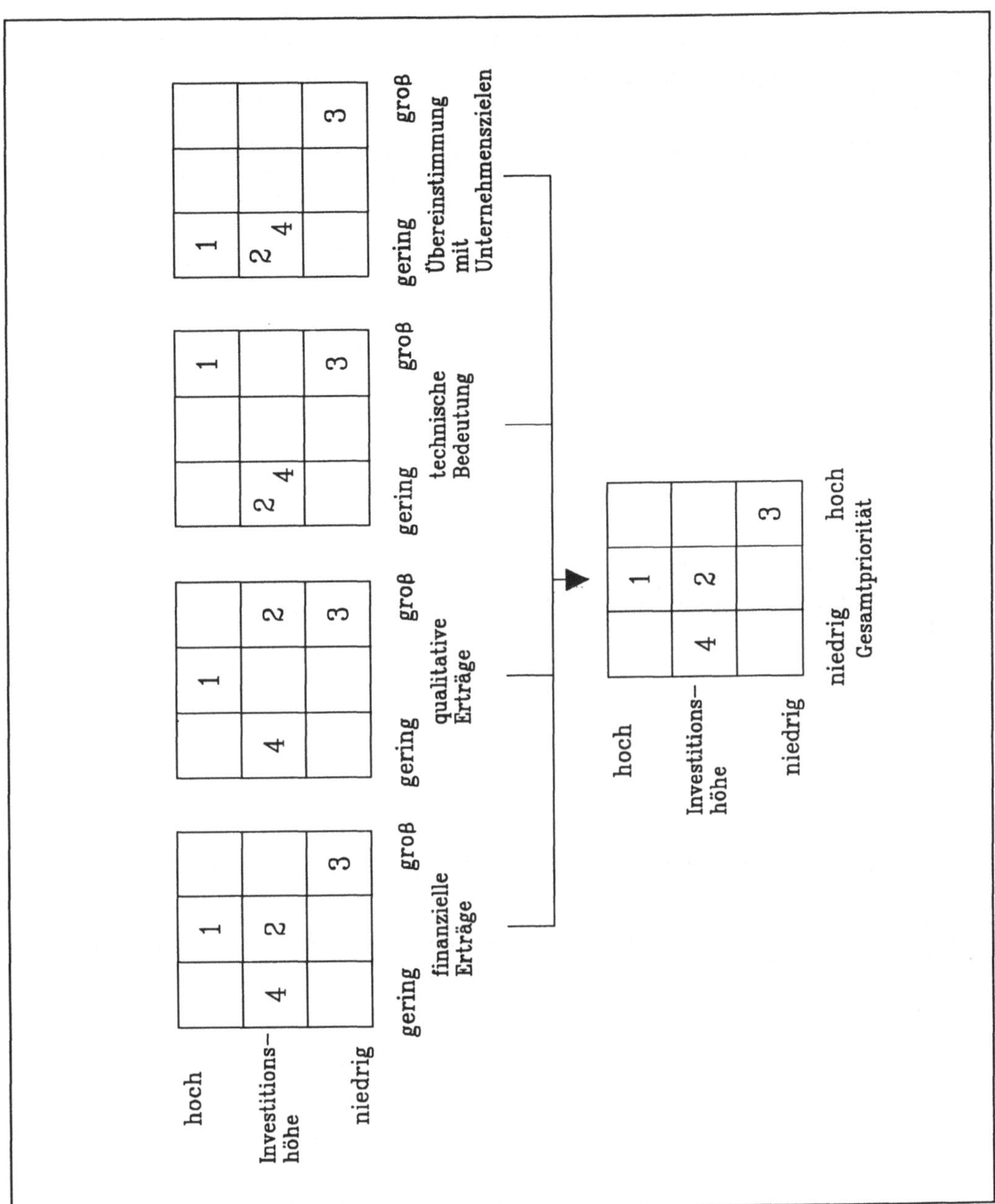



*Abb. 5.5.3/1*     PRIORITÄTS-MATRIZEN ZUR IV-INVESTITIONSPLANUNG

matrix wird durch die Häufigkeit bestimmt, mit der das Projekt in den Feldern der Einzeldiagramme zu finden ist (vgl. BUSS 87). In der Gesamtmatrix werden die Gesamtprioritäten in Abhängigkeit von der Investitionshöhe dargestellt. Die Gesamtpriorität bestimmt sich aus dem Mittelwert der Einzelplazierungen. Es kann auch ein gewichteter Mittelwert gebildet werden, bei dem die Gewichtungsfaktoren festlegen, welchen Einfluß die Einzelelemente auf das Gesamtergebnis haben sollen.

Bei dem Ablauf der Analyse ist zu hinterfragen, ob wirklich sämtliche Teildiagramme parallel erarbeitet werden sollen oder ob es nicht vorteilhaft ist, z. B. zuerst die Übereinstimmung mit den Unternehmenszielen zu prüfen, so daß eine erste Selektion stattfindet. Die weiteren Untersuchungen werden dann für "vorselektierte" DV-Projekte durchgeführt.

Zusätzlich sind Muß- und Kann-Investitionen zu trennen, da dies nicht explizit im Verfahren ausgewiesen wird. Die bereits vorhandene IV-Durchdringung in den einzelnen Einsatzbereichen für die IV-Projekte bleibt bei der einfachen Betrachtung ohne Bedeutung. Indirekt kann die vorhandene Ausstattung durch die Prüfung auf Übereinstimmung mit den Unternehmenszielen einbezogen werden, indem man klärt, ob es gilt, Schwächen des Unternehmens zu beheben (DV-Ausstattungslücken zu schließen) oder Stärken weiter auszubauen (bereits hohe DV-Ausstattung zu nutzen).

Weber kombiniert ebenfalls mehrere Matrizen. Er stellt den Projekt-/Entwicklungsaufwand dem quantitativen Nutzen, der operativen Dringlichkeit sowie dem qualitativen Servicenutzen gegenüber (vgl. WEBER 91).

## 5.6 Integrierter Ansatz zum Festlegen von IV-Investitionsportfolios

Ein durchgängiges Konzept zur DV-Projektauswahl sollte es erlauben, aus einer Vielzahl von IV-Projektideen ein Investitionsportfolio zu erstellen, bei dem die Ziele der IS-Planung einen Kernpunkt bilden und die Wirtschaftlichkeit ebenso berücksichtigt wird wie die technischen Rahmenbedingungen (vgl. SCHUMANN 87).

Das Vorgehen sollte von einer groben, schnellen Analyse in den ersten Auswahlschritten zu einer detaillierten Feinbestimmung führen. Da die Selektion der eigentlichen Projektgestaltungsalternativen normalerweise schon der Beurteilung einer eigenen Projektgruppe bedarf, wird sie aus diesem Verfahren ausgeschlossen. Außerdem soll es sich bei dem hier vorgestellten Ablauf um eine allgemein anwendbare Prozedur handeln.

## 5.6.1 Verfahrenselemente

Einen Überblick über die nachfolgend beschriebene Vorgehensweise gibt Abbildung 5.6.1/1. Ansatzpunkt des Konzeptes soll das in Kapitel 5.3.2.1 vorgestellte Verfahren von Norton bilden. Mit dem dort beschriebenen Ablauf kann man nach verschiedenen Kriterien diejenigen Bereiche des Unternehmens ermitteln, in die schwerpunktmäßig investiert werden soll.

Parallel dazu sind Projektideen in Basissysteme und eigentliche Anwendungen zu trennen, damit die unterschiedlichen Eigenschaften der IT bei dem Auswahlprozeß berücksichtigt werden. Außerdem findet eine Zuordnung statt, ob es sich von der Realisierungsdauer um zeitlich kurzfristige, mittel- oder langfristige Projekte handelt.

In der nächsten Stufe erfolgen sowohl eine erste quantitative Projektabschätzung als auch eine Portfoliobewertung für die einzelnen Projektideen. Das Verfahren beschränkt sich weitgehend auf Anwendungssysteme, für Basissysteme ist es nicht praktikabel. Die Wirtschaftlichkeitsuntersuchungen werden mit Hilfe einzelner in Kapitel 3 und 4 dargestellter Abläufe durchgeführt. Auf die Portfolio-Analyse wird nachfolgend detailliert eingegangen.

Sowohl aus der wirtschaftlichen Betrachtung als auch aus den Projektbewertungen über den Portfolio-Ansatz können sich schon K.o.-Kriterien für Einzelprojekte ergeben (z. B. Wirtschaftlichkeit unter einem bestimmten Niveau).

Um festzustellen, ob Projekte aufgrund von technischen Abhängigkeiten gemeinsam zu bewerten sind, müssen die Interdependenzen bestimmt sein, bevor die Bewertungen vorgenommen werden. Dazu läßt sich die in Kapitel 5.4 dargestellte Analyse einsetzen.

Auf der Grundlage der ermittelten Ergebnisse kann man nun vorgeschlagene Projekte auswählen. Damit sind die eigentlichen IV-Projekte bestimmt, die eingeführt werden sollen. Mit den technischen Abhängigkeiten ist ein Instrument verfügbar, das eine grobe zeitliche Zuordnung erlaubt.

Es können sich aufwendige Detailuntersuchungen anschließen, mit denen die Projektausgestaltung festgelegt wird. Zu diesem Zweck erfolgen verfeinerte Wirtschaftlichkeitsrechnungen sowie eine Risikobetrachtung. Die dazu durchgeführten Untersuchungen gehen in die eigentliche Projektarbeit ein.

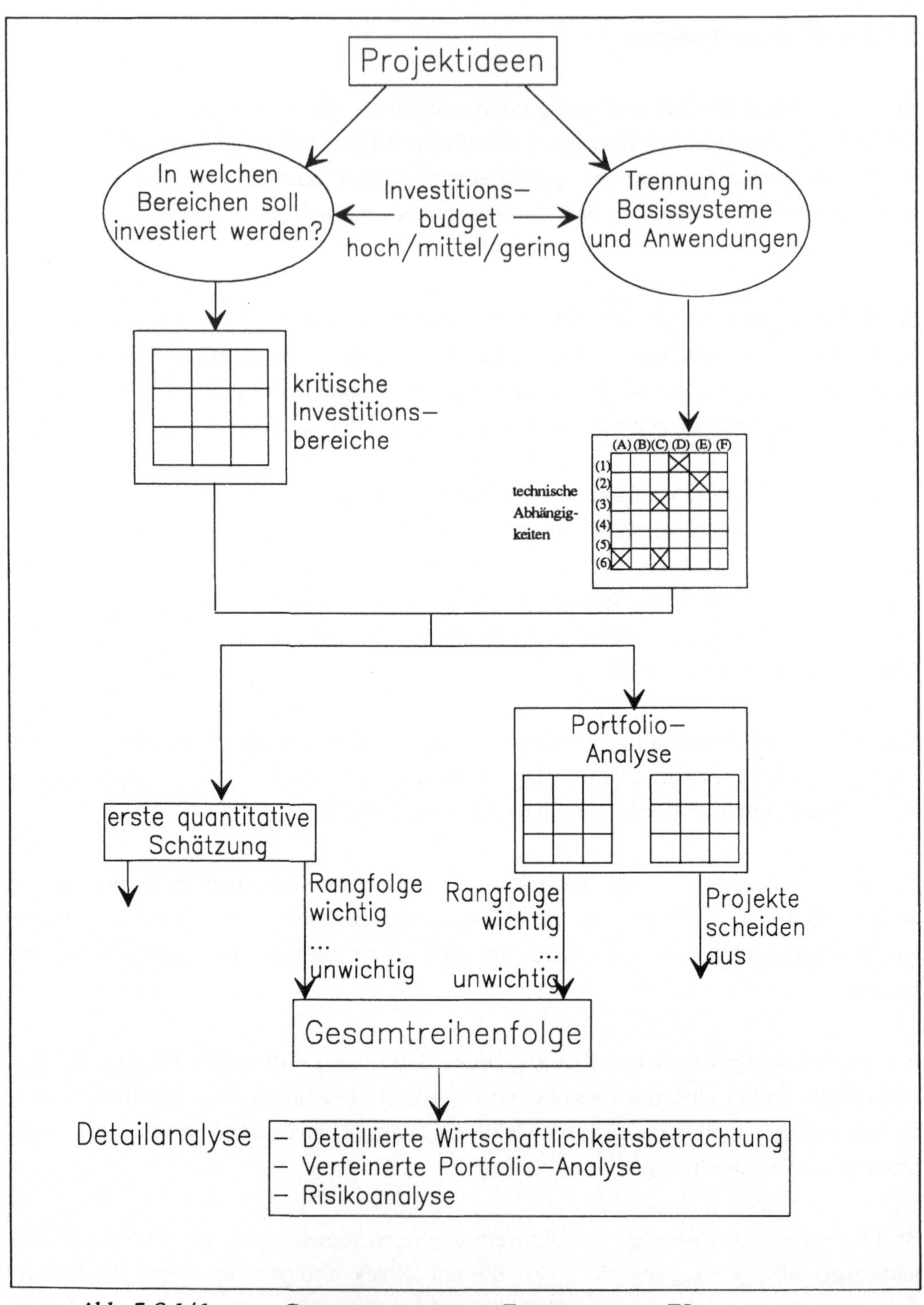


*Abb. 5.6.1/1*      GESAMTKONZEPT ZUM FESTLEGEN VON IV-INVESTITIONSPORTFOLIOS

## 5.6.2 Darstellung des Portfolio-Ansatzes

Die Portfolio-Analyse ist im Rahmen der strategischen Produktplanung eine häufig verwendete Untersuchungstechnik. Dabei werden unterschiedliche Beurteilungsmatrizen eingesetzt, die sich überwiegend in zwei Klassen einteilen lassen. Die eine enthält marktorientierte Portfolios, und in der anderen stehen technologieorientierte Darstellungen im Vordergrund. Ein Prototypsystem wurde als menügestützte PC-Anwendung realisiert. Dabei fand wie bei Expertensystemen eine Trennung zwischen Programm, Regelbasis und Daten statt, so daß die Anwendung sehr flexibel an individuelle Unternehmensstrukturen und -eigenschaften angepaßt werden kann (vgl. DEUTSCH 89).

### 5.6.2.1 Grundlagen

Typische Portfolios enthalten immer eine Achse, die maßgeblich durch Einflüsse und Maßnahmen des Unternehmens selbst, und eine zweite, die durch die Unternehmensumwelt bestimmt wird.

Nachfolgend wird versucht, einen Ansatz aus der strategischen Produktplanung, bei dem man eine kombinierte Analyse eines Technologie- und Marktportfolios vornimmt (vgl. PLATTFAUT 88, hier S. 76 ff.), auf den Bereich der Auswahl von IV-Projekten zu übertragen (vgl. FROMM 88, hier S. 53 ff.). Ziel ist es, sowohl die technischen IV-systembezogenen Faktoren als auch die Auswirkungen der Investitionen auf den Leistungserstellungsprozeß des Unternehmens zu erfassen. Außerdem wird in diesen beiden Portfolios ein Kommunikationsmedium zwischen den an der Auswahl beteiligten IV- und betriebswirtschaftlichen Abteilungen gesehen, das sowohl zum wechselseitigen Verständnis als auch zur gemeinsamen Problemlösung beiträgt.

Die erste Matrix charakterisiert die technischen Eigenschaften der einzelnen IV-Projekte. Um die Beurteilung der Projekte unter technischen Aspekten in den Vordergrund zu stellen, wird sie als IT-Portfolio bezeichnet. In der zweiten wird die Bedeutung der IV zur Unterstützung von Unternehmenszielen bestimmt. Für jedes Portfolio existieren drei Grundstrategien. Durch eine Verknüpfung der Neun-Felder-Matrizen versucht man, eine Gesamtstrategie für die einzelnen IV-Projekte abzuleiten, die sowohl unternehmensbezogene als auch technische Aspekte umfaßt.

Die Positionierung der IV-Projekte in den Matrizen erfolgt über eine Bewertung von Einzelkriterien.

## 5.6.2.2 Achsenaufbau und Bewertung

Vor der Bewertung müssen die Portfolio-Achsen inhaltlich ausgestaltet werden. Es empfiehlt sich, bei der Analyse in mehreren Schritten vorzugehen. Ausgangspunkt bildet der unternehmensindividuelle Aufbau hierarchischer Faktorenkataloge, deren inhaltliche Einzelelemente nachfolgend bei der Portfolio-Diskussion behandelt werden. Einen Faktorenbereich gliedert man dazu in einem Analysebaum auf. Abhängig vom Detaillierungsgrad ergibt sich die Höhe des Baumes.

Für die Einzelfaktoren sind die inhaltlichen Verbindungen festzulegen. Es werden Fragen zum Erfassen der Einzelelemente definiert und Transformationsregeln für Frageergebnisse bestimmt. Der Benutzer kann so später bei der Beurteilung der IV-Projekte, in Abhängigkeit von der Fragestellung, verbale Antworten auswählen oder numerische Bewertungen vornehmen. Den Antworten wird dann automatisch ein Punktwert zugeordnet.

Neben der Gestaltung des Faktorenkataloges und der Wahl der jeweiligen Transformationsregeln sind für jede Faktorhierarchie Gewichtungstabellen notwendig. Die einzelnen Gewichte drücken den Einfluß eines Faktors im Gesamtsystem aus. Abbildung 5.6.2.2/1 zeigt ein Beispiel. Um spezifische Gesichtspunkte, z. B. in einem Unternehmensbereich, einfließen zu lassen, ist es möglich, für jede Faktorenhierarchie mehrere Gewichtungstabellen anzulegen.

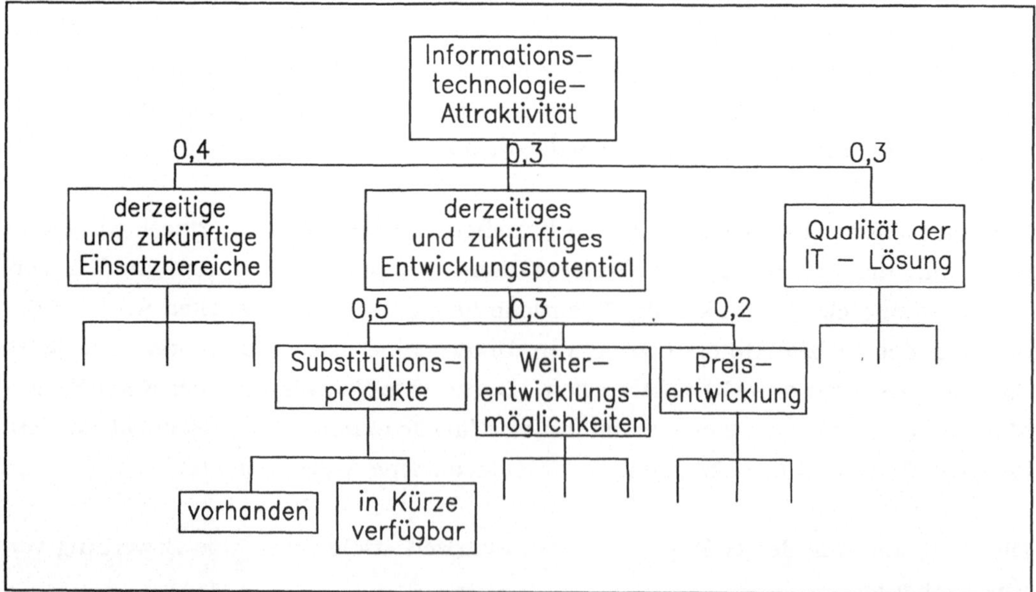


*Abb. 5.6.2.2/1*     Aufbau einer Indikatorenstruktur

Ebenfalls berücksichtigt der Ansatz, daß zwischen den einzelnen Faktoren verschiedene Interdependenzen vorliegen. So ist es denkbar, daß eine bestimmte Bewertung des Faktors A sich auf den Gewichtungsanteil des Faktors B oder auch auf die Bewertung eines Faktors C auswirkt. Durch die Verwendung von Nebeneffekten wird, abhängig vom Analyseverlauf, eine Veränderung von Gewichtungen bzw. eine Modifikation der Bewertungen erzielt. Dazu sind Regeln gespeichert, die in Abhängigkeit von vorher festgelegten Antwortkombinationen diese Veränderungen vornehmen. Beurteilt man z. B. den derzeitigen Einsatzbereich einer technischen Lösung als sehr eingeschränkt und werden auch nur geringe Weiterentwicklungsmöglichkeiten für die Technologie gesehen, so wertet diese Antwortkombination die gesamte IT-Attraktivität ab. Durch die Nebeneffekte lassen sich die Faktorensysteme derart ergänzen, daß fallweise

-    eine Verkürzung des Analyseprozesses,
-    ein Auslösen von bedingten Fragen oder
-    eine Änderung der Gewichte

möglich wird.

Bei der Bewertung muß zwischen einer groben und schnellen Analyse mit wenigen Faktoren und einer feineren, aber zeitaufwendigeren Untersuchung mit vielen Fragen variiert werden. Während des Analyseprozesses kann der Anwender, falls untergeordnete Faktoren existieren, die Untersuchung und den Dialog verfeinern, d. h. den Granularitätsgrad der Fragen erhöhen, sobald die übergeordnete Frage als zu global angesehen wird. Nach Abschluß des Bewertungsvorgangs lassen sich

-    der Strategievorschlag ausgeben,
-    die Portfolio-Graphik anzeigen,
-    Bewertungsmodifikationen vornehmen sowie
-    Bewertungsvergleiche durchführen.

Beim Ausbau dieses Ansatzes können sich weitere Strategieempfehlungen auch direkt aus einzelnen Kriterien oder der Verbindung mehrerer ergeben. So lassen sich z. B. Risikofaktoren aufzeigen.

## 5.6.2.3 Das Informationstechnologie-Portfolio

### 5.6.2.3.1 Aufbau des Informationstechnologie-Portfolios

Beim Aufbau des IT-Portfolios werden die "IT-Attraktivität" als ein vom Unternehmen kaum beeinflußbarer Faktor und die "Technische Ressourcenstärke" als unternehmensbezogener Faktor unterschieden.

Mit der IT-Attraktivität wird charakterisiert, wie "zukunftssicher" die für ein Projekt vorgeschlagene Technologie für die zukünftige Weiterentwicklung eines integrierten Konzeptes des Unternehmens ist. Die Ressourcenstärke beschreibt, welche technisch-organisatorischen, personellen und finanziellen Mittel sowie Erfahrungen vorhanden sind, um sowohl die Projektabwicklung als auch das spätere Management der Technologie sicherzustellen.

Die IT-Attraktivität kennzeichnet den Einfluß des IV-Projektes auf die zukünftige Ausstattung des Unternehmens und die damit verbundenen Weiterentwicklungspotentiale für dieses Gebiet. Moderne Netzwerk-Konzepte z. B., die auch schon eine Breitbandkommunikation erlauben, dürften in der Technologieattraktivität gut beurteilt werden, wohingegen z. B. PCs, die noch auf einer einfachen Prozessor-Technologie beruhen, nur geringe Attraktivität besitzen. Mögliche Fragenkomplexe, die sich in drei Gruppen einteilen lassen, lauten wie folgt:

1. Derzeitiges und zukünftiges Entwicklungspotential der IT
   - Entwicklungsstand von Substitutionsprodukten
   - zu erwartende technische Weiterentwicklung
   - technologisches Potential für Leistungsverbesserungen der Technologie
   - zu erwartende Preisentwicklung der Technologie

2. Derzeitige/zukünftige Einsatz- und Anwendungsbereiche
   - Basissystem für zukünftige Entwicklungen
   - Integrationsmöglichkeiten mit anderen IV-Anwendungen
   - Ergänzungsmöglichkeiten in anderen Bereichen
   - Architektur/Anwendung bereichsübergreifend oder sehr individuell einsetzbar
   - Erschließung zusätzlicher Anwendungsmöglichkeiten

3.  Qualität der IT-Lösung
    -   erhöhte technische Qualität in der IV-Abteilung
    -   Steigerung der Produktivität in der IV-Abteilung, z. B. mit beschleunigter Anwendungsentwicklung oder IV-Performance
    -   verbessertes IT-Angebot für den Endanwender, z. B. eine bessere Bedieneroberfläche oder verbessertes Antwortzeitverhalten
    -   Komplexität von Wartung und Pflege der IT-Lösung
    -   Komplexität der Weiterentwicklung
    -   Nebeneffekte der Technologie auf andere Bereiche

Zu berücksichtigen ist, daß die Breite der zukünftigen Einsatz- und Anwendungsbereiche maßgeblich von der Art des Projektes abhängt und eine Bewertung daher nicht immer sinnvoll ist. Ebenso können technische Rahmenbedingungen die einzusetzenden Systeme festlegen. In solchen Fällen ist dieser Kriterienkomplex auszuklammern.

Mit der Dimension "Informationstechnologie-Ressourcenstärke" wird die Fähigkeit des Unternehmens beschrieben, die Technik zu installieren und zu nutzen. Dazu sind die im Unternehmen verfügbaren Ressourcen (z. B. personeller und finanzieller Art) zur Installation und zum Betreiben der IT zu beurteilen. Ebenfalls erfolgt eine Abschätzung des Risikos, daß die technische Realisierung fehlschlägt. Eine hohe Ressourcenstärke wird auch dadurch unterstützt, daß das Unternehmen bereits erhebliche Erfahrungen mit der Art der vorgesehenen Technologie hat. Sind dagegen noch keine oder kaum Erfahrungen vorhanden, so soll dieses eine geringe Ressourcenstärke kennzeichnen. Diese Situation ist bei Pilotinstallationen typisch. Zur Bestimmung der Ressourcenstärke lassen sich folgende Indikatoren heranziehen:

1.  Verfügbare/benötigte Ressourcen zur Realisierung (personell, finanziell und sachlich)
    -   Chancen, evtl. fehlende Ressourcen zu erhalten (Zeit und Kosten)
    -   benötigte Entwicklungs-/Implementierungszeit
    -   notwendige Anzahl der an der Entwicklung beteiligten Personen bzw. Abteilungen
    -   Anteil der Muß-/Kann-Funktionen und der Funktionen zur Verbesserung der Benutzerfreundlichkeit
    -   Verfügbarkeit zusätzlicher finanzieller Mittel
    -   Vorhandensein technischer Rahmenbedingungen

2. Erfahrungen mit dieser oder ähnlicher Informationstechnologie

   - Erfahrung in der Entwicklung und Implementierung (eingesetzte Werkzeuge, Rechner, ähnliche Entwicklungsprojekte usw.)

   - Erfahrung in der Nutzung (bisherige Effektivität, bereits Standard-Projekt, Nutzungsdauer und Ausfallzeiten vergleichbarer IT-Anwendungen)

3. Risiko der Realisierung

   - Anwenderanforderungen werden nicht implementiert bzw. die Lösung entspricht nicht den Erwartungen der Anwender

   - technische Anforderungen sind nicht realisierbar, z. B. das gewünschte Antwortzeitverhalten

   - Standard-/Nicht-Standard-Projekt hinsichtlich der Abwicklung

   - Substitutionsprojekt (bei Fehlschlag nach wie vor alte Lösung vorhanden)

   - mangelnde Akzeptanz durch den Anwender

   - Umfang geplanter Benutzerschulungen als Komplexitätsmaßstab

## 5.6.2.3.2 Grundstrategien für das Informationstechnologie-Portfolio

Abb. 5.6.2.3.2/1 zeigt die Prioritätsbereiche für Investitionen aufgrund der Technologieeinschätzung.

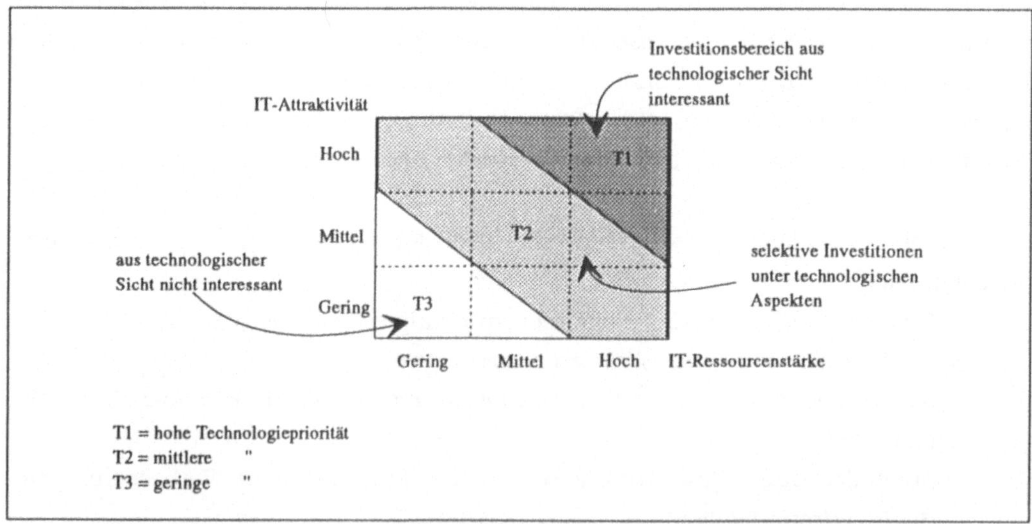


*Abb. 5.6.2.3.2/1*          INFORMATIONSTECHNOLOGIE-PORTFOLIO

Während der Bereich T1 aus technologischer Sicht als äußerst positiv bezeichnet werden kann, ist der Bereich T3 weder technologisch besonders attraktiv, noch sind nennenswerte Erfahrungen des Unternehmens für die untersuchte Technologie vorhanden, die eine Investition reizvoll erscheinen lassen. Der Bereich T2 muß dagegen differenzierter betrachtet werden. Hier gilt es, selektiv vorzugehen. Bei Projekten mit hoher IT-Attraktivität muß man ein Implementierungsrisiko durch eine geringe Ressourcenstärke in Kauf nehmen. Scheut man dagegen das Risiko, dann ist die Technologieattraktivität wesentlich kleiner. Bei einer solchen Positionierung von Projekten sind dann auch eher marginale Verbesserungen des "State of the Art" vorzusehen.

## 5.6.2.4 Das Unternehmenseinfluß-Portfolio

### 5.6.2.4.1 Aufbau des Unternehmenseinfluß-Portfolios

Diese Matrix beruht auf der teilweise unternehmensunabhängigen Dimension "IV-Attraktivität zur Erreichung der Unternehmens-Ziele" und der unternehmensbezogenen Dimension "existierende IV-Position des Unternehmens".

In der ersten Achse lassen sich z. B. die Erfolgsfaktoren abprüfen, auf die die IV einwirken soll. Mit der zweiten Ebene soll auch der vorhandene Ausstattungsgrad einfließen, um zu gewährleisten, daß besonders in Bereichen, die durch eine Unterausstattung kennzeichnet sind, IV-Investitionen vorgenommen werden. Eine Tendenz zu einer zu hohen IV-Ausstattung in Einzelbereichen läßt sich damit ebenfalls identifizieren.

Die erste Achse beschreibt, wie die Technologie die Unternehmensstrategie und -zie-le beeinflußt. Damit werden einerseits interne Veränderungen, z. B. Flexibilitätssteigerungen oder Qualitätsverbesserungen, beurteilt. Es fließen aber auch die Wirkungen ein, die die IV auf die Wettbewerbsposition hat. Bei externen Effekten sind die Mitbewerberreaktionen ebenfalls zu erfassen. Mit einer hohen Attraktivität unterstützt die IV das Erreichen der Unternehmensziele nachhaltig. Außerdem wird zu einer Verbesserung der Wettbewerbsposition oder zum "Aufholen" eines Wettbewerbsnachteils beigetragen. Eine geringe Einschätzung kennzeichnet dagegen Projekte, die kaum zur Zielerreichung dienen. Folgende Kriterien müssen berücksichtigt werden:

1.  Ziel des Informationstechnologie-Einsatzes
    -   Ausschöpfen des Rationalisierungspotentials/der Produktivitätssteigerungen

-   Differenzierung, Qualitätssteigerung (Produkt- oder Entscheidungsqualität), Flexibilitätserhöhung
-   unternehmensindividuelle Erfolgsfaktoren

2.  Auswirkung auf die Wettbewerbsposition
    -   Aufbau bzw. Überwinden von Markteintrittsbarrieren
    -   Schaffen von Umstellungskosten für die Marktpartner
    -   Verändern der Wettbewerbsgrundlage
    -   Vergrößern der Verhandlungsmacht gegenüber Lieferanten (z. B. zwischenbetriebliche Systeme)
    -   Absichern der Wettbewerbsposition
    -   Aufholen von Wettbewerbsnachteilen (Abbau von Schwächen)
    -   Risiko, am Markt mit dem Projekt zu scheitern

3.  Finanzielle und sonstige Kriterien
    -   Ertragserwartung im Vergleich zu anderen Projekten
    -   Möglichkeit zur Verschiebung des Projektanfangszeitpunktes
    -   Akzeptanz bei zwischenbetrieblichen Lösungen.

Die existierende IV-Position des Unternehmens stellt dar, wieweit das Unternehmen in dem betrachteten Bereich schon in IV investiert hat. Die Einschätzung nimmt man in bezug auf die IV-Ausstattung in anderen Bereichen des Unternehmens und im Vergleich zur Konkurrenz vor[7]. Folgende drei Indikatoren sind zu beachten:

1.  Wie wichtig ist die vorhandene IV zur Unterstützung der betrachteten Aufgaben/Funktionen?

2.  Wie hoch ist das IV-Niveau der betrachteten Aufgaben/Funktionen im Vergleich zu anderen Aufgaben/Funktionen?

3.  Wie hoch ist das IV-Niveau für diese Aufgaben/Funktionen im Vergleich zu den Wettbewerbern?

Dabei muß auch der Produktlebenszyklus für die Technologie unter dem Aspekt des bereits vorhandenen Einführungsgrades berücksichtigt werden. Abbildung

---

[7]   Eine ähnliche Achse wird von Krüger u. a. mit der Informationsintensität eines Geschäftsfeldes beschrieben (vgl. KRÜGER 88, speziell S. 9 ff.).

5.6.2.4.1/1 zeigt beispielhaft, wie die IT-Ausstattung in Abhängigkeit von verschiedenen Technologieklassen unterschieden wird.

Schlüsseltechnologien sind dabei solche, die die Unternehmensposition maßgeblich beeinflussen können. Schrittmachertechnologien stehen noch am Anfang des Produktlebenszyklus und können später zu Schlüsseltechnologien werden. Etablierte IV-Lösungen sollten sowohl vom eigenen Unternehmen als auch von den Konkurrenten umfassend eingesetzt werden. Die etablierten IV-Applikationen führen daher kaum zu Wettbewerbsveränderungen.

| IV-Ausstattung<br>Technologie-klassen | Unterausstattung | Idealausstattung | Überausstattung |
|---|---|---|---|
| Schlüsseltech-nologie | hohe Investitionen | geringe Investitionen | Vermarktung des Know-how |
| Schrittmacher-technologie | geringe Investitionen | geringe Investitionen | keine Investitionen |
| etablierte Technologie | Investitionen zum Aufholen eines Wettbe-werbsnachteils | geringe Investitionen | keine Investitionen |

Abb. 5.6.2.4.1/1     INFORMATIONSTECHNIK-AUSSTATTUNG FÜR VERSCHIEDENE TECHNOLOGIEKLASSEN

## 5.6.2.4.2 Grundstrategien für das Unternehmenseinfluß-Portfolio

Die Grundstrategiebereiche für das Unternehmenseinfluß-Portfolio zeigt Abbildung 5.6.2.4.2/1.

Bei einem hohen Beitrag zur Unternehmens-Zielerreichung und schlechter IV-Position (Bereich U1) ergibt sich eine hohe Priorität, die IV-Investitionen durchzuführen. Aufgrund des hohen Zielbeitrages sollte mit der IT die existierende Position wesentlich verbessert werden. Umgekehrt sollte für den Bereich U3 nur ein geringes Investitions-Volumen beschlossen werden, da man mit der IV einen geringen Beitrag zur Unternehmenszielsetzung erreicht und die existierende Position bereits gut ist.

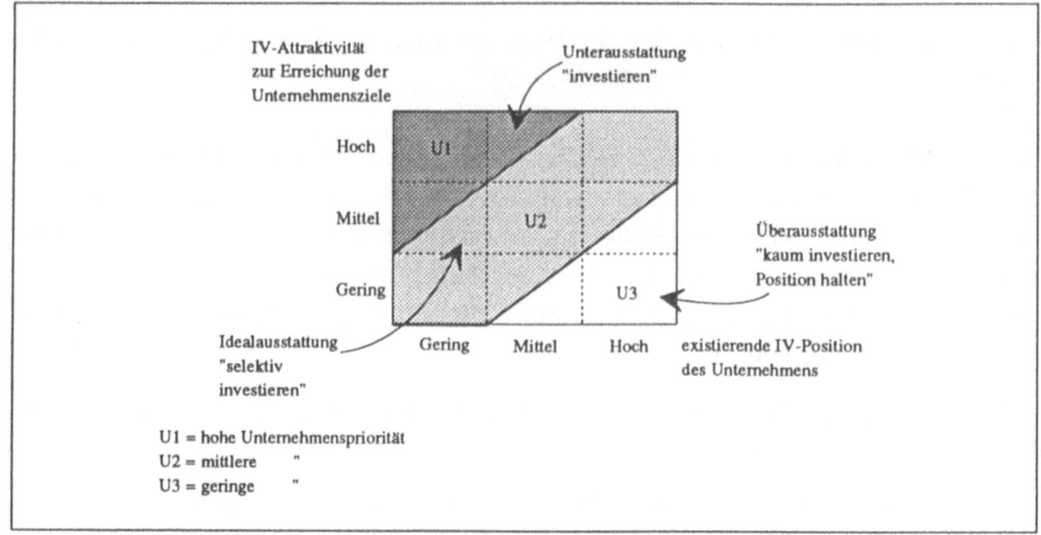



*Abb. 5.6.2.4.2/1*        UNTERNEHMENSEINFLUSS-PORTFOLIO

Im Bereich U2 kann man dagegen nahezu von einer "Idealausstattung" der IV sprechen. Die IV-Position ist hier proportional zu ihrem Zielbeitrag gestaltet. In dieser Situation sollte versucht werden, durch selektive Investitionen den derzeitigen Stand im Vergleich zum Wettbewerb zu halten. Dabei ist besonders auf innovative Projekte mit hohem Zielbeitrag zu setzen.

## 5.6.2.5 Detailstrategien durch Kombination der Portfolios

Aus der Kombination der technisch- und unternehmensziel-orientierten Empfehlungen lassen sich Detailstrategien für die in den zwei Matrizen positionierten IV-Projekte ableiten. Geht man von den drei Basisstrategie-Bereichen für das IT- und Unternehmenseinfluß-Portfolio aus, so ergeben sich aus der Kombination der Positionierungen theoretisch neun Detailstrategien (vgl. Abbildung 5.6.2.5/1).

Allerdings läßt sich diese Zahl durch das Zusammenfassen einzelner Varianten weiter reduzieren. Für die wesentlichen Kombinationen sollen die folgenden Detailstrategien vorgestellt werden:

-   Hohe Technologie-/hohe Unternehmenspriorität (T1/U1):
    Hier kann eindeutig eine Investitionsempfehlung gegeben werden. Es sollten in
    diesen Feldern eingeordnete Projekte durchgeführt werden, um den Idealbereich

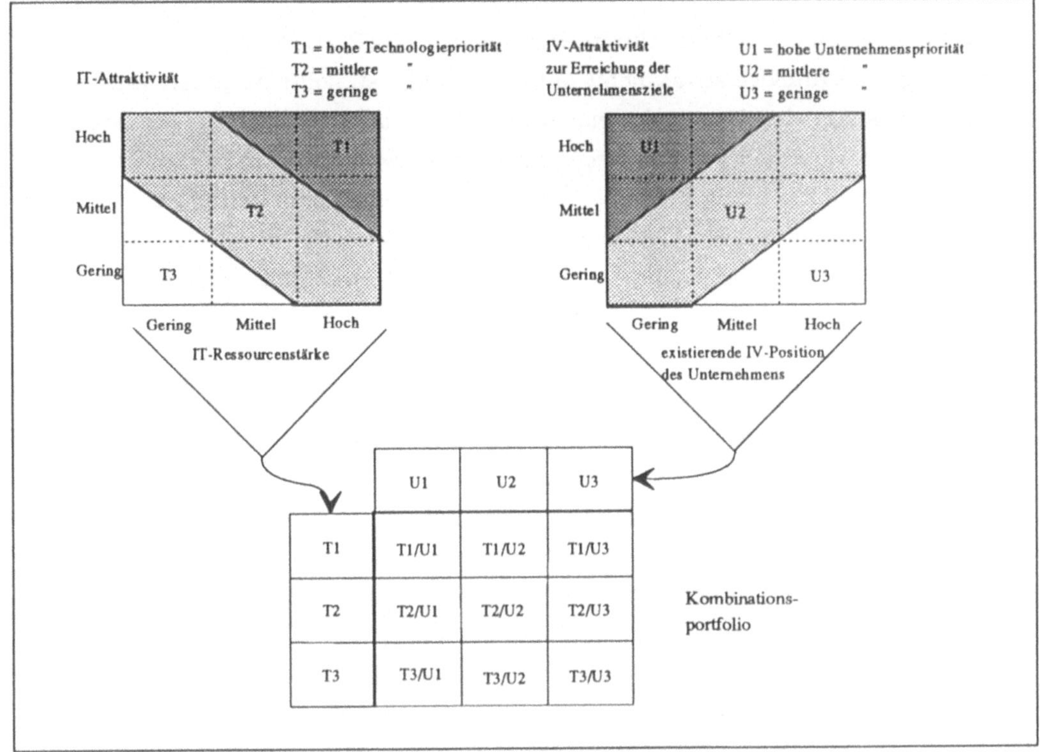


*Abb. 5.6.2.5/1*       KOMBINATIONS-PORTFOLIO

im Unternehmens-Portfolio zu erreichen und das technische Leistungspotential auszuschöpfen. Allerdings kann diese Kombination auch auf Versäumnisse in der Vergangenheit hindeuten, da man eine hohe Ressourcenstärke aufgebaut hat, diese aber bislang nicht zur Verbesserung der Position genutzt wurde.

- Hohe Technologie-/mittlere Unternehmenspriorität (T1/U2):
  Eine Investition bei Projekten dieser Kombination wird empfohlen, um die zukünftige Position zu sichern, insbesondere dann, wenn eine Einstufung in der Unternehmenseinfluß-Matrix rechts oben erfolgt. Es gilt, eine führende IV-Position zu halten.

- Hohe Technologie-/geringe Unternehmenspriorität (T1/U3):
  Es wird keine Investition empfohlen, da die vorhandene IV-Unterstützung im Vergleich zu ihrer Bedeutung sehr hoch ist. Dieser Bereich kann aber vielleicht zukünftig dazu benutzt werden, neue Chancen zu realisieren. In Schlüsseltechnologien kann eventuell in einem geringen Umfang investiert werden, um weitere Erfahrungen zu sammeln.

- Mittlere Technologie-/hohe Unternehmenspriorität (T2/U1):
Wenn die Technologieattraktivität mittel bis hoch ist, sollte investiert werden, um die IT-Position des Unternehmens und damit indirekt die Ressourcenstärke zu verbessern. Auch bei geringer Technologieattraktivität kann in bestimmten Fällen (z. B. wenn mittelfristig keine verbesserte Technologie zur Verfügung steht) eine begrenzte Investitionsempfehlung gegeben werden, da durch die hohe Ressourcenstärke die Unternehmensposition bei der Geschäftsabwicklung gefestigt wird.

- Mittlere Technologie-/mittlere Unternehmenspriorität (T2/U2):
In diesem Fall muß selektiv entschieden werden. Projekte mit geringer IT-Ressourcenstärke, hoher technologischer Attraktivität und großer Bedeutung bezüglich der Unternehmensziele sind z. B. aus der Sicht des Unternehmens zur Unterstützung der betrieblichen Erfolgsfaktoren sehr interessant. Allerdings sind sie auch mit einem hohen Risiko verbunden, da wenig Erfahrungen in dem technologischen Bereich vorhanden sind.

Bei hoher Ressourcenstärke kann eine Investition empfohlen werden, weil dadurch die gute eigene Position in einem für das Unternehmen wichtig erscheinenden Bereich einfach gefestigt werden kann.

Erfolgt eine Positionierung des IV-Projektes unten links in dem Unternehmens-Einflußportfolio und ist die IT-Attraktivität gering, dann empfiehlt es sich, nicht zu investieren, da durch Kapitaleinsatz Unternehmensziele nur gering unterstützt werden und die Technologie keine interessanten Zukunftsperspektiven eröffnet. Im Gegensatz dazu können bei hoher technischer Attraktivität die Ressourcenstärke verbessert und damit eine gute Ausgangsbasis für zukünftige Projekte geschaffen werden.

- Mittlere Technologie-/geringe Unternehmenspriorität (T2/U3):
Da die existierende IV-Position über der Idealausstattung liegt, sollte nur so weit investiert werden, daß der "State of the Art" gehalten wird.

- Geringe Technologie-/hohe Unternehmenspriorität (T3/U1):
Die IV ist in diesem Bereich bereits ausgereift, eine Substitutionstechnologie wird voraussichtlich demnächst zur Verfügung stehen. Es sollte dennoch in geringem Umfang investiert werden, damit sich die Unternehmens-Position im Vergleich zum Wettbewerb nicht verschlechtert oder nicht Wettbewerbsnachteile entstehen.

Spätestens bei Verfügbarkeit einer Substitutionstechnologie muß massiv in diese investiert werden.

- Geringe Technologie-/geringe bis mittlere Unternehmenspriorität (T3/U2 oder U3):
Da die Position in diesem Bereich gut bis sehr gut ist, die technischen Möglichkeiten aber bereits ausgereift sind, sollte keine weitere Investition erfolgen. Es scheint sich um einen Standard-Bereich für den IV-Einsatz zu handeln, der weitgehend abgedeckt ist.


**5.7 Literatur zu Kapitel 5**


ADRIAN 89    Adrian, W., Strategische Unternehmensführung und Informationssystemgestaltung auf der Grundlage kritischer Erfolgsfaktoren: ein anwendungsorientiertes Konzept für mittelständische Unternehmen, Bergisch Gladbach - Köln 1989.

ANSELSTETTER 86    Anselstetter, R., Betriebswirtschaftliche Nutzeffekte der Datenverarbeitung, Anhaltspunkte für Nutzen-Kosten-Schätzungen, 2. Aufl., Berlin u. a. 1986.

BÖRSCH 89    Börsch-Supan, H., Modell zur Priorisierung von CIM-Projekten, Computerwoche vom 7. April 1989, S. 49 ff.

BROADBENT 88    Broadbent, M. und Koenig, M. E. D., Information and Information Technology, Annual Review of Information Science and Technology (ARIST) 23 (1988), S. 237 ff.

BULLINGER 88    Bullinger, H.-J. und Niemeier, J., Einfluß der Büroautomatisierung auf das Rechnungswesen, in: Scheer, A.-W. (Hrsg.), 9. Saarbrücker Arbeitstagung 1988 Rechnungswesen und EDV, Berlin u. a. 1988, S. 419 ff.

BUSS 83    Buss, M. D. J., How to Rank Computer Projects, Harvard Business Review 61 (1983) 1, S. 118 ff.

BUSS 87       Buss, M. D. J., How to Rank Computer Projects, in: Gralliers, R. (Hrsg.), Information Analysis, Menlo Park u. a. 1987, S. 395 ff.

DEUTSCH 89       Deutsch, H. J., Erweiterung und Implementierung eines Ansatzes zur computergestützten Produktstrategieauswahl, Diplomarbeit, Nürnberg 1989.

EDELMAN 81       Edelman, F., Managers, Computersystems and Productivity, MIS Quarterly 5 (1981) 9, S. 1 ff.

EISENHOFER 88       Eisenhofer, A., Synchronisation von Unternehmens- und Informatikstrategie, Kompetenz - Das Diebold Management Journal o. Jg. (1988) 3, S. 18 ff.

FROMM 88       Fromm, J., Vergleich von Verfahren zur Zusammenstellung von DV-Projektportfolios, Diplomarbeit, Nürnberg 1988.

GOLDEN 89       Golden, B. L., Wassil, E. A. und Levy, D. E., Applications of the Analytic Hierarchy Process: A Categorized, Annotated Bibliography, in: Golden, B. L., Wasil, E. A. und Harker, P. T. (Hrsg.), The Analytic Hierarchy Process, Berlin u. a. 1989, S. 37 ff.

GREEN 72       Green, P. E., Wind, Y. und Jain, A. K., Preference Measurement of Item Collections, Journal of Marketing Research 9 (1972) 11, S. 371 ff.

GREEN 78       Green, P. E. und Srinivasan, V., Conjoint Analysis in Consumer Research: Issues and Outlook, Journal of Consumer Research 5 (1978) 9, S. 103 ff.

GRUPP 89       Grupp, B., Zusammenarbeit zwischen Fachabteilung und EDV, Köln 1989.

HANSEN 90      Hansen, H. R. und Riedl, R., Strategische langfristige Informationssystemplanung (SISP), in: Kurbel, K. und Strunz, H. (Hrsg.), Handbuch Wirtschaftsinformatik, Stuttgart 1990, S. 659 ff.

HANSSMANN 90      Hanssmann, F., Quantitative Betriebswirtschaftslehre, 3. Aufl., München - Wien 1990

HEINRICH 89      Heinrich, L. J. und Lehner, F., Entwicklung von Informatik-Strategien, Arbeitspapier des Instituts für Wirtschaftsinformatik und Organisationsforschung der Johannes-Kepler-Universität Linz, Nr. 89.04, November 1989.

HINTERHUBER 84      Hinterhuber, H. H., Strategische Unternehmensführung, 3. Aufl., Berlin u. a. 1984.

IBM 81      IBM (Hrsg.), Business Systems Planning, Information Systems Planning Guide, 3. Aufl., GE 20-0527-3, White Plains 1981.

JOHNSON 87      Johnson, J. R., Taking a Technology Snapshot, Datamation 33 (1987) 8, S. 73 ff.

KOBER 83      Kober, H., Alternativen für die Gestaltung der Beziehungen zwischen dem Informationssystem-Management und den Unternehmensleitungen, CSMI/TTP-Schriftenreihe, Band 31-010, München 1983.

KOREIMANN 87      Koreimann, D. S., Die Bewertung qualitativer Kriterien bei der Wirtschaftlichkeitsbeurteilung rechnergestützter Systeme, in: Hoyer, R. und Kölzer, G. (Hrsg.), Wirtschaftlichkeitsrechnungen im Bürobereich, Berlin 1987, S. 1 ff.

KRÜGER 88      Krüger, W. und Pfeiffer, P., Strategische Ausrichtung, organisatorische Gestaltung und Auswirkungen des Informations-Managements, Information Management 3 (1988) 2, S. 6 ff.

KUCHER 87

Kucher, E. und Simon, H., Conjoint-Measurement - Durchbruch bei der Preisentscheidung, HARVARDmanager 9 (1987) 3, S. 28 ff.

KUHNERT 90

Kuhnert, B. und Eggers, B., Auswahl und Reihung von (EDV-)Projekten. Instrumentarium und organisatorische Regelungen, Diskussionspapier Nr. 147, Fachbereich Wirtschaftswissenschaften, Universität Hannover, Hannover 1990.

LEIDECKER 84

Leidecker, J. K. und Bruno, A. V., Identifying and Using Critical Success Factors, in: Long Range Planning 17 (1984) 1, S. 23 ff.

LOCKEMANN 83

Lockemann, P. C., Schreiner, A., Trauboth, H. und Klopp-Rogge, M., Systemanalyse, DV-Einsatzplanung, Berlin u. a. 1983.

MCFARLAN 83

McFarlan, F. W., McKenney, J. L. und Pyburn, P., The Information Archipelago - Plotting a Course, in: Harvard Business Review 1 (1983) 61, S. 145 ff.

MATARÉ 87

Mataré, J., Wirtschaftlichkeitsberechnung für die Büroinformationsverarbeitung, in: Hoyer, R. und Kölzer, G. (Hrsg.), Wirtschaftlichkeitsrechnungen im Bürobereich, Berlin 1987, S. 79 ff.

MERTENS 85

Mertens, P., Aufbauorganisation der Datenverarbeitung, Wiesbaden 1985.

MERTENS 90

Mertens, P., Borkowski, V. und Geis, W. Betriebliche Expertensystem-Anwendungen, 2. Aufl., Berlin u. a. 1990.

MEYER 88

Meyer-Piening, A., Informations-Management in erfolgreichen Firmen, Online o. Jg. (1988) 12, S. 18 ff.

MONEY 88          Money, A., Tromp, D. und Wegner, T., The Quantification for Decision Support Benefits within the Context of Value Analysis, MIS Quarterly 12 (1988) 3, S. 223 ff.

NAGEL 88          Nagel, K., Nutzen der Informationsverarbeitung (Metho-den zur Bewertung von strategischen Wettbewerbsvorteilen, Produktivitätsverbesserungen und Kosteneinsparungen), München - Wien 1988.

NAGEL 89          Nagel, K., Bewertung strategischer Vorteile durch Informationssysteme, in: Spreemann, K. und Zur, E. (Hrsg.), Informationstechnologie und strategische Führung, Wiesbaden 1989, S. 49 ff.

NEITZEL 88        Neitzel, R., Ein Expertensystem für die Investitionsplanung, Industrie-Anzeiger 110 (1988) 8, S. 30 f.

NORTON 84A        Norton, D. P., The Economics of Computing in the Advanced Stages, in: Nolan, Norton & Company (Hrsg.), Stage by Stage 4 (1984) 2.

NORTON 84B        Norton, D. P., The Economics of Computing in the Advanced Stages, Part II - A New Framework for Management, in: Nolan, Norton & Company (Hrsg.), Stage by Stage 4 (1984) 3.

NORTON 84C        Norton, D. P., The Economics of Computing in the Advanced Stages, Part III - Describing the I/S Investment, in: Nolan, Norton & Company (Hrsg.), Stage by Stage 5 (1984) 4.

NORTON 85         Norton, D. P., The Economics of Computing in the Advanced Stages, Part IV - Focusing the Investment (The Grey Cells), in: Nolan, Norton & Company (Hrsg.), Stage by Stage 4 (1985) 1.

O.V. 87           O. V., Industry by Industry, IS Survey, Datamation 33 (1987) 17, S. 46 ff.

O.V. 89      O. V., US-Konzerne geben 2,3 Prozent vom Umsatz für Informatik aus, Computerwoche vom 1. December 1989, S. 4.

PLATTFAUT 88      Plattfaut, E., DV-Unterstützung strategischer Unternehmensplanung, Beispiele und Expertensystemansatz, Berlin u. a. 1988.

PYHRR 73      Pyhrr, R. A., Zero-Base Budgeting, New York u. a. 1973.

RAUSCH 85      Rausch, K.-F., EDV-Unterstützung bei der Planung von Investitionsobjekten, Darmstadt 1985.

ROCKART 79      Rockart, J. F., Chief Executives Define their own Data Needs, Harvard Business Review 57 (1979) 2, S. 84 ff.

RUUSUNEN 89      Ruusunen, J. und Hamalainen, R. P., Project Selection by an Integrated Decision Aid, in: Golden, B. L., Wasil, E. A. und Harker, P. T. (Hrsg.), The Analytic Hierarchy Process, Berlin u. a. 1989, S. 101 ff.

SAATY 80      Saaty, T., The Analytic Hierarchy Process, New York 1980

SCHERFF 86      Scherff, J., Ermittlung der Wirtschaftlichkeit moderner Informations- und Kommunikationssysteme, in: Handbuch der modernen Datenverarbeitung 23 (1986) 131, S. 3 ff.

SCHMID 89      Schmid, J., Vergleich und Bewertung von Angeboten verschiedener Hersteller, in: Verein Deutscher Ingenieure (Hrsg.), Bürokommunikation, VDI-Berichte 790, Düsseldorf 1989, S. 175 ff.

SCHOUW 87      Schouw, D., Business Systems Planning for Strategic Alignment (BSP/SA) - Concepts and Overview, IBM I/S Executive Center, 355 South Grand Av., Los Angeles, Ca. 90071, 1987.

SCHUMANN 87        Schumann, M., Selection and Prioritization of Information Technology Investments, IBM Los Angeles Scientific Center, Report-Nr. 1987-2919, Los Angeles, Dezember 1987.

SCHWEIZERISCHE 85   Schweizerische Vereinigung für Datenverarbeitung (Hrsg.), Evaluation von Informatiklösungen - Verfahren, Methoden, Beispiele, Band 5, Bern - Stuttgart 1985.

STRASSMANN 88      Strassmann, P. A., Information Payoff, New York - London 1988.

THEUERKAUF 89      Theuerkauf, I., Kundennutzenmessung mit Conjoint, Zeitschrift für Betriebswirtschaft 59 (1989) 11, S. 1179 ff.

WEBER 91           Weber, A., Wirtschaftlichkeit ist nachweisbar, Online o. Jg. (1991) 3, S. 20 ff.

WINCK 88           Winck, P., Durch Strukturkostenoptimierung zu langfristiger Ergebnissicherung, Kompetenz - Das Diebold Management Journal o. Jg. (1988) 3, S. 4 ff.

ZAHEDI 90          Zahedi, F., A Method for Quantitative Evaluation of Expert Systems, European Journal of Operational Research 48 (1990) 2, S. 136 ff.

ZAHN 89            Zahn, E. und Rüllter, M., Informationsmanagement - Eine strategische Antwort auf kritische Herausforderungen der Unternehmensumwelt, Controlling 1 (1989) 1, S. 34 ff.

# 6 IV-Unterstützung bei der Wirtschaftlichkeitsbetrachtung

## 6.1 Überblick

In der Literatur finden sich nur wenige IV-gestützte Verfahren, die speziell auf die Beurteilung von IV-Investitionen abzielen. Der Haupteinsatz liegt in Methoden, die Berechnungsvorgänge unterstützen[1]. Es handelt sich aber überwiegend um Systeme, die allgemein für Investitionsrechnungen anwendbar und nicht auf den IV-Bereich beschränkt sind. Großunternehmen verwenden zur Beurteilung von IV-Investitionen häufig formulargestützte Vorgehensweisen. Die Einzelprojekte werden dabei nach einem schematisierten Vorgehen bewertet, wobei die Investitionen, die Folgekosten des Projektes sowie die möglichen Kosteneinsparungen im Vordergrund stehen. Eventuell schließt sich eine Risikountersuchung in Form einer Nutzwertanalyse an (vgl. DROSTE 86, speziell S. 233 ff.). Abbildung 6.1/1 zeigt als Beispiel den Ablauf bei Daimler-Benz (vgl. DAIMLER-BENZ 84). Er orientiert sich stark an einem von der IBM vorgeschlagenen Verfahren (vgl. IBM 84). Als Ergänzung des einstufigen Ablaufs findet eine Dreiteilung der Nutzen- und Kostenermittlung statt.

Bei den sonst verfügbaren Tools lassen sich Einteilungen nach verschiedenen Aspekten vornehmen:

- Eine Unterscheidung läßt sich danach treffen, ob das System zur Bewertung beliebiger IV-Anwendungen eingesetzt werden soll oder ob es nur für bestimmte Anwendungsbereiche gedacht ist.

- Viele Systeme unterstützen nur die reine Wirtschaftlichkeitsberechnung, einige stellen zusätzliche Hilfsmittel, wie z. B. Planungsmodule, bereit.

- Das Tool wird als Stand alone-Lösung angeboten, oder es handelt sich um ein umfassendes Paket.

Nachfolgend soll eine Unterteilung nach allgemeinen und anwendungsbereichsbezogenen Unterstützungssystemen benutzt werden. Dazu wird versucht, ein breites Repertoire an Lösungsansätzen vorzustellen. Dieses soll dazu beitragen, in Kapitel 6.4 ein Konzept für ein möglichst umfassendes und wirkungsvolles Tool zu erstellen.

---

[1] Von Wildemann wird dazu das System MIKE vorgestellt (vgl. WILDEMANN 88).

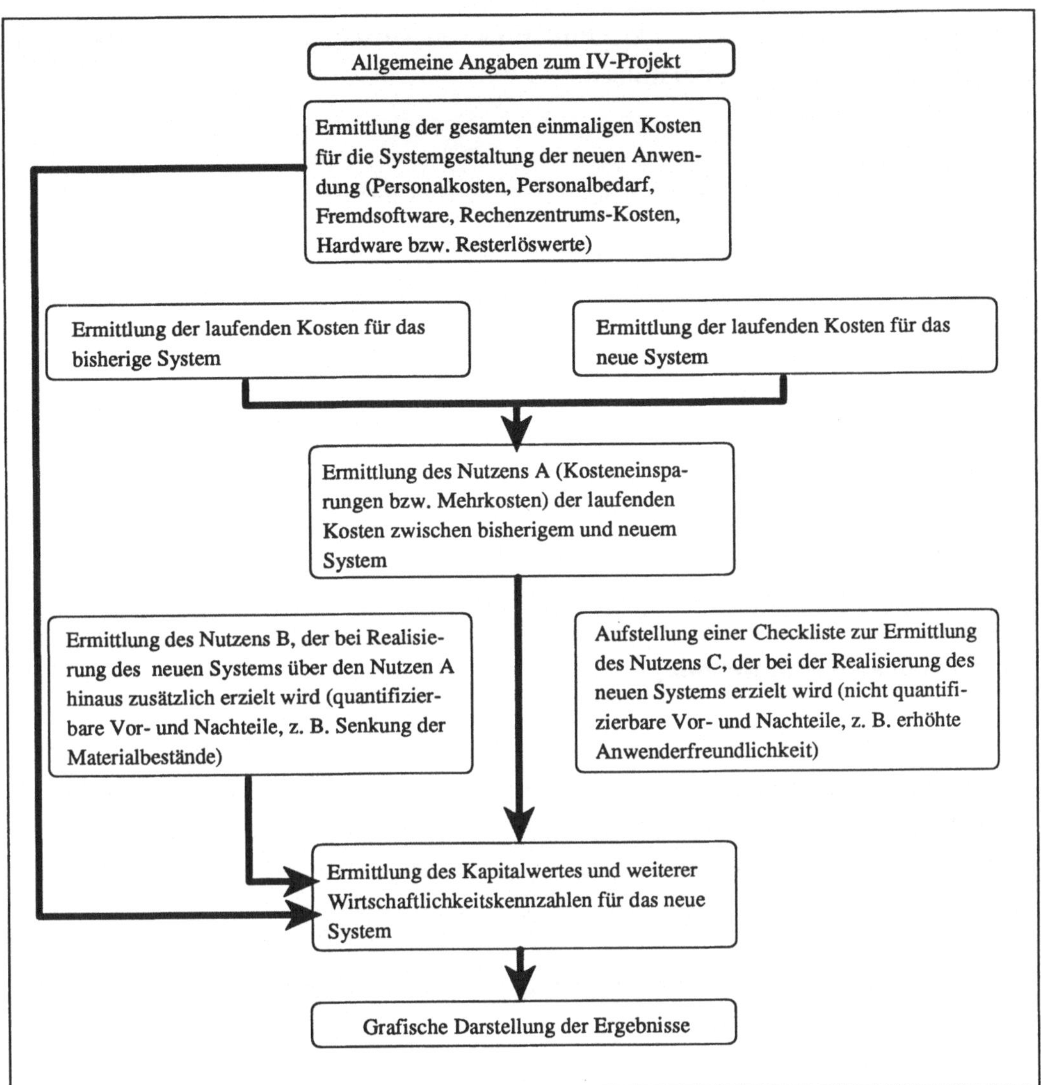



*Abb. 6.1/1*   ABLAUF DER WIRTSCHAFTLICHKEITSBETRACHTUNG

## 6.2 Bereichsunabhängige IV-Unterstützung

Für diese Toolklasse werden drei Systeme vorgestellt. Allen ist gemeinsam, daß sie eine finanzielle Bewertung der IV-Projekte unterstützen, bei der u. a. ein ROI oder Kapitalwert berechnet wird. Das erste System ist stark kostenorientiert. Bei der zweiten Anwendung liegt der Schwerpunkt auf einem Punktbewertungsverfahren, das für ein Gruppenurteil eingesetzt wird. Mit dem dritten Ansatz wird besonderes Gewicht darauf gelegt, den Benutzer bei der Identifizierung von Nutzeffekten und der Auswahl von Bewertungsverfahren zu unterstützen.


### 6.2.1 IV-Unterstützung für ein kostenorientiertes Bewertungsverfahren

### 6.2.1.1 Überblick

Von Krug wird ein Programmpaket vorgestellt, bei dem Kostenveränderungen durch den IV-Einsatz im Mittelpunkt stehen (vgl. KRUG 89, insbes. S. 84 ff.).

Die Anwendung wurde mit dem Tabellenkalkulationsprogramm OPEN ACCESS entwickelt und erlaubt neben Vergleichsrechnungen, bei denen sich ein Nutzen- oder Kostenüberschuß ergibt, auch eine grafische Aufbereitung der Ergebnisse.


### 6.2.1.2 Aufbau der Anwendung

In dem Modell werden 19 Kosten- und Nutzenarten bezüglich ihrer Preis- und Mengenänderungen innerhalb eines vorher vorgegebenen Planungszeitraumes bestimmt. Ein Schwerpunkt liegt auf Kostenwirkungen, die in direkter Verbindung mit dem IV-Systemeinsatz stehen. So lassen sich auch Rechenzentrums-Dienstleistungen und Kosten für Datenübertragungsleistungen oder Datenträger ansetzen.

Die Kosten und Nutzeffekte werden getrennt nach einmaligen und wiederkehrenden Komponenten erfaßt. Die Einzeleffekte kann man mit Spannweiten in Form von optimistischen und pessimistischen Werten beschreiben. Für einzelne Faktoren läßt sich über die Zeitachse eine degressive Entwicklung (z. B. Vorteil reduziert sich nach anfänglichen Strohfeuer-Effekten) oder ein progressiver Verlauf (Lerneffekt) annehmen. Zusätzlich fließen Abzinsungsfaktoren, Mengen- und Preiseffekte in die Betrachtung ein. Zur Bestimmung von Personaleinsparungen kann man darüber hinaus Mengenänderungen für den Arbeitsanfall vorgeben. Auch hier ist eine Alternativensimulation möglich.

Als Ergebnis werden Einsparungspotentiale ausgewiesen, die sich mit Balken- oder Liniengraphiken veranschaulichen lassen. Die Analyse wird um eine Argumentenbilanz ergänzt, die der Benutzer in den Rechner eingibt.

### 6.2.1.3 Beurteilung der Anwendung

In den Worksheets sind umfangreich die Kostenwirkungen abgebildet. Die Erlösseite wird dagegen fast vollständig vernachlässigt. Ebenso ist keine Hilfe bei der aktuellen Wertmessung vorhanden. Die Möglichkeiten zur Berechnung von Alternativen sind dagegen durch den Einsatz des Tabellenkalkulationsprogramms gut genutzt. Aufgrund des Charakters der erfaßten Wertgrößen und des Aufbaus der einzelnen Arbeitsblätter ist das Modell nur für isolierte IV-Investitionen geeignet. Die bei integrierten Lösungen vorhandenen Abhängigkeiten sind in dem Ansatz nicht berücksichtigt.

### 6.2.2 IV-Unterstützung für ein nutzwertorientiertes Verfahren

### 6.2.2.1 Überblick

Der Ansatz von Parker und Benson "Information Economics" stellt ein Scoring-Verfahren in den Mittelpunkt, in das drei Komponenten einfließen (vgl.. PARKER 87):

- eine ROI-Berechnung des IV-Projektes,
- eine Beurteilung betriebswirtschaftlicher Gesichtspunkte und
- eine Einschätzung technischer Aspekte.

Die subjektiven Bewertungen sollen dabei über eine Gruppenentscheidung durchgeführt werden. Die Autoren beanspruchen, daß es sich um ein anwendungsneutrales Verfahren handelt, mit dem sowohl Endbenutzerapplikationen als auch Systementwicklungs-Projekte bewertet werden können.

Das System ist auf einem PC mit dem Tabellenkalkulationsprogramm LOTUS in Form einer Template-Anwendung implementiert. Dieses erlaubt es, Alternativrechnungen einfach durchzuführen.

### 6.2.2.2 Aufbau der Anwendung

Der verwendete Ansatz enthält ein einstufiges Bewertungsmodell, in das insgesamt zehn Faktoren einfließen. Für jeden Faktor kann ein Punktwert von 0 bis 5 vergeben werden. Dabei wirken sechs Faktoren positiv und vier negativ auf den Gesamtwert des

IV-Projektes (vgl. TRAINOR 87). Dieses wird durch die Faktorgewichte zum Ausdruck gebracht, deren Gesamtsumme (positive Werte minus negative Werte) 20 beträgt. Insgesamt vier Personengruppen sind an der Bewertung beteiligt (vgl. PARKER 88, insbes. S. 195 ff.):

- das Management des betroffenen Geschäftsbereichs,
- der Bereich Controlling zur finanziellen Genehmigung des Projektes,
- Mitglieder der Unternehmensplanung sowie
- Mitglieder des IV-Managements.

Nicht alle Teilnehmer können sämtliche Kriterienbewertungen vornehmen. Beispielsweise wird es für die Unternehmensplanung nicht möglich sein, die technische Realisierung abzuschätzen. Um eine einheitliche Einschätzung bei mehreren Beurteilern zu erhalten, muß ein Konsens der individuellen Bewertungen zustande kommen. Dieser wird entweder durch eine Gruppendiskussion oder Mittelwertbildung erzielt. Über die gewählte Prozedur muß man sich einigen, bevor der Planungsprozeß durchgeführt wird.

Folgende Faktoren werden beurteilt (vgl. PARKER 89, hier S. 335 ff.):

Betriebswirtschaftliche Gesichtspunkte:

- Übereinstimmung des IV-Projektes mit den Unternehmenszielen und -strategien (Strategic Match),
- Erreichen oder Bewahren von Wettbewerbsvorteilen (Competitive Advantage),
- IT-Unterstützung bezüglich des Informationsbedarfs der Führungskräfte (Management Information Support),
- Wettbewerbsrisiken, wenn das IV-Projekt nicht durchgeführt wird: Opportunitätskosten, Wettbewerbsnachteile oder Verlust von Marktanteilen als mögliche Auswirkungen (Competitive Risk),
- Anpassungsvermögen der Organisation an veränderte Anforderungen, z. B. benötigte, nicht-technische Fähigkeiten (Project-/Organization Risk).

Technische Aspekte:

- Unsicherheit bei der Anforderungsdefinition, d. h., die technische Lösung sollte den Zielen der Anwender und des Unternehmens entsprechen, da die IT aber noch nicht implementiert ist, kann auch nicht mit Sicherheit gesagt werden, daß dieses Projekt die Anwenderanforderungen wirklich erfüllt (Definitional Uncertainty),

- Risiken, die neue, wenig bekannte Informationstechniken mit sich bringen, z. B. Implementierungsprobleme (Technical Uncertainty),
- Bezug zur langfristigen IV-Planung (Strategic IS Architecture),
- Anforderungen an die technischen Rahmenbedingungen (Infrastructure Risk).

Abbildung 6.2.2.2/1 faßt die Faktoren noch einmal zusammen.

| | Bewertungs-bereich | Gewicht | Maximaler Wert |
|---|---|---|---|
| **BETRIEBSWIRTSCHAFTLICHE FAKTOREN** | | | |
| A. Kosten- und Erlösbewertung (ROI) | 0 - 5 | 10 | 50 |
| B. Übereinstimmung mit Unternehmenszielen | 0 - 5 | 3 | 15 |
| C. Wettbewerbseinfluß | 0 - 5 | 3 | 15 |
| D. Bereitstellung von Management-Informationen | 0 - 5 | 2 | 10 |
| E. Wettbewerbsrisiken bei Nicht-Durchführung | 0 - 5 | 3 | 15 |
| F. Organisatorische Projekt-Probleme | 0 - 5 | -1 | -5 |
| **TECHNOLOGISCHE FAKTOREN** | | | |
| A. Unsicherheiten der Projektdefinition | 0 - 5 | -2 | -10 |
| B. technisches Realisierungsrisiko | 0 - 5 | -2 | -10 |
| C. Übereinstimmung mit der DV-Planung | 0 - 5 | 6 | 30 |
| D. technische Voraussetzungen | 0 - 5 | -2 | -10 |

*Abb. 6.2.2.2/1*　　　　BEWERTUNGSFAKTOREN

Für die ROI-Berechnung werden umfangreiche Arbeitsblätter angeboten. Eine Hilfestellung, um die Einzelgrößen zu erheben, wird allerdings nur für die Projektkosten gegeben. Hier stehen Checklisten bereit, um sowohl die Investition als auch die Folgekosten abzuschätzen. Bei der ROI-Ermittlung werden neben Kostenreduktionen und -vermeidungen auch Erfassungsformulare für Ertragseffekte, indirekte Wirkungen und einmalige Resultate bereitgestellt. Das ROI-Ergebnis, das als Prozentsatz vorliegt, muß dann ebenfalls in einen Punktwert transformiert werden.

Zum Schluß dieses Verfahrens wird für jedes bewertete Projekt aufgrund der Gesamtsumme eine Rangfolge der zur Auswahl stehenden Alternativen gebildet.

### 6.2.2.3 Beurteilung der Anwendung

Die Schwächen des hier vorgestellten Ansatzes lassen sich unter zwei Gesichtspunkten darstellen:

- fehlende Hilfsmittel, um eine Wirtschaftlichkeitsbeurteilung zu unterstützen, und
- Kritik an dem verwendeten Konzept.

Bei der Wirtschaftlichkeitsbeurteilung der IV-Projekte werden nur einfache Module bereitgestellt, um Nutzeffekte und Kosten zu identifizieren sowie zu bewerten. Außerdem erscheinen die Einzelfaktoren, die in dem Scoring-Modell zu beurteilen sind, häufig zu global. Da viele Einzelkriterien sich aus verschiedenen Faktoren zusammensetzen, wird eigentlich eine tiefere Struktur benötigt. Dem steht entgegen, daß man mit einem detaillierten Fragenkatalog die Einfachheit und Transparenz, die eine Stärke dieses Ansatzes ist, aufgibt.

Kritisch ist zu dem Konzept anzuführen, daß die ROI-Berechnung mit den subjektiven Einzelbewertungen gleichgesetzt wird (vgl. FROMM 88, hier S. 33 ff.), da sie ebenfalls einen Faktor des Kriterienschemas bildet. Damit geht wichtige Information verloren, weil man das ROI-Ergebnis nicht weiter als Einzelgröße verwendet. Hinzu kommt, daß die Umrechnung von DM-Beträgen oder Prozent-Werten in Punkte eine nicht gerechtfertigte Äquivalenz voraussetzt. Man stelle sich im Extremfall z. B. einen negativen ROI vor, der üblicherweise zu einem Aussondern der Projektidee führen würde. Zusätzlich sollten K.o.-Kriterien ergänzt werden, mit denen man Einzelprojekte frühzeitig ausscheiden kann.

Schließlich werden Risikofaktoren genauso behandelt wie Kriterien, auf die sie eigentlich einwirken. Es wäre besser, die Risikofaktoren als direkte Größen zum Verringern von positiv bewerteten Einzelkriterien heranzuziehen, auf die sie Einfluß haben. So sollten organisatorische Projekt-Probleme, die dazu führen könnten, daß betriebswirtschaftliche Zielsetzungen nicht erreicht werden, direkt die Zielbewertung reduzieren.

### 6.2.3 IV-Unterstützung für ein Verfahren zur Identifikation und Berechnung der Nutzeffekte

### 6.2.3.1 Überblick

Am IBM-Scientific-Center in Los Angeles wurde ein erster Prototyp einer Anwendung erstellt, die zwei Bereiche unterstützen soll (vgl. SCHUMANN 87):

- Das System stellt Hilfsmittel zur Wirtschaftlichkeitsbewertung eines IV-Projektes bereit. Mit den erfaßten Daten wird eine ROI- oder Kapitalwert-Berechnung vorgenommen. Ebenso können mit den Informationen andere finanzielle Kenngrößen bestimmt werden.

- Die Anwendung erlaubt die Nutzung eines Scoring-Modells, um Chancen und Risiken des IV-Projektes qualitativ zu bewerten.

Die Applikation wurde auf einem Großrechner mit Hilfe mehrerer Software-Produkte realisiert. Mit der Expertensystem-Shell Expert System Environment (ESE) erfolgt die Systemsteuerung. Außerdem unterstützt die in ESE implementierte Wissensbasis die Identifikation projektrelevanter Kosten und Nutzeffekte. Das Scoring-Modell ist ebenfalls in einer Wissensbasis abgebildet. Mit verschiedenen PASCAL-Programmen wurden Rechenmodule realisiert, und über Templates werden die Kosten- und Nutzenbeträge erfaßt.


### 6.2.3.2 Aufbau der Anwendung

### 6.2.3.2.1 Wirtschaftlichkeitsbewertung

Ein Ziel des Teilbereichs zur Wirtschaftlichkeitsbewertung ist es, dem Anwender nicht nur ein Schema vorzugeben, in das er Kosten und Erlöswerte einträgt, es sollen vielmehr mit Hilfe eines Dialogs und anhand ausgewählter Beispiele mögliche Nutzeffekte und Kosten der zu bewertenden Anwendung aufgezeigt werden. Außerdem prüft das System, welche Bewertungsmethoden man bei der Untersuchung anwenden sollte, um die auftretenden Effekte umfassend zu berücksichtigen. Es hilft somit bei der Methodenwahl. Damit ergibt sich eine dreistufige Vorgehensweise:

1. Ein Benutzerdialog findet statt, um den Anwendungsbereich des IV-Projektes und die Charakteristika in bezug auf die Kosten und Nutzen zu erfassen. Basierend auf dieser Einstufung werden Berechnungsverfahren vom System vorgeschlagen.

2. Ein auf Beispielen beruhender Prozeß unterstützt das Identifizieren von Nutzeffekten des IV-Projektes.

3. In einem Berechnungsschritt werden schließlich die Werte zur Bestimmung des ROI und Kapitalwertes ermittelt.

Den Ablauf des Vorgehens stellt Abbildung 6.2.3.2.1/1 dar. Zur Ermittlung geeigneter Rechenverfahren wird identifiziert, welche Unternehmensebenen von dem IV-Projekt betroffen sind. Dazu unterscheidet das System die Arbeitsplatz-, Gruppen-/Abteilungs- und Unternehmensebene. Darüber hinaus stellt es fest, welcher Art die Wirkungen der neuen IT sind. Das System differenziert zwischen

- substitutiven Anwendungen zum Ersetzen personeller Tätigkeiten,
- komplementären Anwendungen zum Ergänzen vorhandener Tätigkeiten und
- innovativen Anwendungen mit Wettbewerbswirkungen (vgl. Kapitel 3.1.2).

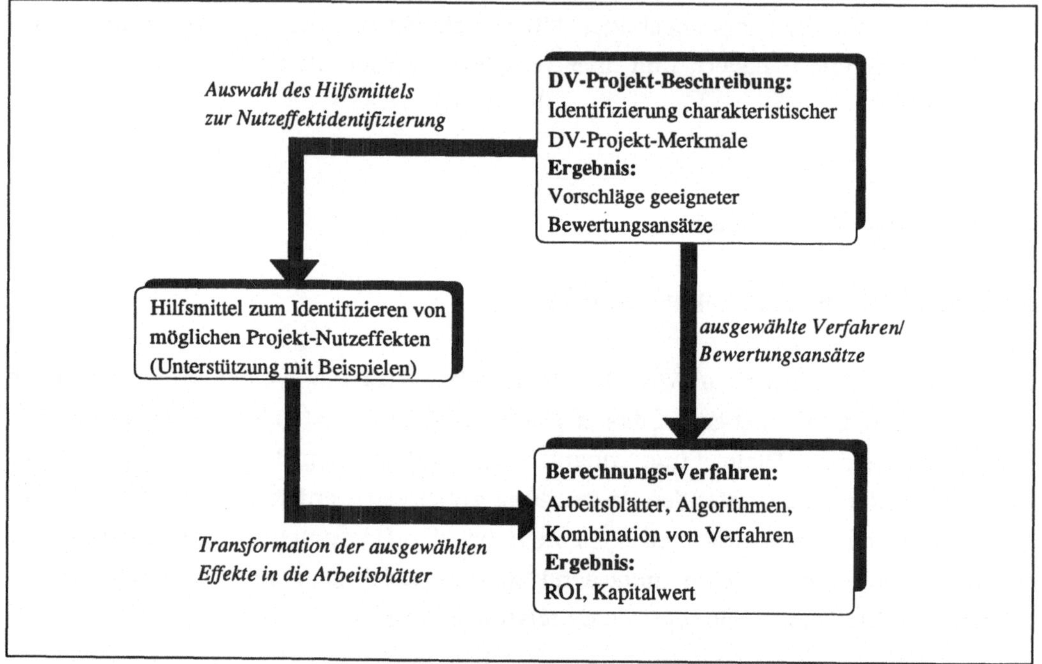


Abb. 6.2.3.2.1/1     WISSENSBASIERTE STEUERUNG DER IV-PROJEKT-BEWERTUNG

Mehrfachnennungen sind sowohl für die Unternehmensebenen als auch die Wirkungen möglich. Zur Bewertung können folgende Methoden vorgeschlagen werden:

- traditionelle Kosten-/Nutzen-Arbeitsblätter,
- ein Ansatz, mit dem eine Tätigkeitsbewertung, z. B. auf der Basis von Knappheitspreisen, erfolgt,
- eine Erfassung von Nutzeffekten und Kosten durch Prozeßänderungen,
- eine Bestimmung einmaliger Nutzeffekte durch die IV sowie

- ein Verfahren zur Bewertung von Umsatzveränderungen durch wettbewerbsorientierte Anwendungen.

Außerdem lassen sich Arbeitsblätter wählen, die zum Abschätzen versteckter Kosten sowie zum Ausgrenzen von Resultaten, die auf organisatorischen Änderungen beruhen, dienen. Die Zuordnung der einzelnen Bewertungskomponenten wird vereinfacht in Abbildung 6.2.3.2.1/2 wiedergegeben. Dabei sind in dem Prototypen allerdings nur sehr globale Erfassungsmasken vorhanden, mit denen sich die Effekte für die einzelnen Methoden bestimmen lassen.

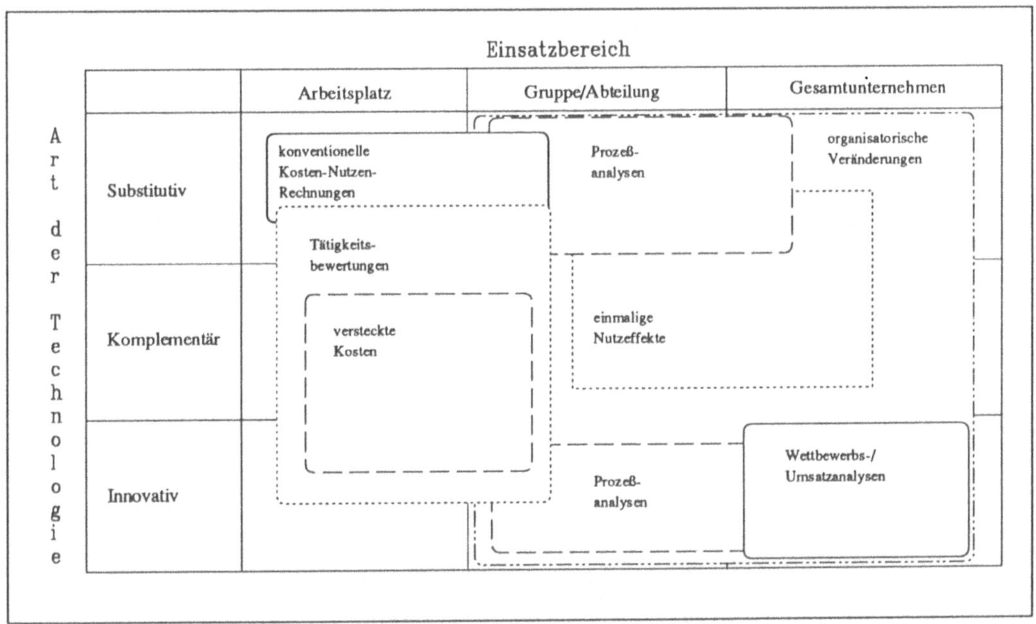


*Abb. 6.2.3.2.1/2*     KLASSIFIKATION VON BEWERTUNGSMETHODEN

Der Teilbereich, mit dem man mögliche Resultate des IV-Einsatzes identifizieren kann, enthält ein Netzwerk von Nutzeffekten für verschiedene Anwendungsbereiche. Eine detaillierte Implementierung wurde im Prototyp für das Gebiet der Produktionsplanung und -steuerung sowie Büroautomatisierung realisiert.

Dazu werden dem Benutzer schrittweise Nutzeffekte, die aus Anwendererfahrungen stammen, in Form von Listen angeboten (vgl. dazu z. B. FERENZ 82). Der Systemanwender kann nun die für ihn relevanten Faktoren selektieren. Im Folgeschritt werden dann die globalen Kriterien in speziellere aufgespalten, aus denen wieder eine Auswahl getroffen werden kann. Die Abbildungen 6.2.3.2.1/3 und 6.2.3.2.1/4 zeigen dieses Vorgehen anhand der ESE-Masken.

```
            Ideas for Production Planning and Control Benefits          14

                                                          ┌─────────────────┐
                                                          | PF1   Help      |
                                                          | PF2   Review    |
                                                          | PF3   End       |
     An introduction or improvement of a production planning | PF4  What     |
     and control application can have multiple effects. They | PF5  Question |
     depend on your existing installation and the functions  | PF6  Unknown  |
     you try to automate or support.                         | PF7  Up       |
                                                          | PF8   Down      |
     What global benefits would you see for your project?    | PF9  Print    |
                                                          | PF10  How       |
     ____  improved production planning                      | PF11 Why      |
     x___  improved material routing                         | PF12 Command  |
     ____  improved equipment maintenance                 └─────────────────┘
     ____  reduced order run through time
     ____  improved manufacturing quality
     ____  improved multiplicity of product variants
     ____  other


     Notepad (record other ideas!)

     ┌──────────────────────────────────────────────┐
     | **** Note your ideas here ****                 |
     | ______________________________________________ |
     | ______________________________________________ |
     | ______________________________________________ |
     | ______________________________________________ |
     | ______________________________________________ |
     | ______________________________________________ |
     └──────────────────────────────────────────────┘

     ==>
```

*Abb. 6.2.3.2.1/3*        ESE-MASKE I

Die gewählten Nutzeffekte werden automatisch in die für die Bewertung relevanten Arbeitsblätter eingetragen, in denen im letzten Schritt die IV-projektspezifischen Wertgrößen festgelegt werden müssen.

### 6.2.3.2.2 Scoring-Modell

Das Bewertungsverfahren, mit dem die Einzelprojekte beurteilt werden, umfaßt drei Teilbereiche:

- eine Bewertung der Unternehmenschancen und -risiken (Wettbewerbsposition) durch die neue IV (vgl. VITALE 86),
- eine Abschätzung der technischen Leistungsfähigkeit und -risiken, die für das Unternehmen mit dem neuen System entstehen[2], und
- eine Analyse, wieweit vorhandene Unternehmenspläne durch die neue Applikation unterstützt werden und wie gut man die Anwendung in die existierende System-umgebung integrieren kann.

```
                Ideas for Production Planning and Control Benefits              16
                                                          ________________________
                                                         | PF1   Help             |
                                                         | PF2   Review           |
   If you are able to improve your material routing it can| PF3   End             |
   have various results in your production process. But it| PF4   What            |
   is also combined with direct effects on your material | PF5   Question         |
   management.                                           | PF6   Unknown          |
                                                         | PF7   Up               |
   Please select the relevant outcomes.                 | PF8   Down             |
                                                         | PF9   Print            |
                                                         | PF10  How ·            |
   x___  less intermediate storage space                | PF11  Why              |
   x___  less interest expenses on assets               | PF12  Command          |
   ____  less waiting time in the production process     |________________________|
   ____  other



   Notepad (Record other ideas!)

    _______________________________________________________
   | **** Note your ideas here ****                        |
   | ______________________________________________________|
   | ______________________________________________________|
   | ______________________________________________________|
   | ______________________________________________________|
   | ______________________________________________________|
   |_______________________________________________________|

   ==>
```

*Abb. 6.2.3.2.1/4*        ESE-MASKE II

---

[2] Diese Komponente lehnt sich stark an Beschreibungen von Cash u. a. an (vgl. CASH 83).

Die Einzelbereiche werden dabei durch Faktor-Hierarchien repräsentiert, bei denen eine Bewertung der Blattknoten stattfindet[3]. Abbildung 6.2.3.2.2/1 zeigt einen Ausschnitt zur Abschätzung der technischen Kriterien.

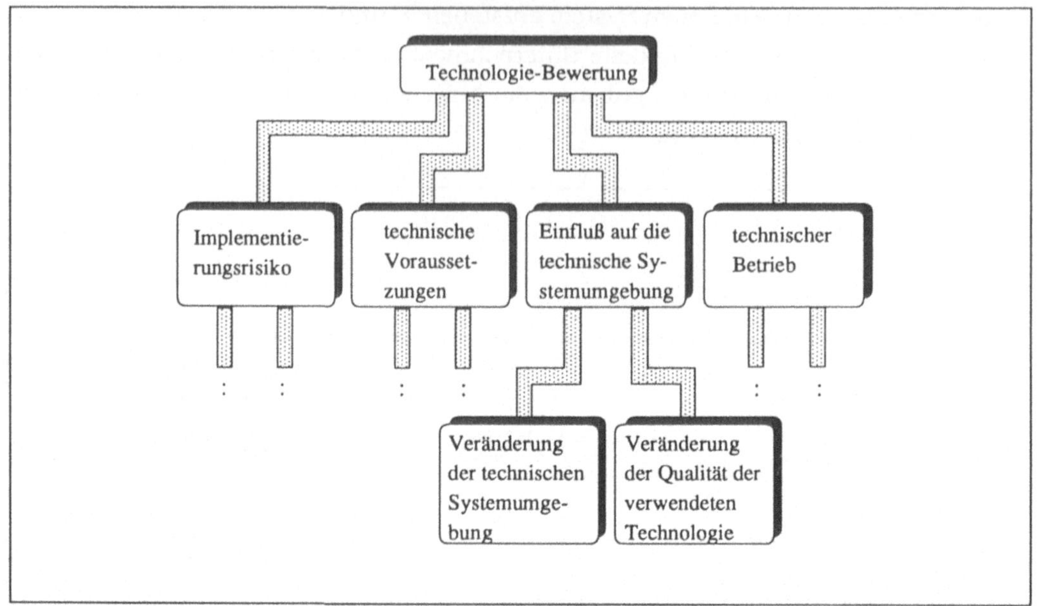


*Abb. 6.2.3.2.2/1*          Faktor-Hierarchie für technologische Kriterien

Um Einzelfaktoren zu beurteilen, können auch mehrere Fragen notwendig sein. Dieses ist z. B. immer dann der Fall, wenn einerseits bestimmt werden soll, wie ein Projekt zur Erreichung eines Kriteriums beiträgt, andererseits aber auch ermittelt werden muß, wie hoch das Risiko ist, daß das gewünschte Resultat verfehlt wird. Risikofaktoren haben dabei einen direkten negativen Einfluß auf das Gesamtergebnis. Es ist ebenfalls möglich, daß eine Antwortkombination zur Verbesserung oder Verschlechterung eines anderen Bereichsresultates führt. Dadurch lassen sich wechselseitige Abhängigkeiten in die Analyse einführen.

Bei dem Verfahren kann eine maximale Punktzahl von 100 für ein IV-Projekt erzielt werden. Vor Beginn einer Analyse müssen die Gewichtungsfaktoren für die einzelnen Teilbereiche der Bewertungshierarchie festgelegt werden. Dazu wird ein direktes Bewertungsverfahren für die einzelnen Hierarchiestufen oder ein paarweiser Kriterienvergleich angeboten. Beim paarweisen Vergleich kann nach dem von Saaty vorgeschlagenen Analytic Hierarchy Process vorgegangen werden (vgl. SAATY 80)(siehe auch Kapitel 5.5.1.3).

---

3)    Ein ähnliches Vorgehen wird von Klein und Beck beschrieben (vgl. KLEIN 87).

Als Ergebnisse eines gesamten Bewertungszyklus stehen ein quantitatives Resultat (z. B. ROI) und die Punktbewertung zur Verfügung. Mit diesen Größen lassen sich unterschiedliche Projekte vergleichen.

### 6.2.3.3 Beurteilung der Anwendung

Bei dem Gesamtsystem handelt es sich um einen ersten Prototyp. Der Umfang implementierter Beispiele und die Alternativen zur Bewertung von Einzeleffekten sind daher noch recht bescheiden.

Die großrechnergestützte Anwendung der Arbeitsblätter, in denen die Kosten und Nutzeffekte wertmäßig erfaßt werden, sind schlecht für "What-if"-Rechnungen geeignet. Alternativen lassen sich nur aufwendig durchrechnen. Komfortable Spreadsheet-Lösungen wären hier weit besser anwendbar.

Für die zusammengestellten Nutzeffekte wird keine Hilfestellung bei der wertmäßigen Abschätzung gegeben. Diese Unterstützung wäre ebenfalls sinnvoll. Die Einzeleffekte werden in einfachen Arbeitsblättern erfaßt.

Bei einer Prozeßanalyse wäre es günstig, wenn ein Tool zur Verfügung stünde, mit dem man die Einzelprozesse mit und ohne Systemeinsatz abbildet, um daraus die entstehenden Nutzeffekte und Kostenveränderungen ableiten zu können. Ein solches Modul sollte mit einer Top-Down-Vorgehensweise kombiniert werden, um schrittweise globalere Beurteilungen in Detailbewertungen überführen zu können. Bei den Wirkungsketten, die abhängig vom Benutzerdialog dynamisch zusammengestellt werden könnten, müßte es dem Anwender möglich sein:

- Wirkungskettenelemente direkt zu bewerten sowie
- Modifikationen vorzunehmen oder nur Ausschnitte zu wählen.

Ein Ausgangspunkt dazu sind die in der realisierten Anwendung eingesetzten statischen Nutzeffektketten. Ebenso sollten zusätzliche Hilfsmittel bereitstehen, die es erlauben, eine einfache Transformation von Ersatzgrößen, wie Zeiten oder Mengeneinheiten, in wertmäßige Größen vorzunehmen.

Schließlich fehlt die Einbindung in ein umfassendes Planungssystem, das auch die Unternehmenszielsetzungen berücksichtigt. Eine Schnittstelle wäre hier beispielsweise eine Wirkungsanalyse auf Basis betrieblicher Erfolgsfaktoren. Ebenso ließen sich aber dazu auch die Scoring-Verfahren erweitern.

## 6.3 Bereichsabhängige IV-Unterstützung

Es sollen nachfolgend ausgewählte Verfahren aus zwei Gebieten vorgestellt werden, für die bereits erste Ansätze zur IV-Unterstützung bei der Wirtschaftlichkeitsbeurteilung existieren. Es handelt sich um den CIM-Bereich sowie Bürokommunikationslösungen.

### 6.3.1 IV-Unterstützung bei der Beurteilung von Systemen im CIM-Bereich

In jüngerer Zeit finden sich in der Literatur verstärkt IV-gestützte Ansätze, um CIM-Komponenten oder Integrationskonzepte unter Wirtschaftlichkeitsaspekten zu beurteilen. Dabei lassen sich zwei Schwerpunkte identifizieren:

1. Vorgehensweisen, die besonders stark auf den technischen Eigenschaften der IV-Anwendungen aufbauen. Hier wird speziell ein Vergleich alternativer Fertigungstechniken durchgeführt. Häufig bestimmt man produktbezogene Ergebnisse. Als Hilfsmittel werden zur Analyse Simulationstools eingesetzt. Ein Beispiel dazu ist in Kapitel 6.3.1.2 dargestellt.
2. Expertensystemgestützte Konzepte, mit denen eine umfassende Bewertung versucht wird. Teilweise besitzen die Anwendungen den Charakter einer variablen Checkliste. In Kapitel 6.3.1.3 finden sich dazu Hinweise.

Als erstes soll aber ein Beispiel zur umfassenden CIM-Bewertung vorgestellt werden, das sich aus unterschiedlichen Einzelmodulen zusammensetzt.

### 6.3.1.1 IV-Unterstützung für ein Verfahren zur umfassenden CIM-Bewertung

#### 6.3.1.1.1 Überblick

Eine umfassende, rechnerunterstützte Vorgehensweise zur Bewertung von CIM-Investitionen ist im Esprit-Projekt 909 mit dem Cost-Benefit Analysis Toolkits (C-BAT) konzipiert worden (vgl. O. HRSG. 89). Sie soll besonders die Anforderungen mittelständischer Unternehmen berücksichtigen. Dazu wurden umfangreiche rechnergestützte Verfahren entwickelt, die als Teilkomponenten auch Wirtschaftlichkeitsuntersuchungen enthalten. Einzelbausteine wurden u. a. mit dem Tabellenkalkulationsprogramm LOTUS erstellt.

### 6.3.1.1.2 Aufbau der Anwendung

Das zur Beurteilung der CIM-Investitionen verwendete Konzept kann man in drei logische Analyseebenen gliedern:

- Die Marktebene, in der die Außenbeziehungen des Unternehmens, speziell die produktbezogenen Umsatzerwartungen, abgebildet werden.
- Die Produktionsebene, mit der man die Abläufe des Fertigungsbereichs und die dort anfallenden Kosten beschreibt.
- Die Ebene der finanziellen Konsequenzen, welche die Auswirkungen des Projektes auf die wirtschaftliche Situation des Unternehmens erfaßt.

Das Vorgehensmodell zur Analyse läßt sich in vier nacheinander ablaufende Phasen einteilen:

- In der ersten Phase werden die derzeitige Situation des Unternehmens sowie die zukünftig erwartete Position im Wettbewerb beschrieben. Um Schwachstellen aufzuzeigen, stellt man die aktuelle Leistungsfähigkeit einem Sollprofil gegenüber. Dazu werden verschiedene Szenarien über die zukünftige Situation des Betriebes entwickelt. Als Hilfsmittel dient eine Cross-Impact-Analyse. Startpunkt des Vorgehens bildet die Beschreibung der wesentlichen Zielsetzungen oder kritischen Erfolgsfaktoren des Unternehmens. Diese werden mit Hilfe von Gruppenbewertungen in eine Rangfolge gebracht.
- Ausgehend von den in Phase eins abgeleiteten Leistungsdefiziten des Ist-Zustandes gegenüber der angestrebten Soll-Situation wird versucht, die Auswirkungen des Einsatzes einzelner CIM-Module auf die ermittelten Schwachstellen zu bestimmen. Dazu werden Scoring-Modelle eingesetzt, um eine subjektive Einschätzung von Einzelkriterien vorzunehmen, und es wird versucht, die erwarteten Auswirkungen des Technologie-Einsatzes monetär zu bewerten. Eine strukturierte Top-down-Vorgehensweise unterstützt die Abbildung betrieblicher Prozesse des Fertigungsbereichs. Die damit verbundene Prozeßanalyse soll dazu beitragen, Kostenveränderungen durch die neuen Technologien aufzuzeigen. Eine weitere Komponente ermöglicht es, ein Wirkungskettenmodell aufzustellen. Darüber hin-

aus wird angestrebt, Erlösveränderungen zu erfassen. Zusätzlich versucht man, die Auswirkungen auf die Basiszielsetzungen oder kritischen Erfolgsfaktoren des Unternehmens, die in Phase eins entwickelt wurden, aufzuzeigen. Das Ergebnis dieser zweiten Phase sind grobe Lösungsvorschläge, die sich als erfolgversprechend abzeichnen. Ein Teil der technischen Alternativen wird ausgeschieden.

- In der dritten Phase ist die Investitionsstrategie für die CIM-Technologie detailliert zu spezifizieren. Es müssen technische Eigenschaften festgelegt sowie Systemlieferanten ausgewählt werden. Ein Hauptaspekt ist die funktionale Spezifikation des Systems. Die Auswirkungen des Systemeinsatzes sollen mit einem verfeinerten Modell simuliert werden. Insbesondere gilt es dabei, mögliche Risiken der Anwendungen und ihrer Implementierung herauszuarbeiten. Man bestimmt die Kosten des Projektes. Den Abschluß dieser Phase bildet der formelle Projektantrag.

- In der vierten Phase findet die Kontrolle des gesamten Projekts während des Planungs- und Implementierungszyklus statt. Dazu überprüft man den zeitlichen Projektfortschritt, und die bis zum jeweiligen Kontrollzeitpunkt angefallenen Kosten werden hinterfragt.

Die vier dargestellten Phasen gliedern sich insgesamt in 16 miteinander verknüpfte Einzelmodule. Abbildung 6.3.1.1.2/1 zeigt die Zusammenhänge im Überblick.

Für folgende Komponenten des Verfahrens werden rechnergestützte Tools bereitgestellt:

- Um Unternehmenszielsetzungen zu ermitteln, zu bewerten und zu priorisieren, ist eine Anwendung verfügbar, die eine Gruppenbefragung unterstützt.

- Ein System zum Erstellen von Szenarien des Unternehmensgeschehens und zur Anwendung des Cross-Impact-Verfahrens dient der Analyse zukünftiger Entwicklungen.

- Für die Abbildung von Ursache-Wirkungs-Ketten ist eine weitere Applikation vorhanden.

- Ein auf dem SADT-Ansatz beruhendes Verfahren unterstützt eine Top-Down-Strukturierung von Tätigkeitsprozessen. Die Methode IDEF-0 wurde dazu speziell für den Produktionsbereich entwickelt.

- Die eigentliche Investitionsrechnung und die damit verbundenen Alternativrechnungen werden mit einem LOTUS-basierten Template-System abgewickelt. Auswirkungen der Investitionen auf den Jahresabschluß lassen sich simulieren.

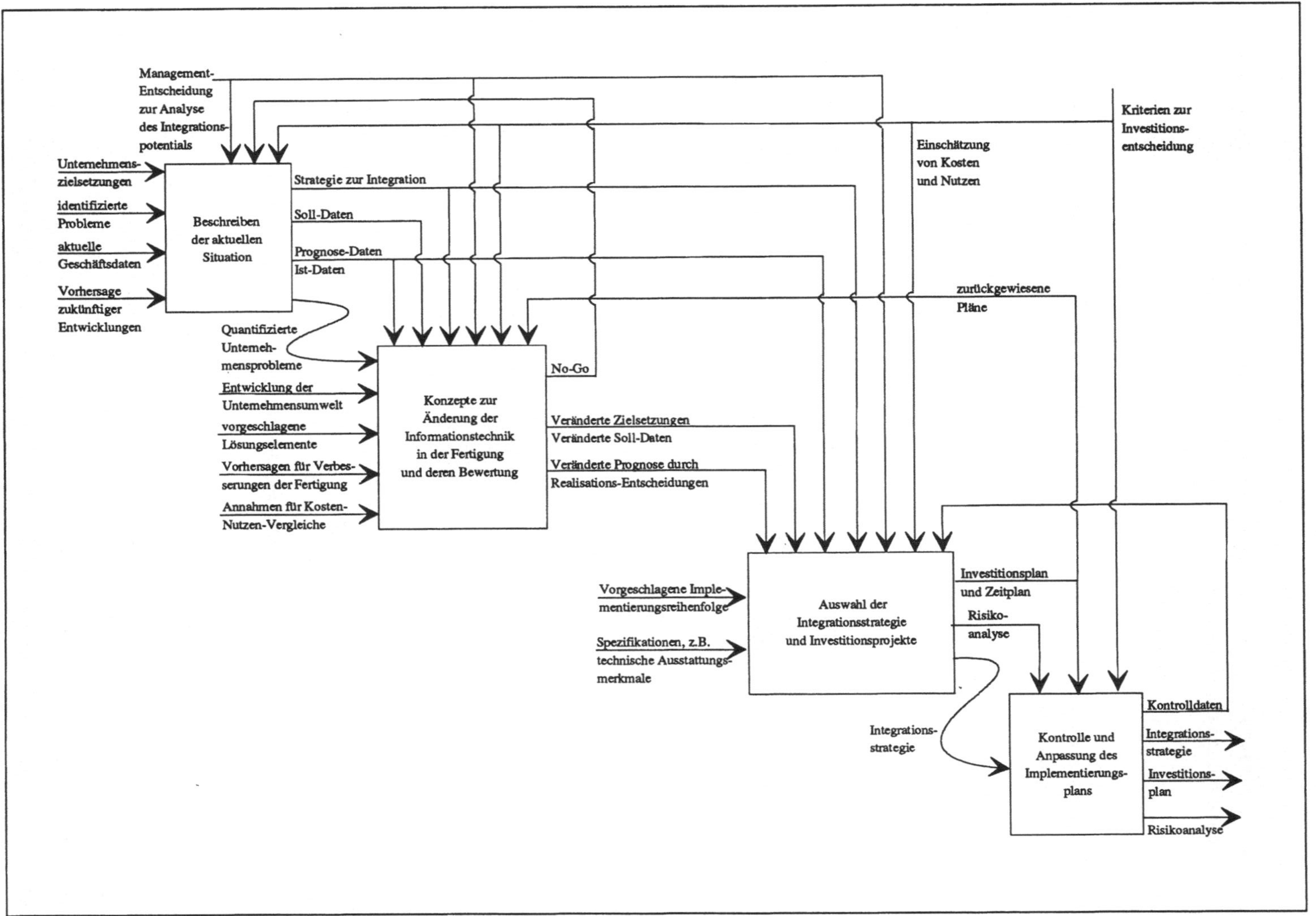


*Abb. 6.3.1.1.2/1*     AUFBAU VON C-BAT

- Eine Datenbank beschreibt Beispiele für Wirkungen von Einzelkomponenten der CAx-Technologien und enthält quantitative Erfahrungswerte für diese Effekte. Dieses Modul dient als Unterstützung für die anderen Hilfsmittel.

### 6.3.1.1.3 Beurteilung der Anwendung

Die Stärke des C-BAT-Konzeptes besteht in der Ableitung von Zielsetzungen, die mit dem integrierten Fertigungskonzept erfüllt werden sollen. Dazu wird eine enge Verbindung zur strategischen Planung hergestellt. Die Methodik stellt ebenfalls grundlegende Module bereit, mit denen eine überblicksartige Abbildung der Fertigungsumgebung erfolgen kann.

Die Tools zur Bewertung von Kosten und Nutzen der technischen Gesamt- und Teilplanung sind dagegen nur ansatzweise realisiert. So beinhaltet eine sogenannte "Cost-Benefit Database" als zentrale Datenbank zur Kosten- und Nutzeffektermittlung nur recht globale Angaben. Für eine CAD-Anwendung können beispielsweise die minimalen und maximalen Bearbeitungszeiten bei Einsatz des neuen Hilfsmittels gegenübergestellt werden (entspricht etwa dem Ansatz aus Kapitel 4.3.1.1.1). Nutzeffekte und Kosten in indirekten Bereichen werden genauso wenig berücksichtigt wie Integrationsergebnisse.

### 6.3.1.2 IV-Unterstützung für ein Simulationsverfahren zur CIM-Bewertung

### 6.3.1.2.1 Überblick

Klaue beschreibt das computergestützte Simulationsinstrument SHORTFLEX, mit dem er die Auswirkungen veränderter Produktionsflexibilitäten und Auftragsausführungszeiten, die durch den Einsatz neuer Technologien erzielt werden, analysiert (vgl. KLAUE 89). Das Modell ist nicht speziell für die Beurteilung von Informationssystemen konzipiert, sondern allgemein für neue Technologien.

Das implementierte Konzept basiert auf einem Systems Dynamics-Ansatz, mit dem die technisch-wirtschaftlichen Konsequenzen der Investition in Regelkreisen abgebildet werden. Das Modell wurde mit Hilfe der Simulationssprache DYNAMO implementiert. Der Autor hat mit Hilfe eines selbstkonstruierten Modellbetriebs versucht, realitätsnahe Simulationen durchzuführen und die Ergebnisse dieser Untersuchungen zu interpretieren.

## 6.3.1.2.2 Aufbau der Anwendung

Die Analyse ist in drei Ebenen eingeteilt:

1. Den Bereich der kurzfristigen Planung und Kontrolle, für den Rentabilitäts- und Liquiditätsuntersuchungen im Vordergrund stehen.

2. Das Unternehmenspotential, welches in die Komponenten
   - technisches Know-how,
   - Arbeitskräftepotential,
   - Finanzkraft,
   - Unternehmensorganisation und
   - Produktsortiment

   unterteilt wird.

3. Die langfristige Planung, bei der die Marktposition sowie Wettbewerbsfähigkeit des Unternehmens den Mittelpunkt bilden.

Mit dem Simulationsmodell wird versucht, folgende Aufgaben abzudecken:

- Interne und externe Konsequenzen, die durch neue, flexible Prozeßtechnologien entstehen, sollen dargestellt werden.
- Unterschiedliche Einführungsstrategien und Reihenfolgen für neue Technologien werden unter dem Wirtschaftlichkeitsaspekt simuliert.
- Ökonomische Konsequenzen anderer Technologien sollen ebenfalls aufgezeigt werden.

Das Simulationsmodell ist modular aufgebaut. Abbildung 6.3.1.2.2/1 zeigt die einzelnen Komponenten und ihre Interdependenzen. Die Beziehungen werden innerhalb der Modells mit Gleichungssystemen abgebildet. Zwischen den in der Abbildung dargestellten Einzelsektoren wirken übergreifende Regelkreise. Durch die veränderten Produktionsflexibilitäten im Technologiesektor werden die Bereiche "Absatz", "Personal", "Material" und "Fertigung" modifiziert. Damit ergeben sich Auswirkungen auf die internen Beziehungen der Module. Der Finanz-Sektor wiederum untersucht die Kosten-Nutzenänderungen und entscheidet, ob weitere Investitionen aus finanzieller Sicht möglich sowie sinnvoll sind.

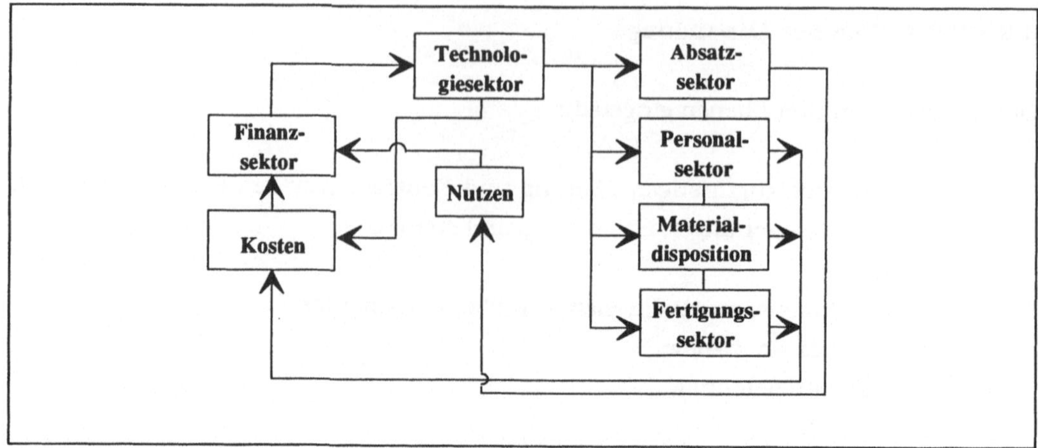

*Abb. 6.3.1.2.2/1*     AUFBAU DES SIMULATIONSMODELLS

Die aufgrund der Investitionen entstehenden Änderungen werden in Kausalketten mit positiven und negativen Einflußfaktoren abgebildet. Dieses Vorgehen ähnelt stark einer Wirkungskettenanalyse. Abbildung 6.3.1.2.2/2 gibt ein Beispiel für die abgebildeten Zusammenhänge des Absatzbereichs, dem in diesem Modell besonderes Gewicht beigemessen wird. Plus-Pfeile (+) repräsentieren positive Einflüsse, während Minus-Pfeile (-) negative Auswirkungen beschreiben.

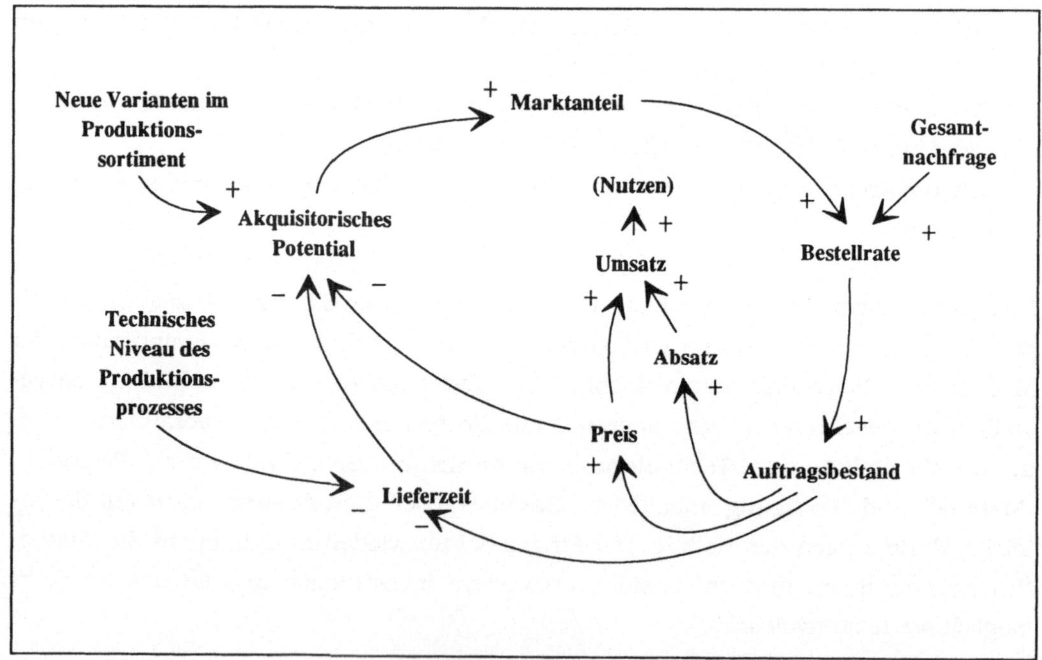


*Abb. 6.3.1.2.2/2*     MARKT- UND ABSATZWIRKUNGEN DER FERTIGUNGS-
TECHNOLOGIE

Für die im Modell betrachteten Perioden werden Prognosen über die zukünftige Nachfrageentwicklung, die maßgeblichen Einfluß auf die Auslastung der Betriebsmittel hat, vorgenommen. Durch das Simulationsmodell lassen sich unterschiedliche Nachfrageverläufe und ihre ökonomischen Konsequenzen ableiten. Dazu werden auch Auswirkungen neuer Produktvarianten, die durch flexiblere Fertigungstechniken ermöglicht werden, auf das Marktpotential und die Marktanteile in die Analyse einbezogen.

Eine gegenüber der Branche verkürzte Lieferzeit verbessert das Marktpotential und akquisitorische Potential des Unternehmens. Kostenveränderungen beeinflussen Preisuntergrenzen. Der Auftragsbestand in Relation zur verfügbaren Kapazität wirkt ebenfalls auf den Angebotspreis, der wiederum den Umsatz und das akquisitorische Potential verändert.


### 6.3.1.2.3 Beurteilung der Anwendung

Das Simulationssystem beschränkt sich auf die Untersuchung der Produktionsflexibilität und Ausführungszeit. Kosten- und Produktivitätswirkungen werden z. B. nicht abgebildet. Auf der technischen Seite ist der Ansatz recht allgemein gehalten, so daß keine direkte Verbindung zwischen der betrachteten Technologie und den daraus entstehenden Konsequenzen vorgegeben wird. Diese ist im Einzelfall personell zu spezifizieren. Damit wird das Konzept direkter und indirekter Konsequenzen des IV-Einsatzes verwischt.

Das System ist aufgrund der vielen Teilkomponenten für die globale Abbildung der Unternehmenseffekte umfassend. Dieses wird aber mit großer Komplexität erkauft. Außerdem handelt es sich um eine starre Implementierung für den vorgegebenen Modellbetrieb. Hier wäre es für ein allgemein anwendbares Hilfsmittel wichtig, daß man Einzelmodule flexibel auswählen und anpassen kann. Ebenfalls muß der Anwender in der Lage sein, Parametereinstellungen einfach zu verändern. Dem steht allerdings die verwendete Implementierungssprache DYNAMO entgegen. Zusätzlich müßte für ein effizientes Unterstützungstool eine Dialogkomponente bereitstehen, mit der ein Benutzer die Modulauswahl und -anpassung vornehmen kann.

## 6.3.1.3 Weitere Ansätze zur IV-Unterstützung einer CIM-Bewertung

Von Primrose u. a. werden IV-Programme zur Wirtschaftlichkeitsberechnung der Fertigungsautomatisierung vorgestellt (vgl. PRIMROSE 86). Der eigentliche Bewertungsvorgang umfaßt folgende Komponenten:

1. Die Kosten zur Installation und zum Betrieb der Technologie werden erfaßt.
2. Es wird differenziert, mit welcher zeitlichen Verzögerung nach der Einführung Nutzeffekte eintreten und wie sich die Nutzeffekte im Zeitablauf verhalten.
3. Neben Kosteneinsparungen versucht man auch Umsatzwirkungen zu erfassen. Indirekte Ergebnisse sollen über Checklisten ebenfalls abgeschätzt werden.

Bei den schwer quantifizierbaren Nutzeffekten werden unterschiedliche Sicherheitsklassen gebildet. Sie sind abhängig von der Eintrittswahrscheinlichkeit der Ergebnisse. Für diese Klassen werden dann verschiedene Zinssätze für die Kapitalwertberechnung eingesetzt, wobei die Zinssätze bei erhöhtem Risiko steigen (vgl. PRIMROSE 85B).

Mit einer Simulation, z. B. unter dem Aspekt der Werkstück- oder Umrüstflexibilität, kann unter Wirtschaftlichkeitsgesichtspunkten die günstigste Alternative abgeschätzt werden. Es wird auch die Variante berücksichtigt, daß man die gegebenen Fertigungsstrukturen nicht ändert (vgl. PRIMROSE 85A).

Weitere wichtige Komponenten sind der erwartete Nutzungsgrad und der benötigte Output der Anlagen, die ebenfalls Einfluß auf die Technologiewahl haben. (siehe auch Kapitel 4.3.1.1.2) (vgl. PRIMROSE 84, hier S. 63 ff.).

Eisele stellt ein Verfahren zur Wirtschaftlichkeitsbeurteilung IV-gestützter Fertigungstechnologien vor, das auf einem detaillierten Kostenmodell beruht (vgl. EISELE 90, insbes. S. 148 ff.). Um die notwendigen Kosteninformationen zu erhalten, verwendet er eine zweckneutrale Grundrechnung, wie sie aus dem entscheidungsorientierten Rechnungswesen bekannt ist. Mit Hilfe dieses Informationspools sollen Wirtschaftlichkeitsuntersuchungen in Form von Sonderrechnungen durchgeführt werden. Dabei wird eine verursachungsgerechte Kostenzuordung mit differenzierten Bezugsobjekt-Hierarchien angestrebt. Über Wirkungsketten werden auch indirekte Effekte erfaßt, die neue Anwendungen auf einzelne Bezugsobjekte haben. Das in einer Datenbank abgebildete Modell erlaubt darüber hinaus Simulationsrechnungen, um die Auswirkungen alternativer Basisannahmen (insbesondere zum Produktabsatz) abschätzen zu können. Schwierig erscheint dieses Vorgehen dann, wenn die Investitionen in DV-gestützte Technologien zu Strukturveränderungen führen, so daß z. B. Kostenarten ganz wegfallen oder neu hinzukommen. Ebenso ist es vorstellbar, daß die zur Wirtschaftlichkeitsbeurteilung verwendeten Bezugsobjekt-Hierarchien neu gestaltet werden müssen, wenn das neue System Aufgabeninhalte bereichsübergreifend verlagert.

Einen weiteren Ansatz zur rechnergestützten Bewertung des IV-Einsatzes im Fertigungsbereich beschreiben Suresh, Rao und Kaparthi (vgl. SURESH 89). Im Gegensatz zum C-BAT-Projekt legen die Autoren einen Schwerpunkt bei CAM-Komponenten, speziell Flexiblen Fertigungssystemen, NC-, CNC-Maschinen sowie unverketteten/verketteten NC-Systemen und der Gruppentechnologie. Sie wollen mit ihrem Konzept eine durchgängige Systemunterstützung bieten, von der Definition strategischer Ziele, die mit den Fertigungssystemen beeinflußt werden können, bis zur eigentlichen Ausgestaltung der Fertigungsanlagen, wobei technische Fragestellungen, wie die Systemanordnung oder Leistungsfähigkeit, im Vordergrund stehen.

Dazu wird ein wissensbasiertes System vorgestellt, das man mit den objektorientierten Programmiersprachen SMALLTALK und PROLOG realisiert hat. Aus den vorliegenden Publikationen läßt sich jedoch nicht ersehen, ob das beschriebene Konzept vollständig implementiert wurde und welches der derzeitige Einsatzstatus der Anwendung ist.

Die Gesamtstruktur der Anwendung läßt sich in vier Komponenten einteilen:

- Wie bei C-BAT wird ein auf der IDEF-Methode beruhendes Verfahren angewendet, um die mit dem neuen System verbundenen Fertigunsprozesse beschreiben zu können.
- Mit Hilfe von Systemspezifikationen werden Rahmenparameter zur Anwendungsgestaltung und zum Betrieb des Systems abgebildet.
- Hilfsmittel stehen zur Verfügung, die sowohl Simulationen des Produktionsprozesses bei unterschiedlichen Bedingungen als auch der damit verbundenen Kostenstrukturen erlauben. Die Auswirkungen auf den Kostenanfall durch Personal- oder Lagerbestandsänderungen können ebenfalls untersucht und ausgewiesen werden.
- Zum Ergänzen der wirtschaftlichen Beurteilung finden Simulationsrechnungen statt. Die Ergebnisse werden graphisch veranschaulicht. Tools, mit denen man einen Kriterienkatalog und die notwendigen Gewichtungstabellen für eine Nutzwertanalyse entwickeln kann, sind ebenfalls in dem Konzept enthalten.

Als Ausgangspunkt analysiert das System die strategischen Zielsetzungen in bezug auf die Fertigung, die z. B. in einer Erhöhung der Fertigungskapazität, der Möglichkeit, kleinere Lose zu produzieren, in Qualitätsverbesserungen oder in einer schnelleren Anpaßbarkeit an neue Produktvarianten liegen können. Mit diesen Informationen lassen sich nun Vorschläge für die Gestaltung der Fertigungsinvestitionen ableiten.

Abbildung 6.3.1.3/1 beschreibt dazu die allgemeine Systemstruktur (vgl. QUINT 89, hier S. 54). Die rechnergestützten Hilfsmittel lassen sich wie folgt gliedern:

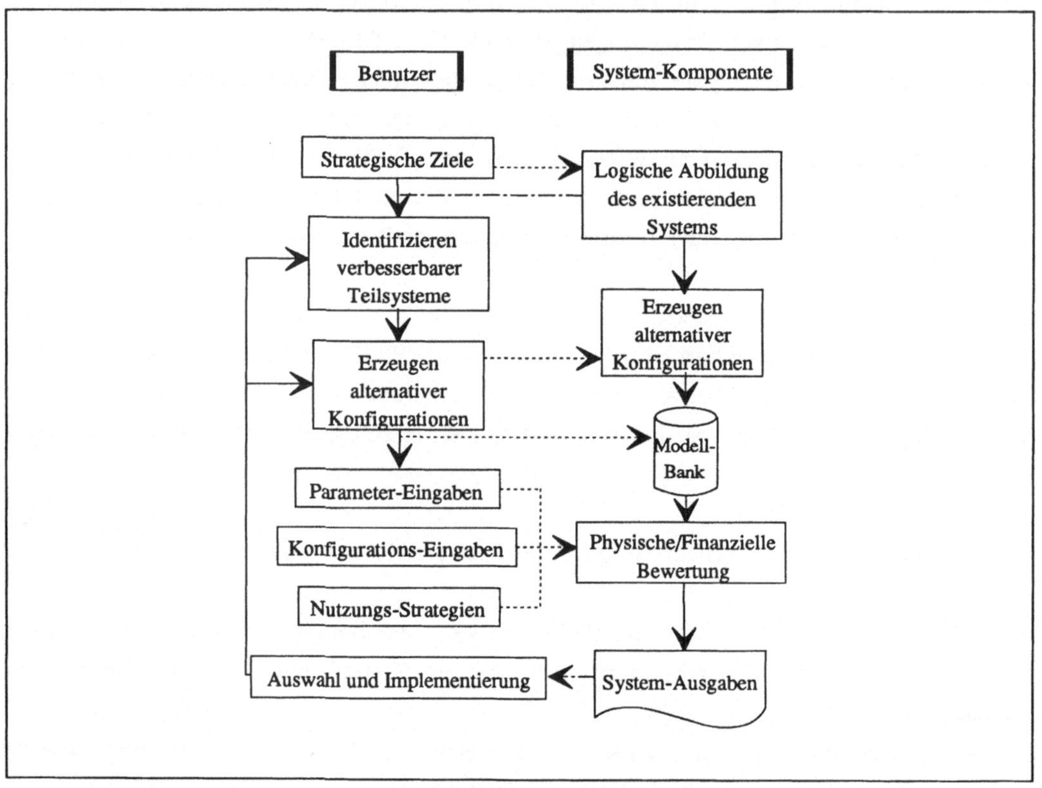


*Abb. 6.3.1.3/1*   SYSTEMSTRUKTUR DES BEWERTUNGSMODULS

- Prognosemodule zur Vorhersage der Produktnachfrage,
- Warteschlangenmodelle zur Dimensionierung der Fertigungssysteme,
- IDEF-Strukturen zur Bestimmung technischer Maßgrößen und für die Kosten-Nutzen-Ermittlung auf Basis der Fertigungsprozesse,
- Nutzwertanalysen, z. B. mit einfach gewichteten Scoring-Modellen oder über den Analytic Hierarchy Process, um den Einfluß einzelner Faktoren zu bestimmen,
- Simulationsmodelle und statistische Module, um Alternativen aufzuzeigen, sowie
- Hilfsmittel, mit denen die Ergebnisse graphisch aufbereitet werden können.

Ein IV-gestütztes System, das speziell auf die Beurteilung der strategischen Einflußfaktoren durch den Einsatz neuer Fertigungstechnologie abzielt, wird von Dilts und Turowski vorgestellt (vgl. DILTS 89). Auch dieses ist ein wissensbasiertes System, das mit der Expertensystem-Shell VP-Expert entwickelt wurde. Die Anwendung wurde bislang an einfachen, aus Lehrbüchern bekannten Fallstudien getestet.

Den Ausgangspunkt dieses Ansatzes bilden Porters Unternehmenszielsetzungen mit der Unterscheidung zwischen einer Produktdifferenzierung und Kostenführerschaft sowie die Beurteilung der Wettbewerbskräfte.

Daneben wird versucht, die Vor- und Nachteile eines First-Mover-Verhaltens sowie einer Follower-Strategie zu ermitteln. Dazu bestimmt man Anhaltspunkte für die Bewertung. Ebenso wird angestrebt, die Dauerhaftigkeit des möglichen Wettbewerbsvorsprungs abzuschätzen. Ziel ist es, eine erfolgversprechende Strategie zu erarbeiten und einen Rahmen für deren Beurteilung vorzugeben. Abbildung 6.3.1.3/2 zeigt die Struktur der berücksichtigten Elemente. Die eigentliche monetäre Bewertung der wirtschaftlichen Ergebnisse muß man dann in einem zweiten Schritt, nachdem die Rahmenbedingungen bestimmt wurden, durchführen.

Dieses Modell trägt wenig zur eigentlichen Wirtschaftlichkeitsanalyse bei, bildet aber durch den Schwerpunkt des verfügbaren Instrumentariums gut die Wettbewerbswirkungen, speziell in bezug auf die zeitliche Komponente, ab.


### 6.3.2 IV-Unterstützung bei der Beurteilung von Systemen im Bürobereich

Für das Gebiet der Bürokommunikation sind mittlerweile eine ganze Reihe von rechnergestützten Verfahren vorhanden. Eine Unterscheidung kann man z. B. nach dem Schwerpunkt der Analysetechnik in

- organisationsanalytische Verfahren,
- informationsbedarfsorientierte Verfahren,
- kommunikationsstrukturorientierte Verfahren,
- wertanalytische Verfahren,
- psychologisch-arbeitswissenschaftliche Verfahren,
- kostenorientierte Verfahren sowie
- Simulationsverfahren für die Bürogestaltung

vornehmen (vgl. KREDEL 88, insbes. S. 133 ff.).

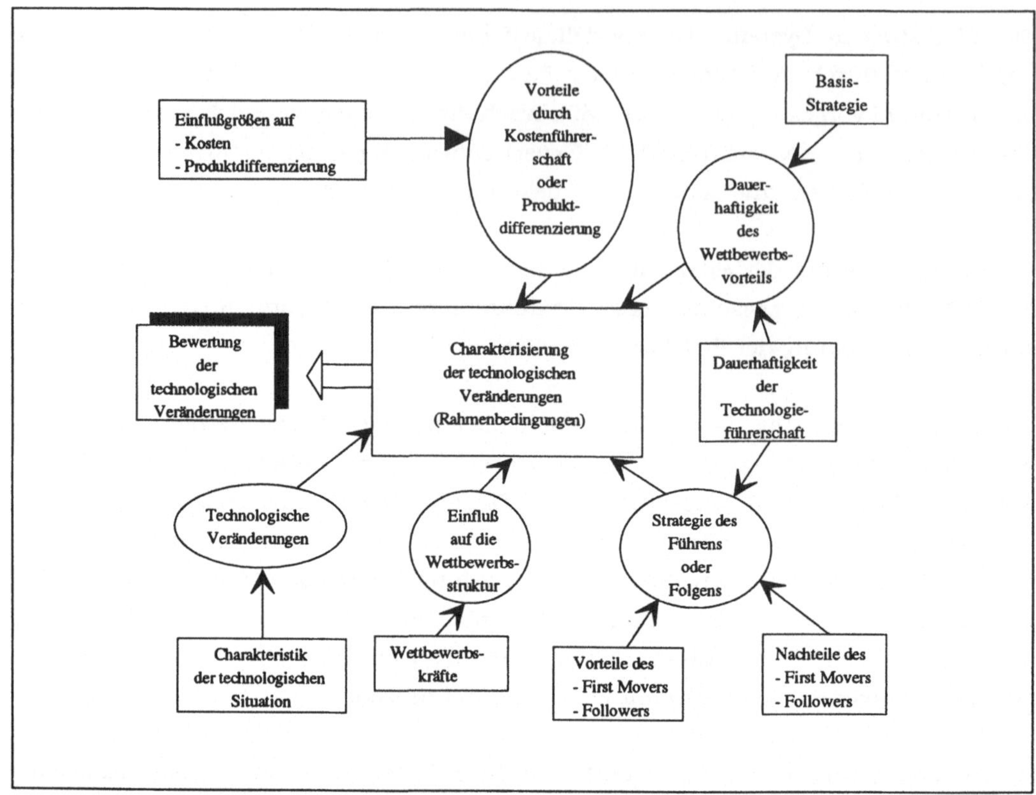



Abb. 6.3.1.3/2      VERÄNDERUNG DER WETTBEWERBSPOSITION DURCH IV-EINSATZ

Einen großen Anteil haben die Hilfsmittel zur Unterstützung der Kommunikationsanalyse. Von Steinle und Thewes wurden 18 ausgewählte IV-unterstützte Verfahren dieses Bereiches miteinander verglichen (vgl. STEINLE 89).

Eine vollständige Erfassung der durch das Bürosystem verursachten Kosten ist bei nur zwei Systemen vorhanden, in sieben weiteren werden die Kosten für die Bürosysteme teilweise erfaßt. Eine Bewertung und Auswahl der Lösungsalternativen mit einer Wirtschaftlichkeitsanalyse erlauben neun Verfahren. Sechs Ansätze gehen dabei über eine einfache Analyse, rein auf Kostenbasis, hinaus. Bei drei Methoden werden Kosten-Wirksamkeitsanalysen eingesetzt.

Kritisch ist bei vielen Vorgehensweisen anzumerken, daß sie nur mit aufwendigen Totalerhebungen funktionieren. Eine Top-down-Untersuchung oder eine Partialanalyse, mit der Ergebnisse auf andere Bereiche übertragen werden, finden sich kaum. Außerdem ergab die Untersuchung, daß die Möglichkeiten eines "Simulationstools" unter dem Aspekt der Wirtschaftlichkeit von den angeboten Verfahren bislang nur ansatzweise genutzt werden.


## 6.3.2.1 IV-Unterstützung bei der Bewertung von Büroprozessen

### 6.3.2.1.1 Überblick

Die Siemens AG setzt zur Unterstützung von Beratungsaufgaben bei der Planung und Realisierung von Bürokommunikationssystemen ein Konzept namens OECOS ein. Darin ist eine Komponente "MOSAIK" enthalten, mit der Büroprozesse in strukturierter Form analysiert werden. Das Verfahren beruht auf einer sehr detaillierten Abbildung von Büroabläufen und zugehörigen Tätigkeitsschritten. Die Vorgehensweise wird mit einer PC-gestützten Anwendung MIKADO (Maschinell unterstützte Kapazitäts- und Wirtschaftlichkeitsbetrachtung eines Dokumentendurchlaufs) abgewickelt (vgl. BERGMANN 87 und SIEMENS). Das System zeichnet sich durch eine sehr komfortable Benutzerführung mit Fenstertechnik aus.


### 6.3.2.1.2 Aufbau der Anwendung

Zur Wirtschaftlichkeitsbewertung werden Vorgänge sowohl für den vorhanden Ist-Zustand einer Büro-Umgebung als auch für die angestrebte Soll-Situation abgebildet. Dazu werden Informationen über das zu analysierende Aufgabengebiet erhoben. Man erfaßt einzelne Bearbeitungs- und Kommunikationsschritte, DV-Zugriffe sowie die Nutzung ständiger Arbeitsunterlagen und Dienstleistungsfunktionen. Unter anderem wird zur Datenerhebung eine Fragebogenaktion bei den Mitarbeitern des betroffenen Bereichs eingesetzt. Basisergebnisse der Prozeßanalyse sind Kapazitäts- und Auslastungsgrade für einzelne Tätigkeitsschritte sowie Durchlaufzeiten der Vorgänge.

Für die einzelnen Teilschritte eines Prozesses lassen sich in der IV-Anwendung Kostensätze speichern. Aufgrund des im System hinterlegten Mengen- und Tätigkeitsgerüstes kann nun eine Bewertung der Arbeitsabläufe erfolgen. Prozesse mit unterschiedlicher IV-Unterstützung können auf dieser Basis verglichen werden.

Nur in sehr begrenztem Maße berücksichtigt die Anwendung andere Vorteile, wie etwa eine geringere Kapitalbindung. Dafür verwendet man pauschale Beträge. Als Ausgaben werden die Investitionen in die Bürokommunikation erfaßt. Das Tool unterstützt neben Durchlaufzeit- und Kapazitätsberechnungen Break-even-Analysen und Rendite-Berechnungen, die auch graphisch aufbereitet werden können.


### 6.3.2.1.3 Beurteilung der Anwendung

Zu der in MOSAIK verwendeten Vorgehensweise sind eine Reihe von Kritikpunkten anzuführen:

1. Das System setzt nur an der Vorgangsebene an. Eine reine Arbeitsplatzanalyse oder eine unternehmensbezogene Gesamtbetrachtung ist nicht möglich.
2. Die Anwendung dient zur Abbildung und Bewertung der Prozeßstrukturen, Simulationen für unterschiedlichen Lösungen werden kaum unterstützt.
3. Die Nutzeffektermittlung beruht ausschließlich auf den Kostenvorteilen durch die verbesserte Vorgangsabwicklung. Indirekte Ergebnisse in anderen Bereichen oder Ertragswirkungen lassen sich nur pauschal berücksichtigen.
4. Eventuell können durch neue IV-Lösungen Tätigkeitsverlagerungen von "teureren" zu "billigeren" Mitarbeitern oder auch umgekehrte Verschiebungen auftreten. In solchen Fällen muß die Vorgehensweise korrigiert werden.
5. Ein veränderter Informationsstand der IV-Anwender fließt nicht in das ausgewiesene Ergebnis ein.

Damit wird deutlich, daß sich bei MIKADO die Rechnerunterstützung zur Bewertung neuer Bürokommunikationslösungen im wesentlichen auf einen Teilbereich der Prozeßanalyse beschränkt.


### 6.3.2.2 IV-Unterstützung bei einer nutzwertorientierten Bewertung von Bürosystemen

### 6.3.2.2.1 Überblick

Kredel beschreibt eine Vorgehensweise der Büroautomationsbewertung, die sich an eine Nutzwertanalyse anlehnt (vgl. KREDEL 88, insbes. S. 301 ff.). Dabei werden neben mitarbeiterbezogenen Nutzwerten, die eine Veränderung der subjektiven Arbeitssituation abbilden sollen, auch Scoring-Verfahren eingesetzt, um veränderte Bearbeitungs- und Durchlaufzeiten zu bewerten. Die für einzelne Arbeitsgänge anfallenden Kosten werden ebenfalls berücksichtigt.

Das System ist in PASCAL auf einem IBM-Mainframe implementiert. Bei der Analyse wird umfangreiches Datenmaterial für die Beschreibung


- der Mitarbeiterstellen,
- der Organisation der Unternehmenshierarchie und -instanzen,
- der Büroprozesse sowie
- der Bewertungskriterien


erfaßt.


## 6.3.2.2.2 Aufbau der Anwendung

Bei der Vorgehensweise werden vier Phasen durchlaufen:

- der Aufbau von Zielbäumen,
- die Gewichtung der Zielbäume,
- die Bewertung der Zielbäume anhand eines Kriterienkatalogs sowie
- die Ermittlung der Nutzwerte.


Die Nutzwertanalyse kann mitarbeiterbezogen (unter Berücksichtigung der Aufbaustruktur des Unternehmens) oder aufgabenbezogen (durch Bewertung der einzelnen Unternehmensprozesse) erfolgen.

Dazu werden die Unternehmensorganisation mit den Mitarbeiterstellen in einem Instanzenbaum, die Prozesse und Aufgaben in einem "Prozeßbaum" (vgl. Abb. 6.3.2.2.2/1) sowie Kriteriensysteme in einzelnen Kriterienbäumen abgebildet. Die Gewichtung der einzuschätzenden Einzelkriterien wird in Abhängigkeit von den jeweiligen Zielsetzungen, an denen man die Bürosystem-Lösung messen will, vorgenommen.

Eine Mitarbeiter-Instanzengewichtung ist nach Organisations- und Bearbeitungsebenen möglich. Damit können auch individuelle Vor- und Nachteile gewichtet werden.

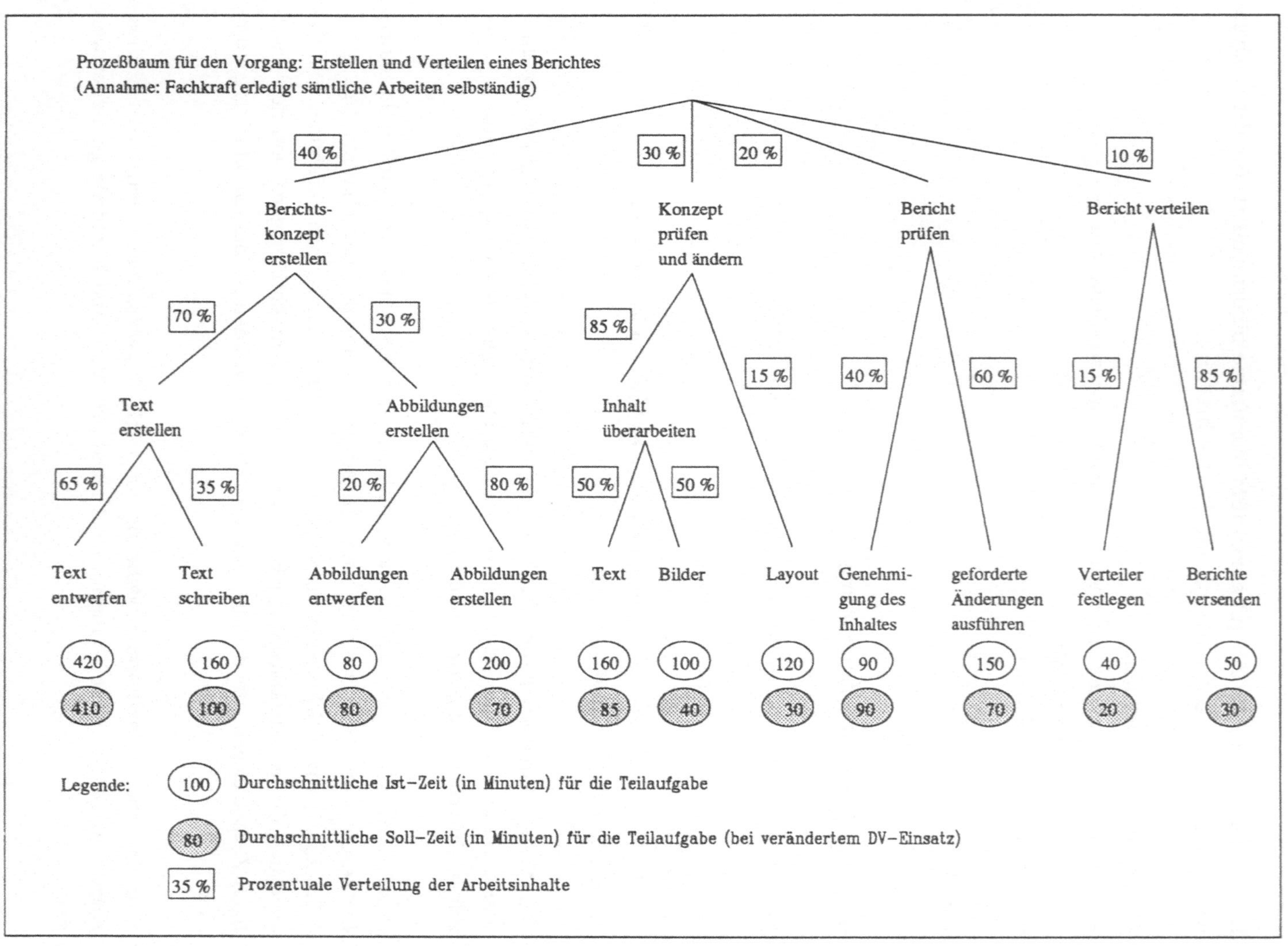


Abb. 6.3.2.2.2/1     PROZESSBAUM ZUR ERSTELLUNG EINES ARBEITSBERICHTES

Bei der Prozeßanalyse wird ein Top-down-Ansatz verfolgt. Die für die Nutzwertanalyse erforderlichen Endgewichte errechnen sich aus der Multiplikation aller übergeordneten Knotengewichte der zugehörigen Prozeßkette.

Zur Bestimmung der mitarbeiterbezogenen Nutzwerte wird eine ordinale Skalierung für

- den Ertrag oder die Ausprägung des jetzigen Zustands,
- die Bedeutung/Gewichtung der Eigenschaft für den Mitarbeiter sowie
- den Nutzen, den der Mitarbeiter aus der Veränderung ziehen würde,

gewählt.

Der Nutzwert für jeden Mitarbeiter i errechnet sich aus dem Normierten Nutzwert $NNW_i$ pro Mitarbeiter multipliziert mit dem zugehörigen Endgewicht $g_i$:

$$NW_i = NNW_i \cdot g_i$$

Der Normierte Nutzwert errechnet sich aus:

$$NNW_i = \sum_{k=1}^{n} (E_{ik} \cdot G_{ik} \cdot N_{ik} \cdot GK_k) / \max (E \cdot G \cdot N)$$

$E$ = Ertrag

$G$ = Gewichtung

$GK$ = zusätzliche Kriteriengewichtung

$N$ = Nutzen

$g$ = Endgewicht

$i$ = Index des aktuellen Mitarbeiters

$k$ = Kriterienindex

$n$ = Anzahl der Kriterien

Beispiel:

| Ertrag | von -1 bis +5 |
| Gewichtung | von -1 bis +5 |
| Nutzen | von -2 bis +2 |

$\Rightarrow \max (E \cdot G \cdot N) = 5 \cdot 5 \cdot 2 = 50$ (für den Bewertungsprozeß)

Der Nutzwert des Instanzknotens $NW_j$, dem die einzelnen Mitarbeiter zugeordnet sind, bestimmt sich aus:

$$NW_j = \sum_{i=1}^{n} NW_i \cdot MG_i$$

MG = Mitarbeiter-Instanzengewicht

i  = Index des aktuellen Mitarbeiters

j  = Index der aktuellen Instanz

Der subjektive Nutzwert für die Gesamtorganisation $NW_{subj}$ wird durch die Summe aller Instanz-Nutzwerte ermittelt:

$$NW_{subj} = \sum_{j=1}^{n} NW_j \cdot IG_j$$

IG  = Instanzengewicht

j  = Index der aktuellen Instanz

Abbildung 6.3.2.2.2/2 zeigt ein einfaches Beispiel für eine Gewichtung der Instanzen- und Hierarchie-Ebenen. Dabei wird zuerst Top-down die Instanzen-Ebene gewichtet (0,6 : 0,4). Nachdem die Bereichsgewichtungen bestimmt wurden, können die Mitarbeiter-Gewichte abgeleitet werden.

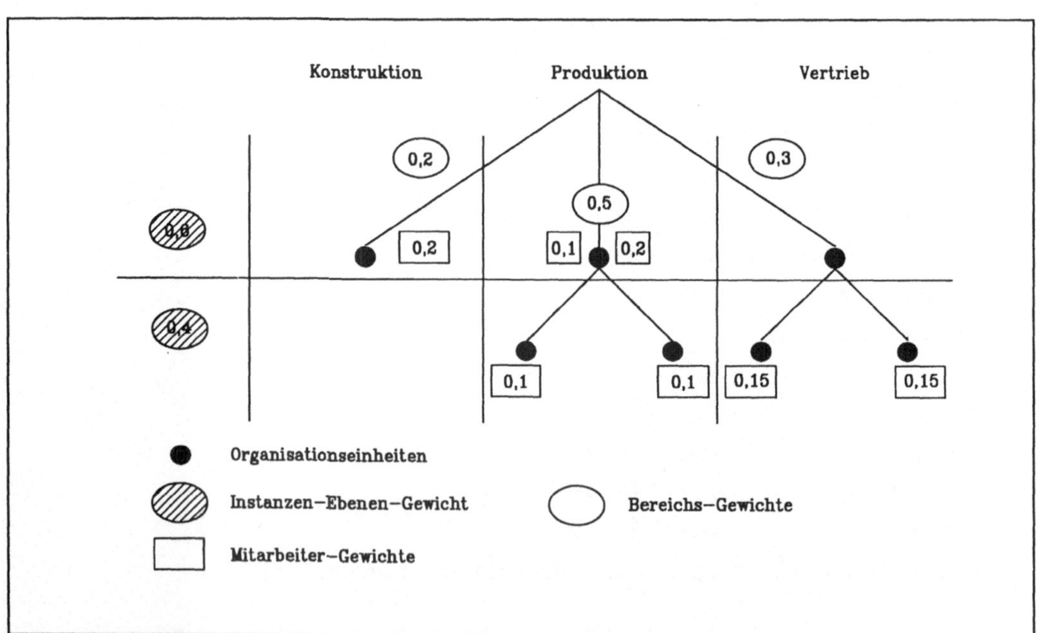


*Abb. 6.3.2.2.2/2*     GEWICHTUNG DER HIERARCHIE-EBENEN

Abbildung 6.3.2.2.2/3 stellt eine Zusammenfassung von Ergebnissen einer Befragung zu einem mitarbeiterbezogenen subjektiven Nutzwert dar. Für die sieben Mitarbeiterstellen (M1 bis M7) wurden jeweils drei Einzelkriterien verwendet. Das Ergebnis zeigt, daß eine Verbesserung der subjektiven Arbeitssituation in Höhe von 25 Prozent erwartet wird.

| MA | $g_i$ | $E_i$ | $G_i$ | $N_i$ | GK | $NNW_i$ | $NW_{ik}$ | $NW_i$ |
|---|---|---|---|---|---|---|---|---|
| M1 | 0,20 | 5 | 5 | 2 | 0,4 | 0,400 | 0,0800 | |
| | | 4 | 3 | 1 | 0,3 | 0,072 | 0,0144 | |
| | | 2 | 4 | 1 | 0,3 | 0,048 | 0,0096 | 0,2496 |
| M2 | 0,20 | 2 | 1 | -1 | 0,4 | -0,016 | -0,0032 | |
| | | 4 | 3 | 1 | 0,3 | 0,072 | 0,0144 | |
| | | 2 | 4 | 0 | 0,3 | 0,000 | 0,0000 | 0,0112 |
| M3 | 0,10 | 4 | 3 | 2 | 0,4 | 0,192 | 0,0192 | |
| | | 2 | 4 | 0 | 0,3 | 0,000 | 0,0000 | |
| | | 5 | 1 | -1 | 0,3 | -0,030 | -0,0030 | 0,0162 |
| M4 | 0,10 | 5 | 5 | 2 | 0,4 | 0,400 | 0,0400 | |
| | | 5 | 1 | -1 | 0,3 | -0,030 | -0,0030 | |
| | | 5 | 4 | 1 | 0,3 | 0,120 | 0,0120 | 0,0490 |
| M5 | 0,10 | 2 | 4 | 2 | 0,4 | 0,128 | 0,0128 | |
| | | 5 | 1 | -1 | 0,3 | -0,030 | -0,0030 | |
| | | 5 | 4 | 0 | 0,3 | 0,000 | 0,0000 | 0,0098 |
| M6 | 0,15 | 3 | 3 | 2 | 0,4 | 0,144 | 0,0216 | |
| | | 4 | 2 | -1 | 0,3 | -0,048 | -0,0072 | |
| | | 4 | 4 | 2 | 0,3 | 0,192 | 0,0288 | 0,0432 |
| M7 | 0,15 | 2 | 3 | -1 | 0,4 | -0,048 | -0,0072 | |
| | | 4 | 1 | 5 | 0,3 | 0,120 | 0,0180 | |
| | | 3 | 2 | 1 | 0,3 | 0,036 | 0,0054 | 0,0162 |

Gesamtnutzwert: 0,2496

$$\text{mit:} \quad NNW_i = \sum_{k=1}^{n} ( E_{ik} * G_{ik} * N_{ik} * GK_k ) \, / \, \max ( E * G * M )$$

$$\max ( E * G * M ) = 50 \qquad NW_i = \sum_{k=1}^{3} NW_{ik}$$

$$NW_{ik} = NNW_i * g_i \qquad \text{Gesamtnutzwert} = \sum NW_i$$

*Abb. 6.3.2.2.2/3*  BESTIMMUNG DES SUBJEKTIVEN NUTZWERTES

Bei den prozeßorientierten Analysen erfolgt eine Bewertung auf Basis von Zeiten oder Kosten. Jede Tätigkeit wird dazu in fünf Elementaraktivitäten aufgespalten. Die Anwendung unterscheidet:

- Empfangen von Dokumenten, Mitteilungen, Informationen,

- Ablegen,
- Verwalten,
- Wiederfinden (Retrieval) und
- Versenden.

Außerdem erfolgt eine Auswertung bezüglich der Informationsarten "Sprache", "Daten", "Text", "Bild/Graphik" und "Multikommunikation". Die Bewertung ist dann ähnlich hierarchisch aufgebaut wie bei der mitarbeiterbezogenen Untersuchung.


### 6.3.2.2.3 Beurteilung der Anwendung

Hier stehen die typischen Probleme, die mit nutzwertorientierten Verfahren verbunden sind, im Vordergrund:

1. Die subjektiven Nutzwerte der Mitarbeiteruntersuchung spiegeln eine Einschätzung wider, die nicht direkt in Produktivitätssteigerungen überführt werden kann. Es wird nur die Arbeitssituation beschrieben, eine monetäre Bewertung auf der Arbeitsplatzebene findet nicht statt.

2. Arbeitsverlagerungen sind in die Nutzwertanalysestruktur nur schwer zu integrieren. Tätigkeitsveränderungen bei der inhaltlichen Ausgestaltung der Arbeit werden damit nicht direkt berücksichtigt, wie das z. B. bei einem Ansatz mit Knappheitspreisen der Fall ist.

3. Unternehmensweite Ergebnisse oder indirekte Effekte fließen nur so weit in die Analyse ein, wie sie beim Aufbau der Kriterienhierarchien bereits berücksichtigt wurden.

4. Werden sämtliche Stufen der Untersuchung durchlaufen, so ist das Verfahren sehr aufwendig.


### 6.3.2.3 Weitere Ansätze zur IV-Unterstützung bei der Beurteilung von Bürokommunikationslösungen

Bei der IBM stellte man bereits zu Beginn der achtziger Jahre mit dem Function Analyzer for Office Automation (FAN) eine IV-Anwendung vor, mit der sich speziell die Kostenveränderungen für Verwaltungstätigkeiten durch den Bürosystemeinsatz abschätzen lassen. Mit dem Funktionsumfang des Tools können allerdings nur Basisüberlegungen angestellt werden (vgl. POTAK 82).

Das Verfahren BINOM der DETELCOM, Frankfurt, erlaubt einen "vorher-nachher"-Wirksamkeitsvergleich des IV-Einsatzes. Dabei ist mit Hilfe einer Datenbank ein Branchenvergleich für das Kommunikationsaufkommen und -verhalten des analysierten Unternehmens möglich. Ein Branchenvergleich für Effizienz- und Effektivitätsgrößen läßt sich ebenfalls durchführen.

Regier beschreibt ein expertensystem-basiertes Modul als Teil des Büroanalyseverfahrens COMplan (vgl. REGIER 88, hier S. 24 f.). In der Komponente werden zunächst die betrieblichen Rahmenbedingungen erfragt, um eine Klassifikation der zu untersuchenden Institutionen und des gewählten Untersuchungsbereichs vornehmen zu können. Im Dialog werden checklistenartig Schwachstellen ermittelt und Untersuchungsziele abgefragt. Auf Basis des so bestimmten Profils schlägt das System geeignete Analysemethoden vor. Die Anwendung ist nicht speziell für die Selektion von Wirtschaftlichkeitsmethoden gedacht, jedoch scheint eine ähnliche Vorgehensweise auch für dieses Gebiet erfolgversprechend.

## 6.4 Ansatz einer umfassenden rechnerunterstützten Beurteilung von IV-Investitionen

Bei einem wirkungsvollen Hilfsmittel zur Beurteilung von IV-Projekten ist es notwendig, nicht nur Programme für den eigentlichen Bewertungsvorgang bereitzustellen. Die Anwendung sollte vielmehr als Hilfsmittel für den gesamten Planungs- und Auswahlprozeß herangezogen werden können. Abbildung 6.4/1 gibt dazu einen Überblick.

Ausgangspunkt bildet das Festlegen einer IV-Strategie. Analysewerkzeuge in Form unterschiedlicher Fragenkataloge und Erfolgsfaktoruntersuchungen können dazu als Entscheidungshilfsmittel beitragen.

Neben rein operativen Anwendungen und Systemrealisierungen, die dazu dienen, die technische Leistungsfähigkeit im Vergleich zum Wettbewerb zu halten, sollten auch Ideen für IV-Applikationen mit strategischen Wirkungen entwickelt werden. Ein mögliches Tool müßte die Ideengenerierung durch Analogien fördern. Dazu lassen sich

Beispiele für strategische IV-Anwendungen in einer Datenbank speichern. Diese werden mit Attributen deskribiert, die die strategische Ausrichtung der IV-Investitionen beschreiben. Einen Auszug möglicher Datenbank-Felder zeigt Abbildung 6.4/2. Über Fragenkataloge wird die IV-Strategie für das Unternehmen bestimmt. Dabei werden auch Schlüsselbegriffe zugeordnet, die aus dem Datenbank-Attributsatz stammen und die abgespeicherten Beispiele charakterisieren. Es ist nun möglich, dem Anwender Beispiele zu präsentieren, in welcher Form andere Unternehmen IV mit ähnlichen strategischen Wirkungen eingesetzt haben, wie sie vom charakterisierten Unternehmen angestrebt werden (vgl. IVES 86 und GONGLA 89). Bei einfacher Benutzeroberfläche und Systemausstattung erfolgt nur eine textuelle Beschreibung der Anwendung. Diese kann zusätzlich mit Graphiken angereichert werden. Bei Nutzung der Video-Disk-Technologie läßt sich die Veranschaulichung z. B. über Filmsequenzen oder Bildeinspielungen weiter verbessern.

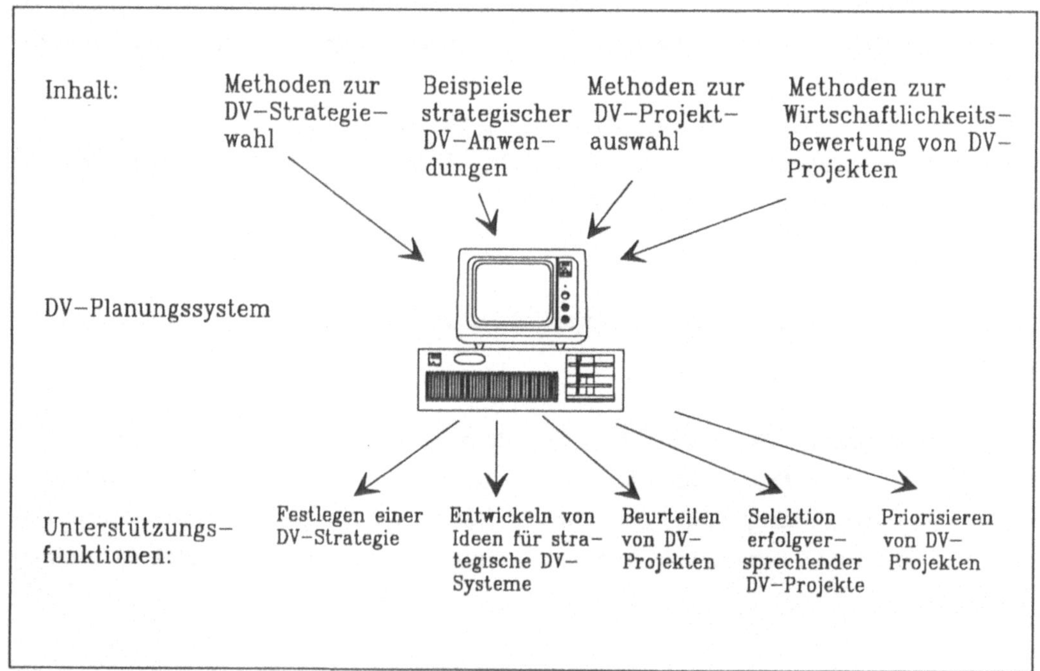


*Abb. 6.4/1*     Konzept einer rechnergestützten IV-Planung

Der Leistungsschwerpunkt des hier skizzierten Gesamtsystems soll allerdings auf Methoden zur IV-Projektauswahl liegen. Eine umfangreiche Komponente bildet dabei die Wirtschaftlichkeitsbestimmung der IV-Applikationen. Das Ergebnis geht direkt in die Projektauswahl ein. Mit diesen Auswahlmodulen, deren Ausgestaltung nachfolgend erläutert wird, sollen erfolgversprechende IV-Investitionen selektiert und danach in eine Realisierungsreihenfolge gebracht werden.

**Allgemeine Daten**

Projektname
*Unternehmensdaten*
- Ort des Unternehmens
- Größe des Unternehmens
  (Umsatz, Mitarbeiter)
- Gewinn/Umsatzentwicklung in
  den letzten Jahren
- Einsatzort des Projekts
- Einführungszeitpunkt

**Technische Daten**

*Benutzte Technologie*
- PC,
- Mainframe,
- PC-Host,
- Netzwerke,
- DFÜ,
  :
*Technikeinsatz für*
- bestimmtes Produkt,
- Produktlinie,
- spezielle Dienstleistung,
- Dienstleistung mit einmaliger Nutzung,
- Vertrieb von Informationen,
- Dienstleistungsbereich,
- Verbrauchsgut,
- Gebrauchsgut,
- Produktionsgut,
- Investitionsgut,
*Installationsort des Systems*
- beim Kunden,
- beim Lieferanten,
- im eigenen Unternehmen

**Strategische Eigenschaften
des Projekts**

*Ziel*
- Lieferanten,
- Käufer,
- Substitutionsprodukte,
- potentielle Wettbewerber,
- existierende Wettbewerber
*Strategietyp*
- Kostenführerschaft,
- Differenzierung,
- Konzentration auf eine Marktnische,
- Aufholen eines strategischen Nach-
  teils,
- keinem Strategietyp zuordenbar
*Innovationsgüte*
- First mover
- Follower
*Markteinfluß*
- kein direkter Einfluß,
- Informationsbeschränkung,
- Verbesserung des Informationsan-
  gebots,
- Ergänzung um kundenindividuelle
  Informationen
*Differenzierung nach einer/mehreren
Phasen des CRLC*
- Voraussetzungen: identifizieren,
  spezifizieren
- erwerben: auswählen, bestellen,
  bezahlen,
  in Besitz nehmen, testen und
  annehmen
- nutzen: integrieren, überwachen,
  warten, verbessern
- ersetzen: beseitigen, abrechnen
*Zwischenbetriebliches System zum*
- reinen Datenaustausch,
- mit zusätzlichen Diensten,
- mit kundenindividuellen Diensten
  :

*Abb. 6.4/2*     AUSGEWÄHLTE DATENBANK-ATTRIBUTE ZUR KENNZEICHNUNG
STRATEGISCHER SYSTEME

### 6.4.1 Selektion von IV-Projekten

Abbildung 6.4.1/1 zeigt die Komponenten des Unterstützungssystems zur IV-Projekt-auswahl. Die Anwendung baut auf den in Kapitel 5 beschriebenen Vorgehensweisen auf. Folgende Module sind in dem System vorhanden, mit denen die Projektideen beurteilt und verglichen werden können:

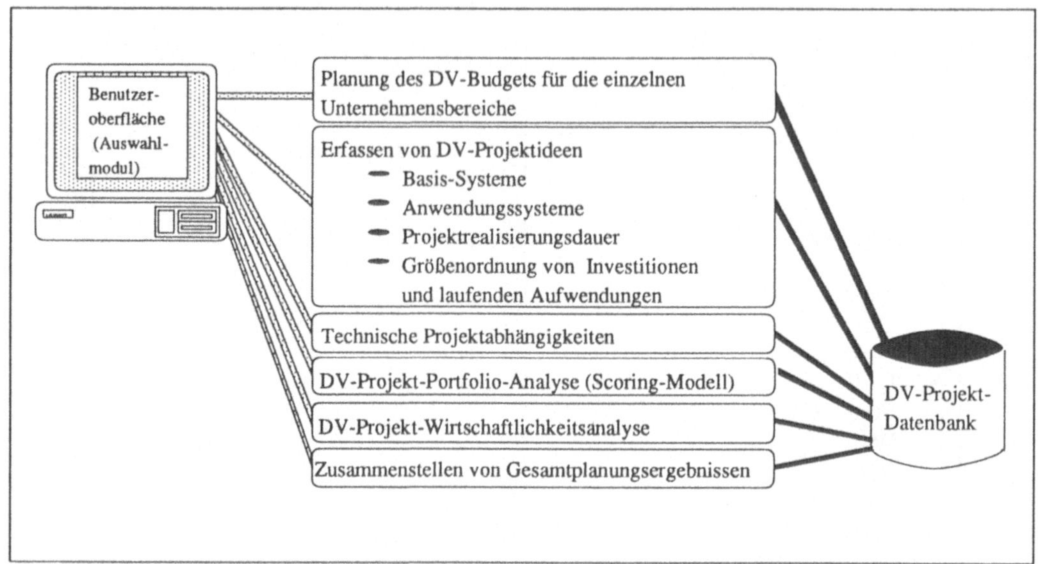


*Abb. 6.4.1/1*      KOMPONENTEN DES UNTERSTÜTZUNGSSYSTEMS

1. Eine Anwendung zum Verteilen des IV-Budgets auf die einzelnen Unternehmensbereiche. Hier wird das in Kapitel 5.3.2.1 beschriebene Verfahren von Norton aufgegriffen.

2. Ein Modul, mit dem die Projektideen, nach Basis- und Anwendungssystemen getrennt, erfaßt werden. Zusätzlich spezifiziert man die Projektrealisierungsdauern, so daß in lang-, mittel- und kurzfristige Projekte getrennt werden kann. Außerdem werden grob die Investitionssummen genannt sowie die Größenordnungen der jährlichen Aufwendungen vorgegeben, um einen ersten Vergleich mit den Planungsbudgets durchführen zu können.

3. Eine Komponente, mit der die technischen Abhängigkeiten aufgenommen werden, um diese Rahmenbedingungen bei den Realisierungsreihenfolgen zu berücksichtigen. Dieses Element dient auch dazu, Investitionspakete zusammenzustellen, die gemeinsam zu bewerten sind (vgl. Kapitel 4.2.3.2 und Kapitel 5.4).

4. Die Portfolio-Analyse bildet eine weitere Applikation. Sie besitzt den in Kapitel 5.6 beschriebenen Aufbau. Ergebnisse sind Strategieempfehlungen für Einzelprojekte und graphische Darstellungen, die eine ausgewogene Risiko-Chancen-Realisierung bei den Investitionsprojekten eines Bereiches unterstützen sollen.

5. Die Wirtschaftlichkeitsanalyse gliedert sich in verschiedene Teilkomponenten. Diese werden nachfolgend erläutert.

6. In der Gesamtbewertung werden die Ergebnisse nach unterschiedlichen Kriterien zusammengefaßt. Die zeitlichen Beschränkungen, technischen Abhängigkeiten sowie finanziellen Restriktionen werden berücksichtigt. Prioritäten lassen sich dabei nach Portfoliozuordnungen oder Rentabilitätsbewertungen treffen.

Die Speicherung sämtlicher Einzelinformationen erfolgt in dBASE-Datenbanken. Sie bilden die Datengrundlage des Gesamtsystems. Das Programm läßt sich in verschiedenen Modi anwenden:

1. Für ein Projekt können sämtliche Module durchlaufen werden, nachdem eine Budgetverteilung vorgenommen wurde.
2. Ein DV-Projekt kann mit einem Einzelmodul bewertet werden.
3. Mehrere Projekte können aufgrund ihrer Einzelergebnisse verglichen werden.
4 Die Analyse läßt sich jederzeit beenden und zu einem späteren Zeitpunkt fortsetzen.
5. In Teilbereichen sind Projektsimulationen möglich.

Die menügeführten Fragenkataloge zur Unterstützung der IV-Strategie-Entwicklung wurden in PASCAL implementiert. Von dem PASCAL-Programm werden ebenfalls die Beispiele aus der dBASE-Datenbank selektiert (vgl. SCHEUERER 90). Abbildung 6.4.1/2 zeigt den Arbeitsablauf des erstellten Prototypen im Überblick. Für finanzielle Berechnungen finden in wesentlichen Teilen LOTUS-Programme Verwendung (vgl. MÜLLER 90).

## 6.4.2 Wirtschaftlichkeitsanalyse

Nachfolgend werden die Komponenten zur Wirtschaftlichkeitsanalyse detaillierter dargestellt.

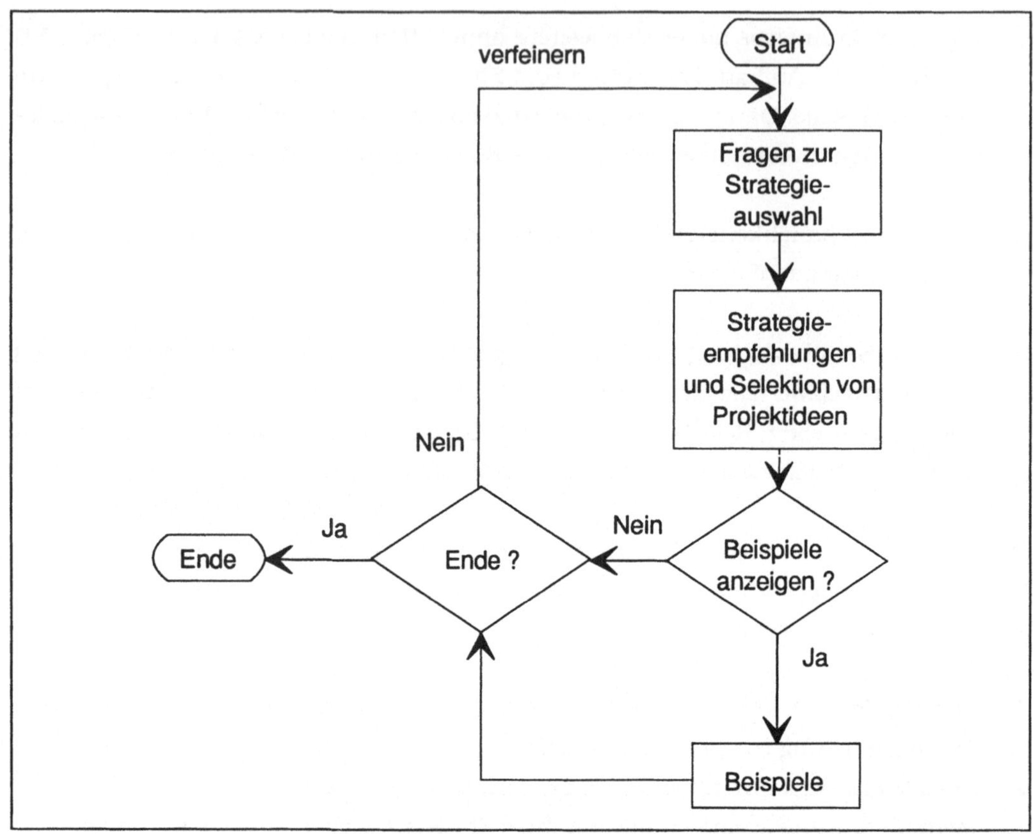


*Abb. 6.4.1/2*     ARBEITSABLAUF ZUR STRATEGIEENTWICKLUNG UND BEISPIEL-
SELEKTION

## 6.4.2.1 Überblick

Das System zur Wirtschaftlichkeitsbeurteilung von IV-Investitionen ist aus vier
Hauptkomponenten aufgebaut:

1. Anwendungsspezifische Kriterienkataloge und Arbeitsblätter, in die Einzelwerte
   des IV-Projektes eingetragen werden können, lassen sich aufrufen.

2. Es steht eine Auswahl anwendungsabhängiger Rechenverfahren für die einzelnen
   Wirkungsebenen der zu beurteilenden integrierten IV-Anwendungen zur Verfü-
   gung. Die Datenerhebung wird über anwendungsspezifische Kriterienlisten und
   Arbeitsblätter für die Einzelverfahren vorgenommen.

3.  Ein Hilfesystem unterstützt zwei Bereiche:

-   die Auswahl relevanter Rechenverfahren zur Wirtschaftlichkeitsuntersuchung
    der IV-Projekte und
-   das Identifizieren von Nutzeffekten und Kosten, die durch das neue System
    erwartet werden können.

4.  Eine Erfahrungsdatenbank, in der Ergebnisse von Querschnittsuntersuchungen
    gespeichert sind, kann benutzt werden. Für einzelne Anwendungsgebiete werden
    darin Nutzeffekte und Kosten (u. a. auch Spannweiten), die andere Unternehmen
    erfahren haben, bereitgestellt. Ebenso sind beispielhafte Nutzeffektketten abge-
    legt. Das Hilfesystem greift auf diese Module zu.

Hinzu kommt die Möglichkeit, in einem Simulationsmodus eine "What-if"-Analyse für
ausgewählte Input-Parameter durchzuführen. Bei einzelnen Rechenverfahren kann
eine Eingabe von optimistischen, wahrscheinlichen und pessimistischen Werten vorgenommen werden. Das System erstellt dann automatisch eine Risikoanalyse.

Sämtliche Informationen zu einem Projekt werden in einer dBASE-Datenbank oder
LOTUS-Spreadsheets gespeichert. Damit ist es möglich, den Bewertungsablauf zu be-
liebigen Zeitpunkten zu unterbrechen und wieder aufzunehmen. Die Daten stehen in
der Datenbank für einen späteren Abruf bereit. Abbildung 6.4.2.1/1 zeigt die Komponenten im Überblick.

### 6.4.2.2 Bewertungsmodule

Die Einzelverfahren sind den vier Wirkungsebenen (vgl. Kapitel 4.2.2) zugeordnet. Bei
großintegrierten Systemen muß man üblicherweise mehrere Ansätze durchlaufen, bis
sich ein erstes Ergebnis zur Wirtschaftlichkeitsabschätzung ergibt. Die Teilergebnisse
werden dazu automatisch in einem Arbeitsblatt aggregiert, um das Gesamtresultat zu
ermitteln.

Auf der Arbeitsplatzebene sind im Prototypsystem stückkostenorientierte Rechnungen
für Produktwirkungen (vgl. den Ansatz aus Kap. 4.3.1.1.2) und ein engpaßbezogener
Ansatz (vgl. Kap. 4.3.1.2) für den Personaleinsatz vorhanden.

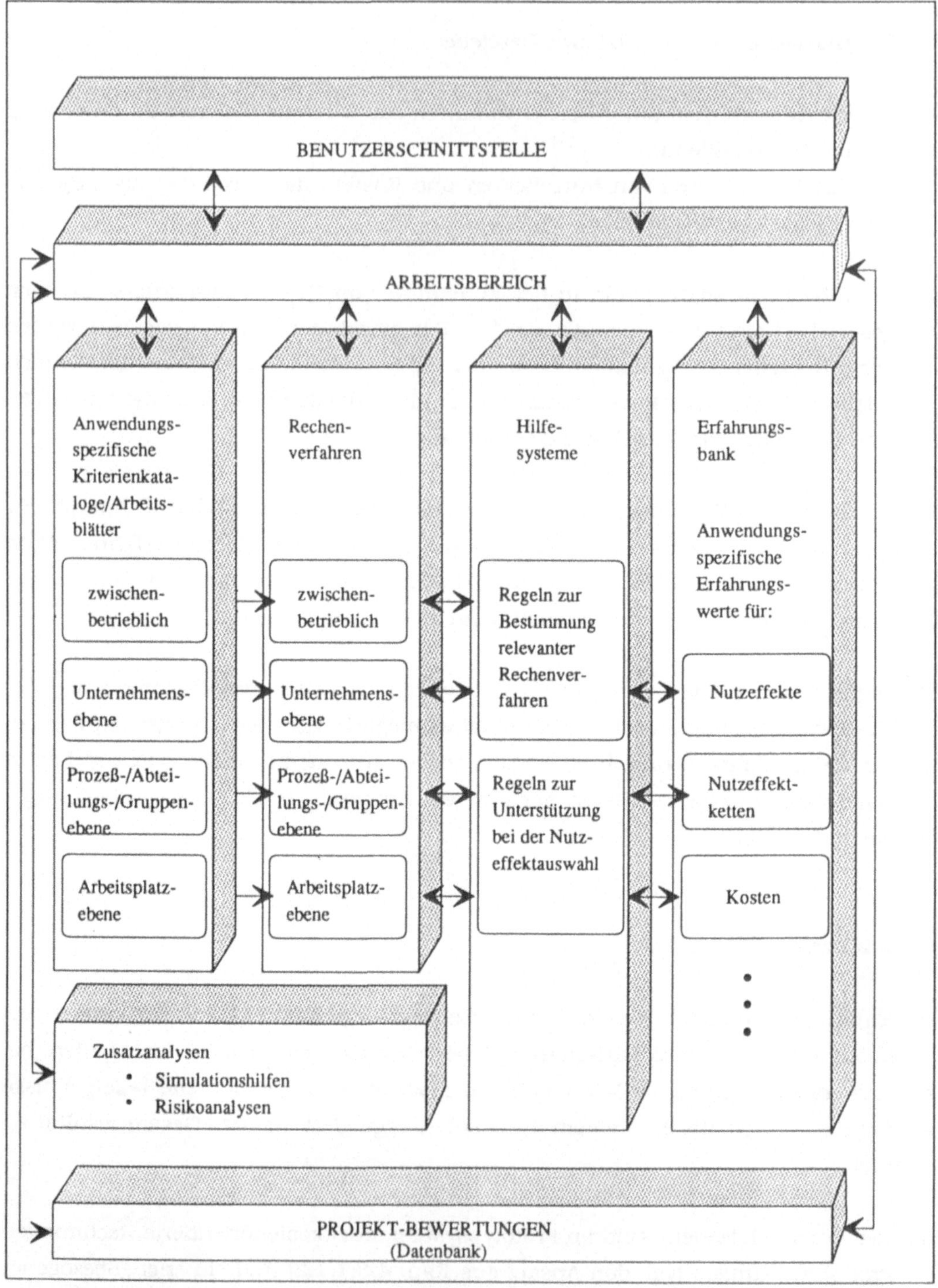



*Abb. 6.4.2.1 / 1*     STRUKTUR DES SYSTEMS ZUR WIRTSCHAFTLICHKEITS-BEURTEILUNG

Für die Abteilungs- und Prozeßebene wurden zwei Analyseinstrumente implementiert:

1. Eine Wirkungskettenanalyse kann für ausgewählte Anwendungsbereiche eingesetzt werden, um speziell indirekte Effekte abzubilden. Der Anwender hat die Möglichkeit, vorgegebene Wirkungsketten insgesamt auszuwählen oder nur einzelne Wirkungskettenelemente, die für ihn relevant sind, zu selektieren. Zu den Einzelelementen werden Maß- und Wertgrößen vorgegeben, die der Benutzer spezifizieren muß. Zur Hilfestellung kann er die Werte aus der Erfahrungsdatenbank abrufen. Das System nimmt automatisch die Aggregation der Einzelwerte und die Vollständigkeitsüberprüfung vor. Simulationen innerhalb der Wirkungskettenelemente sind ebenfalls möglich. Im ersten Prototyp sind exemplarisch Wirkungsketten des Fertigungsbereichs abgebildet.

2. Bei der Prozeßkettenanalyse werden einzelne Aufgaben und Prozeßelemente definiert. Für die Elemente sind Beurteilungsmaßstäbe und Wertgrößen festzulegen sowie Einzelwerte vorzugeben. Diese Elemente sind sowohl für den Ist-Zustand als auch für die geplante Situation mit dem neuen IV-System zu spezifizieren. Die Anwendung führt automatisch die Wertaggregation durch und weist die Differenzbeträge zwischen dem Ist- und Sollsystem als Nutzeffekt oder Zusatzkosten aus. Beim Aufbau der Prozesse kann in einer Top-down-Struktur vorgegangen werden, so daß man mit einem sehr allgemein beschriebenen Ablauf beginnt, der sich bei genaueren Untersuchungen verfeinern läßt.

Auf der Unternehmensebene sind ebenfalls zwei Analyseverfahren implementiert:

1. Das erste Modul erlaubt eine Simulation von Umsatz- und Preiseffekten, um Marktwirkungen abzubilden. Dazu lassen sich Annahmen über die erwartete Marktentwicklung des Unternehmens bei unterschiedlichen Technologieentscheidungen treffen. Das Verfahren rechnet die daraus gewonnenen Alternativen durch.

2. Der zweite Ansatz basiert auf einem qualitativen Bewertungsschema. Dazu werden in einem ersten Schritt Gruppenbefragungen vorgenommen. Die Anwendung erhebt die derzeitigen und zukünftig erwarteten Erfolgsfaktoren für das Unternehmen. Die Befragten müssen daneben eine Bewertung nach dem Soll-Erreichungsgrad der Faktoren auf einer Skala von 1 bis 10 vornehmen und den Ist-Zustand genauso beschreiben. Das System analysiert die Zielabweichungen und ermittelt aus den Nennungen eine Reihung nach der Wichtigkeit der Einzelfakto-

ren. Nun können die Ergebnisse der Erfolgsfaktoren-Analyse benutzt werden, um aus der Erfahrungsdatenbank Technologien zu selektieren, die auf Faktoren mit besonders großer Wichtigkeit und Ziel-Ist-Abweichung hohe Wirkungen haben. Damit unterstützt die Anwendung erste Empfehlungen für die Technologiewahl. Auch dieses Element wurde am Beispiel der Investitionen im CIM-Bereich abgebildet.

Auf der unternehmensübergreifenden Ebene sind zwei kleine Bausteine verfügbar. In dem einen erfolgt eine Analyse, wie sich Transaktionskosten durch zwischenbetriebliche Systeme verändern. In dem anderen wird die Marktmacht von den an der zwischenbetrieblichen Anwendung beteiligten Partnern eingeschätzt. Auf dieser Basis werden Untersuchungen durchgeführt, wie sich der Systemnutzen aufteilen wird (z. B. Aufteilung zwischen Hersteller und Kunden).

Abbildung 6.4.2.2/1 zeigt die Bearbeitungsreihenfolge von implementierten Modulen, um CIM-Technologien zu bewerten.

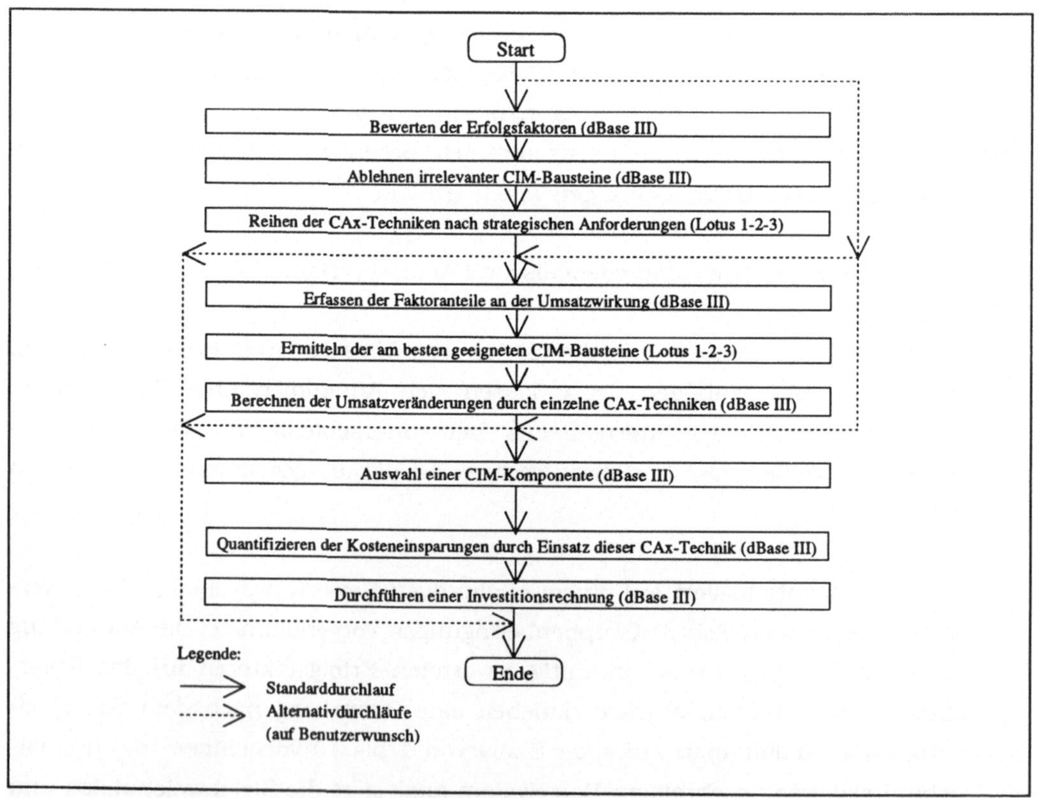



*Abb. 6.4.2.2/1*   BEARBEITUNGSREIHENFOLGE VON PROGRAMMEN ZUR CIM-BEURTEILUNG

Ausgangspunkt bildet die Erfolgsfaktorenanalyse. Die umfangreichsten Bereiche sind die Untersuchungen zu Umsatz- und Kostenveränderungen durch die neue Technologie. Abbildung 6.4.2.2/2 veranschaulicht die für diesen Prozeß verwendeten Dateien.

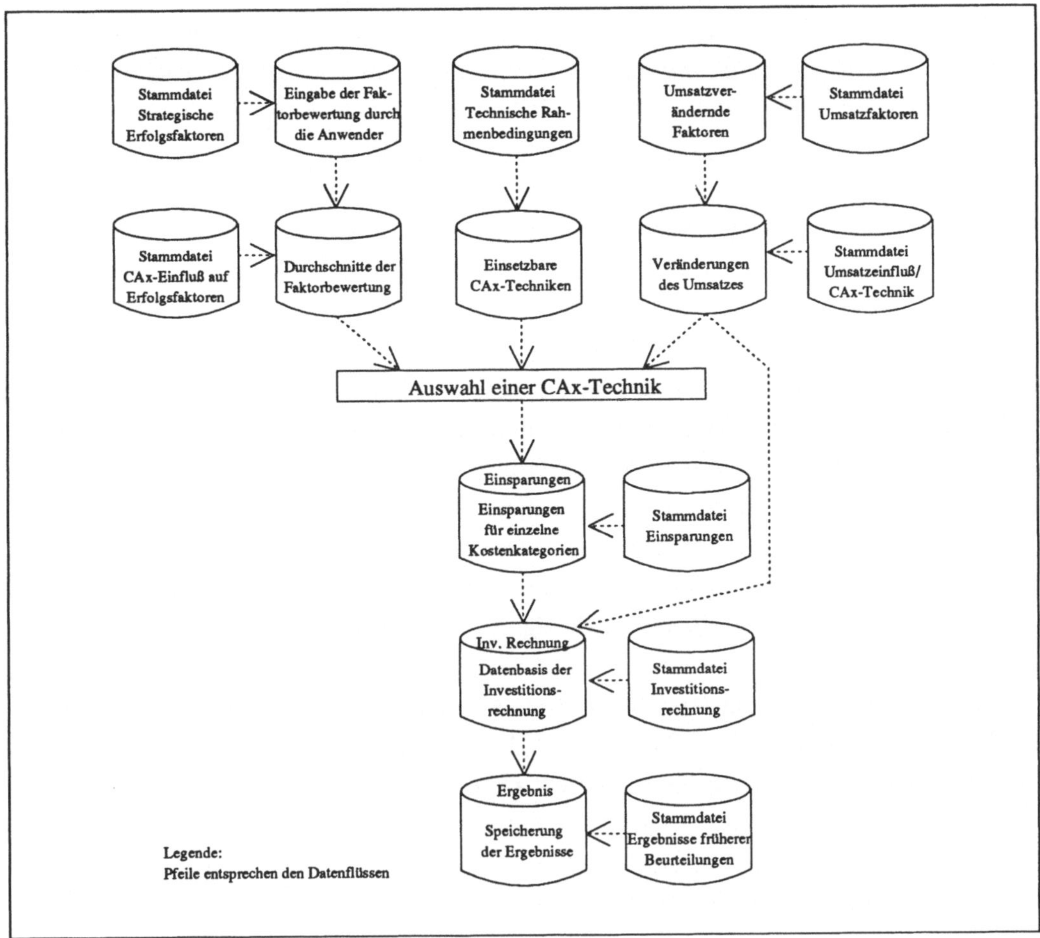


*Abb. 6.4.2.2/2*     DATEIEN ZUR CIM-BEURTEILUNG

In den eingesetzten Stammdateien sind für die jeweils betrachtete CIM-Komponente relevante Einflußfaktoren hinterlegt, die der Benutzer beurteilen muß. Ebenfalls werden technologiebezogene Rahmenbedingungen oder Voraussetzungen mit Hilfe der Stammdateien überprüft. Schließlich enthalten die Dateien Worksheets, um die Wirtschaftlichkeitsrechnungen durchzuführen.

### 6.4.3 Erfahrungsdatenbank

Die Erfahrungsdatenbank ist nach Anwendungsbereichen gegliedert. Zu Einzeltechnologien sind Ergebnisse in Form von Nutzeffekten und Kosten gespeichert. Dabei kann sowohl über die Technologie auf die damit verbundenen Resultate als auch über die Einzeleffekte auf Technologien, für die die gesuchten Resultate beobachtet wurden, zugegriffen werden. In der Datenbank sind quantitative und qualitative Nutzeffekte enthalten. Bei den quantitativen Effekten kann zwischen Prozentwerten, Zeitgrößen und monetären Angaben unterschieden werden.

Die Erfahrungsdatenbank dient primär als Informationsgrundlage für die anderen Module des Gesamtsystems. Sie läßt sich aber auch direkt als Auskunftssystem benutzen.

Die Inhalte der Datenbank werden aus den Querschnittserhebungen gewonnen, die auch schon verwendet wurden, um einzelne Aussagen empirisch zu belegen. Die Repräsentativität der Informationen ist dabei besonders wichtig. Daher sollte man Ausreißerwerte nicht berücksichtigen. Qualitative Resultate lassen sich einfacher als quantitative Wirkungen speichern. Für erstere müssen nur die Kombinationen zwischen dem jeweiligen Effekt und der Technologie abgebildet werden. Zusätzlich kann man eventuell noch die Stärke der Wirkung, z. B. dreistufig, darstellen.

Weitaus schwieriger ist das technologiebezogene Abspeichern quantitativer Resultate in der Erfahrungsbank. Grundsätzlich ist dabei zu klären, wie fein die verwendeten Technologien klassifiziert werden. Es stellt sich die Frage, ob man Informationen, wie z. B. für die Bürokommunikation, pauschal oder getrennt nach Endgeräten wie PCs, Terminals, Workstations etc. erfaßt. Einzelne Stufen zum Bereitstellen quantitativer Nutzeffekte können wie folgt unterschieden werden:

- Für eine IV-Lösung gibt man nur allgemeine Einsparungswerte an.
- Die Einsparungswerte werden unter anderem auf Mitarbeiterklassen (vgl. Kapitel 4.3.1.2) bezogen.
- Man speichert branchenbezogene Daten.

Außerdem könnte man verschiedene Betriebstypen trennen. So wäre es für den Fertigungsbereich möglich, unterschiedliche Fertigungsstrukturen zu berücksichtigen. Zusätzlich kann danach unterschieden werden, welcher IV-Ausstattungsgrad in dem Unternehmen vorhanden war, bevor man die neue Technologie einführte.

Die detailliertere Untergliederung dürfte tendenziell zu einer genaueren Beurteilung beitragen. Allerdings ist es bei der stärkeren Aufteilung schwierig, eine repräsentative Datengrundlage bereitzustellen. Der Aufwand dürfte dafür nur dann lohnend sein, wenn ein unternehmensunabhängiges Beratungstool geschaffen wird. Als individuelle Unternehmensdaten können in ein solches Instrument praktisch nur Kosteninformationen eingeführt werden.

## 6.4.4 Hilfesystem zur Verfahrens- und Nutzeffektauswahl

Die Hilfekomponente entspricht in ihrem Grundaufbau der in Kapitel 6.2.3 beschriebenen Anwendung. Ein erster Prototyp wurde mit der Expertensystem-Shell Xi-Plus erstellt (vgl. ECKERT 90). Auch hier werden aufgrund eines Fragendialogs vom System Vorschläge unterbreitet, welche Bewertungsverfahren eingesetzt werden sollen. Die Lösung ist in Teilbereichen mit Funktionen einer Methodenbank vergleichbar. Bei der Nutzeffektidentifizierung für die IV wird hierarchisch von allgemeinen zu speziellen Resultaten vorgegangen. Zusätzlich lassen sich, sofern dazu Informationen in der Erfahrungsdatenbank gespeichert sind, Ergebnisse abrufen, die als Anhaltspunkte zur eigenen Bewertung dienen können. Abbildung 6.4.4/1 zeigt als Beispiel eine im Prototyp verwendete Bildschirmmaske.

**CAD-Investition**

Sie erwarten verringerte Lagerbestände.
Eine Ursache ist die durchschnittlich um 10 % verkürzte Gesamtauftragsdurchlaufzeit.

Bitte geben Sie den von dieser Durchlaufzeitreduktion betroffenen wertmäßigen
Lagerbestand in Tsd. DM ein:

--------> [________] Tsd. DM

Bitte geben Sie die vermutliche Verringerung Ihres Lagerbestandes in % ein:

--------> [________] %

Bitte geben Sie für diesen Lagerbestand einen Prozentsatz der jährlichen Kapitalbindungskosten
sowie der Lagerhandlingskosten in Prozent an:

--------> [________] %

*Abb. 6.4.4/1*     BILDSCHIRMMASKE ZUR IDENTIFIKATION VON EINSPARUNGSPOTENTIALEN

### 6.4.5 Beurteilung und Erweiterungsmöglichkeiten der Anwendung

Von dem beschriebenen System liegt ein erster Prototyp vor, dessen Anwendungsgebiet sich derzeit weitgehend auf den CIM-Bereich beschränkt. Insbesondere bei der Datenbasis und dem Hilfesystem zum Identifizieren der Nutzeffekte müßten für einen umfassenden Einsatz weitere Bereiche implementiert werden. Die Prozeßanalyse ist noch recht einfach gehalten. Sie könnte wesentlich komfortabler und mächtiger gestaltet werden. Allerdings ist die Implementierung dieser Komponente besonders aufwendig. Außerdem ist die Datenübertragung zwischen den einzelnen Modulen nicht durchgängig gelöst, so daß stellenweise Doppelarbeit bei der Datenerfassung notwendig wird.

Darüber hinaus sollte ein Auskunftssystem bereitgestellt werden, mit dem man unter verschiedenen Gesichtspunkten Erfahrungswerte für Nutzeffekte und Kosten selektieren kann. Dazu wäre ein System notwendig, das in der Funktionalität einer Information Retrieval-Anwendung entspricht. Es müßte ebenfalls getestet werden, ob der Einsatz von Hypertext-Technologie hier zu Verbesserungen beiträgt, weil sich damit zusätzlich semantische Zusammenhänge abbilden lassen.

Eine wertvolle Ergänzung würde eine Komponente bieten, bei der man ähnlich einer Methodenbank vorgefertigte Analysebausteine auswählen und miteinander kombinieren kann. Damit lassen sich besonders flexibel Untersuchungen durchführen. Voraussetzung ist eine einheitliche Datenschnittstelle zwischen den Einzelmodulen sowie den Modulen und der Erfahrungsdatenbank. Einen weiteren Aspekt bildet die Gesamtintegration des Tools in den Ablauf der IV-Planung.

Schließlich ist die Benutzeroberfläche des Prototyps sehr heterogen, da PASCAL- und dBASE-Masken, LOTUS-Worksheets sowie Xi-Plus-Menüs eingesetzt werden. Eine in einheitlicher Fenstertechnik mit ergänzender Maus-Steuerung implementierte Benutzerschnittstelle würde den Komfort und auch die Benutzerakzeptanz wesentlich verbessern.

### 6.5 Literatur zu Kapitel 6

BERGMANN 87    Bergmann, M., Kohlert, R. und Mildt, H., MOSAIK - Modulares und Rechnergestütztes Methodenpaket zur effizienten Gestaltung der Büroarbeit, in: Schönecker, H. G. und

Nippa, M. (Hrsg.), Neuere Methoden zur Gestaltung der Büroarbeit - Computergestützte Organisationshilfen für die Praxis, Baden-Baden 1987, S. 183 ff.,

CASH 83  Cash, J. I., McFarlan, F. W. und McKenney, J. L., Corporate Information Systems Management, Homewood 1983.

DAIMLER-BENZ 84  Daimler-Benz (Hrsg.), Handbuch der Systemgestaltung, Stuttgart 1984.

DILTS 89  Dilts, D. M. und Turowski, D. G., Strategic Investment Justification of Advanced Manufacturing Technology Using a Knowledge-Based System, in: Karwan, K. R. und Sweigart, J. R. (Hrsg.), Proceedings of the Third International Conference Expert Systems and the Leading Edge in Production Management and Operations Management, Hiton Head Island, 21. - 24. Mai 1989, S. 193 ff.

DROSTE 86  Droste, O. W., Die Kosten-Nutzen-Analyse von EDV-Projekten im Phasenkonzept, Problemlösungsansätze in Form von Modellen und standardisierten Verfahren, Dissertation, Würzburg 1986.

ECKERT 90  Eckert, T., Konzeption und Implementierung eines PC-gestützten Systems zur DV-Projektauswahl, Diplomarbeit, Nürnberg 1990.

EISELE 90  Eisele, R., Konzeption und Wirtschaftlichkeit zukünftiger Planungssysteme, in: Feldmann, K. (Hrsg.), Fertigungstechnik - Erlangen, Band 9, München u. a., 1990.

FERENZ 82  Ferenz, W. T., A Justification Aid for Manufacturing Applications, in: Goldberg, R. und Lorin, H. (Hrsg.), The Economics of Information Processing, Vol. I, Management Perspectives, New York u. a. 1982, S. 232 ff.

FROMM 88  Fromm, J., Vergleich von Verfahren zur Zusammenstellung von DV-Projektportfolios, Diplomarbeit, Nürnberg 1988.

GONGLA 89    Gongla, P., Sakamoto, G., Back-Hock, A., Goldweic, P., Ramos, L., Sprowls, R. C. und Kim, C.-K., S*P*A*R*K - A Knowledge-Based System for Identifying Competitive Uses of Information Technology, IBM Systems Journal 28 (1989) 4, S. 628 ff.

IBM 84    IBM (Hrsg.), Datenverarbeitung - Gewinnquelle des Unternehmens - Nutzenanalyse als Basis einer Wirtschaftlichkeitsrechnung für Datenverarbeitungsanlagen/Informationssysteme, IBM Form GE12-1307-4, IBM Deutschland GmbH, Vertriebsabteilung 1984.

IVES 86    Ives, B., Sakamoto, G. und Gongla, P., A Facilitative System for Identifying Competitive Applications of Information Technology, IBM Los Angeles Scientific Center, Report-Nr. G320-2789, Los Angeles, May 1986.

KLAUE 89    Klaue, Th., Dynamische Kosten: Nutzen-Analysen für innovative Investitionen zur Erhöhung von Produktionsflexibilitäten und zur Verkürzung von Auftragsausführungszeiten - Shortflex - Eine computergestützte Systemanalyse, Dissertation, Mannheim 1989.

KLEIN 87    Klein, G. und Beck, Ph. O., A Decision Aid for Selecting among Information System Alternatives, MIS-Quarterly 11 (1987) 4, S. 177 ff.

KREDEL 88    Kredel, L., Wirtschaftlichkeit von Bürokommunikationssystemen, Berlin - New York 1988.

KRUG 89    Krug, V., Entwicklung eines Anwendungsprogrammes zur Analyse und Beurteilung von Investitionsmaßnahmen in der Datenverarbeitung (Hard- und Softwareauswahl) auf der Basis einer vergleichenden Betrachtung verschiedener Verfahren, JLU-Giessen, Forschungsbericht der Agrarinformatik, Giessen Nr. 2/1989.

MÜLLER 90          Müller, M., Entwicklung von PC-gestützten Berechnungs-
                   verfahren zum Abschätzen der Wirtschaftlichkeit von CIM-
                   Komponenten und Integrationskonzepten, Diplomarbeit,
                   Nürnberg 1990.

O. HRSG. 89        O. Hrsg., Two-Day International Workshop on Economic
                   Evaluation of Investment Toward CIM, Results and Evalua-
                   tion Tools from Esprit Project 909, Proceedings, Leuven
                   1989.

PARKER 87          Parker, M. M. und Benson, R. J., Information Economics:
                   An Introduction, in: IBM Los Angeles Scientific Cen-
                   ter/CSDP (Hrsg.), Linking Information Technology to Bu-
                   siness, EwIM, Fifth International Conference, St. Louis
                   1987, S. 5 ff.

PARKER 88          Parker, M. M., Benson, R. J. und Trainor, H. E., Informa-
                   tion Economics, Englewood Cliffs, 1988.

PARKER 89          Parker, M. M. und Trainor, H. E., Information Strategy and
                   Economics, Englewood Cliffs 1989.

POTAK 82           Potak, D. L., Function Analyser for Office Automation (FAN),
                   in: Goldberg, R. und Lorin, H. (Hrsg.), The Economic of In-
                   formation Processing, Vol. I, New York u. a. 1982, S. 221 ff.

PRIMROSE 84        Primrose, P. L. und Leonard, R., The Financial Evaluation
                   of Flexible Manufacturing Modules (FMM), in: Lane, K. A.
                   (Hrsg.), Proceedings of the First International Machine Tool
                   Conference, Birmingham 1984, S. 61 ff.

PRIMROSE 85A       Primrose, P. L. und Leonard, R., The Use of a Conceptual
                   Model to Evaluate Financially Flexible Manufacturing Sy-
                   stem Projects, Proceedings of the Institution of Mechanical
                   Engineers, Part B, 199 (1985) 4, S. 15 ff.

PRIMROSE 85B       Primrose, P. L. und Leonard, R., Evaluating the 'Intangible'
                   Benefits of Flexible Manufacturing Systems by Use of Dis-

counted Cash Flow Algorithms within a Comprehensive Computer Program, Proceedings of the Institution of Mechanical Engineers, Part B, 199 (1985) 4, S. 23 ff.

PRIMROSE 86  Primrose, P. L. und Leonard, R., The Financial Evaluation and Economic Application of Advanced Manufacturing Technology, Proceedings of the Institution of Mechanical Engineers, Part B, 200 (1986) 1, S. 27 ff.

QUINT 89  Quint, W., Integriertes Investitionsanalysesystem, CIM-Management 5 (1989) 3, S. 53 ff.

REGIER 88  Regier, H. J., Expertensysteme für den betriebswirtschaftlichen Einsatz, Office Management 36 (1988) 11, S. 16 ff.

SAATY 80  Saaty, T. L., The Analytic Hierarchy Process, New York 1980.

SCHEUERER 90  Scheuerer, A., Konzeption und Implementierung eines Systems zum Generieren von Ideen für DV-Projekte mit strategischen Wirkungen, Studienarbeit, Erlangen 1990.

SCHUMANN 87  Schumann, M., Selection and Prioritization of Information Technology Investments, IBM Los Angeles Scientific Center, Report-Nr. 1987-2819, Los Angeles, December 1987.

SIEMENS  Siemens AG (Hrsg.), Mit MOSAIK die Büro-Arbeit wirtschaftlich gestalten, Bereich Datentechnik, Private Kommunikationssysteme und Netze, Postfach 700070, D-8000 München 70, Best.-Nr. A 19100-K3110-G815, o. Jg.

STEINLE 89  Steinle, C. und Thewes, M., Gestaltung der Büroarbeit durch computergestützte Kommunikationsanalysen, Köln 1989.

SURESH 89  Suresh, N. C., Rao, H. R. und Kaparthi, S., An Expert System for the Strategic Planning, Evaluation and Acquisition of Manufacturing Process Technologies, in: Karwan, K. R.

und Sweigart, J. R. (Hrsg.), Proceedings of the Third International Conference Expert Systems and the Leading Edge in Production Management and Operations Management, Hiton Head Island, 21. - 24. Mai 1989, S. 207 ff.

TRAINOR 87      Trainor, H. E., Corporate Culture for Creating an MIS Plan, Vortragsunterlagen, in: IBM Los Angeles Scientific Center/CSDP (Hrsg.), Linking Information Technology to Business, EwIM, Fifth International Conference, St. Louis 1987.

VITALE 86      Vitale, M. R., The Growing Risks of Information Systems Success, MIS-Quarterly 10 (1986) 6, S. 327 ff.

WILDEMANN 88      Wildemann, H., PC-Programm zur Investitionsplanung und Wirtschaftlichkeitsrechnung, Werkstatt und Betrieb 121 (1988) 1, S. 35 ff.

# Abbildungsverzeichnis

# Abkürzungsverzeichnis

| | |
|---|---|
| ACM | Association Computing Machinery |
| BDE | Betriebsdatenerfassung |
| BSP | Business Systems Planning |
| CAD | Computer Aided Design |
| CAM | Computer Aided Manufacturing |
| CAP | Computer Aided Planning |
| CAQ | Computer Aided Quality Assurance |
| CAx | Computer Aided Technik |
| CIM | Computer Integrated Manufacturing |
| CRLC | Customer Resource Life Cycle |
| DFÜ | Datenfernübertragung |
| DNC | Direct Numerical Control |
| DV | Datenverarbeitung |
| EAN | Europäische Artikelnumerierung |
| EDI | Electronic Data Interchange |
| ESE | Expert System Environment |
| FHG | Fraunhofer-Gesellschaft |
| FFS | Flexibles Fertigungssystem |
| IS | Informationssystem |
| IT | Informationstechnik |
| IV | Informationsverarbeitung |
| MAP | Manufacturing Automation Protocol |
| MAPI | Machinery and Allied Products Institute |
| NC | Numerical Control |
| PIMS | Profit Impact of Market Strategies |
| POS | Point of Sale |
| PPS-System | Produktionsplanungs- und -steuerungssystem |
| ROI | Return on Investment |
| SADT | Structured Analysis and Design Technique |
| SB-Handel | Selbstbedienungs-Handel |
| SWIFT | Society for Worldwide Interbank Financial Telecomunications |
| VDI | Verein Deutscher Ingenieure |
| WiSt | Wirtschaftswissenschaftliches Studium |

# ANHANG

Anhang 1: Bestimmung von Nutzeffekten und Kosten des elektronischen
Datenaustausches

<table>
<tr><td><u>Kostenkategorie</u></td><td><u>Berechnung (pro Periode)</u></td></tr>
<tr><td>Kaufvertragsbezogene Kosten des Käufers durch Probleme bei der Interpretation von Unterlagen</td><td>Durchschnittliche Zeit zur telefonischen Klärung pro Dokument multipliziert mit dem Personalkostensatz des Käufers multipliziert mit der durchschnittlichen Anzahl ausgetauschter Dokumente.</td></tr>
<tr><td>Papierkosten für die Dokumente</td><td>Zahl der Dokumente pro Jahr multipliziert mit den Materialkosten pro Dokument.</td></tr>
<tr><td>Akten-Vorbereitung</td><td>Zahl der Dokumente und Briefe multipliziert mit der durchschnittlichen Zeit zur Vorbereitung (z.B. Öffnen) multipliziert mit dem Kostensatz für Unterstützungskräfte.</td></tr>
<tr><td>Einkaufsbezogene Telefonkosten</td><td>Durchschnittliche Kosten pro Anruf multipliziert mit der jährlich durchschnittlichen Zahl an Telefonaten.</td></tr>
<tr><td>Raumkosten für die Dokumentenablage</td><td>Raumbedarf multipliziert mit der kalkulatorischen Raummiete.</td></tr>
<tr><td>Akten-Kosten</td><td>Anzahl notwendiger Aktenordner multipliziert mit den Kosten pro Ordner.</td></tr>
<tr><td>Kosten der Aufbewahrung</td><td>Kosten zum Raumbedarf für die Aufbewahrung addiert mit den Kosten je Ordner.</td></tr>
<tr><td>Postgebühren</td><td>Gebühren pro Brief multipliziert mit der durchschnitttlichen Zahl der Briefe pro Jahr.</td></tr>
</table>

FAKTOREN ZUR NUTZEN- UND KOSTENABSCHÄTZUNG BEI ELEKTRONISCHEM DATENAUSTAUSCH

| **Kostenkategorie** | **Berechnung  (pro Periode)** |
| --- | --- |
| Retrievalkosten für die Dokumente | Durchschnittliche Zeit zum Suchen eines Vorgangs multipliziert mit dem Personalkostensatz multipliziert mit der Transaktionszahl pro Dokument und Jahr multipliziert mit der Anzahl benöttigter Dokumente. |
| Gebühren für Rechnernetze<br> - Grundgebühr<br> - variable Kosten | Grundgebühr zuzüglich (Zahl ausgetauschter elektronischer Dokumente pro Jahr multipliziert mit den durchschnittlichen Kosten aufgrund des Umfangs/der Entfernung des Datenaustausches). |
| Softwaregebühren | Lizenzen und Gebühren (Wartung) für die jährliche Softwarenutzung. |
| Kosten durch Datenfehler | Durchschnittliche Zahl von elektronischen Transaktionen mit Datenfehlern, die als Resultat einen Beschaffungsvorgang verhindern multipliziert mit dem durchschnittlichen Kostensatz des zuständigen Personals multipliziert mit der durchschnittlichen Zeit zur Fehlerbehebung. |
| Vermiedene Kosten durch zusätzliches Personal | Vermiedene Neueinstellungen multipliziert mit dem jährlichen Kostensatz je Person. |
| Kosten des Lagerbestands | Wert der Lagerbestandsänderung multipliziert mit dem kalkulatorischen Zinssatz. |
| Einkaufspreise/-kosten | Sämtliche Preisedifferenzen, die sich direkt oder indirekt durch den elektronischen Datenaustausch ergeben. |

FAKTOREN ZUR NUTZEN- UND KOSTENABSCHÄTZUNG BEI ELEKTRONISCHEM DATENAUSTAUSCH

Anhang 2: Wirtschaftlichkeitsuntersuchungen zur CAD-Einführung

| Finanzielle Konsequenzen \ Jahr | 1 | 2 | 3 | 4 | 5 | 6 |
|---|---|---|---|---|---|---|
| Jährlicher Mehraufwand *Investitionssumme* | -350.000 | | | | | |
| *Wartung/System-kosten* | | -35.000 | -35.000 | -35.000 | -35.000 | -35.000 |
| Eindeutig zuorden-bare Kosteneinspa-rungen *Personalkosten* | | 170.000 | 170.000 | 170.000 | 170 000 | 170.000 |
| Indirekte Ergebnisse/ Einsparungen *Kapitalkosten Arbeitsvorbereitung* | | | | | | |
| Erhöhung des Deckungsbeitrags | | | -48.000 | -96.000 | -120.000 | -240.000 |
| Ergebnis | -350.000 | 135.000 | 87.000 | 39.000 | 15.000 | -105.000 |
| Kalkulationszins Kapitalwert | 8 % -179.887 | | | | | |

ERGEBNISSE DER STAND ALONE CAD-LÖSUNG (IN DM)

| Jahr<br>Finanzielle Konsequenzen | 1 | 2 | 3 | 4 | 5 | 6 |
|---|---|---|---|---|---|---|
| **Jährlicher Mehraufwand**<br>*Investitionssumme*<br>*Wartung/System-*<br>*kosten* | | | -210.000 | -27.500 | -27.500 | -27.500 |
| **Eindeutig zuorden-**<br>**bare Kosteneinspa-**<br>**rungen**<br>*Personalkosten* | | | | 170.000 | 170.000 | 170.000 |
| **Indirekte Ergebnisse/**<br>**Einsparungen**<br>*Kapitalkosten*<br>*Arbeitsvorbereitung* | | | | 15.000<br>80.000 | 15.000<br>80.000 | 15.000<br>80.000 |
| **Erhöhung des Deckungsbeitrags** | | -48.000 | -96.000 | -72.000 | -48.000 | 0 |
| **Ergebnis** | | -48.000 | -306.000 | 165.500 | 189.500 | 237.500 |
| **Kalkulationszins Kapitalwert** | 8 %<br>125.515 | | | | | |

ERGEBNISSE DER INTEGRIERTEN CAD-LÖSUNG (IN DM);
SYSTEMEINFÜHRUNG IN DREI JAHREN

| Jahr<br>Finanzielle Konsequenzen | 1 | 2 | 3 | 4 | 5 | 6 |
|---|---|---|---|---|---|---|
| Jährlicher Mehraufwand<br>*Investitionssumme*<br>*Wartung/System-*<br>*kosten* | | | | | | |
| Eindeutig zuorden-<br>bare Kosteneinspa-<br>rungen<br>*Personalkosten* | | | | | | |
| Indirekte Ergebnisse/<br>Einsparungen<br>*Kapitalkosten*<br>*Arbeitsvorbereitung* | | | | | | |
| Erhöhung des Deckungsbeitrags | | -48.000 | -120.000 | -240.000 | -360.000 | -480.000 |
| Ergebnis | | -48.000 | -120.000 | -240.000 | -360.000 | -480.000 |
| Kalkulationszins Kapitalwert | 8 %<br>-929.135 | | | | | |

RESULTATE OHNE CAD-INVESTITION (IN DM)

# Betriebs- und Wirtschaftsinformatik

Herausgeber: H. R. Hansen, H. Krallmann,
P. Mertens, A.-W. Scheer, D. Seibt, P. Stahlknecht,
H. Strunz, R. Thome

**Band 6: W. Sinzig**
### Datenbankorientiertes Rechnungswesen
**Grundzüge einer EDV-gestützten Realisierung der Einzelkosten- und Deckungsbeitragsrechnung**
3. Aufl. 1990. DM 78,- ISBN 3-540-51786-3

**Band 8: T. Noth, M. Kretzschmar**
### Aufwandschätzung von DV-Projekten
**Darstellung und Praxisvergleich der wichtigsten Verfahren**
2. Aufl. 1985. DM 42,- ISBN 3-540-16069-8

**Band 17: A. Schulz (Hrsg.)**
### Die Zukunft der Informationssysteme Lehren der 80er Jahre
Dritte gemeinsame Fachtagung der Österreichischen Gesellschaft für Informatik (ÖGI) und der Gesellschaft für Informatik (GI). Johannes Kepler Universität Linz, 16.–18. September 1986
1986. DM 106,- ISBN 3-540-16802-8

**Band 19: M. Schumann**
### Eingangspostbearbeitung in Bürokommunikationssystemen
**Expertensystemansatz und Standardisierung**
1987. DM 54,- ISBN 3-540-17369-2

**Band 20: T. Noth**
### Unterstützung des Managements von Software-Projekten durch eine Erfahrungsdatenbank
1987. DM 76,- ISBN 3-540-17842-2

**Band 21: H. Demmer**
### Datentransportkostenoptimale Gestaltung von Rechnernetzen
1987. DM 69,- ISBN 3-540-17919-4

**Band 22: J. Becker**
### Architektur eines EDV-Systems zur Materialflußsteuerung
1987. DM 72,- ISBN 3-540-18349-3

**Band 23: P. Haun**
### Entscheidungsorientiertes Rechnungswesen mit Daten- und Methodenbanken
1987. DM 59,- ISBN 3-540-18418-X

**Band 24: E. Plattfaut**
### DV-Unterstützung strategischer Unternehmensplanung
**Beispiele und Expertensystemansatz**
1988. DM 49,- ISBN 3-540-18631-X

**Band 26: F. Schober**
### Modellgestützte strategische Planung für multinationale Unternehmungen
**Konzeption, Potential und Implementierung**
1988. DM 78,- ISBN 3-540-18767-7

**Band 27: J. Hofmann**
### Aktionsorientierte Datenverarbeitung im Fertigungsbereich
1988. DM 49,- ISBN 3-540-18798-7

**Band 29: R. Oetinger**
### Benutzergerechte Software-Entwicklung
1988. DM 78,- ISBN 3-540-19135-6

**Band 31: P. Mertens, V. Borkowski, W. Geis**
### Betriebliche Expertensystem-Anwendungen
2., völlig neu bearb. und erw. Aufl. 1990. DM 78,-
ISBN 3-540-52599-8

**Band 32: R. Thome (Hrsg.)**
### Systementwurf mit Simulationsmodellen
**Anwendergespräch, Universität Würzburg, 10. 12. 1987**
1988. DM 59,- ISBN 3-540-19454-1 .

**Band 33: W. Ruf**
### Ein Software-Entwicklungs-System auf der Basis des Schnittstellen-Management Ansatzes
**Für Klein- und Mittelbetriebe**
1988. DM 78,- ISBN 3-540-50364-1